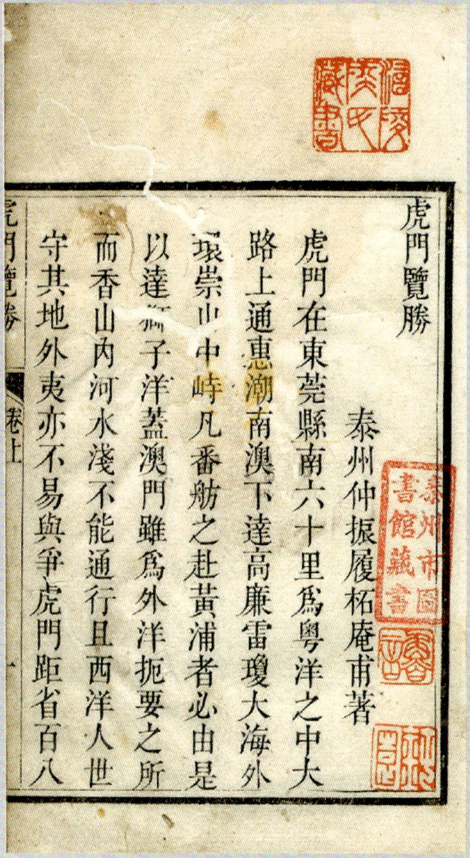

虎門覽勝

泰州仲振履栢庵甫著

虎門在東莞縣南六十里爲粵洋之中大路上通惠潮南澳下達高廉雷瓊大海外環崇山中峙凡番舶之赴黄浦者必由是以達獅子洋蓋澳門雖爲外洋扼要之所而香山內河水淺不能通行且西洋人世守其地外夷亦不易與爭虎門距省百八

虎門覽勝　卷上　一

《虎門覽勝》書影

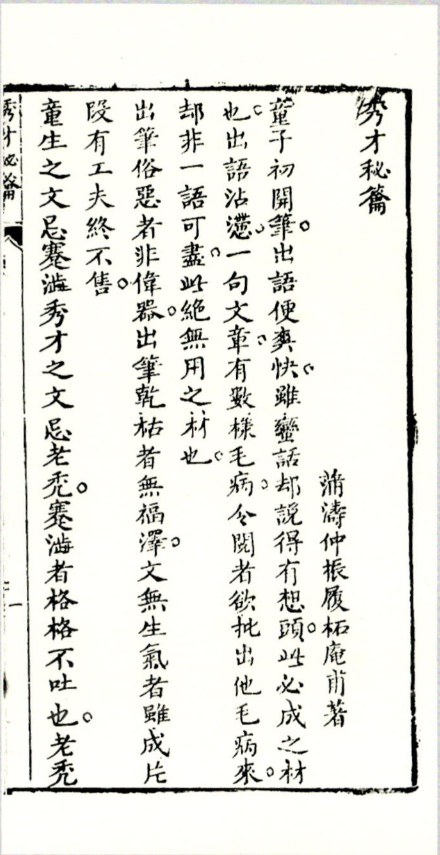

秀才秘籥

蒲濤仲振履栢庵甫著

童子初開筆出語便爽快雖蠻話却說得有想頭此必成之材也出語沾滯一句文章有數樣毛病令閱者欲挑出他毛病來却非一語可盡此絕無用之材也

出筆俗惡者非偉器出筆乾枯者無福澤文無生氣者雖成片段有工夫終不售

童生之文忌蹇澁秀才之文忌老秃蹇澁者格格不吐也老秃

《秀才秘籥》書影

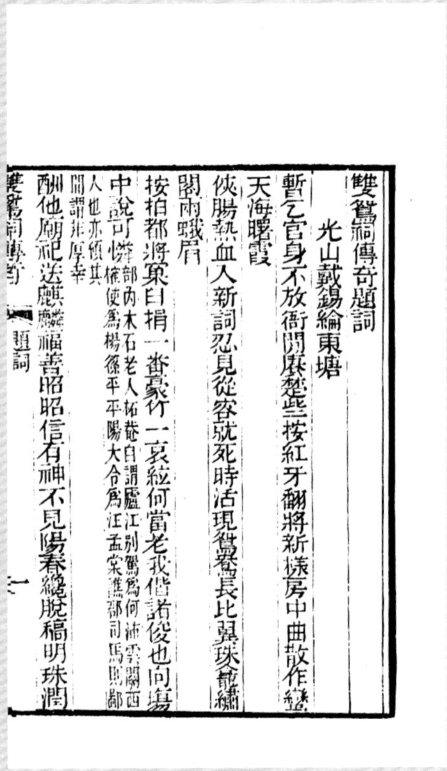

雙鴛祠傳奇題詞

光山戴錫綸東塘

暫乞官身不放衙閒磨鐵笆按紅牙翻將新樣房中曲散作蠻

天海曉霞

俠腸熱血人新詞忍見從容就死時活現鴛鴦長比翼珠龕繡

閣雨蛾眉

按柏都將泉曰捐一沓豪竹一哀絃何當老我偕諸俊也向壩

中說可憐（部內木石老人拓巷自謂廬江別駕爲何沛雲關西權使爲楊孫平平陽大令爲汪孟棠譙郡司馬則鄙人也亦領其間謂非厚幸）

酬他廟祀送麒麟福善昭昭信有神不見陽春總脫稿明珠潤

雙鴛祠傳奇　卷　題詞　一

《雙鴛祠傳奇》書影

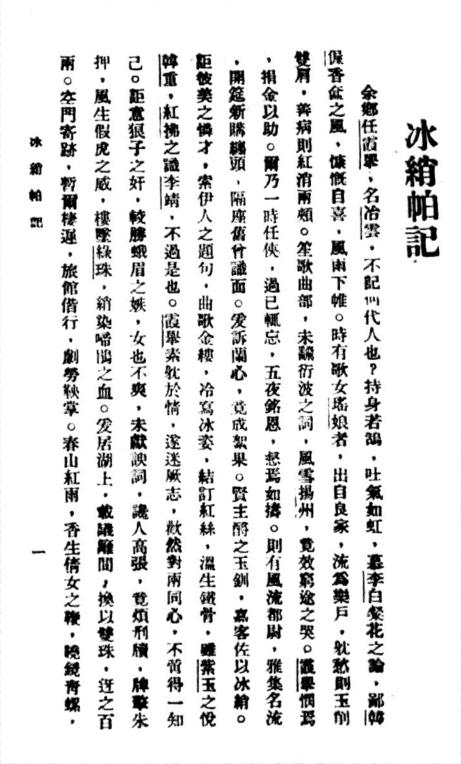

冰綃帕記

余鄉任霞舉，名冶雲，不記何代人也？持身若鵠，吐氣如虹，嘉李白梨花之論，鄙韓偓香奩之風，慷慨自喜，風雨下帷。時有歌女瑤娘者，出自良家，流爲樂戶，愁則玉削雙肩，莽病則紅消兩頰。笙歌曲部，未鬗衍波之詞，風雪揚州，竟效窮途之哭。霞舉憫焉，捐金以助。爾乃一時任俠，過已輒忘，五夜銘恩，怨焉如擣。則有風流都尉，雅集名流，開筵斲膾鱸頭，隔座舊曾識面。爰訴蘭心，竟成絮果。賢主酹之玉釧，嘉客佐以冰綃。距彼美之憐才，索伊人之題句，曲歌金縷，冷寫冰姿，結訂紅絲，溫生鐵骨。雖紫玉之悅韓重，紅拂之識李靖，不過是也。霞舉素耽於情，遂迷厥志，欷然對兩同心，不管得一知己。詎意狠子之奸，較勝蛾眉之嫉，女也不爽，未獻諛詞，譏人高張，覺煩刑牘，牌牽朱押，風生假虎之威，樓墜綠珠，綃染啼鵑之血。爰居湖上，載譏離間，換以雙珠，迓之百兩。空門寄跡，暫爾棲遲，旅館偕行，劇勞鞅掌。春山紅雨，香生倩女之襪，曉鏡青螺，

冰綃帕記　一

《冰綃帕傳奇》書影

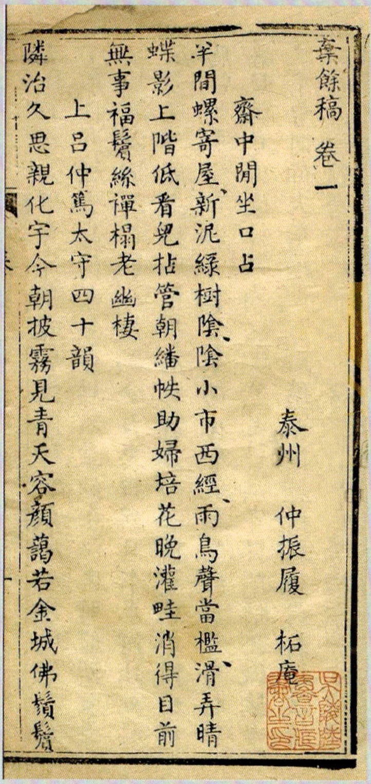
棄餘稿　卷一

泰州　仲振履　柘庵

齋中閒坐口占

半間螺寄屋、新泥綠樹陰、陰小市西經、雨鳥聲當檻、滑弄晴蝶影上階低看兒拈管朝繙帙助婦培花晚灌畦消得目前無事福鬢絲禪榻老幽棲

上呂仲篤太守四十韻

隣治久思親化宇今朝披霧見青天容顏藹若金城佛鬚鬢

《弃餘稿》書影

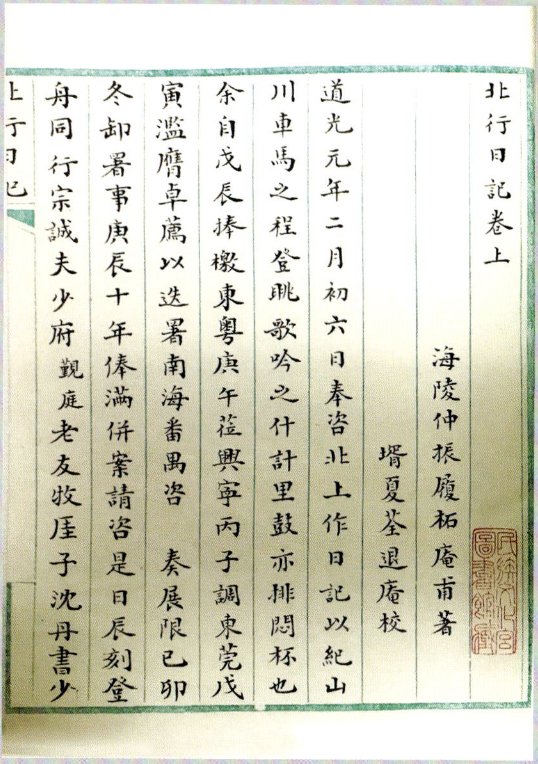
北行日記卷上

海陵仲振履柘庵甫著

壻夏荃退庵校

道光元年二月初六日奉咨北上作日記以紀山川車馬之程登眺歌吟之什計里鼓亦排悶杯也余自戊辰捧檄東粵庚午蒞興寧丙子調東莞戊寅濫膺卓薦以迭署南海番禺咨　奏展限已卯冬卸署事庚辰十年俸滿併案請咨是日辰刻登舟同行宗誠夫少府　覲庭老友牧厓子沈丹書少

《北行日記》書影

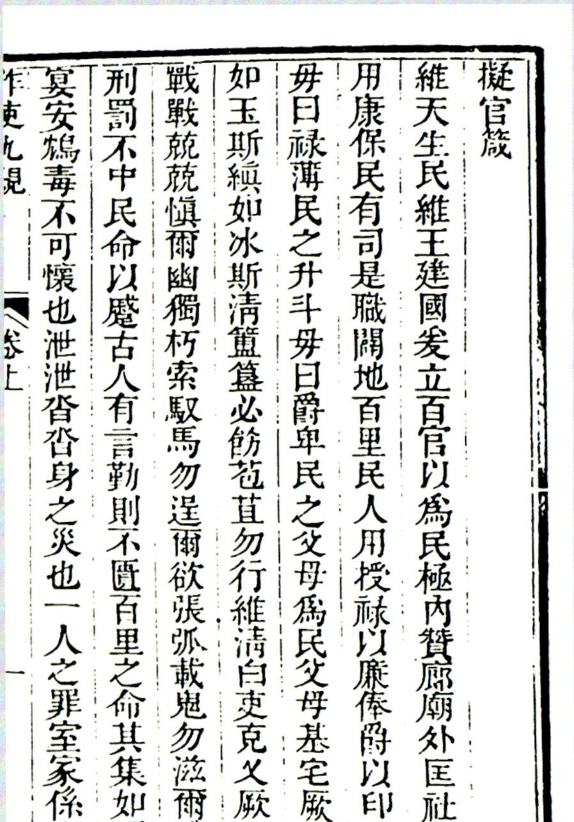

擬官箴

維天生民維王建國爰立百官以爲民極內贊廊廟外匡社稷用康保民有司是職闢地百里民人用授祿以廩俸爵以印綬毋曰祿薄民之升斗毋曰爵卑民之父母爲民父母基宅厥心如玉斯縝如冰斯清簠簋必飭苞苴勿行維清白吏克乂厥民戰戰兢兢愼爾幽獨朽索馭馬勿逞爾欲張弧載鬼勿滋爾惑刑罰不中民命以蹙古人有言勤則不匱百里之命其集如蝟寔安鴆毒不可懷也泄泄沓沓身之災也一人之罪室家係之

作吏九規　卷上　一

《作吏九規》書影

仲振履集輯注

朱建華 輯注

學苑出版社

圖書在版編目（CIP）數據

仲振履集輯注/朱建華輯注．—北京：學苑出版社，
2021.8
ISBN 978-7-5077-6246-4

Ⅰ．①仲…　Ⅱ．①朱…　Ⅲ．①中國文學－古典文學－
作品綜合集－清代　Ⅳ．①I214.92

中國版本圖書館 CIP 數據核字（2021）第 166270 號

排版製作：冉紅文化傳媒

責任編輯：洪文雄
裝幀設計：徐道會
出版發行：學苑出版社
社　　址：北京市豐臺區南方莊 2 號院 1 號樓
郵政編碼：100079
網　　址：www.book001.com
電子信箱：xueyuanpress@163.com
聯繫電話：010－67601101（营销部）；010－67603091（總編室）
印 刷 廠：英格拉姆印刷(固安)有限公司
開本尺寸：787×960　1/16
印　　張：37.25
字　　數：459 千字
版　　次：2021 年 8 月北京第 1 版
印　　次：2021 年 8 月第 1 次印刷
定　　價：580.00 元

目録

整理説明

仲振履存世作品計十種，版本與整理情況如下：

一、《家塾邇言》（存目），爲供初學者增廣見聞之類書。今存泰州圖書館藏嘉慶刊本，目録殘缺，存五卷，内容依次爲天文類、地理類、時令類、倫族類、文史類，每類一卷。由目録知，尚有宫室類、衣服類、飲食類、器用類、珍寶類，故全帙爲十卷。題『蒲濤仲振履雲江氏輯』。編輯時間不詳，當在仲振履中舉後、中進士前。

二、《弃餘稿》，據嘉慶十六年（一八一一）興寧官署刻本整理。原無目録，今據内容增補。

三、《羊城候補曲》，原載繆艮《文章游戲》三編卷三，嘉慶二十三年（一八一八）藕花館刊板。

四、《興寧縣志》（存目），十二卷，仲振履纂修，嘉慶十六年（一八一一）興寧縣署刊本。現存廣東圖書館藏本，存三册，缺三—八卷。另有仲振履纂修、張鶴齡續修、曾士梅續纂，咸豐六年（一八五六）增刻本。

五、《作吏九規》，作于嘉慶十七年（一八一二），嘉慶十八年（一八一三）初刻，有嘉慶十八年李澐序及嘉慶十七年（一八一二）仲振履自序。嘉慶二十三年重印，增嘉慶二十三年（一八一八）蔣攸銛序。以上兩個版本已不存。同治三年（一八六四）仲振履侄仲貽光重印，增道光四年（一八二四）張作楠序及同治三年（一八六四）仲貽光跋，今據以整理。原書分序、目録、卷上、卷下四個部分，現重新編訂目録，他悉依原文。文末所附

《石香秘録》作者不詳，并非仲振履所撰，但經其整理、補充，仍録之以存原貌。

六、《秀才秘籥》一卷，成書年代不詳，書中稱仲振奎爲『先大兄』，則寫作時間當在嘉慶十六年（一八一一）仲振奎去世以後。今據嘉慶二十五年（一八二〇）刊本整理。

七、《冰綃帕傳奇》，創作時間不詳，或在嘉慶二十二年（一八一七）。寫東海釣鰲公子與南海玉支仙子相戀，前者轉生爲揚州府甘泉縣文士任治雲，後者轉生爲浙江省海鹽縣歌女秦瑶娘。任納瑶娘爲妾，携之進京趕考，瑶娘因水土不服而病逝。任考中進士，奉命至南海剿平海寇，與已經歸位南海的瑶娘相見。該劇本盱眙汪云任（字孟棠）與其妾張瑶娘事。

《冰綃帕傳奇》無刊本。高爾庚（一八四二—一九〇八，高銘孫，垂藻曾孫，同治二年（一八六三）入學）《井眉居詩鈔·海陵雜詩》：『爲想柘翁堪接武，冰綃遺墨謹收藏。』注云：『《仲柘庵振履大令撰有《冰綃帕傳奇》，未梓，現藏庚家。』民國二十三年（一九三四）連載于范烟橋主編《珊瑚》半月刊第四卷第一號至第四卷第十二號（出版時間爲一九三四年一—六月），原題『覽岱庵木石老人填詞，春草軒天台山樵評句』，上下二卷，實無評，應爲刊載時删去，今據此整理。原無目録，今根據内容增補。

八、《虎門覽勝》二卷，作于嘉慶二十三年（一八一八），嘉慶二十四年（一八一九）咬得菜根堂刊行。另有辟蠹山房抄本、漢畫軒抄本。今據咬得菜根堂刊本整理。

九、《雙鴛祠傳奇》，創作于嘉慶二十五年（一八二〇）。劇寫廣糧通判李亦珊不得于其親，抑鬱而亡。死後家徒四壁。其妻蔡安人爲使夫柩得歸，投環殉節。繼任廬江别駕之妻聞而憫之，囑夫助金送其棺回原籍歸葬，且立廟祀之。劇本廣糧通判李亦珊、蔡如珍夫婦，繼任何玉池及其妻徐氏事。

《雙鴛祠傳奇》現存清嘉慶二十五年（一八二〇）咬得菜根堂刊本，題『泰州群玉山農填詞』。此本批語均署『東塘』，其人當爲戴錫綸。戴錫綸，字欽九，號東塘，河南光山人，乾隆四十五年（一七八〇）舉人，歷任澄海、合浦、南海等縣知縣，連山綏猺同知，羅定、嘉應、南雄等州知州，高州、韶州等府知府，著有《樂静軒詩鈔》二卷。今據咬得菜根堂刊本整理。原書目次在序後，現據内容重新編排，置于全文之前。

十、《北行日記》二卷，作于道光元年（一八二一），未刊行。現存辟蠹山房道光壬辰年（一八三二）抄本，抄者夏荃。民國間漢畫軒抄本係據此轉抄，抄者不詳，或爲李梅閣。夏荃（一七九三—一八四二），字文若，號退庵，江蘇泰州人，廩貢生，曾署高淳縣教諭，官豐縣、桃源縣訓導，其妻爲仲振履次女貽笄（號玉華，能詩）。李梅閣（一九〇〇—一九六六），名元福，字曾之，號頑叟，江蘇丹徒人，長期寓居揚州，工書法。漢畫軒爲李梅閣書齋號，以藏有射陽漢畫，故名。今據辟蠹山房抄本整理，并據漢畫軒抄本校補。

本書輯注了仲振履著作八種，大體按照其創作時間先後編排，并將散見各文獻中其所寫詩、文、聯等作品輯爲『集外篇』，置于書後，以饗讀者。

一、仲振履著作刊行（抄録）時間不一，字體亦較雜亂，整理過程中盡可能統一。

（一）底本誤刻之字，如『冪歷』之『歷』誤加『皿』頭，『磕』誤爲『跕』旁等，均徑行改正。

（二）底本因避諱而缺筆之字，如『玄』『絃』缺末筆、『寧』作『寍』等，均徑改作本字。

（三）异體字依據《通用規範漢字表》加以規範，但可能會影響原意者，仍予保留，人名中的异體字，一般不予改動。

（四）錯誤非有依據，不加改正，凡校改者，必説明理由。

（五）底本漫漶不清及字迹難以辨認處，以『□』標識。

二、注釋的對象主要包括人名、典故、名物制度等。古地名，一般不注今地名。

仲振履的生平與創作

仲振履（一七五九—一八二三），字雲江，號柘庵，別署木石老人、群玉山農，江蘇泰州人[一]。

一、泰州仲氏文化家族

仲氏始祖爲孔子弟子仲由，即子路，至仲振履爲六十六世。仲振履自述「余家從宋高宗南渡，居吴江；明初，再遷如皋；國初，始遷泰」[二]。仲氏祖居蘇州吴江，後遷至西場鎮。西場鎮舊屬如皋縣，後屬泰州，今屬南通市海安市，其地舊屬蒲濤縣，故仲振履常自署「蒲濤仲振履」。

仲振履之祖父仲素，字芍坡，號茗叟，諸生，康熙五十七年（一七一八）入學，著有《茗叟詩草》。仲素之父早亡，其母查太宜人携幼子遷居泰州，依娘家守志。這應該是仲氏遷泰的開始。

仲素之妻查孺人亦能詩。吴廷燮在爲仲鶴慶《迨暇集》作的序中説：「松嵐先生承前輩風流，且守其家學。尊府君太素先生暨尊慈查孺人閉門却掃，雅事唱酬。松嵐耳濡目染，

[一]《道光泰州志》稱仲振履字臨侯，號雲江、柘庵。

[二] 仲振履《北行日記》卷下。

走馬裁詩，絶有規格。』[一] 仲鶴慶《〈迨遐集〉自序》中亦云：『先慈亦工五七言。』[二]

仲振履之父仲鶴慶，字品崇，號松嵐，乾隆十七年（一七五二）江南鄉試解元，乾隆十九年（一七五四）進士，需次家居，曾主講如皋雉水書院、崇明瀛洲書院，并曾任《乾隆崇明縣志》分修，直至乾隆二十九年（一七六四）纔謁選授四川大邑縣令，其間兩權邛州知州。乾隆三十一年（一七六六）與緬甸戰事起，赴雲南，曾攝蓬溪縣令。後緣事被黜，具體原因不詳。《泰州新志刊謬》説『仲鶴慶本緣事犯罪之員』，并説其『非以貪墨敗，究係犯罪人員，罪不止于落職』[三]，張九鉞《關山月曲和泰州仲二松嵐》詩小序云『松嵐羈塞上，不得歸，賦《關山月》長曲，獻制軍德尚書。授檄贈貲使還鄉。』[四] 可見仲鶴慶不僅緣事落職，而且曾經被遣戍或者發赴軍前效力。《道光泰州志》説仲鶴慶『居蜀二載始歸』，應該指的就是這段經歷。返鄉之後，仲鶴慶『主講鎮江寶晋、歸德文正、南康白鹿、如皋雉水各書院』[五]。仲振履曾隨之在雉水書院讀書。

仲鶴慶之姊仲蓮慶，號碧香，能詩，著有《碧香女史遺草》。

仲振履兄弟三人，仲振履行六，其兄仲振奎行一，弟仲振猷行七。

仲振奎（一七四九—一八一一），字雲澗（或作雲磵），監生，作有傳奇十六種，現存

[一] 吴廷燮《〈迨遐集〉序》，《迨遐集》卷首，嘉慶十六年（一八一一）興寧官署刻本。

[二] 仲鶴慶《〈迨遐集〉自序》，《迨遐集》卷首，嘉慶十六年（一八一一）興寧官署刻本。

[三] 《泰州新志刊謬》卷下『仲鶴慶傳』條，道光十年（一八三〇）刻本。

[四] 張九鉞《陶園詩文集》，岳麓書社二〇一三年版，第四三〇頁。

[五] 《道光泰州志》卷二十三『仕迹』，道光七年（一八二七）刻本。

《紅樓夢傳奇》《憐春閣傳奇》二種，其中《紅樓夢傳奇》影響頗大，至今仍搬演于舞臺。仲振奎的其他著作存世的尚有《緑雲紅雨山房詩鈔》（一題《雲磵詩鈔》，嘉慶十六年〔一八一一〕興寧官署刻本）、《緑雲紅雨山房文鈔外集》（抄本）。

仲振猷，字雲浦，乾隆五十四年（一七八九）拔貢，嘉慶十三年（一八〇八）舉人，官鎮洋縣教諭，曾署太倉州學正。著有《篔簹軒文集》《雲浦詩鈔》，均已佚。

仲振履姊妹中，仲振宜行二，字薌雲，號綺泉女史，著有《綺泉女史遺草》；仲振宣行三，字芝雲，號瑶泉女史，著有《瑶泉女史遺草》。二者合稱《留雲閣合稿》。

仲振奎妻趙箋霞、仲振猷妻洪湘蘭并能詩。趙箋霞，號書雲，江都人，著有《辟塵軒詩鈔》；洪湘蘭，號畹香，真州人，著有《綺雲閣遺草》。

仲振奎曾將仲蓮慶、仲振宜、仲振宣、趙箋霞、洪湘蘭之詩集合刻，并附有仲貽鑾、張貽鶺詩各若干首，稱《泰州仲氏閨秀集合刻》。

仲貽鑾，字金城，仲振奎女。

張貽鶺，字揄華，仲振宣女，母亡後仲振猷嗣爲己女。

另據《民國續纂泰州志》載，仲振猷次女貽鈿，字芳華，『擅丹青，工詩詞』[一]。

仲振履子女亦多能詩，惜少爲人知，詳見後文。

仲氏家族原非世族，自其祖仲素始讀書應試，仲鶴慶與仲振履父子成進士，雖名位不顯，而弦歌之聲不斷，爲清代江南地區著名文化家族。

[一] 《民國續纂泰州志》卷三十一，一九四一年抄本。

二、仲振履之生平

仲振履生于乾隆二十四年閏六月六日（一七五九年七月二十九日）。其父仲鶴慶《迨暇集》卷七有《閏六月六日履兒誕辰作》，仲振履作品中也多次提及自己的生日爲六月初六。

仲振履幼年隨父宦蜀中，歸里後又隨父讀書。《明清泰州入學全案》[一]記載，仲振履于乾隆四十七年（一七八二）十二月初三應童子試，成秀才，成績爲第十一名[二]。該年歲考爲江蘇學政彭元瑞。同年考中秀才的有李宸、程應佐（府學）等。

乾隆五十七年（一七九二）壬子，江蘇學政胡高望試揚州，仲振履與宋茂初、焦循、史致儼、史椿齡、王文泗、黄文暘、吴鑲、朱士彦、徐玉立等人并以文學受知，號爲『揚州十秀才』[三]，亦稱『揚州十哲』[四]。該年以一等第十二名補廪。

乾隆五十七年（一七九二）壬子，應江南鄉試，未中。是科主考鐵保，副主考李潢，房師聞鏞。鐵保非常賞識仲振履，已擬爲解元，但因故未遂。仲振履自己也曾回憶道：『乾隆壬子年（一七九二），在東師閲余卷，薦鐵冶亭主試保置解首。副考李雲門中允以「三矣

[一]《明清泰州入學全案》，泰州圖書館藏光緒費氏棣華山館抄本。
[二]戈講武《泰州鄉會同登録》，南京圖書館藏抄本。
[三]劉寶楠《碧虚齋吟草書後》，《念樓集》卷七，台灣文海出版社一九七五年版，第三三七頁。
[四]仲振履《北行日記》卷下。

三乎」致猜。』[一] 關于此事，仲振履之婿夏荃記載更爲詳細：

> 壬子，外舅柘庵公振履赴省試，闈題『舜有臣五人』二句。闈中得公卷，驚爲奇才宿學，主司鐵冶亭先生保尤擊賞之，批云：『以渾灝之氣，運瑰麗之詞，异彩紛披，一空群作。』遂定元選，文已發刊，將并梓三場全卷。顧以頭場三藝起結具用三矣三乎，副主考李雲門潢疑焉，欲抑置副車。鐵公不可，曰：『寧不中，此才詎無出頭時邪！』是科竟報罷。考是科鐵公以禮侍爲正考官，而副考官李以閣學兼禮侍。外省正副考官皆用二品，前此所未有，故衡文多不相下云。[二]

嘉慶九年（一八〇四）甲子科江南鄉試中式七十四名舉人，主考爲戴均元，副主考塗以輈。

嘉慶十年（一八〇五），泰州遭受水灾，仲振履受知州王勸委托與同人主持賑灾之事。

嘉慶十一年（一八〇六），主講揚州文昭書院。文昭書院無考，或爲安定書院。安定書院命名爲紀念北宋思想家、教育家胡瑗。胡瑗（九九三—一〇五九），泰州人，因世居陝西路安定堡，世稱安定先生，謚文昭。

嘉慶十三年（一八〇八），中戊辰科吴信中榜進士，二甲第一百名。是科正考官董誥、

[一] 仲振履《北行日記》卷下。

[二] 夏荃《退庵筆記》卷二『仲氏科名』條，清抄本。

鄒炳泰，副考官秀寧、顧德慶，房師謝學崇。

朱士彦《送仲雲江令粤東》詩『珊網重搜遇亦奇』句有注：『會試已見擯，房師再薦，得録。』[一] 最後以二百五十五名貢士進入殿試，[二] 可見其中進士也是相當僥幸。

是年與兄振奎携家小赴廣東。

嘉慶十四年（一八〇九），署恩平縣知縣。

嘉慶十五年（一八一〇），任廣東鄉試同考官。年底，任興寧縣知縣。

嘉慶二十一年（一八一六）春，署任東莞縣知縣。

嘉慶二十二年（一八一七），署任南海縣知縣。

嘉慶二十四年（一八一九），署任番禺縣知縣。

道光元年（一八二一）二月，仲振履『奉咨北上』，赴京引見。于六月抵鄉，葉兆蘭《西河草堂詩剩》有《道光元年六月仲雲江大令由粤東入覲便道歸里得李楓崖書作此轉寄》[三]，鄒熊《聲玉山齋詩集》卷十有《次韵送仲雲江復之東莞任》[四]。

道光元年八月，返回廣東。同年再次署任東莞縣知縣。後因病乞假返鄉。

謝學崇《小蘇潭詞》（道光元年刻本）卷一有《金縷曲·題門人仲雲江（振履）柘庵歸

[一] 朱士彦《朱文定公集》卷四，《清代詩文集彙編》四九九册，第六四九頁。

[二] 戈講武《泰州鄉會同登録》，南京圖書館藏抄本。

[三] 葉兆蘭《西河草堂詩集》，道光六年（一八二六）芸香詩社刻本。

[四] 鄒熊《聲玉山齋詩集》卷十，鄒氏一九二八年重印本。

隱圖》小注：『雲江泰州人，爲余戊辰春闈分校所得士，出宰嶺南，昨寄書云將乞休歸里。』[一] 吳文照《在山草堂詩稿》卷十四《送別仲柘庵》詩云：『白髮如兄弟，别君秋已深。臨歧强制泪，生怕痛君心。抱疴返家山，迢迢六千里。君來恐無期，我歸良可俟。君飲大江流，我聽南海潮。兩處水消長，同此暮復朝。』[二] 同書卷十一還有《送仲柘庵乞假歸里》[三]。據此，仲振履引見之後，因病辭官，大約在秋天返鄉。

仲振履的卒年，通常説是道光二年（一八二二），但《泰州新志刊謬》稱『仲振履卒于道光三年（一八二三）』[四]，此書刻于道光十年（一八三〇），去仲振履卒年未遠，列名者中有仲振履次婿夏荃，且有多人爲仲振履的族人、姻親、友人及後輩，應該比較可信。另，道光壬午年孟冬朔日（道光二年十月初一），仲振履撰有《程太淑人傳》，此時極有可能已經返鄉；道光癸未（三年，一八二三），仲振履摯友寶應朱士彦作有《挽仲柘庵》詩，係于癸未年首，當作于是年初[五]，可見仲振履卒年爲道光三年（一八二三）的可能性較大。

多種資料均表明仲振履最後官職爲南澳軍民同知，但道光二年（一八二二）十月初一日作《程太淑人傳》時仍署『賜進士出身廣東東莞縣事卓异候陞愚侄仲振履』，南澳同知或未到任。

[一] 謝學崇《小蘇潭詞》卷一，《清代詩文集彙編》五四三册，第二七二頁。

[二] 吳文照《在山草堂詩稿》卷十四，《清代詩文集彙編》四五四册，第二二七頁。

[三] 吳文照《在山草堂詩稿》卷十一，《清代詩文集彙編》四五四册，第二一五頁。

[四]《泰州新志刊謬》卷下『仲徐氏』條，道光十年（一八三〇）刻本。

[五] 朱士彦《朱文定公集》卷八，《清代詩文集彙編》四九九册，第六八〇頁。

作爲鄉紳，仲振履熱心地方事務：『雲江以利濟爲懷，于邑中賑饑、浚河諸義舉，靡不殫心竭力，期于有成，非獨善其身者比也。』[一] 作爲地方官，仲振履試圖有所作爲，有清官、能吏之名，『歷任廣東知縣，皆有善政。官恩平修金塘橋，官興寧禁水車、疏河道，官東莞築虎門礮臺、嚴海防，官南海築桑基圍、衛農田，工費不貲，多者以數萬計，振履深思厚力，必要于成，以興數十百年之利』[二]，『今粵東多遺澤』[三]。

仲振履早年聘楊無儀（字非卿）爲妻，未婚而亡。仲振履《北行日記》述其事甚詳。仲振奎爲此作《詩囊夢傳奇》。

妻周氏。

晚年納妾徐氏。

仲振履有子女六人：

長女貽簪，號紫華；次女貽笄，號玉華。貽簪適宫濤（字枚波），貽笄適夏荃（字文若），二人均爲泰州諸生。貽簪、貽笄并有詩才，其弟貽勤夭亡時作有悼亡詩。

長子貽勤，字受之，小字蓉賓，仲振奎嗣子。早慧，著有《蓉賓遺草》。年十九早逝，時人多惋惜之，桐城姚瑩作有《仲童子傳》，收入《東溟文集》。仲振履有《〈蓉賓遺草〉略言》詳述其事。

仲貽勤之聘妻田貞姑，字采蘋，未婚守節。亦能詩，有詩作存世。

[一] 王豫、阮亨《淮海英靈續集》庚集卷五，《續修四庫全書》第一六八二册，四二四頁。

[二] 《道光泰州志》卷二十三『仕績』，道光七年（一八二七）刻本。

[三] 王豫、阮亨《淮海英靈續集》庚集卷五，《續修四庫全書》第一六八二册，四二四頁。

三女貽釵，號荆華。一般文獻中僅記其爲仲孺人，閩縣陳上彤繼室。《雙鴛祠傳奇》題詞者有『荆華女史貽釵』者，爲題詞者最末一人，緊接陳上彤，據仲振履女兒命名及題詞排序規律，其人當即仲孺人。但仲貽勤逝世時，仲振履尚云『予生兩女一子』，未云有第三女，至此不過九年，其人已嫁爲陳上彤妻，年齒不符。故此女或過繼自同族。陳上彤，福建閩縣人，嘉慶十二年（一八〇七）丁卯科舉人，曾署廣東樂昌縣、龍門縣知縣。

四女乳名莞女，徐氏所出，見于仲振履《北行日記》。

次子貽清，乳名穗兒，亦徐氏所出。仲貽勤早逝後，時人多以爲仲振履無子。如胡曦《湛此心齋詩話》卷二云：『甲戌（同治十三年，一八七四）在省門，謁癸酉薦卷房師泰州儲璧臣（樹人），云先生已無後人。洎在京詢陳户部文田，亦泰州人，其言亦然。』[一] 原因應該是由于其子仲貽清無聞，且其時已亡。然仲振履晚年生子之事，同儕所共知。戴錫綸《雙鴛祠傳奇題詞》『不見陽春纔脱稿，明珠潤筆報殊珍』句後有注『柘庵此曲甫成，恰有弄璋之喜』。劉士棻《雙鴛祠傳奇後序》亦云：『積善之家有餘慶，則吉祥已兆石麟。』可知其子生于《雙鴛祠傳奇》寫成之年，即嘉慶二十五年庚辰（一八二〇），其時仲振履已六十二周歲。《道光泰州志》卷二十九載：『徐氏，同知仲振履妾，年二十三，撫所生子貽清守節。』[二] 陳晋元《寄呈仲柘庵夫子（存三首）》之二『鳳可將雛無礙老』句後有注『六旬外舉一子』[三]，謝學崇《小蘇潭詞》（道光元年刻本）卷一《金縷曲・題門人仲雲江（振履）

[一] 胡曦《湛此心齋詩話》卷二，《興寧先賢叢書》第四册，興寧先賢叢書編印處一九六〇年版，第八七頁。
[二] 《道光泰州志》卷二十九，道光七年（一八二七）刻本。
[三] 陳晋元《清味齋存稿》，《清代詩文集彙編》第五二〇册，第五六七頁。

柘庵歸隱圖》『兩顆名珠還掌上』句有注『雲江中年喪子，近復舉子女各一』。仲貽清爲『即用從九品』[一]，應該未曾出仕。

仲振履還記載了他和同寅余保純（江蘇武進人）爲兒女親家，家乘載其有女嫁浙江章氏，似爲同寅章埏（浙江錢塘人）之子。《道光泰州志》云：『有前令某歿于官，遺二女已及笄，留滯不能歸。振履養之如己女，經紀其父喪歸，歸二女于宦族。同官爲之感涕。』[二]或即其人。

三、仲振履著述

仲振履的功名之路頗爲不順，直到五十歲纔僥幸中進士，但他却從未放弃，一直孜孜以求，苦心鑽研八股。他早年雖然也創作了不少詩文，并且參加了泰州芸香詩社的活動，但自己并不重視。直到爲官之後，纔較專注創作，其主要作品多創作于廣東爲官期間。陳晉元説仲振履『宦游以來著述頗多』[三]，是符合實際情況的。

關于仲振履的生平和著述，其族人仲璧在光緒二年（丙子，一八七六）參加江南鄉試時自述家世時云：

[一]《清代硃卷集成》第一五三册，台灣成文出版社一九九二年版，第二二〇頁。

[二]《道光泰州志》卷二十三，道光七年（一八二七）刻本。

[三]陳晉元《清味齋詩集·寄呈仲柘庵夫子》，道光二十八年（一八四八）刻本。

（仲振履）嘉慶甲子年（一八〇四）舉人，戊辰進士，廣東南海縣知縣。庚午科廣東鄉試同考官，歷任恩平、興寧、番禺、東莞縣知縣，加五級陞任南澳軍民同知，誥授朝議大夫。著有《柘庵文集》《弃餘詩稿》《作吏九規》《虎門勝覽》《雙鴛詞傳奇》《家塾邇言》行世。[一]

此叙述雖小有差錯，如《弃餘詩稿》當爲《弃餘稿》，《虎門勝覽》當作《虎門覽勝》，但總體是準確的。除《柘庵文集》未見其他記載外，其他幾種作品均有刻本傳世，而仲璧未提及《冰綃帕傳奇》《北行日記》，應是這兩部作品未梓行，至于《秀才秘籥》亦未提及，亦可能是此書傳世甚少，不爲人知，現僅巴黎圖書館有藏本。

至于常增《壬申歲暮懷人詩（閬城詩鈔）》提及『雲江先生……梓有《仲氏華陰螺寄軒全稿》』[二]，當非仲振履本人著作，或爲仲氏祖、父、兄及其本人詩集的總稱。[三]

需要指出的是，仲振履詩集梓行之後的新作，仍稱爲《弃餘稿》。如仲振履曾說：『紫嵐雙瞽，余嘗作詩志感，存《弃餘稿》中。』[四] 其友高筠目瞽事，仲振履得知消息已是嘉慶十七年（一八一二）花朝日後[五]，而《弃餘稿》已于嘉慶十六年（一八一一）梓行。可見

[一]《清代硃卷集成》第一五三册，台灣成文出版社一九九二年版，第二二〇頁。
[二] 常增《壬申歲暮懷人詩（閬城詩鈔）》，嘉慶十七年（一八一二）寸草山房刻本。
[三] 仲振履祖父仲素《茗叟詩草》中有《螺寄軒獨坐》詩。
[四] 仲振履《北行日記》卷下。
[五] 仲振履《述夢詩》。

仲氏的著作，梓行之後仍有增補。這也是仲氏著作的一個特點。

仲振履的著述，《整理説明》中已詳作介紹，此不贅述。

弃餘稿

蕭序

柘庵先生初宰南平，即耳其名。政事文章，皆卓然可稱，詩其緒餘也。庚午歲莫，將之任齊昌[一]，于省垣[二]始相識，得見《留贈南平父老》及同人倡酬諸什，心竊鄉慕，猶恨未窺全豹也。新秋過齊昌，先生手一編示余，曰《弃餘稿》，讀之，皆近作也。先生少時，穎悟絶人，承家學之淵源，益自淬礪，于書無所不讀，以名進士出宰嶺南，齊昌俗健訟，而案無留牘。未半載，百廢俱興。邑乘久不治，輒復自爲纂定，删繁補闕，文簡而事賅，可謂勤且勞矣。而簿書之暇，吟咏不輟，凡吊古、登臨、感時、紀事，與一切抑鬱無聊之意，悉發之于詩。詩如秋水芙容，不假雕飾，讀者可想見其爲人。獨怪先生淹雅宏通，下筆千言立就，而乃不自收拾，十年以前，鮮有存者。集中諸作，皆嗣君蓉賓之所留也。蓉賓慧而夭，其《遺草》已膾炙人口，而好學深思，尚賴以存。先生之詩，非蓉賓則并此而不可得。余知所餘之詩已足信今傳後無疑，而其遇爲可悲也。顧或者讀其詩，惜其餘止有此數，吉光片羽，有目共珍。若夫灾梨禍棗，即著作等身，人且弃之如遺矣，又何以多爲。是爲叙。

嘉慶十六年重陽後一日，嘯岩愚弟蕭鳳臺[三]題于羊城之紅棉書屋

[一] 齊昌：興寧別稱。南朝齊時，析興寧縣，置齊昌縣。

[二] 省垣：省城，省行政機關所在地。

[三] 蕭鳳臺，河南安陽人，號梧原，乾隆五十四年（一七八九）拔貢，嘉慶四年（一七九九）順天鄉試舉人，曾任保昌縣、程鄉縣、陽江縣等縣知縣。著有《小岩詩文稿》。

自序

予少耽吟咏，每得句即書，隨作隨弃，四十以内，無一存矣。迨勤兒生，所作者偶置伊書篋中，間存一二。戊辰以後，勤兒恒設一紙本置案頭，予信筆揮寫，皆在本中，弃者甚少。今勤兒夭矣，予腸寸斷，亦不知能作與否；即作矣，檢收無人，又不知能存與否。兹爲先君子暨家孟鎸全集，聊備數作，用志家學之相承，即名之曰《弃餘稿》。蓋紀其實，亦見後此之作又不免仍歸于弃也。嗟夫！

辛未二月花朝[一]前二日，柘庵自記

[一] 花朝，即花朝節，俗以農曆二月十五日爲『百花生日』，故稱此日爲『花朝節』。

卷一

泰州　仲振履　柘庵

齋中閑坐口占

半間螺寄屋[一]新泥，緑樹陰陰小市西。經雨鳥聲當檻滑，弄晴蝶影上階低。看兒拈管朝翻帙，助婦培花晚灌畦。消得目前無事福，鬢絲禪榻老幽栖。

上吕仲篤[二]太守四十韵

鄰治久思親化宇，今朝披霧見青天。容顔藹若金城佛，鬚鬢清于玉局仙[三]。擢秀汴京

[一] 仲氏祖居號『螺寄軒』，仲振履祖父仲素作有《螺寄軒獨坐》詩，仲振履刻其父兄及自己的詩集合稱《仲氏華陰螺寄軒全稿》。

[二] 吕燕昭，字仲篤，號玉昭，新安人。乾隆三十六年（一七七一）舉人。由知縣升通州知州，累遷江寧知府。嘉慶十年（一八〇五）以直隸州候補知州任泰壩監製官。著有《福堂文集》。

[三] 玉局仙：玉局觀提舉的戲稱。蘇軾曾任玉局觀提舉，此借指蘇軾。蘇軾（一〇三七—一一〇一），字子瞻，號東坡居士，眉州眉山人，北宋著名文學家。

覘啓後，降神嵩岳慶承先。廣寒丹桂[一]丁年[二]折，天禄青藜[三]丙夜[四]然。命世文章欽李泌[五]，匡時經濟重韋堅[六]。操觚方擬《三都賦》[七]，捧檄偏分百里權。瑞日午來河北口，福星常繞海東邊。秋風白馬波光静，春雨青獅黛色鮮。盟水心胸留曲水[八]，廉泉[九]滋味在

[一] 丹桂：桂樹的一種。舊時稱科舉中第爲折桂。

[二] 丁年：男子成丁之年。歷代之制不一，漢以男子二十歲爲丁，明清以十六歲爲丁。亦泛指壯年。

[三] 青藜：此處指夜讀照明的燈燭。參見《三輔黄圖・閣》：『劉向于成帝之末，校書天禄閣，專精覃思。夜有老人著黄衣，植青藜杖，叩閣而進。見向暗中獨坐誦書，老父乃吹杖端，烟然，因以見向，授五行《洪範》之文。』

[四] 丙夜：三更時候，爲晚上十一時至翌日凌晨一時。

[五] 李泌（七二二—七八九），字長源，唐代京兆人，原籍遼東襄平。玄宗時爲皇太子供奉官，歷仕肅宗、代宗、德宗三朝，位至宰相，封鄴侯。多謀略，曾爲肅宗籌劃平安史叛亂事。

[六] 韋堅（？—七四六），字子金，京兆萬年人。初爲秘書丞，後任長安縣令，升陝郡太守、水陸轉運使，奏請復開漕渠，使以大運河爲主幹的全國漕運網有機連成一個整體，在經濟、軍事、政治上有重大意義。以此功加授兼江南、淮南租庸、轉運、處置等使。天寶五載遭李林甫陷害，貶爲江夏員外别駕，同年被李林甫派人殺害。

[七] 《三都賦》：西晋左思的名作，傳説寫成之後『洛陽紙貴』。

[八] 曲水：古代風俗，于農曆三月上巳日（上旬的巳日，魏晋以後始固定爲三月三日）就水濱宴飲，認爲可祓除不祥，後人因引水環曲成渠，流觴取飲，相與爲樂，稱爲曲水。

[九] 廉泉：位于江西省贛縣東南。相傳南朝宋元嘉時，一夕霹靂，泉忽涌出，時郡守以廉潔著稱，故稱『廉泉』。

甘泉。雨花香繞琴堂座，書帶青黏粉署磚。就日生徒神欲溯，望雲父老眼俱穿。棘闈[一]猶記徵髦士[二]，芝宇[三]曾同仰大賢。爝火[四]妄思偕景附，樗材[五]無分荷薪傳。識韓[六]正覺難酬願，借寇[七]誰知竟有緣。萬井流亡勞撫字，一方権酤賴生全。魚鱗按册[八]須金粟[九]，蜂竄分房試石蓮。不假繪圖皆樂易，何須著論自安便。商稱朋酒躋官閣，民祝香花遍市廛。共感异常承厚惠，果看不次獲優遷。銅分紫獸雙螭綰，錦簇朱鑣五馬聯。衙吏肅清期戒夜，

[一] 棘闈：科舉時代的考場。考場四周圍上荆棘，以防止閑人擅自進入，故稱爲『棘闈』。

[二] 髦士：英俊之士。

[三] 《新唐書・元德秀傳》：『房琯每見德秀，嘆息曰：「見紫芝眉宇，使人名利之心都盡。」』後遂以『芝宇』爲稱人容顔的敬詞。

[四] 爝火：炬火，小火。《莊子・逍遥游》：『日月出矣，而爝火不息；其于光也，不亦難乎！』成玄英疏：『爝火，猶炬火也，亦小火也。』

[五] 樗材：喻無用之材。多用爲謙詞。

[六] 識韓：猶識荆。

[七] 借寇：《後漢書・寇恂傳》載恂曾爲潁川太守，頗著政績，後離任。建武七年（三一）光武帝南征隗囂，恂從行至潁川，百姓遮道謂光武曰：『願從陛下復借寇君一年。』後因以『借寇』爲地方上挽留官吏的典故。

[八] 魚鱗圖册：爲徵派賦役和保護封建土地所有權編造的土地登記簿册。因所繪田畝挨次排列，狀如魚鱗，故名。

[九] 金粟：錢和糧穀。

部民感激話當年。星分女斗祥輝靄，地接江淮瑞氣連。堂有翁歸三尺法[一]，囊無劉寵一文錢[二]。那堪復漲洪湖水，又見頻侵下里田。軫恤不遺逃散户，稽查祇在往來船。神明燭照釐奸弊，父母心腸切憫憐。舊日歐韓[三]應繼踵，新來召杜[四]正摩肩。雕蟲[五]自愧無長技，注豹[六]何曾擅短篇。却笑諸生延以牘，竟煩太守樹之旃。思難汩汩原知拙，腹不便便敢欲眠。幸得文章瞻北斗，願傳衣鉢拜南禪。執經許厠游楊[七]末，問字頻來杖履前。手盥薔薇

[一] 尹翁歸，西漢時人，任東海太守時執法嚴明，東海大治。三尺法：指法律。古代以三尺竹簡書法律，故稱。《史記・酷吏列傳》：『君爲天子决平，不循三尺法，專以人主意指爲獄。獄者固如是乎？』裴駰集解引《漢書音義》：『以三尺竹簡書法律也。』

[二] 劉寵，東漢時人，字祖榮，東萊牟平人。曾任會稽郡太守，他清廉自律，受百姓愛戴，有『一錢太守』之稱。

[三] 歐韓：唐代文學家韓愈、宋代文學家歐陽修。

[四] 召杜：西漢召信臣和東漢杜詩。他們都曾爲南陽太守，且皆有善政，使人民得以休養生息，安居樂業，故南陽人爲之語曰：『前有召父，後有杜母。』見《漢書・循吏傳・召信臣》《後漢書・杜詩傳》。後因以『召父杜母』爲頌揚地方官政績之語。

[五] 雕蟲：指寫作文章辭賦。

[六] 注豹：應爲注解經典之意。豹，或爲古兵書《六韜》之《豹韜》。

[七] 游楊：北宋游酢、楊時。《宋史・道學傳》：『（楊時）一日見（程）頤，頤偶瞑坐，時與游酢侍立不去。』此即程門立雪之典源。

抄玉帙，唇沾甘露讀瑶編。垂青私喜逢姚合[一]，養素[二]何堪比鄭虔[三]。貝闕但希徵玉尺，沙堤欣看擁珠韉。柞宫高捧鷄栖日，槐市香籠獸注烟。倘以登龍趨絳帳，或邀選駿到青氈，先生勛業需調鼎[四]，弟子功名學養鉛[五]。日侍芸幃親訓迪，敬承蓮幕快周旋。蕪詞晋獻崇階下，一瓣名香拜法筵。

空齋風雨中作

秋氣滿林薄，凄凄生夕陰。并將風雨意，感我歲寒心。社燕無留迹，莎蟲徒苦吟。葛衣頻徙倚，凉透骨森森。

試問秋何意，陰晴太不平。衹教雲迹滯，不放日光清。白髮傷前事，青氈誤此生。敝

[一] 姚合，唐代詩人。陝州硤石人。元和進士，授武功主簿。歷官金州、杭州刺史、秘書少監。世稱姚武功或姚少監，其詩作稱『武功體』。有《姚少監詩集》，又編有《極玄集》。

[二] 養素：修養并保持其本性。

[三] 鄭虔，字弱齋，唐鄭州滎陽人，生卒年不詳。玄宗時爲廣文館博士，世稱『鄭廣文』。愛彈琴，與李白、杜甫爲詩酒朋友。擅詩、書、畫，當時有『鄭虔三絶』之譽。

[四] 調鼎：喻任宰相治理國家。語本《韓詩外傳》卷七：『伊尹，故有莘氏僮也，負鼎操俎調五味，而立爲相，其遇湯也。』

[五] 養鉛：本爲煉丹家術語，此指修養與練習。

廬無客到，彈鋏[二]動悲鳴。

積雨不霽再成七律一首

滿城風雨近重陽[三]，纔到中秋已送涼。飢雁叫雲天黯淡，寒鷄唱曉夢荒唐。山妻忙補前冬襖，稚子催籌次日糧。博得鄰家清供養，新分金桂一枝香。

題畫

秋晚晴，秋波平。漁竿七尺横，漁舟一葉輕。箕踞江頭坐垂釣，江上烟霞恣吟嘯。菰渚清蕭人不到，晚山平遠暉殘照。釣得鱸魚尺半長，攤錢沽酒坐茆堂。舉杯獨酌山花香，

[二] 彈鋏：彈擊劍把。鋏，劍把。《戰國策・齊策四》：『齊人有馮諼者，貧乏不能自存，使人屬孟嘗君，願寄食門下。孟嘗君曰：「客何好？」曰：「客無好也。」曰：「客何能？」曰：「客無能也。」孟嘗君笑而受之曰：「諾。」左右以君賤之也，食以草具。居有頃，倚柱彈其劍，歌曰：「長鋏歸來乎！食無魚。」左右以告。孟嘗君曰：「食之，比門下之客。」居有頃，復彈其鋏，歌曰：「長鋏歸來乎！出無車。」左右皆笑之，以告。孟嘗君曰：「爲之駕，比門下之車客。」于是乘其車，揭其劍，過其友曰：「孟嘗君客我。」後有頃，復彈其劍鋏，歌曰：「長鋏歸來乎！無以爲家。」左右皆惡之，以爲貪而不知足。孟嘗君問：「馮公有親乎？」對曰：「有老母。」孟嘗君使人給其食用，無使乏。于是馮諼不復歌。』後因以『彈鋏』謂處境窘困而又欲有所干求。

[三] 惠洪《冷齋夜話》卷四：『黄州潘大臨工詩，多佳句，然甚貧，東坡、山谷尤喜之。臨川謝無逸以書問：「有新作否？」潘答書曰：「秋來景物，件件是佳句，恨爲俗氛所蔽翳。昨日閑卧，聞攪林風雨聲，欣然起，題其壁曰滿城風雨近重陽，忽催租人至，遂敗意。止此一句奉寄。」聞者笑其迂闊。』

靜讀《南華》[一]第五章。

七十二峰高插天，白龍倒瀉翻雲烟。陰岩峻削百丈懸，噴薄驟雨飛林顛。奔如怒驥渴飲泉，一條直下無回旋。驚雷萬古聲駢闐，飛湍下臨東海邊。江淮利濟歌涉川，幽人夙結山中緣。竹樓巀嶪窺層淵，朝觀日馭趨雲鞭。夜鳴漱玉翻連錢，沾溉餘潤心目便。一樹一石皆澄鮮，泰山之倚如得仙，俯仰觀瀾不計年。

幽澗漱鳴玉，淙淙下石梁。嵐光含落日，樹色帶新霜。孤塢人家遠，離亭客路長。桐陰半零落，山水氣蒼凉。

君家山之阿，儂住河之涘。夾岸遥相望，開門對流水。流水清且漣，盈盈四五里。午倦弄野航，駕言[二]覓知己。啜茗松樹間，彈棋豆棚裏。歸舟繫柳陰，日落山光紫。獨坐酌村醪，天清月如洗。

呈宋州伯檻泉[三]先生三十韵

睢水祥源遠，鳩茲秀氣儲。里閭鍾德望，弱冠擅文譽。氣宇推金馬[四]，功名耀石

[一]《南華》：《南華真經》的省稱，即《莊子》的别名。《莊子》第五章爲《德充符》。

[二] 駕言：駕，乘車；言，語助。語本《詩·北風·泉水》：『駕言出游，以寫我憂。』

[三] 宋浤，字檻泉，安徽蕪湖人，乾隆二十七年（一七六二）舉人，歷任溧陽縣教諭，六安州學正，金壇縣、清河縣知縣，嘉慶十一年（一八〇六）升任泰州知州，十三年再任。

[四] 金馬：借指翰林院，亦指翰林。

渠[一]。才原欽奉若，賦更擬相如[二]。振采輝京洛，蜚聲到直廬。何期司木鐸[三]，暫爾滯金輿。絳帳朝揮麈，青燈夜課書。群英沾化雨，一老飫經畬。果見文章秘，皆從政事攄。緑章[四]才上達，丹詔[五]已旋除。杏綻春風暢，棠垂旭日舒。緑滋秦望樹，紅泛曲阿蕖。候吏傳羅雀[六]，編民咏釜魚[七]。烏沙交水陸，龍掃列淮徐。卓卓才無匹，恢恢刃有餘。仁風聞紫極，清德鎮黃淤。何幸兒童馬，争迎刺史[八]車。一朝親化育，百里慶胥與。良似苗皆殖，奸如草盡除。夜投無滑吏，宵肅有溪漁。自愧三餘失，相容半榻于。傾心思謝久，吐氣識韓初。披霧穹旻見，承風鄙吝祛。澄懷冰在水，雅度海歸墟。名必登鴛掖[九]，尊寧拜隼

[一] 石渠：即石渠閣，西漢皇室藏書之處，在未央宫殿北。

[二] 司馬相如（約前一七九—前一一七），字長卿，蜀郡成都人。西漢著名辭賦家，著有《子虛賦》《長門賦》等。

[三] 木鐸：以木爲舌的大鈴，銅質。司木鐸，意即掌管文教，相傳古代宣布教化的人必摇木鐸以聚衆，故稱。

[四] 緑章：即青詞。道士祭天時所寫的奏章表文，用硃筆寫在青藤紙上，故名。

[五] 丹詔：帝王的詔書，以朱筆書寫，故稱。

[六] 羅雀：形容門庭寂静或冷落，此處指爲政清明而無訟事。

[七] 釜魚：釜中生魚，謂生活貧困，斷炊已久。此處指居官廉潔，生活清貧。《後漢書·獨行傳·范冉》：『桓帝時以冉爲萊蕪長……所止單陋，有時糧粒盡，窮居自若，言貌無改，閭里歌之曰：「甑中生塵范史雲，釜中生魚范萊蕪。」』

[八] 刺史：官名。原爲朝廷所派督察地方之官，後沿爲地方官職名。清代用爲知州之别稱。

[九] 鴛掖：指中書省，掌理國内機要大事的官署，魏晋始設，歷代沿置，唐武后時曾改爲鳳閣，明洪武十三年（一三八〇）廢。

旟[一]。材真同杞梓[二]，形願并椿樗。鼓瑟慚鏗爾[三]，吹竽賦樂胥[四]。追陪欣有托，禮法不嫌疏。願率諸生履，來依長者閭。弦歌宣雅化，四境意蘧蘧。

雨中聞蟋蟀

底事長吟苦不休？土墻缺處語啾啾。虛檐點滴千聲碎，芳草縱橫一徑幽。落漠情懷偏向晚，沉寥景況不勝秋。若教佳節都如此，幾個愁人不白頭。

題州伯王蠡臺[五]夫子觀瀑圖遺照

蓮峰飛瀑百丈縣，噴薄直下無回旋。大珠小珠跳澗壑，清絕不許飛埃黏。先生家近蓮峰住，如在讓水廉泉[六]間。砰訇萬古流不息，磊礡清淑生名賢。少年讀書工洗濯，浩氣直

[一] 隼旟：畫有隼鳥的旗幟，古代爲州郡長官所造。指代州郡長官。

[二] 杞梓：杞和梓皆木名，均爲良材。

[三] 鼓瑟慚鏗爾：語出《論語·先進》『子路、曾皙、冉有、公西華侍坐』章。

[四] 樂胥：喜樂。《詩·小雅·桑扈》：『君子樂胥，受天之祜。』

[五] 王勸，字蠡臺，湖北麻城人，乾隆四十二年（一七七七）舉人，曾任金山、華亭知縣，嘉慶八年（一八〇三）知泰州，十一年卒于官。

[六] 讓水廉泉：即『廉泉讓水』，比喻爲官廉潔。《南史·胡諧之傳》：『帝言次及廣州貪泉，因問柏年：「卿州復有此水不？」答曰：「梁州唯有文川、武鄉、廉泉、讓水。」』

貫蓮峰巔。蕩滌六經[一]去邪穢，澡雪百氏歸漪漣。壯年捧檄莅曲水，五峰三泖相勾連。盟心絶巘層巒地，放眼流雲驟雨天。暮年移節臨兹土，襟江帶海皆飛湍。一塵不染清到骨，世上未有如公廉。江南豈無行樂地？身外獨結山水緣。窮搜大壑覓净果，倒窺石穴披真詮。題詩岩壁銘素志，長流濯足思當年。誰知泉竭泰山圮，白龍飛上方壺山[二]。千家萬家同一哭，泪泉涌沸如汍瀾。我觀玉照泫然泣，秋水精神歸逝川。蘭溪赤壁不復見，懸岩終古空泠然。佳哉大令[三]性純孝，願搜家學窮淵源。頭童齒豁門下士，快睹層波混混資原泉。

廣陵太守伊墨卿[四]先生命畫山水障子即題以贈

江南江北佳麗場，風流第一誇維揚。潮聲入夜逼瓜步，嵐氣横秋亘蜀岡。屈指當時賢太守，志于山水推歐九[五]。繼踵還聞玉局翁，覽勝陶情寄詩酒。漁洋山人[六]稱後賢，管領

[一] 六經：六部儒家經典。《莊子・天運》：『孔子謂老聃曰：「丘治《詩》《書》《禮》《樂》《易》《春秋》六經。」』

[二] 方壺山：傳説中神山名，即方丈。《列子・湯問》：『渤海之東，不知幾億萬里，有大壑焉……其中有五山焉：一曰岱輿，二曰員嶠，三曰方壺，四曰瀛洲，五曰蓬萊。』殷敬順釋文：『一曰方丈。』

[三] 大令：對知縣的敬稱。

[四] 伊秉綬（一七五四—一八一五），字祖似，號墨卿，晚號默庵，清代書法家，福建汀州府寧化縣人，故稱『伊汀州』。乾隆五十四年（一七八九）進士，歷任刑部主事、員外郎，後任惠州、揚州知府。

[五] 歐九：宋代文學家歐陽修行九，故稱。

[六] 王士禛（一六三四—一七一一），字子真，一字貽上，號阮亭，又號漁洋山人，山東新城人。順治十五年（一六五八）進士，官至刑部尚書，謚文簡。王士禛是清初著名詩人，曾任揚州推官。

騷壇天下傳。秋江紅樹尋詩料，老屋黄茅締宿緣。何幸三賢[一]得其四，又見玉皇香案吏[二]。海凌陸憩挹天懷，仁山智水參元契。屬予點筆畫滄洲，圖成挂向沙棠舟。浮淮涉江東到海，山水之間作卧游。獨愧經營疏意匠，塗抹空汚剡溪障。願添蒼鬢負吟囊，從游閬苑蓬壺[三]上。

燈下與山妻共話

先後匆匆一夢過（七弟媳于三月十日病殂，七月廿日大嫂又繼逝），那堪貧病又交磨。願卿裙布釵荆老，慨我青燈白髮多。屈指衰年須鄭重，回頭少日太蹉跎。何時兒女都成立，同住堯夫安樂窩[四]！

示貽勤

三世書香一係肩，老來兄弟意懸懸（時繼大兄爲嗣，七弟亦未得子）。春風上苑吾衰矣，篝火寒窗爾勉旃。毋以童心消白晝，好將壯志繼青氈。試看畫舫揚州路，前列英英盡妙年（時方府試）。

[一] 三賢：揚州有三賢祠，祀歐陽修、蘇軾、王士禛（道光二年（一八二二），三賢祠曾并祠伊秉綬）。
[二] 香案吏：指宫廷中隨侍帝王的官員。
[三] 閬苑：閬風之苑，傳説中仙人的住處。蓬壺：即蓬萊，古代傳説中的海中仙山。
[四] 堯夫安樂窩：邵雍（一〇一一—一〇七七），字堯夫，范陽人，早年隨父遷居共城。謚康節。邵雍稱其居爲『安樂窩』（見《宋史·邵雍傳》），後指安穩快樂的存身地。

哭宫壽泉[一]

貧富天實爲，修短命所主。獨于斯人亡，令我心酸楚。兄嫂相繼逝，獨力支門户。方補弟子員[二]，聘妻猶未娶。卧病百餘日，骨瘦肌膚腐。饔飧且不給，藥餌將安措？幸得中表[三]人，銜哀告親故。大者拼桐棺，小者置衾褚。昨我相問慰，舉頭向我語：老母養無人，再言神色沮。瑟瑟秋風生，陰陰天欲雨。呦呦氣將息，慘慘日過午。臨死呼阿爺，一呼以終古。父客在巴陵，兒死在鄉土。生死永别離，一面不能睹。哀哀骨肉恩，戚戚饑寒苦。

齋頭菊花

袁浦歸來秋已暮，拂拭空齋聊小住。園丁剥啄來叩門，贈我秋花三百數。斕斑霜氣滿筠籃，蕭瑟秋風散蓬户。喜極呼童掃石缸，淙淙先酌新泉注。鄒君妙技工寫生，意匠慘淡來經營。瓷瓶瓦缶互拳曲，銀鈎鐵畫相縱横。千朵萬朵密以麗，一枝兩枝疏以清。紅黄紫白各成隊，羃䍥素壁光熒熒。晚來秉燭坐花裹，消閑滋味清于水。四壁扶疏瘦影斜，半窗清淺寒光委。更炊活火煮牙茶，放盞頻將俗塵洗。閉門好待懋齋歸，冷香深處翻經史。

[一] 宫壽泉，或爲宫浦。宫浦，江蘇泰州人，諸生，嘉慶十一年（一八〇六）入學。
[二] 弟子員：即生員，秀才。
[三] 中表：與祖父、父親的姐妹的子女的親戚關係，或與祖母、母親的兄弟姐妹的子女的親戚關係。

對菊

霜華四壁影嶙峋，置得寒家似不貧。我以閑中饒況味，花于淡處著精神。猶能絢爛何妨老，但不飄零即是春。終日閉門成獨對，柴桑[一]應許證前身。

秋過袁江[二]喜晤程禹山[三]

買棹渡袁江，來訪子雲[四]宅。叩門問閽者，云赴故人席。入室坐以待，函丈地初闢。弦誦起前楹，圖書輝四壁。須臾主人歸，匆匆下車揖。背面常相思，覿面不相識。憶昔六峰署，携手悲同扼。英英兩少年，奇氣何沖勃！一别十四載，風塵絶消息。蕭蕭君鬢蒼，種種予頭白。把袂問來意，言之殊鬱抑。君言無爾爲，前箸代爲畫。馳書告同好，加餐慰行客。感君情意深，聊坐話疇昔。贈我壯游詩，告我遠行迹。飢寒既迫身，離别安所惜。

[一] 柴桑：指陶潛。因其故里在柴桑，故稱。

[二] 袁江：又名秀江。古名南水、牽水、渝水。在今江西西部，爲贛江支流。

[三] 程虞卿（一七六二—？），字禹山，號趙人，安徽天長人。嘉慶十六年（一八一一）舉人，主講淮安文津書舍十六年。嘉慶元年（一七九六）謁鐵保于都門，撰《燕臺旅草》四卷。四年秋從鐵保于瀋陽，作《遼海詩鈔》四卷。五年秋還都，鐵保招入漕督署，著《南歸集》一卷。主文津講席，輯所作爲《淮雨剩編》一卷。又有《雪鴻集》一卷。晚年自訂所作，編爲《水西閑館詩》二十卷。

[四] 揚雄（前五三—一八），字子雲，蜀郡成都人。爲漢賦代表作家，與司馬相如并稱「揚馬」。

更示耳庵[一]書，行踪亦聊歷。吁嗟我輩中，拂亂亦云極。何以青雲巔，寥寥百無一？去去謁師門，忡忡心結轖。却仗友生情，竟獲回天力。一舸載言歸，奄奄日已夕。携得午亭[二]來，黄昏款君室。樽酒慰塵容，盆花燦秋色。疏瀹神禹[三]功，縱横供談劇。聯袂步橋頭，雲寒月如璧。長揖從此辭，雄關柝聲急。

題程禹山《燕臺旅草》

單衣毾㲪走京華，祇爲浮名遠别家。袖刺[四]消磨憐姓字，靴塵落拓困風沙。一杯冷進新豐酒[五]，十載愁看上苑花[六]。却羨師門頻侍坐，春生桃李漫咨嗟。

[一] 陳鴻緒，後改名鴻翥，字耳庵，江蘇六合人，乾隆五十七年（一七九二）江南鄉試解元。就職鑾儀衛經歷，考滿選雲南臨安府同知，未赴任。

[二] 午亭，或爲賈槐，見《北行日記》。

[三] 禹，姒姓，夏后氏，名文命，字高密，號禹，後世尊稱大禹。相傳禹治黄河水患有功，受舜禪讓繼帝位。其子啓建立夏朝。

[四] 袖刺：置名刺于袖中，以備拜謁時通名。

[五] 新豐酒：泛指美酒。南朝梁元帝《登江州百花亭懷荆楚》詩：『試酌新豐酒，遥勸陽臺人。』

[六] 上苑：皇家園林。

又題《遼海詩鈔》

我聞醫無閭之山〔一〕，在挹婁〔二〕之北、兀良哈〔三〕之間，倚空萬仞踞滄海，黄沙白草天漫漫。扶輿盤礴聖人出，王氣直達居庸關。開闢草昧焕文物，五陵冠蓋〔四〕相往還。禹山壯游度燕北，直跨綉嶺升壺蘭。手挾文章問蒼昊，梯雲拾級登其巔。横覽白山之列障，倒挽黑水之回瀾。高捧北辰〔五〕瞰閶闔〔六〕，蕩胸萬里開心顔。隨風落咳唾〔七〕，化作青琅玕〔八〕。奇氣

〔一〕醫無閭之山：醫無閭山，在遼寧省北鎮縣西，人呼爲廣寧山，主峰名望海山，爲陰山山脉分支。

〔二〕挹婁：古代部族名，滿族先祖。其故地在遼寧瀋陽一帶。

〔三〕兀良哈：又稱斡朗改、兀良合等。遼金至元初用以泛指東起黑龍江西至額爾齊斯河森林地帶從事狩獵的住民。元中葉以後，部分居朵顔山地區，明以其地置朵顔衛。因與福餘、泰寧兩衛毗連，合稱爲朵顔三衛，或稱兀良哈三衛。清代譯作『烏梁海』。居于喀爾喀蒙古西北部的一支，被分爲唐努、阿爾泰、阿爾泰諸爾三部烏梁海。

〔四〕五陵：長陵、安陵、陽陵、茂陵、平陵五縣的合稱，均在渭水北岸今陝西咸陽市附近，爲西漢五個皇帝陵墓所在地。漢元帝以前，每立陵墓，輒遷徙四方富豪及外戚于此居住，令供奉園陵，稱爲陵縣。冠蓋：官員的冠服和車乘，指貴官。

〔五〕北辰：北極星。

〔六〕閶闔：傳説中的天門。

〔七〕咳唾：《莊子·漁父》：『竊待于下風，幸聞咳唾之音以卒相丘也。』後以『咳唾』稱美他人的言語、詩文等。

〔八〕青琅玕：一種青色似珠玉的美石，孔雀石的一種，又名緑青。

鬱勃走虹霓，金聲擲地何駢闐[一]？我讀其詩奮且愧，勝游無路相躋攀。埋頭坐白屋，鬚鬢日以斑。不見名山大川宕胸臆，但聞海水汩没聲潺潺。伏讀萬遍口流沫，恨不因君借羽翰。

又　題《南歸集》[二]

游興亦已倦，征人胡不歸？風霜十年飽，骨肉一門飢。零落匣中劍，闌珊身上衣。應知蕉萃伴，含泪下鳴機[三]。

和高紫嵐[四]邗上買妾歸舟得詩二首原韵

豆蔻香生第一宵，畫船人在小藍橋。未窺鮑母生前鏡，學弄秦娥去後簫時紫嵐于去年斷弦，故云。愁仗一枰寒玉破，詩煩十樣黛花描。日長教誦金荃[五]句，刻燭屏前和六幺[六]。

[一] 駢闐：猶駢田，形容聲音宏大四布。
[二] 《海陵詩彙》《芸香詩鈔》題作《題程禹山南歸集》。
[三] 鳴機：即機杼，織布機。
[四] 高筠，原名垂紳，字紫嵐、省存，號湘浦、正如，江蘇泰州人。乾隆六十年（一七九五）舉人，官内閣中書。晚年目盲。著有《紅絲硯館詩鈔》。
[五] 唐代温庭筠詞集名《金荃集》。温庭筠（約八一二—約八六六），本名岐，字飛卿，太原祁縣人，晚唐著名詩人。
[六] 六幺，即六幺令，唐教坊曲名，後用爲詞牌。又名《緑腰》。幺是小的意思，因此調羽弦最小，節奏繁急，故名。其詞爲雙調九十四字，仄韵。

綏山桃好即神仙，況是青邱正壯年。薇省[一]月圓宵寂寂，蓮塘香嫩葉田田。寶奩看抹宮蟾粉，綃帳教添睡鴨烟。爭怪三郎無賴甚，白頭也譜定情箋（謂令兄[二]若庭）。

寄陳耳庵游幕山左[三]

都門一握手，倏忽嘆晨星。留宦君緣木（時耳庵需次七品[四]京官，竟不可得），浮踪我斷萍。驢鳴山雨急（予策蹇出都，值驟雨，行囊盡濕），蛟走海風腥（歸里後，湖決于北，海溢于東，巨浸千里，境内大荒）。歷盡凶荒累，寒氈獲暫寧（今夏主本州講席）。

前過子雲宅（九月，赴袁浦，過程禹山），見君山左書。窮愁托豪素，歲月老征車。命以文章薄，交因離別疏。題詩相問訊，旅況近何如？

伊墨卿太守以《賑灾四首》見寄感而賦呈

養痾坐茅齋，剝啄喧閭里。太守賑灾歸，作詩寄賤子。開函讀新詩，鬱勃氣奇佹。皇皇自引咎，涔涔泪盈紙。兩年遭水厄，四境蕩如洗。畎畝喪波濤，室廬亦傾圮。老死壯者逃，遺黎存有幾？大風西北來，震蕩床頭水。天寒食復缺，輾轉污泥裏。并此前所遺，哀

[一] 薇省：紫薇省的簡稱，即紫微省。唐開元元年（七一三）取天文紫微垣之義，改中書省爲紫微省，中書令爲紫微令。省中種紫薇花，故亦稱紫薇省，借指中樞機要官署。

[二] 高垂綬，字若庭，江蘇泰州人，府學生員，乾隆四十九年（一七八四）入學，貢生，嘉慶七年（一八〇二）官贛榆訓導。

[三] 山左：山東省，因在太行山之左（東），故稱。

[四] 需次：官吏授職後，按照資歷依次補缺。

哉亦爲鬼。人命日以蹙，天灾猶未已。太守哀吾民，吾民庶無死。

北村有一叟，去歲猶書捐。六月水洊至，田廬空逝川。子逃新婦賣，衰朽難自全。携孫向城市，結棚官路邊。班荆[一]聚骨肉，乞食聊苟延。丐多飯不足，十户九空還。昨聞報飢口，瑟縮不敢前。無錢給里長[二]，恐遭胥吏鞭。何幸賢太守，馭下飭以嚴。胥吏畏太守，給票不要錢。持歸語幼孫，長夜無號寒。幾日賑錢至，買襖裝新綿。

太守既賢明，刺史亦清肅。道路無莩民，囹圄無留獄。朝夕撫饑寒，蓬葆生春燠。寬以馭黎民，嚴以率僚屬。僚屬亦奮勉，協志哀煢獨。冒濫諸弊除，皇仁下茅屋。更荷展商賑，計口資糧足。寒有一尺布，飢有一盂粥。十四萬灾黎，生全賴良牧。勿僅嘆凶荒，猶是凶荒福。

晨起召生徒，匡坐[三]商今古。寒風釀雪霰，凄凄日過午。生徒廢書嘆，相嚮顔色沮。先生起相謂，努力安貧寠。凶年人流離，窮約固其所。履也荷師恩，糊口麋脩脯。脩脯雖未足，差免拋鄉土。裘典骨棱森，腹餒腸酸楚。兒女牽衣啼，忍泪耿無語。先生且如此，煢煢况于女。惟士有恒心[四]，黽勉循規矩。守牧皆慈祥，何忍不相顧。勵爾金石聲，耐爾饑寒苦。

[一] 班荆：謂相遇于途，鋪荆坐地而談。
[二] 里長：里爲古代居民組織單位，時地不同，户數不一。里長即一里之長。
[三] 匡坐：正坐。
[四] 《孟子·梁惠王章句上》：「無恒産而有恒心者，惟士爲能。」

老贊禮

老贊禮，出身本是故家子，荒年無錢餓欲死。朔望應官天驟寒，跪接長官不能起。衣單褲破露雙膝，龍鍾戰栗層冰裏。車前從者以手援，滿手纍纍皆餓蟣。參軍慷慨想憫憐，刺史太息囊無錢。

丙寅邑被水患余與同人醵四五百金分贈寡婦今冬水患尤甚貞姑徐氏走請于余余謝不敏徐無所控告慟哭于明倫堂學博[一]次山[二]先生聞而哀之復邀同人捐資相濟詩以志感

北風釀雪天蒼黄，寡婦腹餒凍欲僵。商人設廠賑米麥，寡婦不入稠人場。貞姑之夫余之侄，鬢髮鬖鬖向余説，願延殘喘十三年，縱填溝壑完名節。去年捐賑人有錢，貧儒寡婦皆見憐。我亦粗能供饘粥，敢不竭力相周旋。今年有館無齋俸，日典琴書不敷用。嗷嗷八口且難保，安能奔走謀于衆！斯時雨落白晝昏，貞姑别我哭出門。淋漓衣履盡泥污，欲歸無路謀饔飧。未見夫面爲夫守，夫死無靈骨已朽。哀號慟哭明倫堂，長城西傾日東走。廣文先生[三]大耋年，粉署聞之心惻然。傳書招集門下士，攢聚得錢剛十千。吁嗟貞姑爾何幸，呼號得荷先生賑。去年寡婦三百人，紛紛餓死無人問！

[一] 學博：學官。唐制，府郡置經學博士各一人，掌以五經教授學生。後泛稱學官爲學博。

[二] 韓襲祥，字中行，號次山，長洲人，乾隆六十年（一七九五）舉人，由棗陽知縣改泰州學正。

[三] 廣文先生：指清苦閑散的儒學教官。

閉門吟

董子下帷[一]

世事歷已盡，不如還讀書。終日手一卷，游心歸太虛。太虛本無象，一室聊自娛。長吟思若遺，閉目神與俱。造化日往復，翛然存吾故。

王粲登樓[二]

依人非本計，將以濟窮約。窮約仍故吾，行踪增落魄。登高望故鄉，極目傷寥落。山谷互縈回，天地何遼廓！俯仰一身孤，憂踽將安托？

阮籍窮途[三]

岐中有岐路，楊朱昔所悲[四]。失足在窮途，踽踽將安歸？途窮日復暮，人事與我違。道路塞榛莽，秋原狐兔肥。搔首視蒼天，嗷嗷鴻雁飛。

[一] 董仲舒（前一七九—一〇四），廣川人，漢代大儒。他勤于治學，下帷講誦，三年目不窺園囿。

[二] 王粲，字仲宣，山陽高平人，建安七子之一。他避亂依劉表于荊州，寫有《登樓賦》，表達對故土的思念。

[三] 《三國志·魏書·王衛二劉傅傳》裴松之注引孫盛《魏氏春秋》：『（阮）籍曠達不羈……時率意獨駕，不由徑路，車迹所窮，輒慟哭而返。』阮籍（二一〇—二六三），字嗣宗，陳留尉氏人，竹林七賢之一。曾任步兵校尉，世稱阮步兵。

[四] 《荀子·王霸》：『楊朱哭衢塗，曰：「此夫過舉蹞步，而覺跌千里者夫。」』楊朱，先秦諸子之一。楊姓，字子居，魏國（一説秦國）人。楊朱主張『貴己』『重生』『人人不損一毫』，是道家楊朱學派的創始人。

嵇康養生〔一〕

常苦世上人，勞勞不得息。百歲曾幾何？徒焉費心力。何如息機心，冥冥守其黑。默坐誦《黄庭》〔二〕，高卧參元室〔三〕。内照養穀神〔四〕，庶幾不消滅。

潘岳種花〔五〕

山縣小于村，官閑民訟少。荷鑱率園丁，種花向官道。桃李艷春風，芙蓉燦秋沼。四序代芳菲，輝光媚晴昊。獨坐彈鳴琴，優游以將老。

左思咏史〔六〕

讀書友古人，古人不可見。展卷對篝燈，如晤古人面。志士多苦辛，傳人盡貧賤。忽

〔一〕嵇康（二二四—二六三），字叔夜，譙國銍縣人，竹林七賢之一。官至中散大夫，世稱嵇中散。因不與司馬氏合作被處死。著有《養生論》。

〔二〕《黄庭經》，道教的經典著作。

〔三〕元室：即玄室，暗室。

〔四〕穀神：生養之神，亦即『道』。穀，生養。

〔五〕潘岳，字安仁，世稱潘安，滎陽中牟人。西晋文學家。曾任司空掾、太尉掾、河陽縣令、懷縣令，太傅府主簿等。白居易《白孔六帖》卷七七『河陽花』：『潘岳爲河陽令，樹桃李花，人號曰「河陽一縣花」。』

〔六〕左思，字太冲，齊國臨淄人，西晋著名文學家，官至秘書郎。左思著有《咏史》八首。

忽百年中，天心苦磨煉。作書貽後人，鹽車[一]毋戀戀。

劉琨起舞[二]

皇皇夏日短，杳杳冬宵長。聞鷄攬衣起，破膽氣激昂。念我生平友，高舉六翮張。拔劍指北斗，咤叱飛寒芒。蓬蒿不可老，去去登河梁。

郭璞游仙[三]

蜉蝣一朝夕，蟪蛄一春秋。富貴不我顧，上與元氣游。左手握洪崖，右手持丹邱。下視塵世人，逐逐將何求？長生不必學，聊以忘吾憂。

[一] 鹽車：運載鹽的車子。《戰國策・楚策四》：『夫驥之齒至矣，服鹽車而上太行。蹄申膝折，尾湛胕潰，漉汁灑地，白汗交流，中阪遷延，負轅不能上。伯樂遭之，下車攀而哭之，解紵衣以冪之。』後以『鹽車』喻賢才屈沉于天下。

[二] 劉琨（二七一—三一八），字越石，中山魏昌人，西晉將領、詩人。懷帝時出任并州刺史，愍帝時拜大將軍，都督并、幽、薊三州軍事，長期在北方與劉聰、石勒作戰。後爲石勒所敗，投奔段匹磾，不久被殺。《晉書・祖逖傳》：『（祖逖）與司空劉琨俱爲司州主簿，情好綢繆，共被同寢。中夜聞荒鷄鳴，蹴琨覺曰：「此非惡聲也。」因起舞。』

[三] 郭璞（二七六—三二四），字景純，河東聞喜人，晉代著名文學家。郭璞曾任大將軍王敦記室參軍，因勸阻王敦謀反被殺，死後追贈弘農太守。明人輯有《郭弘農集》。《游仙詩》十四首是郭璞的代表作。

袁安僵卧[一]

蕭蕭雨雪天，落落弦歌地。煢煢牖下儒，寂寂柴門閉。三餐爨火虚，十上[二]貂裘敝。仰卧北窗下，北風凄以厲。合眼即華胥[三]，輾轉不能至。

陶潛乞食[四]

種菊寄東籬，悠然絶塵俗。塵俗雖可離，何能果吾腹？曳杖出門去，聊以謀饘粥。四顧路茫茫，欲行還躑躅。靦面皆相知，中情向誰告？

陸羽品茶[五]

懷刺日奔走，蕪穢滿肺腸。呼童烹苦茗，入口何清凉。泉花漾漾緑，石乳溶溶香。披襟滌煩囂，倦眼生靈光。誰與共斟酌？梅花開草堂。

[一]《後漢書·袁安傳》：『時大雪積地丈餘，洛陽令身出案行，見人家皆除雪出，有乞食者。至袁安門，無有行路，謂安已死。令人除雪入户，見安僵卧，問何以不出，安曰：「大雪人皆餓，不宜干人。」令以爲賢，舉爲孝廉。』袁安（？—九二），字邵公，汝南汝陽人，東漢大臣，歷仕至太僕、司空、司徒。

[二]十上：多次上書言事。《戰國策·秦策一》：『蘇秦始將連横説秦惠王……説秦王書十上而説不行。』

[三]華胥：《列子·黄帝》：『（黄帝）晝寢，而夢游于華胥氏之國。』

[四]陶淵明（三五二或三六五—四二七），字元亮，又名潛，私謚『靖節』，世稱靖節先生，潯陽柴桑人。東晋末至南朝宋初期著名詩人，寫有《乞食》詩。

[五]陸羽（七三三—八〇四），字鴻漸，一名疾，字季疵，號竟陵子、桑苧翁、東岡子，又號茶山御史，復州竟陵人，唐代著名茶學家，著有《茶經》。

李白縱酒[一]

人世無歡場，杯中足游衍。一口吸西江，餘波浮白卷。茫茫天地寬，忽忽春秋短。醉起舞婆娑，天暢機流轉。嗟予獨醒人，不飲如何遣！

韓愈送窮[二]

君子固重窮，不聞屏疏水。志士耻温飽，非願饑寒死。研田[三]不種粟，卒歲囊如洗。兀兀對諸生，嗷嗷愧妻子。送窮將何之，依予以終結。

乙丑丙寅泰邑叠被水患鹽政設廠賑灾鮑君錫芬[四]主邑廠事慈惠之意有加無已邑人感之公頌其德爰作長歌以贈

乙丑丙寅水洊至，白浪排山起平地。死者漂没生者逃，舟處蓬栖滿城市。水頭如箭泥如刀，赤日下地烈火燒。上蒸下濕腹不飽，兒啼女啼徹夜號。先生聞之惻然起，躬率同人

[一] 李白（七〇一—七六二），字太白，號青蓮居士，祖籍隴西成紀，出生于西域碎葉城，唐代偉大詩人。李白善飲，與賀知章等人稱爲『飲中八仙』，創作的詩篇很多都與飲酒有關。杜甫《飲中八仙歌》：『李白一斗詩百篇，長安市上酒家眠。天子呼來不上船，自稱臣是酒中仙。』

[二] 韓愈（七六八—八二四），字退之，河南南陽人。唐代著名文學家，因郡望昌黎，世稱『韓昌黎』『昌黎先生』，『唐宋八大家』之一。著有《送窮文》。

[三] 研田：指硯。以田喻硯，把讀寫看作耕作。

[四] 鮑錫芬，或作『鮑席芬』，新安人，揚州鹽商，生平不詳。

祈榷使[一]。州城設廠一百日，招集流亡轉生死。今年先生又復來，遺黎十萬飢顏開。清晨賑米暮賑粥，直于墟墓存枯骸。北風淒淒柏冬日，官有程期廠將結。太守咨嗟刺史憂，舉邑皇皇如有失。榷使東來到海邊，先生密意相周旋。饑民焚香士進牘，香牘皆用先生錢。果然幸借回天力，米麥銜艘馳羽檄。量籌計口廠復開，餓殍嘻嘻有人色。五更瑟縮天雨霜，挈囊赴廠手足僵。得錢買薪炊作粥，一盂甘露融飢腸。吁嗟先生性超軼，手擲黄金散鄉邑。恨不普照恒河沙[二]，化爲四大光明佛。男曰鮑子女鮑娘，生生世世毋相忘。淪人肌膚浹人骨，先生之德何可量？更當暇日興餘利，疏瀹西城通地氣。饑民得食文運昌，儒生盡荷先生賜。惟願世纘鮑氏驄，三入司隸[三]再入公[四]。

冰心蠟梅

幾枝初破蠟書丸，消盡當心一抹檀。半點不留腔血熱，十分寧耐雪霜寒。香于冷淡之中露，開在繁華以後看。宛似鄙人新病起，禁寒瘦骨半闌珊。

[一] 榷使：榷爲專營之意。歷代設有榷鹽使、榷茶使、榷稅使等。後稱管理專營或經濟事務的官員爲『榷使』。

[二] 恒河沙：佛教語，形容數量多至無法計算。

[三] 司隸：官名，漢武帝置司隸校尉，領兵一千二百人，捕巫蠱，督察大奸猾。後罷其兵，改察三輔、三河、弘農七郡。

[四] 公：古代最高官銜。明清以太師、太傅、太保爲三公。

題陸介堂[一]柴門臨水稻花香小照 轆轤體

柴門臨水稻花香，柳下風來送午凉。獨立江南望江北，青山一桁亘斜陽。
朝雨初晴水滿塘，柴門臨水稻花香。溪頭鄰叟荷鋤去，驚起鷺鷥飛一行。
尋君燕子磯頭路，來往垂楊最深處。柴門臨水稻花香，家在豳風圖[二]裏住。
自嫌近市構茆堂，匼市紅塵鎮日忙。争似山深人不到，柴門臨水稻花香。

咏女兒茶爲高紫嵐作

天上茶星戀夙因，凌寒化作女兒身。霜前嫩染纖纖態，雪後嬌凝瓣瓣春。粉蕊不愁妝閣凍，紅顏可怕海風皴。香霏夢斷梅花冷世傳海棠嫁梅花，紫嵐時斷弦，故云，留伴孤山月下人。

丁卯人日[三]風雨復繼以雪偶成一首

十日春回不見春，天心何事故驚人。直從雪窖冰山地，釀出花明柳媚晨。魚兆暗教寒泄漏，烏跧暫爲雨因循。擁爐白戰[四]添吟興，惜少淵明漉酒巾[五]。

[一] 陸介堂，待考。
[二] 豳風圖：元代趙孟頫所繪之圖，後泛指有關農事的圖畫。
[三] 人日：俗以農曆正月初七爲人日。
[四] 白戰：空手作戰。指作『禁體詩』時禁用某些較常用的字。
[五] 《南史・隱逸傳上・陶潛》：『郡將候潛，逢其酒熟，取頭上葛巾漉酒，畢，還復著之。』漉酒，濾酒。

題徐一之[一]鋤梅月下圖

幽人山中居，山中種梅樹。宵來風雪霽，呵凍荷鋤去。石罅理孤根，手汲冰花注。明月滿空山，寒香散江路。中夜翠禽鳴，清輝共延佇。

與葉古軒鄒耳山話舊[二]

三十年交老弟兄，回頭今昔總關情。泰山已絶終身仰（謂雪舸、起莘兩夫子[三]），洹水空傷舊日盟（柳門、爽亭先後謝世，楓崖與雲浦弟[四][五][六]遠館海上）。愧我風塵書十上，羨君詩酒迹雙清。融融相共燈前話[七]，意味如前白髮生。

[一] 徐一之，待考。

[二] 葉兆蘭，字古軒，江蘇泰州人，府學生員，乾隆四十年（一七七五）入學，監生，著有《西河草堂詩剩》。鄒熊，字耳山，江蘇泰州人，監生。著有《聲玉齋集》五卷。

[三] 謂雪舸、起莘兩夫子：《芸香詩鈔》作『謂宫荔甫、吴莘農兩夫子』。吴伊訓，字步尹，號莘農，江蘇泰州人，乾隆二十六年入學，歲貢生。宫爲坊，字言可，號荔圃，江蘇泰州人，乾隆四十年順天鄉試舉人，國子監學正，著有《史記質疑》《目耕居士詩鈔》。

[四] 李宸，字楓崖，江蘇泰州人，諸生，乾隆四十七年（一七八二）入學。著有《粤游草》四卷。

[五] 陳銘，字鼎鐫，號柳門，江蘇泰州人，諸生，乾隆四十二年（一七七七）入學。

[六] 爽亭，待考。有朱東啓其人，號爽亭，江蘇泰州人，乾隆初年任貴州思南知府，當非其人。遠館海上：《芸香詩鈔》作『俱客邗上』。

[七] 融融相共燈前話：《芸香詩鈔》作『宵深共剪西窗燭』。

題奚鶴岑[一]小照

六月酷暑不可逃，大地赫若洪爐燒。涓滴之水不易得，蘊隆攸鬱焦膚毛。披圖爽氣颯然至，清涼世界何逍遥！飛泉漱玉下石壁，長林蓊蔚風蕭騷。呼童掃石倚樹坐，水聲樹聲相激撓。白龍條條下天走，蒼鶻啞啞翻雲號。手携詩卷恣吟賞，掃除熱惱驅塵囂。空山寂寞有天地，層陰冪歷[二]無昏朝。願君借我一片石，不使炎火相煎熬。

祝州伯宋檻泉初度[三]即送入覲

江城爽氣入新秋，朋酒同增海屋籌。膏雨遠敷桃葉渡（先生典舉賓興助以[四]資斧，士林感荷），涼風香静藕花洲（署内。池名）。紫芝劈脯靈芽脆，紅葯分槽玉液浮。况值介珪[五]占用享，焚香比户送鳴騶。

神州一路緑陰平，得得霜蹄趁月行。别日琴堂梧影細，到時賓館桂香盈。石經久著文

[一] 奚鶴岑，待考。
[二] 冪歷：瀰漫籠罩貌。
[三] 初度：生日。
[四] 賓興：地方官設宴招待應舉之士，亦指鄉試。
[五] 介珪：大圭。圭，一種上尖下方的玉器。

翁[一]化，玉册新題卓茂[二]名。惟念蒲濤[三]諸父老，清風樓下望先生。

贈孫尹圃[四]州伯

手撚香花出郭迎，欣隨父老拜宣城。匡時治績欽循吏，壽世文章啓後生。丰采軒軒秋月朗，心期皎皎玉壺清。仙才况是蓬萊選，臚唱[五]曾傳第一聲（先生辛丑廷試擬進士第一）。

文名少日滿江南，道藝都從志境諳。書草縱横翻快雪，筆花芬馥散優曇。螭頭春雨曾扶輦，鰲背秋風暫駐驂（今秋移節下臨）。終是玉皇香案吏，掖垣摛藻[六]待羅含[七]。

[一] 文翁（前一五六—前一〇一），名黨，字仲翁，西漢時著名的循吏，景帝末年任蜀郡守，教化百姓，舉薦賢能，興修水利，政績卓著。

[二] 卓茂（前五三—前二八），字子康，漢宛人。性寬仁，曾習法禮及曆算，通于儒學，并舉爲侍郎。平帝時爲密令，教化大行。

[三] 蒲濤：舊縣名，東晋義熙七年（四一一）置，屬海陵郡。治所在今江蘇如皋市東南白蒲鎮，北周廢。仲氏祖居泰州東鄉西場鎮，其地舊屬蒲濤。

[四] 孫源潮，字達孚，安徽宣城人，乾隆四十六年（一七八一）進士，歷任寶應、甘泉知縣，海州、高郵州知州，嘉慶十二年（一八〇七）任泰州知州。

[五] 臚唱：進士殿試後，皇帝召見，按甲第唱名傳呼，稱臚唱。其制始于宋。

[六] 摛藻：鋪陳辭藻。意謂施展文才。

[七] 羅含，字君章，東晋桂陽人。劉義慶《世説新語·規箴》：『羅君章爲桓宣武（温）從事，謝鎮西（尚）作江夏，往檢校之。羅既至，初不問郡事，徑就謝數日，飲酒而還。桓公問有何事？君章云：「不審公謂謝尚何似人？」桓公曰：「仁祖是勝我許人。」君章云：「豈有勝公人而行非者，故一無所問。」桓公奇其意而不責也。』

昔依棠蔭近雷封[一]，儒吏聲華遠近宗。拜堰上回河伯怒（丙寅秋過高沙，土人云，六月湖水驟至，石堰將崩，先生哭拜堰上，風雨頓息，合邑胥賴生全），鑿洪前繼古人踪。琴書秋館頻招客，羔韭春田自課農。何幸蒲濤荒僻地，文翁伏湛[二]兩相逢（謂宋檻泉先生）。

笑我鷦鷯借一枝[三]，經師猶愧況人師。年荒珠糶書中粟，歲暮霜攢鬢上絲。吐氣敢希階可假，見天却幸霧全披。衣冠長揖琴堂下，五十雕蟲[四]老項斯[五]。

上傅竹漪[六]觀察

昌黎垂教澤，瀛海毓仁淵。紫極開文運，青雲纘世傳。詞章參密契，性道會真詮。早

[一] 雷封：縣令的代稱。古代的『縣大率方百里』（《漢書·百官公卿表上》），而『雷霆百里，縣令象之，分土百里』（《白孔六帖·縣令》），故稱。

[二] 伏湛（？—三七），字惠公，琅琊東武人。光武帝劉秀時任大司徒，封陽都侯，後改封不其侯。

[三] 《莊子·逍遥游》：『鷦鷯巢于深林，不過一枝。』

[四] 雕蟲：喻從事不足道的小技藝，常指寫作詩文辭賦。

[五] 項斯，唐詩人，字子遷，台州人。楊敬之《贈項斯》：『幾度見詩詩總好，及觀標格過于詩。平生不解藏人善，到處逢人説項斯。』

[六] 傅修，字俊成，號竹漪，廣東海陽人，乾隆二十七年（一七六二）舉人，山陰縣知縣，升直隸遵化州知州，擢知大名府，旋移守保定，遷山西冀寧道，未幾署按察使兼權布政使，特旨調任直隸按察使。後以遭傾陷落職，發往江蘇以知州用，嘉慶十四年（一八〇九）任揚州府清軍同知。

折番禺桂，行攀太液[一]蓮。一官緣小試，百里暫分權。惠政推經國，雄才喜定邊。殊榮加大邑，首善隸全燕。升協爻三五，恩頒石二千。姓名留秘省，功業濟靈川。水澤通疏瀹，金精秉象縣。棘林春有爵，園土夜無鵑。潔志霜同肅，澄懷月比娟。持衡求故府，移節鎮新田。方祝鯤池[二]變，誰知蛛網牽。崇陵司匠石，絶塞靖風烟。堤報淮黄決，渠思鄭白[三]穿。却銜天子命，來仔列侯肩[四]。夾岸龍排埽，封堤犬布磚。安瀾程後效，晋秩免前愆。憶昔傳薪地，曾邀滚芥[五]緣（客秋謁梅庵師，叨承齒惠）[六][七]。幸瞻神俊逸，已感意殷拳。誰料牢盆[八]計，今煩御

[一] 太液：古池名。漢太液池在陝西省長安縣西；唐太液池在大明宮中含凉殿後，中有太液亭；元明清太液池即今北京故宫西華門外的北海、中海、南海三海。

[二] 鯤池：語本《莊子·逍遥游》：『窮髮之北有冥海者，天池也。有魚焉，其廣數千里，未有知其修者，其名爲鯤。』

[三] 鄭白：戰國時築鄭國渠的鄭國與漢武帝時築白渠的白公的并稱。

[四] 仔肩：擔負，承擔。

[五] 滚芥：滚動芥籽。此處言小。

[六] 客秋：去年秋天。

[七] 鐵保（一七五二—一八二四），字治亭，一字鐵卿，號梅庵，滿洲正黄旗人。乾隆三十七年進士，授吏部主事，官至漕運兵督、廣東與山東巡撫、兩江總督。嘉慶十四年以事遣戍烏魯木齊，十五年調喀什噶爾參贊大臣，十六年擢禮部、吏部尚書，十九年以事遣戍吉林，二十三年召爲司經局洗馬。鐵保留心文獻，爲《八旗通志》總裁，輯《熙朝雅頌集》，著有《惟清齋全集》。乾隆五十七年壬子，仲振履應江南鄉試，主考鐵保極爲賞識，已擬爲解元，爲副主考李潢所阻，落榜。

[八] 牢盆：煮鹽器具，借指鹽政或鹽業。

府賢。商民親李沆[一]，父老拜韋堅。馬鬣分還合，蜂窠斷復連。鹵憑蓮子試，莢帶雪花煎。受小從容理，名高指顧遷。息原同六月，駐豈待三年？愧我同莊轍[二]，何心望祖鞭[三]。授經慚宿學，托鉢類枯禪。已負三條燭[四]，空塗十様箋。不期居駱後[五]，轉喜識韓先。長揖崇轅下，揚眉列座前。笑談親玉麈，薰沐誦金荃。得指都成佛，承顔便欲仙。舉頭對秋月，披霧見青天。佇看丹麻詔，遥從紫禁宣。賜環征耋老，陳臬莅班聯。名向金甌貯，勛從寶帖鐫。鳴珂趨五鳳，垂韠兆三鱣。常願居門下，歌詩侍几筵。

曉發瓜步

北風兼夜起，獨客放孤舟。月落江天闊，潮來海氣浮。鬧開千户曉，山瑣六朝秋。悵

[一] 李沆（九四七—一〇〇四），字太初，洺州肥鄉人。北宋名相。死後贈太尉、中書令，謚文靖。

[二] 莊轍：此典或出《莊子・外物》：『莊周家貧，故往貸粟于監河侯。……忿然作色曰：周昨來，有中道而呼者。周顧視車轍中，有鮒魚焉。周問之曰：「鮒魚來！子何爲者邪？」對曰：「我，東海之波臣也。君豈有斗升之水而活我哉？」周曰：「諾。我且南游吴越之土，激西江之水而迎子，可乎？」鮒魚忿然作色曰：「吾失我常與，我無所處。吾得斗升之水然活耳，君乃言此，曾不如早索我于枯魚之肆！」』意指生活困頓。

[三] 祖鞭：即祖生鞭。《世説新語・賞譽下》：『劉琨稱祖車騎爲朗詣。』劉孝標注引晋虞預《晋書》：『劉琨與親舊書曰：「吾枕戈待旦，志梟逆虜，常恐祖生（祖逖）先吾著鞭耳。」』後用以勉人努力進取。

[四] 三條燭：唐代考進士科，試日可延長至夜間，許燒燭三條。

[五] 《舊唐書・文苑上・楊炯傳》：『炯與王勃、盧照鄰、駱賓王以文詞齊名，海内稱爲王楊盧駱，亦號爲「四杰」。炯聞之，謂人曰：「吾愧在盧前，恥居王後。」』

望頻搔首，蘆花滿柁樓。

渡江

朔風催去艇，汩没破流澌。人語喧空谷，濤聲撼斷堤。日懸孤嶂小，天壓大荒低。顧盼一長嘯，飛鳶相應啼。

江行有感

瘦骨驚秋早，空江向曉寒。浪揉孤棹軟，風曳敝裘單。愁到窮時淡，流從轉處寬。饑驅非得已，去去敢求安？

由栖霞曉赴石城

肩輿凌曉入山城，山徑紆回驛路平。貼水白茅含朔氣，隔村黄葉度秋聲。鐘鳴古寺林鴉散，草没荒陵石馬横。底事築場人更早，已炊松火煮香粳。

渡江懷雲碉[一]家大兄暨雲浦七弟[二]

瑟瑟新霜下翠微，前回風景已全非。蛟龍入水降心卧，鷹隼摩空得意飛。秃盡雙鬟山

[一] 仲振奎（一七四九—一八一一），字雲碉（一作澗），江蘇泰州人，監生，仲振履之兄，著有《紅樓夢傳奇》等。

[二] 仲振猷，字雲浦，江蘇泰州人，仲振履之弟。乾隆五十四年（一七八九）拔貢，嘉慶十三年（一八〇八）舉人，授鎮洋縣教諭，曾署太倉州學正。

亦老，嘔乾百谷海應飢時秋潮大發。不知憔悴西風客，幾度聞砧起拂衣。

歲癸卯余初赴試秣陵閱今丁卯蓋已二十五年矣歷溯舊游頓增今昔之感因念高文子[一]侄與湯生懋齋[二]一以病未終場一以佳文被抑得長句一首

大江日東逝，晝夜何迫蹙。機雲[三]北渡不復歸，徐庾[四]荒墳没林麓。六朝故物剩青山，消盡當初可憐緑。二十五年來，嗟予苦鹿鹿。少小意氣驕，老大頭顱禿。意驕不耐閉户吟，頭禿空嗟生計迫。回首文壇諸故人，多半窮經羈白屋。有時把酒共論文，搔首長歌以代哭。後來之秀得二子，高湯嶄然露頭角。懋齋光怪有奇氣，文子淹通富卷軸。今秋獻策來白下，翹首西風薦鸑鷟。抖擻三年骯髒心，刮磨五色迷離目。誰知豪氣過激昂，文奪天工天不福。黄茅白葦望無際，珊瑚沈海珠留櫝。吁嗟我輩成老朽，日望英姿騰驥足，連

[一] 高銘，字金雨，號文子，晚號曼亭，江蘇泰州人，垂藻次子。嘉慶十八年（一八一三）拔貢，補河南淇縣知縣。著有《曼亭吟草》二卷。

[二] 湯治昭，字懋齋，江蘇泰州人，歲貢生，著有《清嘯堂詩草》《藏鋒閣詩鈔》。

[三] 機雲：陸機、陸雲兄弟，二人爲東吴名將陸遜之孫、陸抗之子，合稱『二陸』，吴郡吴縣人。入晋後渡江北上。陸機（二六一—三〇三），字士衡，歷任平原内史、祭酒、著作郎等職，世稱『陸平原』。陸雲（二六二—三〇三），字士龍，任清河内史，故世稱『陸清河』。

[四] 徐陵（五〇七—五八三），字孝穆，東海郡郯縣人。庾信（五一三—五八一年），字子山，小字蘭成，南陽郡新野縣人。二人爲南北朝時期著名文學家，并稱『徐庾』。

翩直上青雲巔，俎豆[一]榮施耀鄉曲。老夫今與二子約，不獲何妨再請復。魯陽[二]呼日返三舍，季子[三]亡金相六國。願得攻苦如大江，晝夜長流晝夜讀。

新河道中

歸棹依依水一涯，片帆東去背栖霞。林飛紅雨翻楓葉，浪叠金錢蹙荇花。秋水半奩含日净，晚山一桁入雲斜。奈何欲唤頻搔首，不識桓伊[四]何處家。

大風渡江

乘潮放船去，眼界豁然開。浪蹴金焦没，風催鐵馬來。浮沈經慣事，忠信濟川才。一棹如飛渡，臨江亦快哉。

[一] 俎豆：俎和豆。古代祭祀、宴饗時，用來盛祭品的兩種禮器。亦泛指各種禮器。

[二] 魯陽：魯陽公，戰國時楚國魯陽邑公。《淮南子・覽冥訓》：『魯陽公與韓構難，戰酣日暮，援戈而撝之，日爲之反三舍。』

[三] 戰國蘇秦字季子，洛陽人。他早年游歷列國，困窘而歸，家人不以爲禮。後發憤攻讀，游説諸侯見用，任『從約長』，兼佩六國相印。

[四] 桓伊，字叔夏，小字子野（一作野王），譙國銍縣人，東晋時期將領、名士、音樂家，善吹笛。淝水之戰，立有大功。

都中晤陳澧塘九兄[一]口占奉贈

荒衙暫卷碧油幢，來蹴靴塵想疊雙。寂似枯僧寄禪榻，痴于寒女戀機窗。十分宦味貧彌永，一點名心老未降。看取探花歸去日，笑偎紅袖擁金缸。

戊辰三月初九日闈中口占

三條燭盡夜深沈，展卷支頤仔細吟。敢説蕊宮鐫玉字，學從綉譜乞金針。埋頭未了前生債，嘔血來償不死心。起傍矮檐閑眺望，東風吹雨送春陰。

十五夜又成一律

從從擲筆卷青氈，今夕纔完未了緣。斷我痴魔登彼岸，看人幻想着先鞭。身無束縛何妨老，心不模棱即是仙。仰視高空春浩浩，凍雲消盡月當天十二日大雪，故云。

[一] 陳燮，字理堂，一字澧塘，江蘇泰州人，嘉慶三年（一七九八）舉人，晚年官邳州學政。著有《憶園詩鈔》《憶園詞鈔》等。

卷二

别吴州[一]和家大兄原韵

别離增昔悲，鄉閭有真趣。其奈官書催，欲留留不住。道遠行李單，寸心苦紛騖。出城雨初霽，解纜即長路。童僕添喜色，故舊傷離愫。男兒志桑蓬，所重在知遇。讀書四十年，亦思勤建樹。清白守家風，疏水安寒素。厲志在鐘彝，敢爲世網誤？

過揚州

纔出蘆溝橋，又别蒲濤里。杳杳問征程，行行過邗水。出關撫膺嘆，浮沈今始此。親朋誡我語，一一俱在耳。仰觀出雲鵲[二]，奮翅搏風起。羨爾恣往來，不累于妻子。遠客携眷屬，望望頻徙倚。紅樹揖旗亭，青袍辭杖幾（予去年主講文昭書院）。庚嶺早梅開，去作春風使。

高旻寺

兩度匆匆過，忙中未叩關。客隨紅樹遠，僧與白雲閑。水冷群龍蟄，林喧衆鳥還。回頭籬落下，秋色漸斕斑。

[一] 吴州：泰州。唐高祖武德三年（六二〇），海陵縣改稱吴陵縣，置吴州。

[二] 鵲：《芸香詩鈔》作『鶴』。

野泊待風

寸心去住兩匆匆，偏勸忙人駐短篷。山遠鳥歸將落日，江空人語欲生風。野塘水冷蘋花白，古寺秋深桕樹紅。咫尺秣陵行不得，別懷悵觸水聲中（雲浦赴試江陵，急謀一晤。）

渡江

江頭往返年復年，此身竟與江爲緣。少日追隨青雀舫[一]（先君子宦蜀），壯時潦倒孝廉船。蒲帆十幅凌風挂，少壯頻隨潮上下。沈鎖難消陸抗[二]冤，投鞭空長苻堅[三]價。今年南下從趙佗[四]，酒酣横槊當風磨。不學龐公[五]摻于忽，不學桓伊唤奈何。畫舫聯吟兄與弟（時奉家兄偕往），日

[一]《方言》卷九：『舟……或謂之鷁首。』郭璞注：『鷁，鳥名也。今江東貴人船前作青雀，是其像也。』後因稱船首畫有青雀之舟爲『青雀舫』。泛指華貴游船。

[二]陸抗（二二六—二七四），字幼節，三國時吴國名將。吴郡吴縣華亭人。陸遜之子，有幹才，治軍謙冲，深得人心。與晋羊祜對境而治，互以君子之禮相待，終其任，邊疆無事。官至大司馬、荆州牧。《晋書·王濬傳》載，吴國爲了防備晋軍，『于江險磧要害之處，并以鐵鎖横截之，又作鐵椎長丈餘，暗置江中，以逆距船』。

[三]苻堅（三三八—三八五），字永固，一名文玉，洛陽臨渭氏族人，前秦皇帝。《晋書·苻堅載記》載，苻堅統一北方後，率軍南下攻晋，揚言：『以吾之衆，投鞭于江，足斷其流。』

[四]趙佗，恒山郡真定縣人，秦朝南海龍川令，與南海郡尉任囂南下攻打百越。前二〇六年建立南越國，自稱南越武王，後自立爲南越武帝。

[五]龐公：龐德公，東漢襄陽人，躬耕于襄陽峴山之南，曾拒絕劉表的禮請，後隱居鹿門山，采藥以終。

討淵源測以蠡。獨憐白髮賣文人，望眼懸懸羈客邸（舍弟雲浦約在秣陵握別）。

風阻同家大兄作

八月八日開文場，遠人別弟心匆忙。風吹江波向東注，有帆欲張不得張。咫尺栖霞飛不過，俯首旁皇日枯坐。曉起推窗望風色，西風吹人還復卧。卧時兄弟隔舟談。談中無語不江南。秋水蘆花羈虎涇，晚山楓樹望龍潭。再過三日文場出，快覽同人鬥金碧。但祈愛弟瀹靈樞，雒誦[一]雄文展胸臆。

秣陵別雲浦

此別迢迢未計年，相看争得不潸然。官無遠志嗟予老，家有元燈[二]賴爾傳（闈題與先人發解題同[三]）。丹詔功名秋一瞬，白頭兄弟路三千（時予奉家大兄南游，弟留赴試）。臨歧哽咽無多屬，寒食殷勤掃墓田。

金陵懷古

鯉魚風裏一帆來，横槊臨江志未灰。紅樹曉開魚蟹市，緑蕪秋老鳳凰臺。荒陵地廢都成壟，野寺碑殘半是苔。三十年中幾來往，倚窗搔首重祇徊。

[一] 雒誦：反覆誦讀。雒，通『絡』。

[二] 元燈：謂淵源。

[三] 發解：明清時鄉試舉人第一名稱爲解元，考中舉人第一名爲『發解』。

牛渚磯次韵

温嶠[一]燃犀地，今存牛渚磯。寒潮崩石骨，暮雨長苔衣。楓葉向空墮，蘆花夾岸飛。西風應怪我，不共白雲歸。

朝發秣陵抵太陽河途中作

北風吹客舟，榜人[二]侵夜起。風水相汩没，一棹急于駛。開窗望朝旭，隱約林巒裏。江空潮氣白，山遠嵐光紫。宿鷺起荒田，浮鷗泛芳沚。晌午風力微，小住江之涘。訪古兒問山，湔裙女弄水。長途聚兒女，相慰亦足喜。其如咍笑聲，終日聒雙耳。行行牽百尺，宛轉依蘆葦。載見采石磯，巋然峙高壘。太白墓已墟，忠宣祠亦圮。維舟泊野岸，浪激石齒齒。仰視月横空，江天净如洗。

别後寄汪晴峰[三]

秣陵城中秋水清，秣陵城外暮潮生。城從緑樹陰中没，人向青山盡處行。楊柳月窺篷

[一] 温嶠（二八八—三二九），字太真。晋朝祁人。博學有識，初爲劉琨參軍，長安、洛陽陷，元帝鎮江左，以琨使奉表勸進，其母固止之，嶠絶裾而去，既至，帝嘉而留之。明帝立，平王敦、蘇峻之亂，拜驃騎將軍，封始安郡公，謚忠武。南朝宋劉敬叔《异苑》卷七：『晋温嶠至牛渚磯，聞水底有音樂之聲，水深不可測。傳言下多怪物。乃燃犀角而照之。須臾，水族覆火，奇形异狀。』

[二] 榜人：船夫。

[三] 汪挺元，字鑒川，號晴峰，江蘇上元人，歲貢生。著有《續龍都風水記》《龍都山人集》。

枕夢，荻蘆風曳棹歌聲。客懷別後頻相寄，多謝汪倫送我情。[一]

西梁山

兩山兀峙大江濆，下截橫流上截雲。吴楚帆檣天外集，東西鎖鑰此間分（即天門山）。干戈已慨消餘燼，笳鼓猶看震一軍。幾度停橈覽形勝，半岩黄葉下紛紛。

蟂磯廟[二]

古祠零落枕江湄，太息宮闈數亦奇。紅粉幾曾羈望帝[三]，白頭空自誤梟姬。雲封甲帳刀光冷，月照靈幢雁語悲。日夜波聲流不息，永安宮[四]闕剩荒基。

荻港次韻

蕭瑟水雲隈，征帆帶日來。登臨空有興，縹緲已無臺。篙眼蘆根簇，潮頭石罅開。中

[一] 李白《贈汪倫》：『桃花潭水深千尺，不及汪倫送我情。』

[二] 蟂磯：地名，在安徽蕪湖西江中，高十丈，周九畝有奇。磯上舊有靈澤夫人（俗傳即三國時劉備妻、孫權妹）祠。

[三] 望帝：相傳戰國末年杜宇在蜀稱帝，號望帝，爲蜀除水患有功，後禪位，退隱西山，蜀人思之；時適二月，子規（杜鵑）啼鳴，以爲魂化子規，故名之爲杜宇，爲望帝。

[四] 永安宫：三國時劉備所建，故址在今四川省奉節縣城内。二二二年，劉備伐吴，在猇亭戰敗後，駐軍白帝城，建此宫，次年死于此。

流風力猛，堆起雪皚皚。

大風放舟

風激水滔滔，開船趁午潮。一帆飛樹頂，萬竅吼山腰。沙雁入雲叫，江豚挾浪跳。九華天外影，指顧若相招。

南陵道中

碧琉璃甃兩三層，白露纔晞水氣澄。閑傍篷窗看山色，蓼花紅過釣魚罾。

望九華山

巀嶪青天簇九苞，南禪[一]分派此誅茅[二]。優曇釀雨飛山溜，舍利横江走浪泡。半壁破空圍紫邏，一峰當頂聳青蛟。憑高安得仙人杖，好與山僧共結巢。

馬當山

催我序滕王，揚帆過馬當[三]。一拳撑汨没，千仞接蒼茫。變幻鬼神現，昏屯雲霧藏。

[一] 南禪：佛教禪宗南宗，由慧能創建。

[二] 誅茅：芟除茅草，引申爲結廬安居。

[三] 傳説唐王勃經馬當山時，得山神之助，以神風送舟，一日行六七百里至洪州，得以作《滕王閣序》。見王定保《唐摭言》。

東風吹愈急，轉瞬近彭郎。

彭澤縣

淵明得真意，仕隱順所守。乞食不足累，折腰亦其偶。作宰臨江皋，山城大如斗。種粟豢妻子，種秫釀醇酒[一]。俯仰羲皇人[二]，眷懷魯中叟[三]。日撫無弦琴，上與太虛友。愧我遠游客，零落門前柳[四]。吊古緬遺風，篷窗屢搔首。

鄱陽湖

長江萬里走瀏灕，欻然中流勢空闊。浮雲倒陷天宇低，駭浪橫翻地軸裂。風聲水聲相激撓，金芒滉瀁日月跳。扶輿元氣聚此澤，蒸騰上薄青天高。我來八月渡彭蠡，湖水未平風乍起。樂城湖口遠相屬，瞬息帆馳百餘里。初見小姑山，峻削高插天。大姑復蒼秀，延亘橫江眠。石鐘之山介兩際，噌吰鞺鞳聲何厲！恍如大禹施神功，鬼斧鑿石波沖沖。一孤之神侍左右，百靈出没風雲中。推篷四望增豪興，長嘯一聲山谷應。滔滔汩汩去如飛，直

[一]《晋書·隱逸傳·陶潛》：『執事者聞之，以爲彭澤令。在縣公田悉令種秫穀，曰：「令吾常醉于酒足矣。」妻子固請種粳，乃使一頃五十畝種秫，五十畝種粳。』

[二]羲皇人：即『羲皇上人』。羲皇，指伏羲氏。古人想象羲皇之世其民皆恬静閑適，故隱逸之士自稱羲皇上人。陶淵明《與子儼等疏》：『常言五六月，北窗下卧，遇凉風暫至，自謂是羲皇上人。』

[三]魯中叟：指孔子。陶淵明《飲酒》：『汲汲魯中叟，彌縫使其淳。』

[四]陶淵明曾作《五柳先生傳》：『宅邊有五柳樹，因以爲號焉。』

上滕王覽形勝。

匡廬山賦二十韻

萬仞插穹窿，桓桓氣象雄。高擎常拱北，橫亘欲無東。面面窺真脉，稜稜鑿鬼工。千岩晴雨判，九派往來通。白鹿開文運，前賢啓聖功。碧鷄辭宦績，先子紹遺風（先人作宰西蜀歸里後主講鹿洞）。翹首雙岩下，傷心廿載中。絶交任昉[一]逝，下第馬周[二]窮。不道邱墟隔，相看屺岵[三]同。常悲書笈在，懸想禮壇空。苔没新封碣，雲埋舊植桐。前途占射雉[四]，往事付飛鴻。此日羈長道，全家寄短篷。傍岩懸瀑響，繞樹落霞烘。安得梯千尺，橫開地數弓。談經遵矩矱，養素注魚蟲。聽澗蒼巒窟，晞雲綠樹叢。峰攀爐峙獸，石撫劍垂虹。其奈營升斗，無緣咏

[一] 任昉（四六〇—五〇八），字彦昇，樂安博昌人。歷仕宋、齊、梁三朝。梁時歷任黄門侍郎、御史中丞、新安太守等，謚敬子。任昉與沈約齊名，有『沈詩任筆』之稱。任昉生前樂于交友，好體恤貧者，但死後其四子流離不能自振，却無人幫助，劉孝標因作《廣絶交論》。

[二] 馬周（六〇一—六四八），字賓王，博州茌平人。馬周家境貧窮，貞觀時因代常何著文受太宗賞識，授監察御史，後遷中書令兼太子右庶子，攝吏部尚書，進銀青光禄大夫。死後追贈幽州都督，陪葬昭陵。

[三] 《詩・魏風・陟岵》：『陟彼岵兮，瞻望父兮……陟彼屺兮，瞻望母兮。』《詩・序》謂爲行役者思念父母之作。後因以『屺岵』代指父母。

[四] 射雉：射獵野鷄。古代的一種田獵活動。《左傳・昭公二十八年》：『昔賈大夫惡，娶妻而美，三年不言不笑。御以如皋，射雉，獲之。其妻始笑而言。賈大夫曰：「才之不可以已。我不能射，女遂不言不笑。」』後遂以『射雉』爲因才藝博得妻室歡心的典故。

蘼蕪[一]。臨風倍惆悵，帆影去匆匆。

百花洲

聞道百花洲，環山景物幽。霜含楓樹曉，波沁蓼花秋。孤艇斜陽遠，荒祠斷碣留（洲上有蘇子祠）。却慚懷刺去，未得共敖游。

豐城懷古

赤堇[二]産精金，良工遭薛燭[三]。白鷺程鄭[四]頭，采炫離朱[五]目。捐弃自何年？零落豐城獄。光浮星漢紫，鐔蝕土花緑。張雷[六]善覘氣，求之破坤軸。淬以鸊鵜膏，飾以昆侖玉。惜哉置笥匣，僅供儒臣服。何如倚天外，飛芒貫鴻鵠？

[一] 蘼蕪：當作『芎藭』，植物名。多年生草本，葉似芹，秋開白花，有香氣。或謂嫩苗未結根時名曰蘼蕪，既結根後乃名芎藭。根、莖皆可入藥。以産于四川者爲佳，故又名川芎。

[二] 赤堇：赤堇山，在浙江紹興東南，相傳爲春秋時歐冶子鑄劍之處。

[三] 薛燭，春秋越人，善相劍。袁康《越絶書·外傳記寶劍》：『昔者越王句踐有寶劍五，聞于天下，客有能相劍者名薛燭，王召而問之。』

[四] 程鄭，漢初人，以冶鑄致富。見《史記·貨殖列傳》。

[五] 離朱：《慎子·内篇》：『離朱之明察毫末于百步之外，下于水，尺而不能見淺深。非目不明也，其勢難睹也。』

[六] 《晉書·張華傳》：『初，吴之未滅也，斗牛之間常有紫氣。』孫吴平後，張華使雷焕宰豫章豐城，掘得寶劍二柄，一曰龍泉，二曰太阿，二人分藏之。後二劍俱化爲龍。龍泉、太阿，古代名劍。

盧陵吊六一[一]

寒濤牢落打荒城，毓秀頻增吊古情。調協兩宮尊相業，披吟千卷震文名。榮施後起文丞相文山故里相去不數十里，悔有同時呂惠卿[二]。蜀口洲邊重悵望，夕陽紅樹亂山橫蜀口洲故宅在。

張家渡吊文文山[三]先生

橫戈十萬下臨安，戰已無功守亦難。天子青衣方送酒，孤臣血泪忍求餐。中原寂寞烽烟靖，故里荒凉草木寒。太息遺骸歸不得，歐陽墳下石磐磐歐陽墳在黄牛山。

[一] 歐陽修（一〇〇七—一〇七二），字永叔，號醉翁，晚號六一居士，盧陵人。宋代著名文學家，官至翰林學士、樞密副使、參知政事，謚文忠，世稱歐陽文忠公。累贈太師、楚國公。『唐宋八大家』之一。

[二] 呂惠卿（一〇三二—一一一一），字吉甫，泉州晋江人。嘉祐二年（一〇五七）進士。王安石變法時受到重用，直至薦任參知政事，但王下野後，『凡可以害王氏者無不爲』（《宋史·呂惠卿傳》）。

[三] 文天祥（一二三六—一二八三），初名雲孫，字宋瑞，又字履善。道號浮休道人、文山，吉州盧陵人，南宋末年民族英雄。寶祐四年（一二五六）進士第一。德祐元年（一二七五），元軍沿長江東下，文天祥罄家財招勤王兵入衛臨安，爲浙西、江東制置使兼知平江府。旋任右丞相兼樞密使，奉命赴元軍議和，被拘，押解北上途中逃歸。次年五月，在福州與張世杰、禮部侍郎陸秀夫、右丞相陳宜中等擁立益王趙昰爲帝。祥興元年（一二七八）十二月，被俘。後被解至大都。堅貞不屈，至元十九年（一二八二）十二月初九日就義。著有《文山詩集》《指南録》《指南後録》《正氣歌》等。

舟中重九

夾岸青山送客艘，客中無處覓題糕[一]。香浮橘柚垂朝露，艷剪芙蓉簇晚濤。白石橫江千笏聳，丹梯繞樹百層高。回頭海上諸同好，此日輸誰意氣豪時秋闈將揭曉。

贛江夜泊

五兩風微一棹浮，暮秋時節似新秋。天垂曠野星連岸，人卧空江月滿舟。樹影暗籠山影活，歌聲清拂水聲幽。更聽曲港柴門外，絡緯蕭蕭喚不休。

破舟行

大風吹山山欲裂，一舟南下飛如葉。浪頭激石勢欲吞，石齒橫波若相喋。駴然一聲霹靂鳴，山風倒卷牙檣折。榜人没水負舟行，滿艙浪激聲琤琤。幸逢淺瀨陷砂磧，欲沈不沈舟倒橫。舟橫纜斷帆四卷，半空拿攫飛而鳴。急呼榜人負愛子，當風蹲伏江之涘。嬌女悲

[一] 題糕：邵博《聞見後録》卷十九：『劉夢得作《九日詩》，欲用糕字，以《五經》中無之，輟不復爲。宋子京以爲不然。故子京《九日食糕》有咏云：「飆館輕霜拂曙袍，糗餈花飲鬥分曹。劉郎不敢題糕字，虚負詩中一世豪。」』後遂以『題糕』爲重陽題詩的典故。

啼婦戰栗，行李淋漓都是水。地荒日落天欲昏，倉皇勢欲瀕于死。須臾一舟順水來，石尤[一]怒卷不得開。飄泊中流再旋轉，欻如神送來相偎。估舟載重亘于外，砰磒磕沓聲如雷。喜携妻女急相過，負子復來共趺坐。更遣眷屬赴兄舟，予待新舟挪細瑣。舟來出瀨已三更，老兄待予猶未卧。舉家慰籍皆喜歡，共説驚魂猶未安。兒女破涕争索哺，僮僕殷勤來勸餐。我言此險何足數，宦海風波較更難。

新城見菊

去年種菊滿江城，曾爲飄零慨此生予去秋自袁江歸里，插菊滿齋，有『猶能爛漫何妨老，但不飄零即是春』之句。回首故園秋又盡，營營五斗愧淵明。

藍村

三板船何隘，全家促膝圍。櫓聲揉細浪，帆影弄晴暉。山僻猿猱古，溪深鵝鴨肥。北風相送急，寒氣襲征衣。

[一] 石尤：即石尤風。打頭逆風。伊世珍《琅嬛記》卷中引《江湖紀聞》：『石尤風者，傳聞爲石氏女嫁爲尤郎婦，情好甚篤。爲商遠行，妻阻之，不從。尤出不歸，妻憶之，病亡。臨亡長嘆曰：「吾恨不能阻其行，以至于此。今凡有商旅遠行，吾當作大風，爲天下婦人阻之。」自後商旅發船，值打頭逆風，則曰「此石尤風也」，遂止不行。』

南安

孤城一桁枕江流，畫角烏烏送暮秋。閑倚木蘭新艇子，淺深紅樹憶揚州。

度梅嶺

月上天未明，山館群夫集。朔客拂衣起，衣單寒側側[一]。繞城三五里，沙路曲以窄。輿轎并足行，負販駢肩立。樹杪忽開霽，峰頂朝陽出。雲浮玳瑁斑，嶂疊芙蓉色。劃然露雙崖，岩岩插天碧。矹硉石萬仞，盤曲梯千尺。岩花間紫翠，山果垂丹漆。下如猿飲澗，上若蟻穿穴。石罅一綫開，峭壁深而黑。谷響聲窿窿，欲入不敢入。壯哉古尉佗，恃險抗明德。遂使鸞鳳都，幾成虎狼窟。子壽[二]古賢相，開鑿繼禹迹。東北接神州，西南啓香國。迄今百蠻種，胥隸輶軒籍。我來陟盤陀，去天不咫尺。北關鎮豫章，南關鎖甌粵。榕樹夾修道，梅花繞官驛。中峰涌飛瀑，背流分兩脉。一上匯贛江，一下驅雷澤。嫦娥亘其左，閶闔叱馭建其脊（叱馭樓在嶺上）。眷屬互行止，先後交相易。行行日已暮，喜見重門闢。燈火列若星，閭閻密如織。下輿入官舍，黃埃重拂拭。杯酒猶未終，長街柝聲急。

[一] 側側：《海陵詩徵》作「惻惻」。

[二] 張九齡（六七八—七四〇），字子壽，一名博物，謚文獻。韶州曲江人，世稱「張曲江」或「文獻公」。唐中宗景龍初年進士，唐玄宗開元時歷官中書侍郎、同中書門下平章事、中書令等。母喪奪哀，拜同平章事。是唐代有名的賢相。

牟尼灘

西方古先生，來訪南薰迹（灘在韶州）。脱却牟尼珠[一]，化作乳源石。

觀音岩

磴曲高盤石，岩空密繞林。四山當夕暗，萬籟入雲沈。燒火明横港，寒星帶遠岑。此間參色相，處處是潮音。

湞陽峽

湞陽峽，曲而狹。一水南北奔，兩壁東西堞。日月不到無昏朝，風雨離合走繆葛。愈入愈深天無光，陰岩出没神鬼藏。上有老樹叫號若虎豹，下有亂石高低起伏如群羊。皚然白者浪花激，黟然黑者山根蒼。暗中空闊風不定，天籟地籟交相競。兩舟十步五步停，一呼千聲萬聲應。吁噫唏，古云蜀道上青天，今之粤南入九淵。茫茫見水不見田，安得秦王驅石之神鞭[二]？鞭山盡入大海填，使海無瘴山無烟。

[一]　牟尼珠：亦稱『牟尼子』，即數珠。佛教徒念佛、持咒、誦經時用來計數的成串珠子。多用木槵子等製成，每串以二十七顆、一百零八顆爲常見。

[二]　《藝文類聚》卷七九引《三齊略記》：『（秦）始皇作石橋，欲過海觀日出處。于時有神人，能驅石下海，城陽一山石，盡起立，嶷嶷東傾，狀似相隨而去。云石去不速，神人輒鞭之，盡流血。石莫不悉赤，至今猶爾。』

飛來寺

蒼山窅以深，古樹森而布。嵌空闢幽栖，飛來自何處？緣梯啓殿基，拾級入深阻。岩花輝曉日，磴草垂朝露。鐘入白雲沈，鳥依青澗去。風厲一舟輕，未獲攀蘿附。回首重徘徊，應有仙人住。

荔支園

昔侍先子游，涪州啖嘉果。香剥楨珠圓，嫩掐紫綃裹。鮮入四肢爽，酥快兩頤朵。東歸三十年，窮居常坎坷。非無棗與梨，嘉味何所可。今來宦南粤，寧復計瑣瑣。公餘烹白水，日啖三百顆[一]。

大通烟雨

山水空濛烟雨深，烟霏雨潤瑣棠陰。盈盈千里珠江路，盡是蒼生望澤心。

廣州

抛却山程更水程，一帆喜近五羊城。囊空幸免宵人攫，官小知無候吏迎。萬疊帆檣通市氣，四圍笳鼓震邊聲。勞勞從此無餘暇，何日纔攄吊古情？

[一] 蘇軾《惠州一絶》：『日啖荔枝三百顆，不辭長作嶺南人。』

羊城除夕

頭銜初换宰官身，來度羊城第一春。簿計未親容守拙，菜根能咬豈憂貧？冰霜不到無舒慘，風雨交催判舊新。公府折腰歸已晚，閉門且共樂天真。

盈樽新買曲江醽，客裏憑他節候催。萬户鶯花皆化宇，一門詩酒即春臺。弟兄老大增歡洽，兒女驕痴共笑咍。衹有燕山寒雪外，無緣分寄嶺頭梅（時七弟雲浦計偕北上）[一]。

玉局仙人此舊游，掀髯我亦儘風流。簪花鬢秃烏巾敞[二]，咏雪堂閑白戰收。檢點香籠裝鳳蠟，掃除竹徑待羊求[三]（粤中得數知己，朝夕過從）。浮家到處皆堪住，不問儋州與惠州。

片時養素坐亭中，瓦盎扶疏點綴工。古桂香浮橙子緑，小桃濃覷水仙紅。泉煎活火排茶碾，釀潑新粳注酒筒。莫笑報衙無大邑，衆香國裏老詩翁。

題管萼樓道上閑吟

客中頻作客，奔走日西東。却把牢騷氣，消諸咏嘆中。逸情通杳冥，寄句鑿洪濛。况

[一] 計偕：舉人赴京會試。

[二] 敞：《海陵詩匯》作「敝」。

[三] 羊求：漢高士羊仲、求仲的并稱。趙岐《三輔决録》：「蔣詡歸鄉里，荆棘塞門，舍中有三徑不出，唯求仲、羊仲從之游。二人不知何許人，皆治車爲業，時人謂之二仲。」（《北堂書鈔》引）

荷宗工賞（謂西庚先生[一]），拈毫意自雄。

贈張曉村[二]

張侯古君子，于我最相親。冰雪盟心迹，詩書見性真。絶無雕琢態，斯謂老成人。薄宦經三載，匏瓜[三]繫此身。

戢轅朝謁罷，聯袂府中趨。上佐神明守（時誠齋先生[四]辟治府事），同推鄒魯儒。簿書千卷積，寬猛寸心敷。伴食無他望，因君舉一隅。

[一] 胡長齡（一七五八—一八一四），字西庚，號印渚，江蘇通州人。乾隆五十四年（一七八九）狀元，授翰林院編修，官至禮部尚書。著有《胡三餘堂存稿》。嘉慶十四年（一八〇九），胡長齡曾任廣東學政。

[二] 張曉村，或爲張克振。張克振，江西蓮花廳人，乾隆五十九年（一七九四）舉人。嘉慶十五年（一八一〇）署任新寧縣知縣。後任高明、高要等縣知縣。

[三] 匏瓜：喻男子獨處無偶。曹植《洛神賦》：『嘆匏瓜之無匹兮，咏牽牛之獨處。』

[四] 或爲福明：福明，滿洲正白旗人，監生。嘉慶三年（一七九八）、十二年（一八〇七）先後兩次任廣州知府。

羊城旅次贈王雲程[一]賈一樓[二]劉霽岩[三]同年[四]

記同走馬曲江隈，瞬息雲泥亦怪哉。老我木天[五]無福到，與君花地[六]有緣來。五人出守惟江令[七]（同年到粵者五，惟嵐霞得官），八口飢啼愧李悝[八]。到底輸儂占風雅，僑居都[九]近越王臺。

[一] 王鵬翥，字雲程，號曉山，沂州蘭山人，嘉慶十三年（一八〇八）仲振履同榜進士，曾任陽春縣知縣，以病告歸。

[二] 賈天培，字因伯，號一樓，陝西三原人，嘉慶十三年（一八〇八）仲振履同榜進士，曾任龍門縣、英德縣等縣知縣，卒于官。著有《畬古堂文稿》。

[三] 劉邦炳，字握亭，號寅穀，四川涪州人，嘉慶十三年（一八〇八）仲振履同榜進士，曾任海康縣知縣。著有《海上吟》一卷。

[四] 同年：科舉考試同科中式者之互稱。

[五] 木天：秘書閣的别稱。沈括《夢溪筆談》：『内諸司舍屋，唯秘閣最宏壯。閣下穹隆高敞，相傳謂之「木天」。』亦指翰林院。

[六] 花地：又稱花棣，在廣州市西南郊芳村，以種植花果著稱。

[七] 江秋，字嵐霞，别字筆花，改名涵暾，浙江歸安人，寓居嘉興，嘉慶十三年（一八〇八）仲振履同榜進士，曾任廣東新寧、會同等縣知縣，病歸。著有《筆花醫鏡》四卷。

[八] 李悝（前四五五—前三九五），嬴姓，李氏，名悝，一作克，濮陽人，戰國初期魏國著名政治家，法家代表人物。李悝創立了平糴法，『雖遇饑饉、水旱，糴不貴而民不散』（《漢書・食貨志》）。

[九] 都：《海陵詩匯》作『獨』。

覽勝何須計一官，尊前兄弟且謀歡。食無兼味心原淡，衣剩綈袍[一]地不寒。猱玃援枝穿暗壁，鯨鯢跋水占狂瀾。會當領受逍遥趣，此是逢場一大觀。

贈李浣雲[二]

我愛曼髯生，朋交即性情。有言皆俊爽，無事不光明。昔有蕭常侍[三]曼髯書法絶倫，今之阮步兵[四]工于詩，豪于飲。更憐磨煉久，豪氣尚英英。

宦迹嗟萍梗，奔馳十一年。横船搜海嶠前歲率舟師出洋捕盗，草檄靖烽烟攝篆博羅督剿會匪。六月胡爲息引見後需次省垣已半載矣，三人竟得先前以浣雲與齊張兩君咨請部示故有補澄海之説。他時挂帆去，相望若神仙。

[一] 綈袍：厚繒製成之袍。戰國時魏人范雎先事魏中大夫須賈，遭其毁謗，笞辱幾死。後逃秦改名張禄，仕秦爲相，權勢顯赫。魏聞秦將東伐，命須賈使秦，范雎喬裝，敝衣往見。須賈不知，憐其寒而贈一綈袍。迨後知雎即秦相張禄，乃惶恐請罪。雎以賈尚有贈袍念舊之情，終寬釋之。見《史記·范雎蔡澤列傳》。後多用爲眷念故舊之典。

[二] 李浣雲，即李澐。

[三] 蕭祜，蘭陵人，自處士徵拜左拾遺，累遷至考功郎中。元和末授兵部郎中，出爲虢州刺史，入爲太常少卿，轉諫議大夫。逾月爲桂州刺史、御史中丞、桂管防禦觀察使。大和二年（八二八）八月卒于官。死後贈右散騎常侍。蕭祜擅長書法，曾『博雅好古，尤喜圖畫。前代鍾王遺法，蕭張筆勢，編序真僞，爲二十卷』（《舊唐書》本傳）。

[四] 阮籍曾任步兵校尉，世稱阮步兵。

贈鄧灼亭[一]

昔先君子同門友，五十年來復何有？世家兄弟各一方，闊絶無緣同聚首。去年薄宦五羊城，傾蓋匆匆違姓名。半生肝膽團新雨，再世文章續舊盟。筠泉[二]温潤緻綿密，象庭[三]詼諧脱形迹。多君英爽氣更豪，笑我庸疏頗自得。四人來往共朝夕，投閑置散奚足恤。挑燈促膝話先人，焚香看鬢嗟今日。勸君勿復斫地歌，丈夫志氣徒消磨。珍珠江上古香國，題緑題紅佳日多。君向越王臺上望，蜃市樓臺日千狀。花開花落换春秋，潮去潮來遞消長。何如終日醉如泥，卧聽木棉花下鷓鴣啼！

題珠江送别圖贈許書巢[四]

自笑人如燕雁飛，又從來處送君歸。江鄉風味應如昨，四月桃花鱖正肥。秣陵山色環空翠，震澤湖光染蔚藍。今日因君一回首，不知何事别江南。

[一] 鄧必蓁，江西南豐人，乾隆五十三年（一七八八）舉人，嘉慶七年（一八〇二）大挑知縣，歷署曲江、海豐、吴川等縣知縣，嘉慶二十三年（一八一八）任恩平縣令。

[二] 金孝繼，字志祖，號筠泉，安徽休寧人，監生，署陽江縣知縣。

[三] 紀汝似，字象庭，直隸獻縣人，由鴻臚寺序班加捐廣東候補縣丞，曾任東莞縣丞。鄧必蓁之祖父鄧來祚與金孝繼之父金忠濟、紀汝似之父紀昀、仲振履之父仲鶴慶爲乾隆十九年（一七五四）同榜進士。

[四] 許書巢，待考。

題金壽生[一]畫扇

碧梧女史姓孫氏，名雲鳳[二]，泉唐春岩廉使[三]之長女，工詩善畫，尤長于花卉，蓋兼瑶瑟[四]、惲冰[五]而突過之者也。壽生其姻屬，偶出所畫便面[六]以示，作牡丹幽蘭數枝，旁襯月季，雖隨筆布置，若不經意，而風致襲人，栩栩生動。同人咸綴句咏之，屬予弁數語以記。

濃描丰致淡描神，富貴場中秀逸人。生怕秋風怨寥落，更添消息報長春。

讀《李廣傳》[七]贈浣雲

人生當得幾蹉跎句借，一到蹉跎事事訛。大海波濤曾伏櫓，軍門鼙鼓枉横戈。投閑自分英

[一] 金壽生，待考。

[二] 孫雲鳳（一七六四—一八一四），字碧梧，浙江仁和人。按察使孫嘉樂女，諸生程庭懋妻。詩詞繪畫皆能。著有《玉簫樓詩集》《湘筠館詩》等。

[三] 孫嘉樂，字令宜，號香岩，進士，浙江仁和人，歷任雲南、四川按察使。泉唐：即錢塘。廉使：指唐觀察使、宋元廉訪使以及後世的按察使。廉，通『覝』。

[四] 瑶瑟，待考。明代文學家屠隆之女名瑶瑟，善詩，而不以畫名。

[五] 惲冰，字清于，號浩如、蘭陵女史、南蘭女史，江蘇武進人。康熙年間女畫家。

[六] 便面：用以遮面的扇狀物。

[七] 李廣（？—前一一九），隴西成紀人，西漢著名將軍。命運坎坷，未能以軍功封侯。事見《史記·李將軍列傳》《漢書·李廣傳》。

雄老，失勢休憎醉訶呵。獨坐撫髀[一]長太息，封侯無命可如何！

劉太守[二]索題文文山先生墨迹

烏闌剥蝕墨猶存，滿紙淋漓漬泪痕。沙磧冰霜羈望帝，崖門[三]風雨泣忠魂。聲聲未罄興亡恨，字字都銜君父恩。遺迹幸歸賢太守，摹挲光怪燭天門。

羊城旅舍暮春自遣用東坡尖叉韵二首索陳静函[四]和

纔罷朝參獨下簾，博爐香燼曉寒添。心如飛絮團團攪，身似閑花瓣瓣黏。待兔不來雙鬢秃，磨犀可試一分尖。逍遥暫息何妨息，細讀《南華》意自恬。

毫釐一失笑枯蝸，千里今成萬里差。閟掏鐵花難鑄錯（粤中多鐵樹花），醉援銅鼓倩誰撾（伏波銅鼓在波羅）[五]。蟫

[一] 撫髀：以手拍股。表示振奮或感嘆。

[二] 劉太守，不詳。

[三] 崖門：即崖山。亦稱崖門山、崖門。在廣東省新會縣南大海中。形勢險要，南宋末張世杰奉帝昺扼守于此。兵敗，陸秀夫負帝昺蹈海死，宋亡。

[四] 陳邦燮，河南商丘人，舉人。嘉慶十四年（一八〇九）署海康縣知縣。

[五] 馬援（前一四—四九），字文淵，扶風茂陵人，東漢著名將領。建武十七年（四一），馬援爲伏波將軍，率軍討交趾，歷三年而凱旋。

鑽故紙饒吟稿，塵滿空梁愧畫叉用東坡事[一]。試問元龍[二]湖海士，可能相對不咨嗟。

鶯

借問此何鳥？來從幽谷中。金衣貴公子，紅樹老歌童。蓊翳蔽朝日，玲瓏趁好風。可知叢莽下，餓煞白頭翁。

燕

予家江上住，與爾是比鄰。今換新門户，還依舊主人。棟梁誇紫綬，書策涴緇塵。入幕何容易，盈盈掌上身。

蜂

爾亦春明[三]種，判花到處黏。折腰雙翅軟，螯手一針尖。已擅攢香枝，曾無逐臭嫌。祇愁秋信早，辛苦爲人甜。

[一] 蘇軾《答秦太虛七首之四》：『初到黄，廩入既絶，人口不少，私甚憂之。但痛自節儉，日用不得過百五十，每月朔便取四千五百錢，斷爲三十塊，挂屋梁上，平旦用畫叉挑取一塊，即藏去叉，仍以大竹筒别貯用不盡者，以待賓客，此賈耘老法也。』

[二] 三國時陳登字元龍。《三國志·魏志·陳登傳》：『陳元龍湖海之士，豪氣不除。』

[三] 春明：春光明媚，唐代長安有春明門，因以指代京都，指仕宦。

誰撒金錢會，蠕蠕竟脱胎。分明花裏活，都道海中來。高占珠宫選，能邀帝女媒。題紅吾老矣，讓爾擅喬才。

蝶

羊城風俗每書麒麟鳳凰于門以嘲之

文運昌明麟下游，麒麟原合在瀛洲[一]。今朝比户常相對，一個田家老牸牛。

南交舊有鳴珂[二]鳥，似鳳依稀又似鷄。衹恐鷄廉[三]翻勝鳳，被人輕薄到門題。

吊巡司[四]施鳴皋[五]

崖門蒼蒼峙空立，神狗狂奔大鯨集。將軍破浪横戈出，髦頭經天色如墨。炮聲砰礴震大荒，颶風卷入磨刀洋。赤鮐黑蜧争披猖，樓船拆裂飛紅芒。奔潮怒吼天無光，子兮子兮

[一] 瀛洲：傳説中的仙山。

[二] 鳴珂：顯貴者所乘的馬以玉爲飾，行則作響。此處指鳥鳴聲。

[三] 鷄廉：桓寬《鹽鐵論·褒賢》：『觴酒豆肉，遷延相讓，辭小取大，鷄廉狼吞。』『當世囂囂，非患儒之鷄廉，患在位者之虎飽鴟咽。』原指小處廉潔，此處指鷄。

[四] 巡司：巡檢司，職掌地方治安。此處指巡檢。

[五] 施鳴皋，嘉慶十四年（一八〇九）六月陣亡于署總兵許廷桂與海盗總兵竇、張保仔磨刀洋之役，其時爲委員未入流，巡檢當爲追贈。

爲國殤。

讀制府菊溪[一]先生開平新會道中五作私步原韵志感

麽膺如猬集，羽檄帶星奔。烽火無邊起，傷痍不忍論。悲聲盈浪泊（外洋澪名，盗船皆泊此），殺氣暗崖門。捕盗諸明府，誰酬聖主恩？

使臂還憑指，防川必有堤。斷無一元老，能活萬生黎。恃陋終成莒，知醫貴鑒齊。哀哀八萬户，有泪向誰啼？

[一] 百齡（一七四八—一八一六），姓張氏，字子頤，號菊溪，漢軍正黄旗人。乾隆三十七年（一七七二）進士，改庶吉士，散館授編修，嘉慶五年（一八〇〇）由順天府丞遷湖南按察使，八年擢廣西巡撫，尋擢湖廣總督。未幾坐事議遣戍，命效力實録館。十二年補福建汀龍道，再任湖南按察使，嘉慶十四年（一八〇九）任兩廣總督、協辦大學士，曾招撫海寇張保，擒斬烏石二，賞太子少保銜賜花翎。後調兩江總督。卒謚文敏。著有《守意龕詩集》《橄欖軒尺牘》等。制府：明清兩代對總督的尊稱。總督，清代地方最高長官，轄一省或二三省，綜理軍民要政，例兼兵部尚書及都察院右都御史銜。另有主管河道及漕運事務者稱河道總督、漕運總督。

閑居頻按劍，憤欲撼狂濤。誰復生三耳[一]？空嗟有二毛[二]。卧驚編户哭，坐視長官勞。默誦《南華》解，藏諸嘆善刀[三]。

元氣凋零妖氣粗，閑曹忠悃欲誰輸？村無烟火家皆破，潮有腥膻骨未枯。小醜跳梁緣養患，庸臣誤國是捐軀。争營捷徑紆籌策，此日陳書一個無。

快心何日燎飢蚊？大注甘霖洗惡氛。照海一輪常捧日，同心四岳共興雲。儒官得展新敷賁[四]，俗吏全消舊泯芬[五]。邑有循良民地著，何妨環海徹屯軍。

羊城夏晚

漏鼓初敲第一聲，薄羅風拽晚涼生。蕭蕭蜑雨當檐歇，隱隱蚊雷到枕輕。花茉莉依疏檻挂，碧玻璃傍曲欄明。忙中領略閑滋味，茗碗爐香養宦情。

[一]《玄怪録》載：隋代董慎被冥府追爲右曹録事，召當州府秀才張審通掌書記。『府君悦，即謂審通曰：「非君不可正此獄。」因命左右割下耳中肉，令一小兒擘之爲耳，安于審通額上，曰：「塞君一耳，與君三耳，何如？」……審通數日覺額癢，遂踴出一耳，通前三耳，而踴出者尤聰。時人笑曰：「天有九頭鳥，地有三耳秀才。」後以謂人聰穎异常。』後即以此爲典，謂人聰明穎悟，异于往常。蘇軾《次韵秦太虚見戲耳聾》：『須防額癢出三耳，莫放筆端風雨快。』

[二]二毛：斑白的頭髮。常用以指老年人。

[三]《莊子・養生主》：『善刀而藏之。』

[四]敷賁：或爲『敷芬』，發散香氣。

[五]泯芬：或爲『泯泯芬芬』之省，紛亂貌。

己巳秋甲子日迎喜神以題中平聲字爲韵得三章

推策剛交第一秋，琉璃色界碧悠悠。天心清肅人心静，爽氣澄鮮溽氣收。滄海不波看剖蚌，絳河[一]有約待牽牛。芙蓉洋外鐃歌遍，萬井新封安樂侯。

蓐收西陸喜相迎，吹籥中田萬寶成。金粟香蒸雲子飯，銀鱗鮮膾月兒羹。閭閻快慰篝車祝，庠序歡騰雅頌聲。從此南交皆樂土，熙熙比户慶昇平。

五羊仙客記前身，捧檄今來粤海濱。明月揚輝天不夜，好花連蕊樹恒春。淳黎日用恬于水。儒吏風流化若神。堂上鳴琴堂下酒，宰官原是讀書人。

送陳静函攝篆海康

聯事終朝課獄成，君今弃我獨南行。路長妻子都成累，客久衣囊頗覺輕。敲破木魚修得到，騎來竹馬喜相迎。詘支莫更傷清苦，回首同人意自平。

笑予姑負曲江花，來與元方[二]共一家。豈有伏盆[三]能見日（時以委審案件同事府中），但求懸甑解餐霞。兩

[一] 絳河：即銀河。又稱天河、天漢。古代觀天象者以北極爲基準，天河在北極之南，南方屬火，尚赤，因借南方之色稱之。

[二] 元方：東漢陳紀，字元方，與父陳寔、弟陳湛俱有才德。陳紀、陳淇之子争論各自父親的德行，請祖父陳寔評判。陳寔云：『元方難爲兄，季方難爲弟。』（《世説新語·德行》）

[三] 伏盆：或爲『覆盆』。葛洪《抱朴子·辨問》：『是責三光不照覆盆之内也。』謂陽光照不到覆盆之下。后因以喻社會黑暗或無處申訴的沉冤。

人纔結同心伴，一別偏教會面賒。屬付尺書休吝惜，老兄頭白盼天涯。

題謝桐源[一]鳴琴獨坐圖

幽篁颯颯秋風吹，幽人獨坐臨滄湄。撫琴欲彈耿無語，水天澄澈青玻璃。幾回目送秋江上，君家青山猶在望。潭影嵐光養道心，冰條玉軫消清況。願君爲我一再彈，羅浮離合飛空寒。

攝篆南平途中紀事

曉起挈妻子，買棹趨南平。羈滯亦已久，欣欣事遠征。舟纜未及解，驛吏求相迎。去盜復入寇，路梗不可行。客久囊橐空，既去難留停。艤舟海珠寺，詰旦別羊城。炮聲震四野，徹夜何砰訇。兒女恐以泣，僮僕嘩然驚。仰賴大吏德，部署詳且精。長途列官役，要塞團鄉丁。太守督佽勇，防禦相踐更。縣官率舟楫，巡哨如奔星。文吏猛于將，更練勤于兵。村民共感激，髮指涕復零。戈矛夾道峙，燈火終宵明。老稚不獨死，婦女無聊生。猥以蠢蠢衆，累爾蚩蚩氓。秉燭坐待旦，相對難爲情。

舟過佛山見南海巡船停泊水次詢知謝湘浦[二]已親率丁役赴石灣防禦矣慨成十四韻以寄

前日謁制府，與君同侍坐。側聞寇復至，兵書急于火。虎門師不來（虎門鎮大兵，屢徵不至），石灣勢將

[一] 謝桐源，待考。

[二] 謝濤，順天大興人，考職，曾任南海縣丞，嘉慶十年（一八〇五）任南海縣知縣，嘉慶十七年（一八一二）任梅州知州。

破。吾兄毅然起，守土責在我。民命如纍卵，縣官何敢惰。匆匆一揖去，意氣駕翦頗[一]。今來見君舟，旗旄錯櫓柁。喜極相問詢，云已赴沙垛。君年逾六十，措事必安妥。精神相貫注，指顧定麼靡。激昂訓丁役，嚴毅率僚佐。得君獨賢勞，營弁可高卧。我以私交情，相見忽相左。大炮聲砰訇，知爲君處所。

高要道中

卧聞絡緯坐聞蟬，緑樹青山繞畫船。宛似秣陵江路口，秋分時候欲凉天。

行羅勒道中寄張筱原[二]

山角炊烟一道斜，遥知林外有人家。幾回路轉忽不見，溪鳥咯吱鳴蓼花。隔岸羚羊峽水流，來帆初展去帆收。槳牙擊水浪花濺，驚起鷺鷥飛不休。早秧纔了晚秧黄，砍竹炊成午飯香。不是五羊城外路，端溪端合是仙鄉。鎮日分符[三]羨筱原，佳山佳水繞闗門[四]。今來水緑山青地，未必風光讓乳源。

[一] 翦頗：王翦、廉頗，均爲先秦名將。
[二] 張大凱，安徽六安州人，副貢，考授正藍旗教習，中順天舉人，署廣東饒平、乳源、茂名、信宜、潮陽等縣知縣，調署化州知州，補歸善縣知縣。
[三] 分符：猶剖符。謂帝王封官授爵，分與符節的一半作爲信物。
[四] 闗門：或爲儀門之訛。儀門，明清官署、邸宅大門内的第二重正門。

山行

山雲黯黯消，山溜淙淙響。遥見看雲僧，倚杖青山上。

由端州陸行先赴南平途中作

買舟挈眷屬，云將赴新任。路梗迂道行，篋底黄金盡。獨行駕小艇，回環繞山徑。研渚山水佳，宛似江南境。雙槳午風輕，一篙秋水净。無霜緑蔭肥，有雨青禾潤。澗草與岩松，參差相掩映。水盡見山蹊，石齒交相并。登岸坐藍輿，從容覽形勝。父老侍道隅，兒童笑相迎。餉婦不避客，山花插滿鬢。南荒多盗賊，獨此民風静。砍竹煮新粳，釀蔗沽佳窨。醉飽老此鄉，人世何須問。惜我非仙材，居然勾漏[一]令。

雨後山行

雲歸樹陰暗，日落嵐氣清。深谷無人迹，惟聞飛瀑聲。

諭南平父老

今年六大縣，群醜勢充斥。濱海多流離，縣官不得息。南平去海遠，山縣小而僻。目不睹鋒刃，耳不聞啼泣。况兹幸有秋，禾黍垂嘉實。織布可以衣，耕田可以食。胡爲惡少

[一] 勾漏：山名。在今廣西北流縣東北。有山峰聳立如林，溶洞勾曲穿漏，故名。爲道家所傳三十六小洞天的第二十二洞天。見《雲笈七籤》卷二七。

年，結黨事椎擊。不讀騂尾盟，安思牛耳執。快意在一朝，轉瞬罹罪辟。累及骨肉親，囹圄無人色。我爲民父母，稂莠豈容植。若以不教誅，終覺我心惻。忠孝由勸勉，良善非生質。必先父兄教，乃謹子弟率。秀者勞其心，蠢者勞其力。鄉邑無游民，何從生盜賊？父老奉吾命，宗黨相勸述。刑罰不爾加，徭役不爾及。怡怡安隴畝，歌咏昇平德。伏臘一尊酒，聖諭相講析。小邑有淳風，庶以塞吾責。

己巳重九由端溪陸行赴南平道中却憶陳四静函遠任海康成十八韻以寄

匆匆出羊城，群醜踞郊甸。大炮聲滿江，兒女皆驚顫。却偕張筱原，西行姑北轉。端州無水道，藺輿陟山巘。山巘窈而曲，崱屴[一]費攀援。嘉哉好風景，如入山陰縣。烟中橘柚垂，水畔芙蓉占。樹老經百年，石露分三面。飛泉百道穿，滿地珍珠濺。對景觸遠懷，憶我同心伴。賭酒飲其醇，論詩摘其艷。流滯古雷琅，兩月不相見。去時行李單，顧予殊眷眷。留金潤我貧，銜杯飲我餞。側側就長途，懸懸穿望眼。我今赴山邑，幸與海疆遠，豈敢慕華膴，聊爾安貧賤。待我得餘閑，寄君端溪硯。

答李浣雲并寄松江箋紙

浣雲宰鼉江，與南平相去百餘里，來書云：『閣下實心實政，飫我聽聞，頃得句云：「銜恩蔀屋瞻山斗，把臂鄰封畏友朋。」惟無佳紙書聯，札以致意。』

[一] 崱屴：高大峻險貌。

君子峰邊斗大城，宰官原是老書生。未諳法律求民隱，仍守文章養宦情。百里兩心相印證，千潭一月共澄清。寄君七尺雲間紙，忝附生花筆底名。

哭萬孝廉薌林[一]（薌林名棨，予鄉人也，客游衡湘，卒于舟中，年甫三十，聞而哭之）

年少氣英英，文章早著名。誰知得一俊，竟以了三生。江遠羈魂哭，家寒食指盈。哀哀小兒女，聞此若爲情。

南平署中寄懷蒲濤諸子

昔我年弱冠，弄筆趨文壇。阿兄阿弟嗜結納，楓崖穎慧交最先（李明經宸）。叙堂面長似諸葛（金茂才鏞）[二]，餘多零落隨風烟。雪舸夫子門下士，争奇角勝鑣相聯。若廷氣真摯（高學博垂綬），荔衫辭朗圓（陳茂才綱）[三]。稽亭紫嵐如集錦，陸離璀璨光桓桓（程解元應佐、高舍人筠）[四]。竹野亦秀特，五經腹便便（陳茂才商説）[五]。更得渭江與

[一] 萬棨：字薌林，江蘇泰州人，嘉慶十二年（一八〇七）舉人，往依湖北按察使曾燠，病殁于旅舍。孝廉：舉人。

[二] 金鏞，或爲『金墉』。金墉，江蘇泰州人，諸生，乾隆四十九年（一七八四）入學。

[三] 陳綱，江蘇泰州人，諸生，乾隆四十九年（一七八四）入學，捐監。荔衫，《北行日記》作『立三』。

[四] 舍人：官名，明清内閣中書科設中書舍人，掌撰擬、繕寫之事。

[五] 陳商説，江蘇泰州人，諸生，乾隆四十六年（一七八一）入學。

東壁，論文刻燭夜不眠李茂才杜光、朱明經麗雯[一][二]。三十交游日爛漫，覺斯與我相摹研宮孝廉景鐸[三]。樸人先生大著作俞副車至[四]，理堂才名天下傳陳學博爕。南阿文行兩清駿李明經亨衢[五]，竹軒瀟灑耽林泉宮茂才焕勛[六]。耄而學庸庵高明經岳[七]，傷哉貧綉千葛茂才縉[八]。陳書力瘦硬陳茂才怡[九]，馬畫勢孱顔馬茂才呈圖[一〇]。强聒桐軒老姜茂才鳳喈[一一]，温柔東序孱俞舍人大鏞[一二]。澄夫小弱弟俞孝廉國鑒[一三]，才藝何翩翩。猶記都門聯社日，英英豪氣壓芝田俞縣尉昌鑒

[一] 李杜光，江蘇泰州人，諸生，乾隆四十二年（一七七七）入學，恩貢。

[二] 朱麗雯，江蘇泰州人，府學生員，乾隆四十九年（一七八四）入學，嘉慶十四年（一八〇九）恩貢，曾任明道書院山長。

[三] 宮景鐸，江蘇泰州人，乾隆五十九年（一七九四）舉人。

[四] 俞至，字樸人，江蘇泰州人，乾隆二十三年（一七五八）入學，嘉慶九年（一八〇四）欽賜副榜。

[五] 李亨衢，字南阿，號雲客，江蘇泰州人，乾隆三十七年（一七七二）入學，歲貢生。以書法名。

[六] 宮焕勛，字竹軒，江蘇泰州人，諸生，乾隆四十九年（一七八四）入學，著有《古希老人集》。

[七] 高岳，字虞詢，號庸庵，江蘇泰州人，乾隆三十八年（一七七三）入學，恩貢。年八十三重游泮水。

[八] 葛縉，江蘇泰州人，乾隆三十七年（一七七二）入學，貢生。

[九] 陳怡，字如堂，號晴樓，江蘇泰州人，府學生員，乾隆四十六年（一七八一）入學。

[一〇] 馬呈圖，字墨初，號陶庵居士，江蘇泰州人，武庠生。畫家。著有《蘆洲唱酬集》二卷。

[一一] 姜鳳喈，字冑儀，號桐軒，江蘇泰州人，諸生，乾隆三十七年（一七七二）入學。

[一二] 俞大鏞，江蘇泰州人，乾隆四十二年（一七七七）入學，乾隆四十五年（一七八〇）庚子科舉人，官主事。

[一三] 俞國鑒，字玉衡，號澄夫，江蘇泰州人，嘉慶五年（一八〇〇）舉順天鄉試，授通州學正，未赴。著有《樵月山房詩稿》。

〔一〕。同榜得三杰，江令最英年（江副車德懋）〔二〕。曉嵐恬退太文弱（吳孝廉會）〔三〕，鄰堂老大縱疏頑（金孝廉源）〔四〕。人情煉達有真契，絢堂愛我多諍言（高縣佐垂藻）〔五〕。及今萬里外，密意猶拳拳（書來以清慎見箴）。濯雲踴躍好行義（程縣尉章）〔六〕，擷芳戇直無猜嫌（儲茂才士秀）〔七〕。精緻得廷表，于事多曲全（高國學元塤）〔八〕。鯉南（宮孝廉庭）〔九〕冬嶼（黃茂才鐘）〔一〇〕好男子，右章（陳國學宗琳）〔一一〕可樓（俞明經國鈞）〔一二〕尤卓然。葉君嗜古號古軒（葉國學兆蘭），鄒郎無耳曰耳山（鄒從事熊）。姻婭之中得二妙，

〔一〕俞昌鑒，待考。

〔二〕江德懋，江蘇泰州人，乾隆五十九年（一七九四）入學，嘉慶九年（一八〇四）副貢。

〔三〕吳會，字曉嵐，江蘇泰州人，府學生員，乾隆四十三年（一七七八）入學，嘉慶九年（一八〇四）仲振履同年舉人。著有《竹所詩集》《竹所詞集》等。

〔四〕金源，江蘇泰州人，嘉慶九年（一八〇四）仲振履同年舉人。

〔五〕高垂藻，字絢堂，號邃齋，又號漁隱，江蘇泰州人，候選縣丞。

〔六〕程章，字倬雲，江蘇泰州人，候選州吏目。

〔七〕儲士秀，字擷芳，號朝燕，江蘇泰州人，府學生員，乾隆五十七年（一七九二）入學。

〔八〕高元塤，字廷表，江蘇泰州人。監生。國學：即國學生，亦稱監生，在國子監肄業者。

〔九〕宮庭，字彤九，號畫舫，乾隆六十年（一七九五）恩科舉人，大挑一等，授雲南江川縣，呈請改教職，補安徽建平教諭。

〔一〇〕黃鐘，字東序，號冬嶼，江蘇泰州人，府學生員，乾隆五十七年（一七九二）入學，貢生。

〔一一〕陳宗琳，江蘇泰州人，監生。

〔一二〕俞國鈞，江蘇泰州人，府學生員，乾隆五十二年（一七八七）入學，貢生。

東樓之似南宮賢。竹林藉藉擅令譽夏國學震暨諸令侄[一]，玉樹森森列壽筵宮明經開昆、季時尊人節溪先生壽臻九十[二]。其餘雖不共朝夕，行誼文章皆足觀。況有英英衆少年，才思煥若珍珠船謂諸世講與及門諸子[三][四]。蠻山蜑海嘆闊絶，暮雲春樹思纏綿。離心欲叙叙不盡，反復塗抹瑶華箋。何年蓑笠會榆社，斗酒雄談續後緣？江城東去百餘里，我亦往來多舊歡。或敦古處寄隴畝，或味經腴深閉關。公餘屈指相記憶，望望不能生羽翰。贊之贈我桂苑本李茂才襄[五]，已向保赤堂中懸南平廳事名。

己巳秋九月攝篆南平奉制府諭查海口十七日赴灣雷登黃版圍商酌堵禦事宜并聞有奸民駱德廣常潛誘少婦入洋濟匪即于是夜三鼓率丁役入室擒之復登灣雷嶺觀日出遂便道黃陂訪查會匪輿中率成一章

兩山對峙天門開，閾門亘以黃版圍。山頭棱棱石齒錯，圍外密密松椿排。截然高起山半壁，下瞰海矬邱塲堆。那扶卒兩介其左，陡門巨炮横其隈。村中少年盡矯捷，扶我直上山之陲。須臾風起白練卷，暮潮滚滚東南來。潮來拗折數十曲，與石相激聲喧豗。我聞錢

[一] 夏震，字東起，號春舟，江蘇泰州人，監生，仲振履次婿夏荃之父。輯《膾炙集》十五卷，著有《寄園詩》二卷。

[二] 宮增祜，字篤周，號節溪，一作潔溪，江蘇泰州人，副貢生，乾隆十八年（一七五三）順天副榜，授安徽東流縣教諭。曾任泰州明道書院、如皋雉水書院山長。著有《節溪詩鈔》。

[三] 世講：吕本中《官箴》：『同僚之契，交承之分，有兄弟之義；至其子孫，亦世講之。前輩專以此爲務，今人知之者蓋少矣。』後稱朋友的後輩爲世講。

[四] 及門：《論語・先進》：『子曰：「從我于陳蔡者，皆不及門也。」』後以『及門』指受業弟子。

[五] 李襄，江蘇泰州人，府學生員，乾隆五十七年（一七九二）入學，著有《五知山房集》。

王用連弩[一]，海若倒走不復回。茲山四圍多箣竹，射人利于分水犀。寇來憑險萬矢集，左右犄角交相摧。潮長潮落不自主，一夫當關誰禦之？少年聞之皆色喜，願侍長官供指揮。吳生老成百夫長，手攀蘿葛相追陪。告我前村有奸宄，往來外洋爲盜媒。招集流亡誘婦女，鄉人罔弗罹其災。下山天氣已昏暝，白月照樹生寒霾。秉燭坐待漏三下，陰屬仗勇潛相隨。深篁叢雜走狐兔，山溪側仄生莓苔。周回盤曲四五里，茅檐忽見藏蒿萊。燈光人影半閃爍，男女雜遝相疑猜。衝門直入衆驚竄，逐其群醜擒其魁。歸途遥見山火發，宿鳥叫樹相驚駭。村人告我日將出，紅光倒射如燔柴。長官欣然發高興，摳衣拾級登懸崖。崖高海闊風澒洞，凌風一覽何快哉！萬頃玻璃碧于染，軒轅寶鏡[二]寒芒飛。乍沈乍浮紫雲裹，若出若没黄人推。鱃然鯨鯢跳浪走，烏踆[三]駕海聲如雷。村鷄長鳴四山曉，白露點滴沾人衣。父老延我飯薯蕷，去去越嶺臨黄陂。清時彌盜急若鶩，毋令大吏官書催。

[一] 錢僐《吴越備史·武肅王》：錢鏐築捍海堤，『因江濤衝擊，命强弩以射濤頭』。錢鏐（八五二—九三二），五代吴越國的創始者，字具美，小字婆留，杭州臨安人。少年時曾爲私鹽販，後投軍，成爲當地軍閥董昌部將。唐光啓三年爲杭州刺史，從此獨據一方。景福二年，升任鎮海軍節度使，駐杭州。乾寧三年滅董昌，得越州。唐以錢鏐爲鎮海、鎮東兩軍節度使，治杭州。天復二年，唐封其爲越王。後梁封其爲吴越王。

[二] 軒轅鏡：鏡名。古人謂用之可以辟邪。

[三] 烏踆：即踆烏，古代傳説日中的三足烏。借指太陽。

卷三

庚午元日立春

一城如彈枕山隈，有脚陽春到處催。煦嫗頓增新色相，荒寒除盡舊胚胎。四郊瑞色車前布，萬里和神海上來。明日藺輿[一]官道裏，田家應獻蔗漿醅（時將于役郡垣[二]）。

庚午履端二日[三]于役郡垣宿尖石夢高若廷紫嵐

新年又于役，僕夫嗟况瘁。下馬入茅檐，村醪不成醉。多君憫我勞，萬里來相慰。却似在家時，坐君池館内。若廷痴論文，熊劉[四]吐光怪。掀髯矻然笑，傳神在齒喙。紫嵐擁熏籠，膝前侍阿桂。昵昵不分明，似説長安市。瓶中梅蕊馨，檻外茶聲沸。恍兮惚兮間，不復知何地。目中猶見君，耳際荒更碎。叢竹生寒風，狺狺村犬吠。

[一] 藺輿：古代的一種輕便車。
[二] 于役：行役。謂因兵役、勞役或公務奔走在外。
[三] 端日：農曆正月初一日。
[四] 熊劉：清初制義名家熊伯龍、劉子壯，時稱『熊劉』。劉子壯，字克猷，號稚川，湖北黄岡人，順治六年（一六四九）一甲一名進士，授修撰。著有《屺思堂詩集》。熊伯龍見《秀才秘籥》注。

醒後憶程嵇亭[一]

到底嵇亭懶，無心念老頑。書空馳梓里，夢不度梅關。但得膝前喜（令似紹昌游泮[二]），難親別後顏。可知游宦客，鬚鬢已斑斑。

尖峰道中

藍輿迤邐度山坳，苔蝕沙痕細路交。嫩粉界開新竹籜，淺紅印破小桃苞。山田集綉層層錯，石溜噴珠顆顆抛。添得倪迂[三]新畫稿，寒雲老樹露鴉巢。

宿合水墟

一百二十日，匆匆三度經。不嫌村店小，且喜馬蹄停。樹帶夕陽紫，山圍春水青。鄰

[一] 程應佐，字嵇亭，江蘇泰州人，乾隆四十七年（一七八二）入學，嘉慶十二年（一八〇七）丁卯科江南鄉試解元。

[二] 程紹昌，字文伯，江蘇泰州人，廩貢生，工詩古文辭，善書法，著有《春暉草堂詩集》。令似：即令嗣，稱對方兒子的敬詞。似，通「嗣」。游泮，經州縣考試録取爲生員者就讀于學宮，稱游泮。泮，泮宮，原爲西周諸侯所設的大學之名，後泛指學校。

[三] 倪瓚（一三〇一—一三七四），字元鎮，號雲林、幻霞生、荆蠻民。江蘇無錫人。元代畫家、詩人，南宗山水畫的代表畫家，「元四家」之一。性好潔而迂僻，人稱「倪迂」。

封賢令尹，未贈酒盈瓶（謂余祐堂）[一]。

宿牛江渡馮生藥肆次壁間李君文藻[二]韻

壺天幽僻處，流覽趁公餘。老樹垂紅葯，新芽長緑蕖。溪聲寒到枕，丹氣暖侵除。暫爾留行脚，匆匆一竹輿。

和雲浦七弟寄懷原韻

秋風回首客辭家，辜負文章學五車。人鏡芙蓉慚日下，池塘春草夢天涯。耕寮香供山薯飯（予每至村落，野人争供酒漿薯飯力却不可），官萌青生地豆芽（俗呼花生爲地豆）。最好黄昏官吏散，鷓鴣啼上刺桐花。

[一] 余保純（一七七五—一八五三），字與屏，一字祐堂，號冰懷，江蘇武進人，嘉慶七年（一八〇二）進士，歷任廣東高明、南海等縣知縣，嘉慶二十四年（一八一九）因母病而開缺。其母去世後，應江蘇巡撫陶澍奏留，負責開浚武進孟瀆、德勝、澡港河。道光十三年（一八三三）工竣，江蘇巡撫林則徐奏薦加知府銜發廣東候補，歷任潮州、嘉應、惠州、南雄州知州。道光十九年（一八三九），欽差大臣林則徐到廣州禁烟，他受命緝烟販，協助林則徐扣押鴉片。并奉林之命與義律談判。是年十月，余保純在官涌六次擊退英國軍艦的侵犯，旋擢廣州知府。林則徐革職後，他奉琦善之命向義律求和。道光二十一年（一八四一），他被奕山派去向英軍乞和，簽訂《廣州條約》。後又奉奕山之命到三元里驅散居民，爲英軍解圍。此事引起廣東人民不滿，清廷迫于輿論壓力，將他削職。

[二] 李文藻，字茝畹，益都人，乾隆二十六年（一七六一）進士，先後任恩平、潮陽等縣知縣，升桂林府同知，卒于官。

由半城回署

纔過山巔又水涯，竹輿巡遍野人家。一肩行李官夫省，滿路壺漿笑語嘩。山氣上天蒸落日，泉聲匝地吼圓沙。歸來飯罷黄昏近，候吏傳籤[一]報晚衙。

爲故園諸子説南平迅筆成十韵

爲説南平地，真成一彈丸。城低頻礙帽，户少不成團。堂吏麻爲履，都人笠作冠。黄牙常吐沫，赤脚不知寒。却笑同番仔，而偏愛宰官。入村鷄黍迓，决獄堵墻觀。緝捕争先導，丁糧恐後完。匪徒皆匿迹，胥吏敢生奸！留我三年住，求他四境安。合錢趨幕府，清醮祝神壇。自愧書生拙，偏聯父老歡。瓜期[二]看已近，去住兩俱難。

捕盗蕉園却寄陳籊亭[三]

惜别九經月，何堪一晤難。衹緣群小竄，未續故人歡。羽檄臨風草，弓衣帶雨寒。辛

[一] 傳令，發令。簽，舊時官府的簽票。

[二] 瓜期：語出《左傳·莊公八年》：『齊侯使連稱、管至父戍葵丘。瓜時而往，曰：「及瓜而代。」期戍，公問不至。』原指戍守一年期滿。後用以『瓜期』『及瓜』指官吏任期届滿。官吏任職期滿由他人接替爲『瓜代』。

[三] 陳聞炳，字耀遠，號春亭。江西高安人，監生，例授州同，改授縣丞，以捕盗功升知縣，曾任廣東新寧、惠來、高要等縣知縣，升知州，署揭陽知縣，卒于官。

劬非不恤，努力爲居官。

捕盜巴塘

捕盜荒村夜，奔馳亂石中。陰霾沈澗黑，野火接山紅。結黨負嵎抗，同讎掃穴攻。用寬誠長者，何以靖頑凶？

送宮石泉[一]歸上川予亦捕盜尖石

之子嘆饑驅，煢煢岐路隅。何堪斟別酒，又報合兵符。上馬角聲疾，回舟客夢孤。弟兄皆老矣，握手一長吁。

庚午花朝學六朝禮

群芳競艷發，朝日光輝新。山城一夜雨，故國十分春。鳧雛漾碧水，燕子啄香塵。海棠花樹下，應憶宦游人（予家海棠每二月盛開）。

南平署中對月

碧雲消盡晚來晴，乍見冰輪海上生。江北嶺南千里共，人間天上十分清。庭前斷續莎蟲語，墻外格支山鳥鳴。却向閑階頻徙倚，沈沈衙鼓報三更。

[一] 宮製錦，字美存，號石泉，江蘇泰州人，乾隆四十七年（一七八二）與仲振履同年入學，乾隆五十三年（一七八八）順天舉人，由咸安宮教習期滿引見以知縣用，嘉慶八年（一八〇三）官雲南南寧縣知縣。

寄宮石泉

關前報説故人來，未見先看笑口開。忙放早衙驅候吏，好留餘暇共追陪。
記君游宦古南滇，我尚青衫坐冷氈。十載滄桑復相見，却來嶺海話當年。
少日嬉游榆社中，文龍筆虎氣何雄！昨宵燈下看鬚鬢，已是皤皤二老翁。
山館清宵酒獨斟，閑教稚子寫來禽。紫荆花外風聲厲，吹起離人惜别心。
琅琊山頭春日低，琅琊山下鷓鴣啼。東風吹送客船去，撲落木棉花滿溪。
尺書歸報客平安，一寸愁心轉自歡。公竟渡河[一]無恙矣，碧鯨滄海暮雲寒。

題宮石泉獨立圖（圖畫作伽藍）

者個和尚，者般形狀，鬚鬢皓然，神思清曠。祇因誤落紅塵，惹了一身魔障。儷白駢青，高吟低唱，冀北滇南，東奔西撞。而今妙手空空，抛却從前模樣。一串珠，十分諦當；一爐香，十方供養。不笑不言，非色非相。還我南無佛南無法南無僧，石泉和尚。

自題手揮目送圖

我生性瀟灑，不耐受拘縛。觸手領其緒，寓目得其略。昔作秀才時，志不在邱壑。今現宰官身，亦不縻人爵。活潑潑地心，無處不可着。揮者歸静虚，送者翔寥廓。問手何以

[一] 樂府歌辭《公無渡河》：『公無渡河，公竟渡河。墮河而死，將奈公何！』

揮，意不縈弦索；問目何以送，思不援弓繳。希音馳古昔，游心寄飛躍。手亦不自知，目亦不自覺。此中有真趣，不必務穿鑿。

蜑婦詞

飛鵝塘口儂家住，歇馬村頭客行路。獨撐一葉小蠻舟，日日趁錢橫水渡。春江軍校夜捉船，奉檄江門嚴堵禦。軍校捉船兼捉錢，大船一千小數五。阿儂船小錢又無，八日受盡鞭笞苦。昨日縣官來廠前，儂跪縣官馬頭訴。翁年八十姑七十，丈夫去年被盜擄。滿船衣食靠儂身，更有呱呱小兒女。却蒙持簡謝軍校，差徭幸免單寒户。水師百人船廿隻，嫌少猶遭軍校怒。縣官治民不治兵，贈我船錢長嘆去。

爲勤兒題讀書秋樹根小照

爾祖年十六，鄉塾震修名。我年十六時，賦詩亦有聲。爾今已及長，嬌宛如雛嬰。神氣亦清朗，心性亦聰明。但覓棗與栗，罔知圖與經。今年新病起，瘦骨太零仃。忽發日新想，欲結青雲盟。苔深石磴滑，露下桐陰清。怡怡手一卷，樹杪秋風生。秋風薄瘴海，朔客羈南平。賴爾佔畢志，慰我游宦情。何時雙蔭下，一聽驚人鳴。

庚午夏四月押盜赴郡再過尖石

纔歷叢篁又翠微，匆匆人影趁斜暉。滿溪新漲雙魚躍，半壁青山一鷺飛。父老歡迎扶杖看（盗所經處，父老皆叩首歡呼），兒童笑語插秧歸。獨慚報政[一]無長策，終日勞勞伴赭衣[二]。

山家

瞥見茅檐無路通，幽人家在四山中。門前澗草參差緑，屋後岩花撲遨紅。舂響隔溪連瀑瀉，炊烟繞樹帶雲籠。絲鞭落日匆匆去，仿記桃源惜未工。

端江舟中

萬壑陰晴頃刻分，奇觀何异讀奇文。月中瀉水清于雪，雨裏看山淡似雲。落筆驚人謝康樂[三]，蕩胸觸處李將軍[四]。浪游博得天機暢，便覺飄然思不群[五]。

過羚羊峽

關荆[六]筆妙不到處，削出天然兩岸山。但有懸崖盡生面，更無片石不孱顔。鳥聲響接

[一] 報政：陳報政績。此處指擔任地方官。

[二] 赭衣：古代囚衣，因以赤土染成赭色，故稱；指囚犯，罪人。

[三] 謝靈運（三八五—四三三），南朝宋文學家，襲封康樂公，故稱謝康樂。

[四] 李思訓（六五一—七一六），字建見，唐代宗室。以擅畫金碧山水著稱，爲山水北宗之祖。工書法。曾任右武衛大將軍。其子昭道亦擅山水，人稱其父子爲大李將軍、小李將軍。

[五] 杜甫《春日憶李白》：『白也詩無敵，飄然思不群。』

[六] 關荆：五代畫家關仝、荆浩的并稱。

蒼茫外，花氣香浮奧窔間。不用馳書問家室，老夫已在列仙班用昌黎登華山事[一]。

雨後舟行

一棹下盤渦，淋漓雨乍過。斷雲埋怪石，飛瀑瀉層波。紅點離支[二]熟，青摇平仲[三]拖。插秧人遍野，齊唱木魚歌。

望七星岩

想是前盤古，招摇墮此山。寒芒天外瀉，石氣雨中斑。蒼樹四圍合，白雲終古閑。却慚真俗吏，無暇一躋攀。

庚午四月于役郡垣時以迎送往來泊舟江岸適陰雨屢日山蹊下注水濁如膠高要王静軒[四]二兄以鼎湖水龍井茶見惠作七言長歌志謝

端江急雨如傾瓢，一舟漾漾江之皋。山溪下注聲四吼，江濤渾渾如黄膠。更兼溽暑氣

[一] 李肇《唐國史補》卷中『韓愈登華山』：『韓愈好奇，與客登華山絶峰，度不可返，乃作遺書，發狂慟哭。華陰令百計取之，乃下。』

[二] 離支：即荔枝。

[三] 平仲：銀杏的别名。

[四] 王承熙，順天大興籍，江蘇吴縣人，由則例館供事議叙從九品，曾任陵水縣竇停司巡檢、興寧縣主簿、高要縣縣丞，遷高要知縣。曾署開建縣知縣。

蒸鬱，肺腑熏灼皮膚焦。貪泉[一]之水不可飲，盟心無地相招邀。妙哉解人王大令，善解相如消渴病[二]。一盂滿注鼎湖泉，清凉到眼渠花沁。況有龍井雨前芽，密雲傳出江南信。傾盂開篋煎活火，謖謖風生晨氣潤，須臾鐺中蟹眼騰，雪甌乍注泉花蒸。青旗數點暖香散，碧漪一掬清光澄。濺齒泠泠挹甘露，沁心脉脉生春冰。仙乎仙乎百體輕，我欲御風而上升。昔聞宋太守，白衣曾送東籬酒[三]；又聞魯賢叟，霖雨壺餐問良友。君今佳話得三絶，直與古人相匹偶。挂帆南下四晝夜，猶覺餘甘常滿口。

端江舟中喜晤王夏峰[四]六兄

回首羊城影共憐，又來端水續前緣。少辭故國六千里君年十九游幕滇南，老入名場四十年宦游嶺海四十年矣。古道照人心鏡朗，冰懷到處口碑傳。維舟曲岸頻相過，跋燭清談夜不眠。

[一] 貪泉：泉名。在廣東省南海縣。晋吴隱之操守清廉，爲廣州刺史，未至州二十里，地名石門，有水曰貪泉，相傳飲此水者，即廉士亦貪。隱之酌而飲之，因賦詩曰：『古人云此水，一歃懷千金；試使夷齊飲，終當不易心。』及在州，清操愈厲。事見《晋書·良吏傳·吴隱之》。

[二] 《史記·司馬相如列傳》載：司馬相如患有消渴病。因仕途失意，常稱病閑居。後因以爲文人失意居閑、貧病交加的典故。

[三] 南朝宋檀道鸞《續晋陽秋》：『王弘爲江州刺史，陶潛九月九日無酒，于宅邊東籬下菊叢摘盈把，坐其側。未幾，望見一白衣人至，乃刺史王弘送酒也。即便就酌而後歸。』

[四] 王夏峰，待考。

新會舟中

櫓聲伊軋下江隈，驛館隆隆晝羯催。緑樹叢中孤塔聳，青山夾里片帆來。崖門舊夢銷風雨，福邸新宫半草萊。衹有白沙[一]遺迹在，倚窗搔首重徘徊。

荔枝

買夏園初啓，凌晨樹乍稀。流霞千點嫩，甘露一苞肥。挂緑初垂帶，凝紅欲褪衣。衹嫌添内熱，獨與素心違。

橙

南果橙爲最，黄中與道參。香于拈處烈，味以久而甘。煩燥心先解，清凉性内含。東坡遺逸品，我欲補《叢談》[二]。

崖門懷古

山氣蒼茫水氣渾，驚濤滚滚下崖門。漫空風雨青冥合，跳浪鯨鯢白晝蹲。《正氣》[三]未

[一] 陳獻章（一四二八—一五〇〇），字公甫，别號石齋，廣東新會人。因居白沙里，稱爲『白沙先生』。明代哲學家、教育家、書法家、詩人。明代心學的奠基者。

[二] 《叢談》：或指宋代蔡絛所著筆記《鐵圍山叢談》，其中載有蘇軾的遺聞軼事。

[三] 《正氣歌》，文天祥作。

消南北恨，《大招》[一]誰吊古今魂。我來却幸時清晏，海不揚波萬舶屯。

過長沙

一枝柔櫓響伊啞，摇曳澄江走浪花。添得客中閑伴侣，青山送我過長沙。

擬古

一株檐蔔花，化作菩提樹。喜得六根清，不待澆甘露。
覽勝思古人，古人何處尋？星岩一片石，常見古人心。
引鏡照我面，面向鏡中窺。明鏡不能語，媸妍心自知。
登山望明月，明月澗底生。山高無可上，月自到天行。

登琅琊山

海門千里靖風烟，此日憑高意灑然。最喜舉頭近紅日，何須搔首問青天。地傳忠烈毛

[一]《大招》：《楚辭》篇名。相傳爲屈原所作，或云景差作。

僉事[一]，我學神仙葛稚川[二]。一兩麻鞋三尺杖，頻偕父老樂豐年。

舟過赤墈

寂寞寄人外，誅茅半畝寬。更無塵迹到，惟聽水潺潺。樹老花香古，山空石氣寒。兩三同倚杖，落日滿江干。

喜晤吳蘭園[三]

握手都門後，南來君獨先。何堪纔一別，轉瞬又三年。嶺海羈人老，邗江昔夢牽。同官不相見，悵遠思茫然。

乍見驚相問，新霜兩鬢侵。一官窮到骨，百累苦煩心。病後容顏瘁，憂來感慨深。堂前人老矣，努力惜分陰。

笑我又奔波，相看可奈何？宦情原冷淡，豪氣肯消磨。我輩勤勞慣，傳人厄困多。二

[一] 毛吉，字宗吉，餘姚人，景泰五年（一四五四）進士，天順五年（一四六一）擢廣東僉事。成化元年（一四六五）剿賊遇害，謚忠襄。

[二] 葛洪（二八四—三六四），東晋道家、醫學家、煉丹術家。字稚川，自號抱朴子，丹陽句容人。自幼好神仙導養之法。先後從鄭隱、鮑玄學煉丹術和道術。後聞交趾出丹砂，求爲勾漏令。携子侄至廣州，止于羅浮山煉丹。著有《抱朴子》《金匱藥方》《神仙傳》《西京雜記》等。

[三] 吳自求，號蘭園，江蘇上元人，拔貢，曾任寶應縣教諭，景寧縣、四會縣知縣，嘉慶十九年（一八一四）任陽江縣知縣，卒于官。

王皆快友，對酒且高歌（謂王夏峰、靜軒）。

于役會垣[一]贈盛韋盧[二]

羊城回首共咨嗟，閑裏匆匆度歲華。我斷春秋平反獄，君驅南北往來車。悲風棘木鋃鐺響，晴雪梅花館驛賒。小別却欣重聚首，立談聊藉長官衙（時晤于太守署中）。君説儒冠多誤人，別來無事不艱辛。十年瘴海嗟今日，八口妻孥累此身。但守葵枕能養晦，斷無黍穀不回春。明朝我挂蒲帆去，獨遺愁懷好自珍。

喜晤賈一樓王蓬壺[三]祝蓮溪[四]藕香[五]

去年我攝南平篆，二十二人同日餞。團欒列坐話今昔，醉後雄談各清健。別來八月繫離心，翹首羊城路修遠。但獲頻傳袖底書，何緣常接燈前面。却喜紛紛閲省抄，同人半領

[一] 會垣：省城，都市。

[二] 盛韋盧，待考。

[三] 王洲，字步瀛，號蓬壺，江蘇鎮洋人，乾隆六十年（一七九五）舉人，嘉慶十六年（一八一一）任從化知縣，卒于官。著有《退省居詩集》。

[四] 祝蓮溪，或爲祝致遠。祝致遠，河南固始人，監生，曾任陽江縣巡檢，陸豐、陽江、新會縣典史。

[五] 祝淮，字藕香，浙江仁和人，舉人。曾任高明、河源、香山等縣知縣。

河陽縣。四君相契尤獨深，才華爛漫清時彥。采藍采緑[一]悵同心，炊珠炊桂[二]嗟羈宦。客臘蓮溪一過我，餘竟相思不相見。適從何來遽集此，乍見喜極轉驚眩。匆匆握手共談笑，繹絡纏綿辭不斷。諸君顏色幸如前，獨我蒼然鬚鬢換。乃知俗吏苦奔波，轉是閑官得清晏。明朝又復挂帆去，滄江往返奔如電。所憾象庭獨遠行，歸時道我常相念。

讀竇霽堂[三]觀察全集賦呈一章

綉衣使者[四]天下才，少年名滿黄金臺。文成紙貴洛陽價，金科玉律交相推。三長[五]更續龍門[六]學，咏嘆長言紀其略。不摹太史舊規模，獨擅才人新著作。修史之難莫如志，陳壽[七]何曾悉其義。卓識論人兼論心，考事徵言繫以地。擇焉必精語必詳，長歌短歌聲激

[一]《詩・小雅・采緑》：『終朝采緑，不盈一匊。予發曲局，薄言歸沐。終朝采藍，不盈一襜。五日爲期，六日不詹。』

[二] 炊珠炊桂：食玉炊桂、饌玉炊珠（饌玉炊金），形容物價騰貴。語出《戰國策・楚策三》。

[三] 竇國華，號霽堂，安徽霍邱人，乾隆四十五年（一七八〇）舉人，以大挑官四川知縣，擢江西南康府知府。後升廣東肇羅道。

[四] 綉衣使者，即綉衣直指。漢武帝天漢年間，民間起事者衆，地方官員督捕不力，因派直指使者衣綉衣，持斧仗節，興兵鎮壓，刺史郡守以下督捕不力者亦皆伏誅。後因稱此等特派官員爲『綉衣直指』。綉衣，表示地位尊貴；直指，謂處事無私。後亦稱『綉衣使者』。綉衣直指本由侍御史充任，故亦稱『綉衣御史』。

[五]《舊唐書・劉子玄傳》：『史才須有三長，世無其人，故史才少也。三長，謂才也，學也，識也。』

[六] 司馬遷出生于龍門，故以『龍門』指代司馬遷。

[七] 陳壽（二三三—二九七），字承祚，晋安漢人。少舉孝廉，除著作郎。撰《三國志》。

昂。三分鼎踞丹圖犖，七字吟成玉版香。更寫餘才誇覽勝，鹿幡新授專城印。鐵嶺壺蘭紀壯游，挹婁黑水傳清咏。帝曰都哉寧爾邦，一麾出守臨西江。龍沙千里瞻騶羽，鹿洞諸生拜節幢。祇今移鎮端江久，猶播芳名映先後。大儒日録仰薪傳，太守風流炙人口。去年天子綏遠夷，銜命巡行過粤西。潯關僚佐親丰采，掌國君臣識羽儀。首推聖主懷柔德，再陳大吏旬宣績。動以尊親接以恩，百萬夷酋皆感泣。却藉餘閑適性情，流覽壺關吊壐城馬伏波平交趾所築。收來絶徼輶軒采，譜出中天雅頌聲。吉光片羽易寸楮〔一〕，兼金〔二〕價重鷄林估〔三〕。伏波〔四〕武略震百蠻，觀察文名亦千古。區區末吏何所知，薔薇盥手翻全詩。如登羽玢入群玉，木琪照耀青瓊枝。口誦萬遍抄萬卷，古香上續昭明選〔五〕。史臣他日采琅函，奕奕光生文穎館〔六〕。

〔一〕寸楮：短信。楮，紙的代稱。

〔二〕兼金：價值倍于常金的好金子。古代金銀銅通言金。亦泛指多量的金銀錢帛。此處指饋贈的財物。

〔三〕鷄林估：即鷄林賈，新羅商人。鷄林，古國名，新羅。估，同「賈」。

〔四〕馬援于光武帝時任隴西太守，率軍擊敗羌人。

〔五〕昭明選：南朝梁蕭統編選先秦至梁的各體文章，取名《文選》，分爲三十八類，共七百餘首（篇），爲我國現存最早的詩文總集。蕭統（五〇一—五三一），字德施，聰睿好學，天監中立爲太子。年三十一卒。謚昭明，世稱爲「昭明太子」。

〔六〕文穎館：清代與實録館、國史館、《四庫全書》修書館、四庫會要館、内廷方略館等治學與著述或史籍管理部門合稱「六館」。

自會垣回署老君堂途中作

山路周回幾曲長，依依人影兩三行。花邊日到香俱暖，竹下風來蔭更涼。午倦欲眠紗帽側，暮雲乍合笋輿忙。歸途却喜民風静，纔割新粳又插秧。

庚午六月六日生朝南平父老率衆蹐堂詩以却之

瓊林宴[一]罷出金臺[二]，捧檄秋風攝乏來（予以去歲九月攝篆斯土）。聖主分符昭體恤，元臣移篆切栽培。一官勉受臨民職，三善[三]慚無繼祖才。却喜偏隅容養拙，山川鬱鬱氣佳哉。

百里封圻介海濱，家安耕鑿土風淳。急公上佐樓船績（去歲公捐捕盜經費，上憲給額旌之），愛我真如骨肉親。庠序青衿頻侍坐，郊原黄髮共扶輪。不才重荷帡幪[四]德，樂與謳歌粤嶺春。

大吏勤勞奠井疆，小官焉敢説稱觴。衙齋寂寂方披卷，父老紛紛忽滿堂。粉壁輝生荃紙燦，瓦盆暖進蔗醪香。老兄喜極頻相屬，再拜周行賦鼓簧（時家孟命出相見）。

官民竟似漆膠投，去住真難得自由。憲眷已教深愧恧（邑人兩次籲留，仰蒙各大憲屢加奬勵），輿情底事倍綢繆。百朋心領同人贈，七字詩將衆志酬。但祝年豐民訟息，昇平同享勝添籌。

[一] 瓊林宴：宋太平興國九年（九八四）至政和二年（一一一二），天子均于瓊林苑賜宴新進士，故稱。後世賜宴雖非其地，然仍襲用其名。

[二] 金臺：北京。

[三] 三善：指臣事君、子事父、幼事長的三種道德規範。

[四] 帡幪：庇蔭，庇護。

送宮施普[一]歸里

萬里迢遥侍老親，少年初試客中身。羊城方嘆增新别，鰲柱重來伴故人。作苦作甘嘗世味，不雕不琢見天真。白頭又返江鄉去，努力扶持亦自珍。

記同筆硯一年餘，頻過先生花下居。問字蕭晨清露爽，談經槐夏午陰徐。嗟予羈滯風塵老，慮爾飄零學術疏。歸語鄉園二三子（謂湯懋齋、俞淇園[二]、程文伯諸弟），耐窮到底是詩書。

再送宮石泉歸里

二月送君去，君向上川行。云將事遠游，依依念紫荆。相依未彌月，决計問歸程。行行不我舍，迂道過南平。君書駕顔柳[三]，僻壤皆知名。吏胥執卷侍，僚屬倒屣迎。日酬筆墨債，莫話别離情。我復苦奔走，車馬無留停。今日當乖離，執手涕各零。嗟君罷官後，童僕不可憑。所幸有佳兒，饑寒先意承。寂寞在長途，煢煢聯影形。相見詎有日，酒盡還復斟。故人屬家事，稚子攀行旌。亦知從此别，相對再屏營。君歸謂吾弟，勿苦思兩兄。阿兄幸老健，我鬢已星星。一官羈嶺海，萬里隔江城。聞君不得志，橐筆游上京。安得生羽翼，與君同遠征。

[一] 宮施普，或爲宮製錦之子。

[二] 俞淇園，待考。

[三] 顔柳：唐代書法家顔真卿、柳公權。

横查渡再送宫石泉喬梓[一]歸里

離筵坐對雨紛紛，收拾蒲帆挂濕雲。珍重臨岐兩行泪，半緣思弟半憐君。

迢遞關山路八千，白頭形影共相憐。歸家正是三冬節，莫負篝燈雨雪天。

嘉慶庚午四月制府菊溪宫保[二]督師高廉剿寇克捷粤海胥平七月既望安撫事竣歸羊城得詩八首恭和原韵

百粤軍聲震若雷，窮荒治運豁然開。令公夙擅群公望，南海端爲四海魁句陳。羽檄縱横侵夜草，牙檣迤邐接天回。西征指顧妖氛定，不負君恩許再來。

天上將軍下海涯，聞風早見望風馳。逃生可掬争舟指[三]，忍死猶餐弃甲皮。掃穴三驅[四]泣狐兔，衝波一炬殫鯨鯢。回思水寨横戈日，誰料崇朝翦滅之。

洗兵大快净天河，小醜争投黑水戈。但鼓長風擒赤纛，不煩積雪打蒼鵝。寇平共幸沈冤灑，謀定何憂俗論訛。一戰果然皆就縛，揮鞭談笑伏群魔。

飛符四道走丹泥，天討何容片刻稽。官凜程規心共讋，民籌經費手親賫。金甌形勝連

[一] 喬梓：《尚書大傳》卷四：『商子曰：「南山之陽有木焉，名喬。」……商子曰：「喬者，父道也。南山之陰有木焉，名梓。」……商子曰：「梓者，子道也。」』後因以『喬梓』比喻父子。

[二] 宫保：太子太保、少保的通稱。明代習慣上尊稱太子太保爲宫保，清代則用以稱太子少保。

[三] 《左傳·宣公十二年》：晋國在邲之戰中敗績，逃跑時，『中軍、下軍争舟，舟中之指可掬也』。

[四] 三驅：古王者田獵之制。謂田獵時須讓開一面，三面驅趕，以示好生之德。

三峽，銅柱[一]威名震五溪。從此青天真復見，歡聲傳遍粤東西。名公經術奠蒼生，天塹何須鐵瑣横。蓄鋭浹辰軍氣奮，剋期一鼓戰功成。寅僚恪守三千律，甲帳宏羅十萬兵。海不揚波年大有，重洋烽火夜無驚。斧鑕餘生泣海嵎，受降忽報下天書。更張已喜安弦改，不漏何妨法網疏。王肅銅丸驅黠鼠[二]，退之神筆撼妖魚[三]。沈珠江上秋風早，福地都成仙佛居。南交光景焕然新，環海都無一點塵。痛剿跳梁需相國，嚴鋤非種在司民。營開細柳[四]軍無擾，舍茇甘棠[五]吏盡循。邑有弦歌邊有備，誰非耕鑿太平人？

[一]《後漢書·馬援傳》「嶠南悉平」李賢注引晋顧微《廣州記》：「援到交趾，立銅柱，爲漢之極界也。」

[二]王肅（一九五—二五八），字子雍，三國時魏東海人，官至散騎常侍。《酉陽雜俎》前集卷十：「王肅造逐鼠丸，以銅爲之，晝夜自轉。」

[三]韓愈因諫迎佛骨被貶爲潮州刺史。時潮州鰐魚爲患，韓愈作《祭鰐魚文》。據《新唐書·韓愈傳》，鰐魚以此西遷六十里。

[四]細柳營：漢文帝時，周亞夫爲將軍，屯軍細柳。帝自勞軍，至細柳營，因無軍令而不得入。于是使使者持節詔將軍，亞夫傳令開壁門。既入，帝按轡徐行。至營，亞夫以軍禮見，成禮而去。見《史記·絳侯世家》。後遂稱軍營紀律嚴明者爲細柳營。

[五]《史記·燕召公世家》：「周武王之滅紂，封召公于北燕……召公巡行鄉邑，有棠樹，决獄政事其下，自侯伯至庶人各得其所，無失職者。召公卒，而民人思召公之政，懷棠樹不敢伐，歌咏之，作《甘棠》之詩。」後遂以「甘棠」稱頌循吏的美政和遺愛。《甘棠》：「勿翦勿伐，召公所茇。」

杜斷房謀[一]詎有慚，韜鈐早向木天諳。詩書擘畫因時布，生殺權衡與道參。實政實心無不到，仁聲仁聞又焉貪？錯金孔雀榮三錫[二]，少海分光燭海南。

庚午分校[三]戲贈吴香竺[四]李鐵橋[五]

一條深巷往來通，光景依稀矮屋[六]中。斗酒隻鷄同坐月（内廉日膳一鷄），放言高論欲生風。荒疏自愧司刑吏，黜陟都憑太史公。煉汞燒丹三十載，今朝却伴藥爐紅。

[一]《新唐書·杜如晦傳》：『每議事帝所，玄齡必曰：「非如晦莫籌之。」及如晦至，卒用玄齡策也。蓋如晦長于斷，而玄齡善謀，兩人深相知，故能同心濟謀，以佐佑帝。』後因以謂多謀善斷曰『杜斷房謀』。

[二]三錫：古代帝王尊禮大臣所給的三種器物。

[三]此處指擔任鄉試校閲試卷的房官。

[四]吴文照（一七五八—一八二七），原名煐，字裴堂，號香竺，浙江石門人，乾隆五十三年（一七八八）舉人。由教習任新興令，移香山，以獲盜功擢知州，任惠州同知。工詩善書，著有《在山草堂集》。

[五]李澐，字鐵橋，浙江山陰人。舉人。曾任廣東博羅、陽江、順德等縣縣令，遷知惠州，擢督糧道，轉廣東按察使，調貴州按察使，未幾，乞病歸。

[六]矮屋：科舉考場。

聞中祝監臨桂舲中丞[一]壽

沈沈瑣院人聲静，脉脉虚堂爽氣招。太乙[二]分光經屢夜，長庚[三]叶夢值今朝。雲消纖翳開丹嶂，日放清輝净碧霄。蕊榜[四]將黏嚴禁鑰，蓬壺[五]小駐却鳴標。屏間已待聯多士，簾外應知拜百僚。餐玉定添眉宇霽，焚香共祝手弓調。棘墻乍聽傳辰鼓，芸閣[六]懸思蔟午鑣。風信一毫都不透，露膏千點見頻澆。課官未許刀輕捉，恤老憑他篆細雕。回首金門書十上，關心矮屋燭三條。不嫌叉手吟侵曉，還伴支頤坐徹宵。大雅日敦儒行古，太平時正海氛銷。蕊浮瀲瀲南交酒，文曲熒熒北斗杓。心草乍隨箋草發，筆花頻對蠟花挑。萬言誰吐階前氣，百尺驚回紙上潮。傳寫争抄官署藺，不才難續侍郎貂。番禺擷秀纔分桂，省壁

[一] 韓崶（？—一八三四），字桂舲，一字旭亭，江蘇元和人，由拔貢授刑部七品小京官，歷官至刑部侍郎、尚書。出任湖南布政使、廣東巡撫，署兩廣總督。著有《還讀齋詩稿》二十四卷。中丞：漢代御史大夫下設兩丞，一稱御史丞，一稱中丞。中丞居殿中，故以爲名。東漢以後，以中丞爲御史臺長官。明清時用作對巡撫的稱呼。梁章鉅《稱謂録·巡撫》：『明正統十四年（一四四九），命都察院右僉都御史鄒來學巡撫順天、永平二府……今巡撫之稱中丞，蓋沿于此。』

[二] 太乙：即『太一』，星名，即帝星，又名北極二。因離北極星最近，故隋唐以前文獻多以之爲北極星。

[三] 長庚：亦作『長賡』『長更』。古代指傍晚出現在西方天空的金星，亦名太白星、明星。

[四] 蕊榜：傳説中道教學道升仙，列名蕊宫。後指科舉考試中揭曉名第的榜示爲『蕊榜』。

[五] 蓬壺：蓬萊。古代傳説中的海中仙山。

[六] 芸閣：即芸香閣，秘書省的别稱。因秘書省司典圖籍，故亦以指省中藏書、校書處。

團吟學頌椒[一]。喜有瓣香熏杏帖，愧無佳句貯椰瓢。汗青共托三江蔭，戲彩遥依百歲喬。占瑞人傳分藥玉，延齡家久種桐苗。况摻玉尺聯清美，佇見珠宮毓秀翹。紫粉大書麟角管，金泥細譜鹿鳴簫。賢良策紀名臣筆，康樂書登太史軺。轉瞬春明徵柱國，從容搢笏紫宸朝。

恭和桂舲中丞庚午中秋試院次廳額德定圃宗伯[二]韵三首元唱

爽氣澄鮮玉宇寬，深沈瑣院貯清寒。名經頃刻登千佛，妙技何人累九丸[三]？雲外丹梯應有桂，海中赤石待生欒[四]。三年一度今宵裏，付與嫦娥仔細看。

分曹生怕有岐傍，檢點教如網在綱。仰止荃題留北户，吟餘簽響度東堂。牙檠欲燼三條燭，心字同燒一瓣香。更愧得膺逾格選，柘枝老婦也登場。

欲抛手卷每游移，回首青衫矮屋時。分外搜求誰稱意？個中辛苦我全知。却慚俗吏還

[一] 頌椒：古代農曆正月初一用椒柏酒祭祖或獻之于家長以示祝壽拜賀，謂之『頌椒』。

[二] 德保（一七一九—一七八九），滿洲正白旗人，姓索綽絡氏，字仲容，一字懷玉，號潤亭，一號定圃。乾隆二年（一七三七）丁巳恩科進士，仕至禮部尚書，謚文莊。宗伯：周代六卿之一，掌宗廟祭祀等事，即後世禮部之職。因亦稱禮部尚書爲大宗伯或宗伯，禮部侍郎爲少宗伯。

[三] 累丸：堆疊彈丸。《莊子·達生》：『仲尼適楚，出于林中，見痀僂者承蜩，猶掇之也。仲尼曰：「子巧乎，有道邪？」曰：「我有道也。五六月累丸二而不墜，則失者錙銖；累三而不墜，則失者十一；累五而不墜，猶掇之也。」』後多用爲技藝精進或貪求不止之典。

[四] 生欒：柚的別名。

分校，賴有詞臣作主司。濃醮佛頭青管子[一]，焚香北面和新詩。

庚午粵闈分校事竣有懷同社諸子

冬烘已現宰官身，又向文壇供斫輪[二]。載籍敢云都雪亮，匡居暫幸不風塵。却從紅蠟分房夜，想到青氈矮屋人。此日一燈團坐處，奇文欣賞話艱辛。

起來東向泬漻天，燕子磯邊路幾千？轉瞬青雲交九月，回頭白髮又三年。原難立地都成佛，但是登科也得仙。收拾丹黃[三]增悵望，不知誰上孝廉船。

與吴槑堂李鐵橋再疊前韵

乍減蕉衫[四]一寸寬，連宵疏雨釀輕寒。眼花不見三株樹，腹疾頻餐六味丸。盤貯勾櫞香馥郁，瓶分交桂影檀欒。巾箱[五]怕有遺珍在，抹後丹黃更檢看。

支頤深坐夜燈傍，春貢頻搜午未綱。脱穎誰居門下士，斫輪同侍大人堂。掃如落葉天應老，説到生花字也香。嘆煞輸贏纔頃刻，真成五雉六梟[六]場。

[一] 青管子：筆。
[二] 斫輪：斫輪老手，比喻技藝精練純熟或經驗豐富的人。
[三] 丹黃：舊時點校書籍用朱筆書寫，遇誤字，塗以雌黄，故稱點校文字的丹砂和雌黄爲丹黄。
[四] 蕉衫：用麻布縫製的衣衫。
[五] 巾箱：古時放置頭巾的小箱子，後亦用以存放書卷、文件等物品。
[六] 五雉六梟：義同『斗鷄走狗』，指游手好閑、不務正業。

籠燈歸院坐頻移，杯酒虚廊共話時。一種盤桓風味好，五人心事月明知。沿訛字句親收拾，入選文章命主司。且趁餘閑同掃壁，明朝三叠唱酬詩。

九月朔後一日三叠前韵

室小剛饒一丈寬，雨餘增得二分寒。憐他蝴蝶空黏粉，笑指蜣螂獨弄丸。不理雲箋封蓋篋[一]，爲防風信閉雕欒。拈毫莫道無憑據，勒帛留紅任意看。

記得煢煢岐路傍，往回人笑押官綱。一杯纔出新豐市，千里今登大雅堂。末吏袍分書草緑，詞林筆占榜花香。憑空忽地分高下，花樣渾如蹴踘場。

一定科名總不移，屈伸尺蠖要逢時。劉蕡[二]薄命經三黜，楊震[三]傳家有四知。到手功名天壤判，關心得失鬼神司。却看風雨重陽近，且學題糕共賦詩。

四叠前韵

殢雲掃盡碧天寬，颯颯秋風生暮寒。鷹隼脱韝將破壁，蝦蟆撚藥漸成丸。金分籬外枝

[一] 蓋篋：用蓋草編織的箱子。

[二] 劉蕡，字去華，昌平人。唐敬宗寶曆二年（八二六）進士。文宗時舉賢良對策，劉蕡指斥宦官被黜。後被貶爲柳州司户參軍。昭宗時追贈左諫議大夫。三黜，形容宦途不利。

[三] 楊震（五四—一二四），字伯起，弘農華陰人。東漢名臣，被譽爲『關西孔子』。四知：《後漢書·楊震傳》：『故所舉荊州茂才王密爲昌邑令，謁見，至夜懷金十斤以遺震。震曰：「故人知君，君不知故人，何也？」密曰：「暮夜無知者。」震曰：「天知，神知，我知，子知。何謂無知！」密愧而出。』

枝菊，朱染盤中顆顆欒。無限新鮮花樣子，費心剪出待誰看。

袖手觀棋祇在榜，任他黑白暗提綱。八千子弟誰登傍，十二美人紛滿堂。鴻鵠未來偏想像，芝蘭經久不聞香。却慚折臂風塵裏，決勝羞談古戰場。

兩三圍坐漏頻移，且共挑燈話舊時。日下春風輸我老，月明秋思屬誰知？掌中露液金人捧，舌上天花玉女司。樂得消閑經個月，百壺清酒百篇詩。

五疊詩

兀坐閑房半畝寬，乍過殘暑又新寒。泥膏經雨成鵶片，榜信瞞人似蠟丸。官燭傳來紅閃閃，園蔬送到緑圞圞。閉關整月埋頭處，面壁工夫一例看。

終日高談棘院傍，任他上正下離綱。號如梵唄嫌香竺（吳香竺改號聚堂），卷有高明屈祐堂（余祐堂薦卷有高明字，主司以其縣名疑之）。金浦羼來詩帖遠（魏金浦以和制府詩屢過東院[一]），鐵橋咬得菜根香（李鐵橋持九日齋）。能教司馬低頭拜，獨讓宫之奇擅場（主司搜得遺卷，煉江堅不呈薦，司可亭司馬揖之而後從）[二][三]。

題名不怕有更移，已到重陽放榜時。獲雋真成千佛選，苦心未必七人知。頭銜今日猶

[一] 魏德畹（琬），福建邵武人，嘉慶七年（一八〇二）進士，官廣東西寧知縣，遷湖南靖州知州。

[二] 宫秉鑒，字賓塘，號煉江，江蘇泰州人。乾隆五十三年順天舉人。任廣東新寧縣、連山縣縣令，署瓊州府同知，後任崖州知州。宫之奇，春秋時期虞國大夫。此處借指宫秉鑒。

[三] 司能任，字可亭，山西汾陽人，乾隆五十四年（一七八九）選貢，廷試二等，當官教諭，引見改知縣，署浙江長寧、錢塘、壽昌、餘杭等縣知縣，補縉雲，調嘉興，曾任景寧縣。服闋移任廣東歸善，擢碣石同知，改佛山澳門，歷權廉州、潮州、惠州。庚午、丙子兩充廣東鄉試内監試官。

同考，手版明朝又有司。相約匆匆撤闈去，偷閑再疊别離詩。

六疊前韵和霽堂觀察

棐几盈盈尺半寬，聯吟喜對月清寒。飛毫捷似摩空隼，鑄句圓于走坂丸。碧漢晴雲光皎潔，小山叢桂影檀欒。風流觀察饒佳興，挼手巡檐次第看。

百丈文光照兩傍，簾分内外手提綱。經心屢過諸生舍，携手同趨御史堂（謂署提調鳳岡郡伯）[二]。萬選青錢[三]朝課卷，一函紫粉夜焚香。静思紙貴都門日，幾度秋風得意場（庚午魁墨紙貴一時）。

沈沈簽閣響頻移，却好三條燭盡時。一月防閑官吏肅，兩番辛苦士人知。喜先得月欽丰采，密不通風仗典司。更得餘閑消永日，棘闈争誦唱酬詩。

别南平父老

轉瞬一年過，相看奈别何？感恩真太甚，加惠實無多。豐稔斯爲福，萊蕪慎勿歌。一肩行李便，擊汰問清波。

如何留得住？留我亦胡爲。宵小行將盡，荒田亦漸菑。但于争訟日，憶我在官時。比

[二] 李威，字畏吾，號鳳岡，福建龍溪人，乾隆四十三年進士，官中書，服闋，後任刑部主事，後官廣州知府。歸里後，主講丹霞書院。著有《説文解字定本》十五卷、《無名子詩存》。郡伯：明清時稱知府爲郡伯。

[三] 萬選青錢：《新唐書・張薦傳》：「員外郎員半千數爲公卿，稱『鷟文辭猶青銅錢，萬選萬中』，時號鷟『青錢學士』。」後以『青錢萬選』『萬選青錢』來比喻文章出衆。

户無囂竞，安和是福基。

臨歧增悵望，回首再丁寧。各理耕桑業，毋分主客形（土人多與客籍構訟）。歲時宣聖諭，子弟守遺經。此即傳家寶，青烏[一]莫漫聽（俗尤好爭山墳）。撤闈還自愧，温語慰諸生。虎氣必騰上（陳句），雄心漫不平。但拚窗下苦，終占榜頭名。千里龍山外，驚人盼一鳴（時將之任齊昌）。

攝乏子將去，皇華客已回（謂屈菘岩[二]）。須知親父母，倍惜舊嬰孩。猛者烈于火，寬尤沃以醅（菘岩自箴以寬爲本）。剛柔同一治，何處不春臺。

侵曉携妻子，停篙傍水潯。里門同一哭，囊橐抵千金。詩富來時稿，榕垂去後陰（堂下雙榕甚茂）。他年如過此，重與話離心。

將赴齊昌留别吴燊堂李鐵橋七叠前韵

瑣院聯吟一月寬，連宵刻燭不知寒。賞心文似《廣陵散》[三]，排悶詩如越鞠丸[四]。盟到冰心情脉脉，聚成鼎足影欒欒。沈珠江上經旬别，百里鄰封萬里看。

東指嘉州大道傍，幾肩書畫不成綱。獨憐孤棹遠于役，回首兩君在此堂。笑藺有絲形

[一] 青烏：指青烏子。傳説中的古代堪輿家。後用爲堪輿家的美稱。

[二] 屈澤霖，四川鄰水人，舉人，嘉慶十年（一八〇五）任恩平知縣，爲仲振履的前任。後任開平縣知縣。

[三] 廣陵散：琴曲名。三國時嵇康善彈此曲，秘不授人。後遭讒被害，臨刑索琴彈之，曰：『《廣陵散》于今絶矣！』見《晋書·嵇康傳》。後亦稱事無後繼、已成絶響者爲『《廣陵散》』。

[四] 越鞠丸：一種中藥成藥，主要功能是理氣解郁。

我拙，喜梅傳信入詩香。匆匆拂拭烏紗帽，又上東方第一場。

前番光景已全移，不比分房校卷時。客到隱之增快語（時道過新州，宿裴堂署中），書來白也竟前知（鐵橋書言交代事皆吻合所擬）。却慚舊學天隨子[一]，望利今成賤有司。臨別依依重搔首，三人情誼七言詩。

不寐

不寐數殘更，頻敲第四聲。覓巢孤鳥叫，窺枕數星明。舊事茫茫記，游思轉轉生。朦朧纔一瞬，飢鼠又相驚。

桐村夜泊寄吴裴堂

向晚雲消盡，山頭日亦微。幾家依竹澗，孤艇繫漁磯。寒樹杳然碧，暮禽時復飛。蒼烟看瞑合，回首故人違。

端州渡江

水繞青山山繞城，今年三度放舟行。魚龍入蟄濤聲靜，草木森寒磵氣清。峽口征帆千笏聳，波心怪石一拳撐。笑他父老如相識，猶説南平令尹名（時以瓜代。回省垣）。

[一] 天隨子：唐代詩人陸龜蒙的别號。陸龜蒙（？—八八一），字魯望，自號江湖散人、甫里先生、天隨子。唐代長洲人。與皮日休善，人稱爲『皮陸』。著有《甫里集》《耒耜經》等。

泊舟有待

終朝風復雨，孤艇泊沙灘。遠岫連雲合，荒江入夜寒。愁多催我老，金盡告人難。不識當頭月，今年何處看！

舟泊端江有約不至率成十二韵寄褧堂鐵橋

漏正長兮人寂寂，歲云暮矣意惙惙。亡羊空説羊頭爛，無雁難憑雁足梢。客路星霜嗟鬢影，荒江風雨憶心交。空囊羞澀慚劉寵，近句清寒類孟郊〔一〕。坐數估帆沿岸過，卧聞衙鼓隔城敲。花對也自誇分竹〔二〕，瓜代于今竟繫匏〔三〕。三友自知無可咎，一寒至此屬誰教？

〔一〕孟郊（七五一—八一四），字東野，湖州武康人。唐代詩人。貞元年間進士。任溧陽縣尉。後任河南水陸轉運從事，試協律郎。與賈島齊名，有『郊寒島瘦』之稱。詩作主要抒寫個人坎坷遭遇，多悲苦之嘆。有《孟東野詩集》。

〔二〕分竹：給予作爲權力象徵的竹使符，謂封官授權。

〔三〕繫匏：語出《論語·陽貨》：『吾豈匏瓜也哉，焉能繫而不食？』匏瓜味苦，故繫置不用。後用『繫匏』比喻隱居未仕或弃置閑散。

蠅痴[一]何術能醫俗，鳩拙[二]無辭足解嘲。敢謂然箕煎太急[三]，都緣庶草忍難拋。乘除銖兩爭千鎰，辜負文章鬥九苞[四]。舊事般般心自問，成規款款手親抄。馳書寄語同袍友，願我今占履上爻[五]。

王靜軒老坑端研銘

天雲下垂，海水直立。蒼龍橫飛開紫極，金光迸露雙睛碧。墨花四灑松膏濕，鼓吹休明霈靈澤。

王靜軒家藏蔡邕[六]銅鼎歌

中郎之鼎七，留傳五千載。青烟揚其中，丹光發其采。迄今六鼎無一存，此鼎轉移歸

[一] 蠅痴：痴蠅，指秋蠅。

[二] 鳩拙：《禽經》：『鳩拙而安。』張華注：『鳩，鳲鳩也。《方言》云：蜀謂之拙鳥，不善營巢，取鳥巢居之，雖拙而安處也。』後用爲自稱性拙的謙詞。

[三] 劉義慶《世説新語·文學》：『文帝（曹丕）嘗令東阿王（曹植）七步中作詩，不成者行大法。應聲便爲詩曰：「煮豆持作羹，漉菽以爲汁。萁在釜下燃，豆在釜中泣。本自同根生，相煎何太急！」』

[四] 九苞：鳳的九種特徵。後爲鳳的代稱。

[五] 履上爻：履爲六十四卦之一。爻是構成《易》卦的符號，分陽爻和陰爻兩種。每六爻合成一卦，其位置在最上的一爻稱爲『上爻』。

[六] 蔡邕（一三三—一九二），字伯喈，陳留圉人。東漢著名文學家、書法家。因曾任左中郎將，故世稱『蔡中郎』。

静軒。我來拂拭瞻古器，斑剥有如黄目尊[一]。兩其耳，三其足，墨色棱棱焕膏玉。土花剥蝕燒痕緑，黯淡之中光四燭。離奇閃爍無定形，照人耿耿垂元精。扣之聲中黄鐘聲，火氣脱盡着手輕。下鎸三字深而直，鴻都石經相仿佛。書耶琴耶不復見，一鼎巋然留手澤。興來炙炭向日烘，虚堂颯颯生靈風。乃知尤物鬼神護，恐有應龍[二]拿攫歸蒼穹。

得李九鐵橋書志感

閲罷再三嘆，心如面不同。多君一腔血，于我十分紅。迹脱塵緣外，交深性分中。舉頭望天末，白月照寒空。

月下舟渡紫沙

月下扁舟度，寒光漾白沙。此心清徹底，萬籟静無嘩。隱隱溪聲急，幢幢帆影斜。倚窗深夜坐，且試鼎湖茶。

端江放舟口占

去年游端溪，扁舟挈妻小。江空炮四震，雨急浪欲倒。舍舟復登陸，塵容殊擾擾。今年及瓜期，又過羚羊道。維舟經浹辰，風雨連昏曉。乘除千鎰金，批駁五花稿。賴得蔣元

[一] 黄目尊：黄銅彝器。據説刻人目爲飾，故名。
[二] 應龍：古代傳説中一種有翼的龍。相傳禹治洪水時，有應龍以尾畫地成江河，使水入海。

卿（謂石香）[一]，別白相參考。欣欣荷一諾，匆匆別同好。同好憫我行，望望繫遠抱。各出老坑研，贈我供揮掃。寶此訂石交，未免慚包老（孝肅去郡投研于江，今名没研洲）[二]。

行抵羊城示徐斌[三]

莫恨艱難未伴行，者番行色頗凄清。夕陽山館無人到（眷屬寓南平書院），冷雨荒江一艇横（赴郡理交務遲屈菘崖不至）。負米忍看耆老泣（邑人負米相贈，却之。有泣下者），分金幸仗友生情（謂王静軒、吴裴堂、李鐵橋）。今朝事過來相見，添白吟鬚又幾莖。

讀韓東生[四]先生《聽鐘樓詩集》成七古一首

人生讀書最足樂，摘句尋章盡糟粕。真儒得解在性情，吟咏之中見心學。天機活潑本自然，抽毫妙緒相回旋。絳雲舒卷碧霄際，白石澄鮮渌水邊。點綴化工入詩稿，蔬笋烟霞蘊襟抱。但覺澄懷天地寬，何知遁迹林泉老。壯游况復走西東，名山大川開心胸。金臺春進一杯酒，珠浦花迎七尺筇。怡怡暮景恣瀟灑，歌咏昇平紹風雅。金粟飛香寄小山，天花

[一] 蔣詡，字元卿，西漢末爲兗州刺史，因不滿王莽專權，辭官歸隱。蔣石香，當爲仲振履幕僚。有江蘇江都人蔣石香，一作石秀，輯有《望益齋古印偶存》，未知即其人否。

[二] 包拯（九九九—一〇六二），字希仁，廬州人，以清廉公正聞名于世，曾任龍圖閣學士，世稱『包龍圖』；又曾任天章閣待制，世稱『包待制』，而其廉潔公正、不攀附權貴，故有『包青天』及『包公』之名。知開封府，執法嚴峻，京中有『關節不到，有閻羅包老』之語。後官至樞密副使，謚孝肅。

[三] 徐斌，待考。

[四] 韓是升，字東生，江蘇吴縣人，諸生，歷主金臺、陽羨、當湖書院，著有《聽鐘樓詩集》十卷、《洽隱園文鈔》四卷。

落地參蓮社[一]。負杖行吟不計年，逍遥天下老神仙。富貴功名何足數，東山衹有布衣傳。

送祝蓮溪歸固始

萬里海天外，三年道路隅。此來噫甚矣，得去亦仙乎。但似雲歸岫，何妨雪載塗。勸君一杯酒，掉首勿踟蹰。

入門應大笑，百慮一齊休。陟岵[二]紓前望，飛蓬解舊愁。風波無夢到，山水稱心游。不識閑居日，還思我輩不？

贈姚柳依[三]時予將赴齊昌即以志别七排十二韵

瘴海三年白髮增，釜塵吟瘦骨棱棱。做官到我烏乎可，有友如君得未曾。忙裏攀嵇[四]言瑣瑣，衆中説項意矜矜。論文交以神相契，從政才于學共徵。風味温如元圃玉，心田清比挹婁冰。遠留姑熟棠陰永，香入番禺桂馥騰。却愧小鮮[五]纔試割，得親大匠欲從繩。窮

[一] 蓮社：晋代廬山東林寺高僧慧遠，與僧俗十八賢結社念佛，因寺池有白蓮，故稱。

[二] 《詩·魏風·陟岵》：『陟彼岵兮，瞻望父兮。』後因以『陟岵』爲思念父親之典。

[三] 姚祖恩，字柳依，浙江錢塘人，乾隆四十九年（一七八四）進士，曾任容縣、龍川、番禺、羅定等縣知縣。編有《史記菁華録》、輯朱彝尊《明詩綜》中的評論爲《静志居詩話》。

[四] 語出《文選·顔延年〈五君咏·向常侍〉》：『交吕既鴻軒，攀嵇亦鳳舉。』李善注引《向秀别傳》：『秀常與嵇康偶鍛于洛邑，與吕子灌園于山陽，收其餘利以供酒食之費。』後因以『攀嵇』爲賢士互相交往的典實。

[五] 小鮮：《老子》：『治大國若烹小鮮。』

荒漫笑髯蘇[一]老，勝境偏饒小謝[二]登。榕樹陰中朝聽鼓，剌桐花下晚挑燈。郵筒唱和同心友，宦味消閑有髮僧。何必文章皆紫綬，幸留牙齒餤紅綾。珠江轉瞬匆匆去，帆挂斜陽浪幾層。

庚午羊城長至

暫時抑塞暫時拋，天意周回本不淆。小劫冰霜思北地，雙清心迹寄南交。陰垂榕樹剛飛葉，香入梅花已綻苞。佳節却從閑裏過，獨吟新句獨推敲。

尤喜天寒地不寒，行吟落落寄江干。拈毫任意酬詩友，聽鼓隨時逐長官。暖入羊裘偏覺重，夜深襆被不嫌單。安居化日和風裏，縱有窮愁也自寬。

寓齋静坐

曲巷人稀小院深，朝參初罷晝沈沈。瓶蘭嫩翦枝枝玉，盆菊斜披叠叠金。三載磨成今日我，十分清透此時心。巾箱剩有端溪茗，手爇松花且坐吟。

[一] 髯蘇：蘇軾的别稱，以其多髯故。

[二] 小謝：南朝宋謝靈運族弟謝惠連。或指指南朝齊謝朓。

題鄭雅亭[一]小照

獨坐長松下，翛然興出塵。仍留泉石意，誰識宰官身。清比仙禽瘦，溫如玉軫淳。撚鬚閑眺望，阿堵已傳神[二]。

贈隱禪和尚[三]僧以孝聞

逃名高寄梵王宮，煩惱削除萬劫中。半偈頓參諸色相，一絲不挂[四]大英雄。能完正果方爲慧，不斷真苗始是空。他日旃林傳盛事，白烏巢鉢證元功。

胡問漁[五]次和長至元作復疊前韵見贈詩以答之

手捧瑶華不忍拋，朗吟百遍句無淆。三年共處投閑地，七字今成莫逆交。庾嶺遠來鴻

[一] 鄭域輪，字化堂，號雅亭，河南息縣人，乾隆五十四年（一七八九）拔貢，以直隸州州判分發廣東，歷署煩劇縣佐，以獲盜首功擢電白令，後以卓异升知州，嘉慶二十三年（一八一八）任化州知州，道光二年（一八二二）以終養去官。

[二] 劉義慶《世説新語·巧藝》：『顧長康畫人，或數年不點目精。人問其故，顧曰：「四體妍蚩，本無關于妙處，傳神寫照正在阿堵中。」』顧長康，晋代畫家顧愷之。阿堵，六朝及唐人常用的指稱詞，相當于這、這個。

[三] 隱禪和尚，南海人，俗姓關，著有《慧海小草》。

[四] 一絲不挂：原指魚類不受釣絲的挂礙，禪家常以此喻不爲塵俗所牽累。

[五] 胡如瀛，浙江上虞人，舉人，曾任山東冠縣、博山，廣西靈川縣、廣東順德等縣縣令，著有《海嶼詩話》。

少信，端溪新試筆含苞。撚鬚坐待春消息，官鼓沈沈隔巷敲。

博山香爐入宵寒，卧聽羈人唱紇干[一]鄰有朔客，時聽悲歌。彈鋏有家偏作客，點金無指欲休官。閑摹北苑[二]搜詩料，懶學東坡製食單。作戲逢場隨處好，信天樂得寸心寬。

壽李鐵橋五十

東探禹穴千年後，白也于今得替人。朗似玉山初上日，清于秋水不黏塵。文名少日馳都下，吏治頻年遍海濱。彩筆有花皆照夜，甘棠無樹不恒春。冰壺處士聯佳話，金粟如來是後身[三]。愛我心無冰炭到，與君交以性情真。却從政府新盟笠，同作文壇老斫輪。五叠瑶章箋拂采，一篇鉅製筆傳神。那堪鼉水分襟[四]日，已是龍山押歲晨。醉竈豈同舟訪

[一] 紇干：古代鮮卑部落之一，因居紇干山而得名，後有以之爲姓者。
[二] 北苑：南唐著名畫家董源曾官北苑使，世稱董北苑。
[三] 李白《答湖州迦葉司馬問白是何人》：『青蓮居士謫仙人，酒肆藏名三十春。湖州司馬何須問，金粟如來是後身。』
[四] 分襟：猶離别，分袂。

戴[一]，祝崧[二]遥想岳生申[三]。紅燈歌板酬寮友，朋酒兕觥[四]拜洞民。獨我遠離千里外，雷鄉西望憶嘉辰。

諭齊昌父老

我昔官南平，宵小勢齟齬。下車奮臂擊，三月民安堵。從容理案牘，曲直細辨剖。遲遲又三月，乃獲除塵腐。父老進蔗漿，士女炊粳黍。每過村墟間，宛如骨肉聚。所愧拙催科，瓜期煩計簿。邑人惘我行，攀轅泪如雨。齊昌古士鄉，衣冠何楚楚。子弟守膠庠，耆老安農圃。麻麥咏邱中[五]，毋難返淳古。胡以白璧瑕，頓解黄綾組謂德石浦[六]。我本老儒生，捧檄莅兹土。政事久傳家，刀筆非所慮。矢我冰雪心，啓爾神明宇。清濁在我摻，頗僻任爾

[一] 訪戴：劉義慶《世説新語·任誕》：『王子猷居山陰，夜大雪……忽憶戴安道。時戴在剡，即便夜乘小船就之。經宿方至，造門不前而返。人問其故，王曰：「吾本乘興而行，興盡而返，何必見戴。」』後因稱訪友爲『訪戴』。

[二] 祝崧：即嵩祝，祝福他人壽比嵩山的賀辭。

[三] 生申：申伯誕生之日。後爲生日之祝辭。語本《詩·大雅·崧高》：『崧高維岳，駿極于天。維崧降神，生甫及申。』

[四] 《詩·豳風·七月》：『朋酒斯饗，曰殺羔羊。躋彼公堂，稱彼兕觥，萬壽無疆。』

[五] 《詩·王風·邱中有麻》：『邱中有麻』『邱中有麥。』

[六] 德音，滿洲人，舉人，嘉慶十三年（一八〇八）任興寧知縣。

訴。惟願都人士，駸駸慕古處。講約保身家，吹《豳》[一]話辛苦。官民兩相得，融融若水乳。永戴聖人[二]恩，無攖上官怒。比歲樂豐穰，善人天所與。

後望

後望茫茫剩老夫，此兒竟死亦天乎！悲心哽咽腸俱碎，老眼模糊泪已枯。黄土有恩千載共，碧天無際一身孤。瀕危小語殊難解，草色遥看近却無（兒臨終以草色句問，越十日，復示夢晴湖）[三][四]。

題湯雨生[五]秋江罷釣圖

我聞雨生名，未識雨生面。月明紅樹古揚州，溪軒山館留題遍（雨生曾官揚州）。匏瓜笑我繫雷鄉，移節東來忽相見。文芒奕奕吐白虹，武庫桓桓飛紫電。君本鳶肩貴公子，捧檄南荒試長劍。

[一] 吹豳：即『龡豳』，古代祈禱風調雨順、農業豐收的一種儀式。語出《周禮·春官·籥章》：『中春晝擊土鼓，龡《豳詩》以逆暑。中秋夜迎寒，亦如之。凡國祈年于田祖，龡《豳雅》，擊土鼓，以樂田畯。國祭蠟，則龡《豳頌》，擊土鼓，以息老物。』鄭玄注：『《豳詩》，《豳風·七月》也。吹之者，以籥爲之聲。』

[二] 聖人：此處爲對皇帝的敬稱。

[三] 草色遥看近却無：韓愈《早春呈水部張十八員外》詩句。

[四] 仲貽綸，號晴湖，仲振履族子。

[五] 湯貽汾（一七七八—一八五三），字若儀，號雨生、琴隱道人、龍山琴隱、山外山人、老雨、師堀主人、若翁、粥翁、錯道人，江蘇武進人，以世襲雲騎尉官至浙江樂清協副將，後乞病歸，寄居南京。咸豐三年（一八五三）太平軍破江寧時投水死，謚貞愍。著有《琴隱園詩集》《琴隱園詞集》等。

將軍三絶皆冠場，丹青妙手尤清擅。褒公鄂公不復寫[一]，自寫閑身寄江甸。秋山漠漠淡于烟，秋水澄澄净于練。一竿點破白蘋香，打槳歸來日將晏。可憐一幀江南秋，萬里迢遥到山縣。乍喜蠻烟蜑雨消，却看楓葉蘆花現。願君添筆畫蒼顔，寫我科頭作君伴。君把漁竿我刺艇，直釣金鰲上星漢。

送宋吉甫[二]回羊城

臨歧悵相送，望望兩携手。後晤未有期，再進一杯酒。羨君堂上親，清健安耆耇[三]；羨君膝下兒，婉孌侍左右。祖帳[四]列紳士，攀轅[五]聚童叟。得天樂事真，去日輿情厚。自古寶榮名，寧復計所有。君歸至羊城，見我同心友。爲語孱病軀，日已就衰朽。修短不可知，願各慎所守。

[一] 杜甫《丹青引贈曹將軍霸》：『褒公鄂公毛髮動，英姿颯爽來酣戰。』曹霸，唐代譙郡人，官至左武衛將軍。善于畫馬，亦工肖像。段志玄，封褒國公；尉遲恭，封鄂國公。二人均係唐代開國名將。

[二] 宋揚光，江蘇長洲人，附生，捐納知縣，嘉慶十二年（一八〇七）、十四年兩任興寧知縣，曾任大埔縣知縣、番禺縣知縣，署南雄州知州。曾爲惲敬刻《大雲山房文稿》。

[三] 耆耇：此處爲長壽之意。

[四] 祖帳：古代送人遠行，在郊外路旁爲餞别而設的帷帳。亦指送行的酒筵。

[五] 攀轅：挽留或眷戀良吏。

送譚棠村[一]歸里

我昔博一官，游宦赴南徼。挈爾與蓉兒，朝夕侍吾側。執經共趨問，傳餐亦分食。兩小無猜嫌，依依列前席。今正天喪我，蓉兒忽焉没。我老無次男，望望如有失。況以貧病軀，頻年苦勞劇。公私復交迫，日不數十粒。茫茫集百端，奄奄存一息。爾復從父歸，誰與收吾骨？

獨坐

凌晨納爽氣，獨坐地東垂。坐久神復倦，風曳單羅衣。須臾旭日上，朝露亦已晞。檐牙衆鳥散，欄角餘花飛。良辰不再覯，病骨殊難支。隱几兩三嘆，已矣將何爲！

病中示兩女

顧爾雙雙感鬢華，催人其奈病交加。半生好夢空流水，無限傷心對落花。痴剔篝燈支夜枕，强籠紗帽放晨衙。奄奄直到何時了？不信吾生未有涯。

燕將雛

燕燕將雛兮朝夕飛，厥父涎涎兮厥子肥。出入堂室無相遺，嗟我煢獨安將歸！

[一] 譚檈，字棠村，餘不詳。

朝天圍吊文文山有紀

興邑西城外有朝天圍，相傳文文山收合散卒，駐營于此，具袍笏，望闕拜告，故名。考《宋史》，端宗丁丑七月，元李恒[一]襲公于興國縣，公師潰，收兵奔循州。邑于宋爲循州，地距興國僅數百里，事屬有徵而舊志未載，爰作長歌，以紀其事。

我昔渡蜀洲，曾訪文山宅。去歲望崖門，又吊文山迹。千秋氣節凛凛存，恨不吾身得親炙。今來作宰古循州，道路相傳聲嘖嘖。云昔先生拒李恒，數萬王師潰興國。復收餘燼聚山隅，朝天不廢旬宣職。先生袍笏向空拜，荒荒慘淡風雲色。孤臣啼血伏地哀，殘軍奮臂仰天泣。迄今父老言其處，折戟沈戈盡銷蝕。獨有忠憤氣不磨，磊礴鬱結蒼岩側。吁嗟世事多不平，豪杰必爲天所扼。庸臣五代受褒封，先生萬里抛骸骨。可憐山縣小于村，公道在人心不没。熱血駸駸濺齒牙，生氣桓桓固磐石。胡爲立廟祀韓蘇[二]，亮節高風竟遺佚。賴有禆官聞見存，可增邑乘流傳闕。我徵南史得梗概，山高水寒緬遺迹。講堂增祀奉三賢新建書院，改二公增祀三賢，聊作長歌補其軼。

[一] 李恒（一二三六—一二八五），党項人，字德卿，號長白。元朝將領，至元十八年（一二八一）參加消滅南宋流亡政權之戰，官至中書左丞。二十二年，從鎮南王脱歡攻安南，中毒箭死。

[二] 韓蘇：唐代文學家韓愈、宋代文學家蘇軾。

辛未生朝答齊昌父老

愧我無嘉德，輿情到處深。兩年值今日，千里有同心（客歲南平父老率衆躋堂，茲復重煩申祝）。桑落尊前獻，椒花座上吟。相期多暇日，匡坐共鳴琴。

誰説鄉同互（省垣于嘉應一府有互鄉之目），今知里處仁。官箴猶恐玷，民俗已還淳。邑有能文士（多士獻詩，杰構林立），家無犯法人（莠民日就斂迹）。願同居化宇，安享太平春。

況是豐年早，懸知必有秋。齊心蠲舊獄，努力服先疇。七有予何敢（邑以昌黎治潮見貺）？千金爾易求（本邑沃土，民以好訟多貧）。躋堂勞共祝，何以慰君憂？

一卧已經月，支離瘦骨攢。諸君憐我病，再拜倩人難（時以新病初愈，邑人囑勿出見）。寒暖無兒視（勤兒春初夭折），交孚有衆歡。斯邱吾欲葬，魂魄與盤桓。

感懷

五十三年事，八九不如意。一家六七人，四美去其二。

予昔作《手揮目送圖》，遺失久矣。去歲蓉兒亦取讀書秋根句繪作小照。予圖神肖惜不可得。蓉兒遺像雖存，而展卷支頤，毫無生氣。念今生不復與兒聚矣，爰合二圖爲一，作身外承歡之想，屬湯雨生都尉[二]以水墨寫之，并綴長歌志恨。留付養媳田氏于木魚經卷間以杯水瓣香作三十年供養可也。

[二] 都尉：官名，清代三四品武職之階官亦以都尉爲稱號。

嗚呼，我命之舛有如是夫！昔年失怙恃，貧薄恒飢軀。課讀里巷，懷刺江湖。離我兄弟，弃我妻孥。憂心如結，惟口是糊。今來瘴癘地，民俗獷且狙。堂皇列案牘，階戺環吏胥。風雨竄山谷，曉夜緝魁渠。噫！甚矣憊，馬瘏僕痡[一]，所幸有愛子，少小識之無。婉孌侍膝下，朝夕聊自娱。傷哉彼蒼不我鑒，斬刈挫折如摧枯。遺卷在篋，遺藥在爐，遺骸在柩，遺像在厨。兩姊慟欲絶，一婦泣向隅。二老皤皤髮俱白，血肉未死心先徂。况我積勞久，氣弱骨復癯。窮愁矢清介。神鬼相揶揄，奪我子，喪我軀，秏我精氣，剥我肌膚，終日望望，終夜呿呿，仿佛若有見，轉眼烟模糊。今生長已矣，聊作身外圖。吟嘯溪壑間，形影相與俱。我揮弦，兒讀書，沆瀣供嘘吸，天地爲蘧廬。無老死盡，無離别吁，諸勞瘁殫，諸煩惱除。遺蜕弃塵土，元神游太虚。風清月白即長夜，真宰直與天爲徒。下元四萬八千歲，石光泡影相依于。我嘯兒禺我旋，兒夫？山夫？鬼夫？安能鬱鬱居此乎！

臘月五夜兩夢李九鐵橋

冬夜何杳杳，久病夢難成。血枯骨酸楚，氣鬱腹膨峥。輾轉伏孤枕，寂寞數寒更。之子久離别，忽焉聯影形。宛如棘闈裏，柢足話平生。文章與經術，辯論相縱横。話言猶未終，飢鼠來相驚。相驚颯□寤，燈焰慘不明。須臾甫合眼，又與同舟行。君言得子晚，岐嶷[二]未成丁。憫我喪愛子，執手涕各零。慰我以怨恨，勖我以寅清。語重心彌長，有逾骨

[一]《詩·周南·卷耳》：『我馬瘏矣，我仆痡矣。』

[二]《詩·大雅·生民》：『誕實匍匐，克岐克嶷。』朱熹集傳：『岐嶷，峻茂之狀。』後多以『岐嶷』形容幼年聰慧。

肉情。我聞腸寸斷，哽咽動悲聲。嬌女急相喚，夢醒泪尚傾。披衣下床坐，滿耳荒鷄鳴。

附　鐵橋答章有序

柘庵仁兄抱西河之痛[一]，屢寓書以廣其意。柘庵于夢中見余所言與書意合，以詩見示。得詩日，余亦夢見之，奇矣！因成和章却寄。

良會盛衣冠，團蓋動數十。萍聚亦有緣，萍散若相失。自子權恩平，我莅大海濱。比鄰邾與魯，擊柝遥相聞。少小渺踪迹，白首交方新。政成思小補，矢志各澄清。郵筒飛片紙，相勖見至情。上官重文譽，受聘以禮羅。聯床共風雨，橐筆追鳴珂。此行良不負，得士稱午科。臨歧執手别，逡巡返舊窠。子行赴齊昌，新政誓不磨。儒術有經濟，治術無偏頗。名重數獨奇，厄運同西河。官清不受福，數乖理則那。口碑方在道，百痛攢心窩。衰顔森慘惻，白髮何皤皤！爲子起撫膺，流泪輒盈把。偶思《齊物論》[二]，寓言殆非假。爲善雖不報，善心無可捨。豐嗇各有在，乃是造物者。此意爲君陳，纍紙不厭數。君心亦怦怦，夢我入君幄。笑言祇尋常，形骸有所托。倘亦神所凝，相同非相約。子夢我不知，我夢子豈覺！

[一] 西河之痛：指喪子之痛。語本《史記·仲尼弟子列傳》：『孔子既没，子夏居西河教授，爲魏文侯師。其子死，哭之失明。』

[二] 《齊物論》：《莊子》篇名。

羊城候補曲

【北雙調·新水令】省垣需次最無聊，况南荒蠻疆海嶠。十年寒士苦，萬里故鄉遥。抖擻青袍[一]，嘆頭銜，七品縣官小。

【駐馬聽】此恨難消：乍出京來甜似棗，這纔知道，一身到此繫如匏。三分西債[二]利難饒，零星小賬盈門討。心暗焦，常常把跎子虚空跳[三]。

【喬牌兒】您因官熱鬧，俺爲官煩惱。投閑置散無依靠，悔當初心太高。

【雁兒落】到如今長班[四]留的少，公館[五]搬來小。知單[六]怕與名，拜客愁抬轎。

[一] 青袍：唐代貞觀三年（六二九），規定八品、九品官服青色；顯慶元年（六五六），規定深青爲八品之服，淺青爲九品之服。此處指低級官員的官服。

[二] 西債：爲赴任而向西人（古時對山西、陝西人的稱呼）所舉之債。

[三] 俗諺：『跎子跌跟頭，兩頭不著實。』此處以『跎子』謂虚空。

[四] 長班：官員的隨身僕人。

[五] 公館：官員的住所。

[六] 知單：宴客或集會的通知單。上寫被邀請者的姓名，專人持單面邀，應邀者在自己名下寫『知』字，辭謝者則寫『謝』字。

【得勝令】三頓怎能熬？七件開門少[一]。盒剩新朝帽[二]，箱留舊蟒袍[三]。蕭條。冷清清昏和曉。煎熬。眼巴巴暮又朝。

【慶東原】上衙門，蜂争鬧。望委牌[四]，似蟻着盤熬。坐官廳，還故意高談笑：有的説出洋捕盗；有的説雁塔名標[五]；有的説恭逢大挑[六]；有的説學司馬題橋[七]；有的説因公挂誤[八]，引見[九]重來到。

[一] 七件：即『開門七件事』，指柴、米、油、鹽、醬、醋、茶等七件日常需用之物。其説源于宋代。元代楊暹《劉行首》第二摺：『早起開門七件事，柴米油鹽醬醋茶。』

[二] 朝帽：上朝所用的禮帽。

[三] 蟒袍：古代官員的禮服。上綉蟒形，故稱。又名花衣、蟒服。婦女受有封誥的，也可以穿。

[四] 委牌：即『挂牌』，知府以下官員補缺署事，由布政司懸牌公布。

[五] 雁塔：塔名。在今陝西省西安市南慈恩寺中，亦稱大雁塔。係唐高宗爲追薦其母而建。唐代新進士常題名于此。雁塔名標，即考中進士。

[六] 大挑：清代乾隆以後定制，三科以上會試不中的舉人，挑取其中一等的以知縣用，二等的以教職用。六年舉行一次，旨在使舉人出身的有較寬的出路，名爲大挑。

[七] 常璩《華陽國志》卷三『蜀志』：『城北十里有昇仙橋，有送客觀。司馬相如初入長安，題市門曰：「不乘赤車駟馬，不過汝下也。」』

[八] 挂誤：因過失或牽連而受到處分。

[九] 引見：清制，特指京官五品以下、外官四品以下，授官時文官由吏部，武官由兵部帶領朝見皇帝。

【喬木查】正說時，首臺[一]來到了，忙向旁邊靠。又一會，六大三陽[二]都已到，無限跟班，笑語喧囂。

【攪箏琶】俺已向邊旁靠，奈從者勢偏豪：争路走、雙手交推，跕地立、更抛人在腦。俺祇得背着臉、扭着腰，暗裏鏖糟[三]。休惱。没有威權敢自驕，是個閑曹。

【沈醉東風】停一會，手版[四]紛紛俱下了。值堂吏[五]肚挺聲高，説現任官入内堂，候補官請回轎。看他形景心如搗，奈一個番錢[六]不在腰，也祇得强從容，少安毋躁。

【滴滴金】説朔望逢期，黎明行禮，要站班[七]各廟。一見心慌了，算蠟燭難賒，點心又欠，如何能早？待不去呵，又愁他上憲[八]着惱。

【折桂令】聽譙樓五更初交，黑地倉皇，覓套尋袍。急唤茶湯，無人來杯。叫跟班，還故意伸腰。寧耐他噥噥絮叨：一個説米少難熬，一個説鞋破難跑。纔急得滿肚鏖糟，又氣得滿腹咆哮。

[一] 首臺：此處當指『首縣』，省治或府治所在縣的知縣。

[二] 六大三陽：即三班六房。指分掌緝捕罪犯、看守牢獄、站堂行刑等職務的快、皂、壯三班和吏、户、禮、兵、刑、工六房的書辦、胥吏。

[三] 鏖糟：懊喪煩惱。

[四] 手版：亦作『手板』，即手本，明清時見上司、座師或貴官所用的名帖。

[五] 值堂吏：指在公堂上當值辦事的吏役。

[六] 番錢：即洋錢，銀元的俗稱。最初由西班牙流入中國，故名。

[七] 站班：排列兩側侍候。

[八] 上憲：上司。

【雁兒落帶得勝令】前回舊憲行，此日新官到。送迎兩處忙，没個閑錢抄。花地路非遥，小艇價偏高。促坐人三五，慌忙趁早潮。摇摇。巴到船相靠。彎腰。何曾站得牢。

【落梅風】窮愁積，豪氣消。説難完，百般嬦惱。客中悶愁猶未了，待歸休，盤纏何靠？

【沽美酒】挈眷的尚衹將柴米焦，那離家的更關心骨肉抛。但聽得故里年荒，便魂掉了。還有那雙親邁老，怕做蔡中郎[一]哭溝壑，爹娘餓莩。

【太平令】却幸的時清晏、外夷無擾，恤寒酸、聖主恩高，紓擁擠、上司公道，協和衷、寅寮[二]關照。我曹慢焦，且熬，終有日雷封傳報。

【錦上花】問甚誰卑誰高，誰遲誰早？倒不如吊古長歌，滿斟濁醪。嘯一聲萬丈虹霓，舞一回雙鬢蕭騷。耐着牢騷，忍着粗豪，也衹當來訪蘇韓到惠潮[三]。

【尾聲】窮通算來難預料，衹有天知道。安命無煩惱，守分休輕躁，幾曾見候補官兒閑到老？

宦海浮沉，亦復備嘗諸苦。作者窮形盡相，曲曲描摹，知非過來人不能道。繆蓮仙[四]

[一] 東漢蔡邕仕至左中郎將，後人因稱其『蔡中郎』。高明《琵琶記》有其辭家進京趕考，父母遭遇饑荒而亡的情節。

[二] 寅寮：同事。

[三] 宋蘇軾曾被貶惠州，唐韓愈曾被貶潮州。

[四] 繆艮，字蓮仙，浙江錢塘人，諸生，著有《塗説》四卷。

作吏九規

蔣序

在昔親民之吏，民衆愛之有比于神父慈母者，斯誠佳乎吏也。國僑有云曰：『未能操刀而使割，其傷實多。』[一] 然則作吏者，略無規仿以苟焉嘗試，其可乎哉？兩漢吏治，最號近古，其時所以稱吏者，曰勤事，曰無害，曰安静，曰平正，曰清白，曰上德通理，大抵廉公奉法，與民除害興利，協宣化條而不伐功矜能，至其勁氣幹略，因事著見，則有强項令[二]、健令[三]之目。後代史氏所傳循吏、良吏，雖治亦不同，率遵斯義。夫前史所載，吏之善者，皆足爲規于後世。雖然，史第略舉其成績而已，其所以酬酢乎上下前後左右之交，

[一] 語見《左傳·襄公三十一年》。國僑，即春秋後期鄭國著名政治家子産（？—前五二二），以公孫爲氏，名僑，字子産。

[二] 典出《後漢書》卷七十七《酷吏列傳·董宣》：董宣『後特徵爲洛陽令。時湖陽公主蒼頭白日殺人，因匿主家，吏不能得。及主出行，而以奴驂乘，宣于夏門亭候之，乃駐車叩馬，以刀畫地，大言數主之失，叱奴下車，因格殺之。……帝令小黄門持之，使宣叩頭謝主，宣不從，强使頓之，宣兩手據地，終不肯俯。……因敕强項令出』。

[三] 健令：精明强幹的縣令。《後漢書》卷三十三《馮魴傳》：馮魴『遷郟令。後車駕西征隗囂，潁川盗賊群起，郟賊延褒等衆三千餘人，攻圍縣舍，魴率吏士七十許人，力戰連日，弩矢盡，城陷，魴乃遁去。帝聞郡國反，即馳赴潁川，魴詣行在所。帝案行門處，知魴力戰，乃嘉之曰：「此健令也。」』

厝注乎禮教刑政之際者，不能具也。後之覽者，又烏從而盡得其規。昔傅僧祐[一]與其子季珪，先後爲山陰令，并著奇績。史稱諸傅有《理縣譜》，子孫相傳，不以示人。傅氏之譜，今無傳本。余嘗陋其所見之不廣，秘爲家規，而致令其書不獲流播于世，爲可惜也。

泰州仲柘庵大令手輯《作吏九規》一編，蓋官興寧時所成也。得于躬行，故事核而語詳；期于衆喻，故旨遠而言邇。由其説而施之酬酢之交、厝注之際，可以規仿而鮮失。書已鋟版數年矣，今以書來丐余序而行之。柘庵豈自詡爲能哉！意蓋謂吏之道應爾，願與同志共證之，即吏之道不盡爾，尤望與同志參正之，庶幾有裨于治焉耳。柘庵可謂仁于用心矣。余未獲睹《理縣譜》，不知視此何如？即柘庵之不私爲己有，器識不已遠過歟？柘庵由進士釋褐，隨牒粵東，初宰興寧，寬猛兼濟，邑有劣衿陳芳杰[二]者，輈張[三]攬訟，舍匿亡命，私糶海洋享其利，前令皆受侮，莫敢言。柘庵逮治之，嗾黨走會城、走京師，抵讕[四]連年而案不能移。及調東莞，海疆保障尤力，民之戴之也，亦倍于興寧。柘庵實心爲政，遇事不避艱險，持論侃侃，罔顧嫌怨，無求名之心，故歷久而治行益著。余在粵數年，未

[一] 傅僧祐（？—四五三），南朝宋北地人，歷征虜將軍、南譙太守、太常卿等。僧祐兩爲山陰令，其子傅琰，字季珪，亦曾爲山陰令，并有治績。《南史》卷七十《循吏列傳·傅琰》：『琰父子并著奇績，時云諸傅有《理縣譜》，子孫相傳，不以示人。』

[二] 陳芳杰，廣東興寧人，舉人。

[三] 輈張：强横；囂張。

[四] 抵讕：抵拒隱諱；抵賴。

得薦于朝，昨冬始獲報最[一]，惜其年已六旬，尚官百里，惠澤不屆于遠也。然余聞柘庵爲諸生時，以文受知于學使[二]仁和胡文恪公[三]，決其异日必爲良吏。既而舉孝廉，值州大水，經理捐政有方，賴以存活者甚衆。柘庵學古而達于事理，當未作吏時，已裕之有本矣。存心濟物，何物不濟？斯編行而所濟又豈鮮哉！余更願閲斯編者無徒規規于是而尋求其本焉，庶無負柘庵與人爲善之志也夫。

嘉慶二十三年戊寅春三月，襄平[四]寅弟[五]蔣攸銛[六]拜撰

[一] 報最：猶舉最。長官考察下屬，把政績最好的列名報告朝廷叫報最。
[二] 學使：即學政。
[三] 胡高望（一七三〇—一七九八），字希吕，號昆圃，又號豫堂，浙江仁和人。乾隆二十六年（一七六一）辛巳科王杰榜進士第二人。官至都察院左都御史，謚文恪。乾隆五十四年（一七八九），以禮部侍郎充江南鄉試正考官。撤闈後，即奉命提督江蘇學政。五十七年，三年期滿，奉命留任。六十年，再任期滿，回京復命。
[四] 襄平：古縣名。戰國燕地，秦置縣。治今遼寧遼陽市。
[五] 寅弟：同僚之間的謙稱。
[六] 蔣攸銛（一七六六—一八三〇），字礪堂，漢軍鑲紅旗人。乾隆四十九年（一七八四）進士，授編修。歷官御史、江西吉南贛道、廣東惠潮嘉道、江西按察使、雲南布政使，調江蘇巡撫、擢江南河道總督、兩廣總督。

李序

嗟乎，作吏可易言哉！守經生家言，衷于名理而不達時務，人鮮不目之爲迂爲腐。識時務者或又不顧名理，曰巧曰能。其流弊至不可究詰，皆趨時之一念有以誤之也。吾友仲柘庵先生以名諸生成進士，其釋褐來粵東也，他務未遑，請先視讞局[一]，維時長白福公誠軒守廣州，奬引後進，孜孜如塾中師，于柘庵尤所加意。柘庵夙夜在公，事無鉅細，靡不殫心竭慮，咨詢諏度，必歸于是而後已。蓋其未得專城[二]而不苟于吏事已如此，迨權篆[三]南恩，去恩之日，士民攀轅卧轍，如失慈父母。由南恩之齊昌，齊昌人思之，已若望歲。柘庵雖家難疊遭，病蹶復起，而益鋭于治，政通人和，翕然上理，因本其平素之所閲歷與夫得之心驗之事，實有可以資治者，質言而著于篇，名之曰《作吏九規》，宜于時而不背于理。以是爲治術也，可；以是爲經術也，亦無不可。余于柘庵無能爲役也，乃不以爲鄙爲俗，而屬序焉。始而瞿然，繼而憬然，曰：柘庵殆以是規我矣！余無能爲役也，特願普天

[一] 讞局：審理案件的機關。
[二] 專城：稱地方的行政長官。
[三] 權篆：暫時擔任某官職。篆，官印，以多用篆文故。

下習于吏事者毋以規爲瑱[一]，庶不負苦心人著述之本旨，是則區區綴言之意云爾。

嘉慶十八年清和月[二]，愚弟李澐鐵橋甫頓首序

張序

昔余教授栝州[三]，李曉江參軍[四]自粵來，貽余仲柘庵同年《虎門攬勝》二卷，于形勝、海防，瞭如指掌。竊嘆其才爲不可及。道光甲申，其令弟雲浦司鐸[五]婁東[六]，復以《作吏九規》見示。余方以菲材刺州事，恒惴惴懼覆餗[七]，得兹一編，如晤故人而面承法語

[一] 以規爲瑱：瑱，古代冠冕上懸垂兩側以塞耳的玉石。以規爲瑱指把規過勸善的話，視爲塞耳的瑱玉，而完全没聽入耳。語出《國語·楚語上》：『賴君用之也，故言。不然，巴浦之犀、牦、兕、象，其可盡乎？其又以規爲瑱也？』後比喻不聽别人的規勸。

[二] 清和月：農曆四月。

[三] 栝州：隋開皇十二年（五九二）以處州改置，治所在栝蒼縣。大業初改爲永嘉郡，唐武德四年（六二一）復名栝州，天寶元年（七四二）更爲縉雲郡，乾元元年（七五八）仍爲栝州。大曆十四年（七七九）改爲處州。

[四] 參軍：明清兩代稱掌管出納文書的經歷爲參軍。李曉江，或爲李會疇，廣東新會人，監生，嘉慶十九年（一八一四）任處州府經歷。

[五] 司鐸：相傳古代頒布新令，必摇動木鐸以警衆。故後來稱主持教化者爲司鐸。此處爲文教官員泛稱。

[六] 婁東：地名，太倉。以位于婁水之東，故名。

[七] 覆餗：鼎足折斷，食物從鼎裏傾倒出來。比喻不勝重任而敗事。

也。古人學優則仕[一]。仕而始學，其學已晚。然猶愈于終不學者。故宋則有吕本中[二]《官箴》、許月卿[三]《百官箴》、陳古靈[四]《州縣提綱》、張鎡[五]《仕學規範》、胡太初[六]《畫簾

[一]《論語・子張》：「子夏曰：『仕而優則學，學而優則仕。』」

[二]吕本中（一〇四八—一一四五），字居仁，宋壽州人。累官中書舍人兼直學士院，後因忤秦檜而罷官。擅詩文，詩宗黄庭堅，學者稱東萊先生，謚文清。著有《童蒙訓》《東萊詩集》《江西詩社宗派圖》《師友淵源録》等。

[三]許月卿（一二一六—一二八五），宋末元初徽州婺源人，字太空，學者稱山屋先生。淳祐四年（一二四四）進士，授濠州司户參軍。歷任濠州教授、臨安府學教授等職。

[四]陳襄（一〇一七—一〇八〇），字述古，人稱古靈先生，福州侯官人。慶曆二年（一〇四二）進士，歷任浦城縣主簿、河陽縣知縣、常州知府等職，累官至侍御史知雜事，除修起居注，遷知制誥，尋直學士院。出知陳州，徙知杭州。後召還，任知通進銀臺司兼侍讀、判尚書都省、知審官東院等職，官終樞密直學士兼侍讀。著有《古靈集》。

[五]張鎡（一一五三—一二一一），字功甫，原字時可，號約齋居士。循王張俊曾孫，先世成紀，徙居杭州。歷官大理司直、直秘閣、婺州通判、司農少卿等。嘉定四年（一二一一），坐罪除名。著有《玉照堂詞》。

[六]胡太初，台州臨海人，嘉熙二年（一二三八）進士，淳祐四年（一二四四）授建康府學教授，十一年以國子博士除秘書郎，十二年出知全州，同年移知處州。寶祐間，知汀州、饒州。景定五年（一二六四），除兩浙運判。咸淳二年（一二六六），擢太府卿，知臨安府。著有《畫簾緒論》一卷。

緒論》，元則有張養浩[一]《牧民忠告》、蘇林[二]《有官龜鑒》。自明以來，則有宣宗[三]《官箴臣鑒》、楊昱[四]《牧鑒》、祁承㸁[五]《牧津》、呂坤[六]《明職》、王文禄[七]《廉矩》、蔣

[一] 張養浩（一二七〇—一三二九），字希孟，號雲莊，濟南人。曾任監察御史，官至禮部尚書。元代著名散曲家，著有《歸田類稿》。

[二] 蘇林，當作『蘇霖』，鎮江人，至正十年（一三五〇）官德平縣尹。

[三] 朱瞻基，仁宗朱高熾之子，一四二六—一四三五年在位，年號宣德，廟號宣宗。

[四] 楊昱，字子晦，長汀人，正德十四年（一五一九）舉人，署龍南學事，後爲朝城令，復補都昌。因父喪歸，結廬東溪講學，學者稱東溪先生。著有《師鑒》三卷、《牧鑒》十卷、《自驗録》四十卷、《偶見録》四卷、《崇文本義》四卷、《爲學宗旨》四卷、《農圃須知》一卷等。

[五] 祁承㸁（一五六二—一六二八），字爾光，號夷度，又號曠翁、密園老人，浙江山陰人。萬曆三十二年（一六〇四）進士，官至江西布政使司參政。祁爲明代著名藏書家，有《澹生堂藏書目》《澹生堂集》《澹生堂外集》等。

[六] 呂坤（一五三六—一六一八），字叔簡，一字心吾，自號抱獨居士。萬曆二年（一五七四）進士，任襄垣、大同知縣，吏部主事，吏部郎中，山東參政，山西按察使，陝西右布政使，刑部左右侍郎等。後因受誣告，憤而辭官，授徒講學，學者稱『沙隨夫子』。著有《呻吟語》《去僞齋文集》。

[七] 王文禄（一五〇三—一五八六），字世廉，浙江海鹽人。舉人。著有《藝草》《邱陵學山》等。

植[一]《宦海慈航》，而薛文清[二]之《從政名言》、陳榕門[三]之《從政遺規》及近時汪龍莊[四]之《學治臆説》，尤爲筮仕者所争購。然古今异宜，剛柔殊俗，或宜乎古而不宜乎今，或宜乎此而不宜乎彼。況州縣一官，親民雖近，去上則遠。我以爲是，能必上之聽之乎？上即聽之，能必民之從之乎？民即從之，能保行之無流弊乎？柘庵乃融會先正格言，印以身所親歷，不泥古，不矯情，而一本于以廉持己，以誠事上，以勤治事，以恕接物，以愛臨民，其升沉得失，則聽之時數之適然。嗚呼！持此以往，而猶謂有未宜者，必其不能實心實力而無與于斯道者也。聞柘庵之先德[五]松嵐先生出宰大邑時，書『先勞無倦』[六]四字

[一] 蔣植，字肅齋，毗陵人。

[二] 薛瑄（一三八九—一四六四），字德温，號敬軒，河津人。永樂進士，官至禮部右侍郎。謚文清。有《讀書録》《薛文青集》。

[三] 陳宏謀（一六九六—一七七一），原名弘謀，字汝咨，號榕門，廣西桂林人。雍正元年（一七二三）進士，歷任甘肅、江西、陝西、湖北、河南、福建、湖南、江蘇等省巡撫，陝甘、兩廣、兩江、湖廣總督。乾隆二十八奉調進京，歷任吏部、工部尚書。三十六年因病疏請回鄉，加太子太傅銜，卒于途，謚文恭。

[四] 汪輝祖（一七三〇—一八〇七），字焕曾，號龍莊，浙江蕭山人。乾隆四十年（一七七五）進士，任湖南寧遠、善化縣令。汪輝祖在出仕前長期擔任幕僚，聲名頗著。著有《元史本證》《讀史掌録》《史姓韵編》《九史同姓名録》《二十四史同姓名録》《二十四史希姓録》《遼金元三史同姓名録》《學治臆説》《佐治藥言》《病榻夢痕録》等。

[五] 先德：稱别人的父親爲先德。

[六] 先勞無倦：語出《論語·子路》：『子路問政。子曰：「先之勞之。」請益。曰：「無倦。」』

自勖，後去官歸，部民泣送者數萬人。迄今尸祝[一]不衰。柘庵在粵東，屢膺劇邑，所至有聲。此編即其在東莞時推廣庭訓[二]而作。蔣礪堂相國序之，推挹甚至，惜乎遽以積勞嬰疾，未克竟其用也。阿文勤公[三]曰：『滿腹皆書能害事，腹中竟無一卷書，亦能害事。』所以國奕不廢舊譜而不執舊譜，國醫不泥古方而不離古方。得此意者，可以讀柘庵之書矣。

年愚弟張作楠[四]拜序

[一] 尸祝：祭祀。

[二] 庭訓：父親的教誨。語出《論語·季氏》：『嘗獨立，鯉趨而過庭。曰：「學《詩》乎？」對曰：「未也。」「不學《詩》，無以言。」鯉退而學《詩》。他日，又獨立，鯉趨而過庭。曰：「學《》禮乎？」對曰：「未也。」「不學《禮》，無以立。」鯉退而學《禮》。』

[三] 阿克敦（一六八五—一七五六），字冲和，號立恒，又號恒岩。姓章佳氏，滿洲正藍旗人。康熙四十八年（一七〇九）進士，歷仕至刑部尚書，謚文勤。語見紀昀《閱微草堂筆記》：『阿文勤公嘗教昀曰：「滿腹皆書能害事，腹中竟無一卷書，亦能害事。」』

[四] 張作楠（一七七二—一八五〇），字讓之，號丹村，浙江金華人。嘉慶十三年（一八〇八）仲振履同榜進士。由處州府教授歷任桃源、陽湖等縣知縣，太倉州知州，徐州知府，淮徐海通兵備道。後辭職回鄉，潛心研究天文。曾自行設計制作『渾天儀』，著有《新測恒星圖表》《新測中星圖表》《新測更漏中星表》《金華晷影表》等。其他著作有《四書同异》《鄉黨述注》《翠微山房遺詩》《梅簃隨筆》《書事存稿》等。

擬官箴

維天生民，維王建國，爰立百官，以爲民極[一]。内贊廊廟，外匡社稷，用康保民[二]，有司是職。闢地百里，民人用授，禄以廉俸，爵以印綬。毋曰禄薄，民之升斗，毋曰爵卑，民之父母。爲民父母，基宅厥心，如玉斯縝，如冰斯清。簠簋[三]必飭，苞苴[四]勿行，維清白吏，克乂厥民。戰戰兢兢，慎爾幽獨，朽索馭馬[五]，勿逞爾欲。張弧載鬼[六]，勿滋爾惑，刑罰不中，民命以蹙。古人有言，『勤則不匱』[七]，百里之命，其集如猬。宴安鴆毒，不可懷也，泄泄沓沓，身之灾也。一人之罪，室家係之，一事之疚，鬼神伺之。自古有死，多藏誰遺，敬獻官箴，勉爾佚思。

[一]《周禮·天官》：『惟王建國，辨方正位，體國經野，設官分職，以爲民極。』

[二]用康保民：語出《尚書·康誥》。

[三]簠簋：猶苞苴。指賄賂。

[四]苞苴：賄賂。苞苴本爲包裹之意，行賄恐爲人所知，故以草葦包裹掩飾。

[五]《尚書·五子之歌》：『予臨兆民，懔乎若朽索之馭六馬。』

[六]《易·睽》：『見豕負塗，載鬼一車，先張之弧，後説之弧。』

[七]《左傳·宣公十二年》：『民生在勤，勤則不匱。』

自序

先君子任蜀之大邑令，罷官日，男婦泣送數十里，四厢分月負米饋于省垣。歸守貧約，以課子自娱。嘗顧謂曰：『「先勞無倦」，余家祖訓也。爾等倘博一官，當慎守此四字，勿汲汲于窮達也。』戊辰，履分發粤東，甫謝丹鉛[一]，遽膺民社[二]，簿書錢穀，毫無所知。廣守福誠軒夫子引置左右。每決一獄，必舉其相似而不同者曲爲開導。己巳，陳望坡[三]廉使莅粤，復蒙隨時訓誨，不憚再三，又日與張曉村、陳静函諸君子共事府中。府幕陳君立三復多所匡助于吏治，始得其略焉。庚午，補授興寧，叠遭家變，卧病，幾不能起。雖强自視事，終不免辜庭訓而玷官箴。今春病愈，鬚鬢蒼，齒牙豁，頽然一老翁矣。伏念履以一介寒士，忝爲七品印官[四]，上而憲眷優隆，未嘗以俗吏相待，下而民情愛厚，儼然以家人父子相親。自顧樗朽，益深惶懼，惟恐病後憚勞，多所遺誤，用集平日之見聞，參以鄙意，

[一] 丹鉛：指點勘書籍用的硃砂和鉛粉，亦借指校訂之事。

[二] 民社：指州縣等地方，亦借指地方長官。

[三] 陳若霖（一七五九—一八三二），字宗覲，號望坡，福建閩縣人。乾隆五十二年（一七八七）進士，授翰林院庶吉士，入文淵閣參與校勘《四庫全書》。歷官刑部主事、員外郎、郎中，四川鹽茶道，山東、廣東、湖北、四川等省按察使，雲南、廣東、河南巡撫，湖廣總督，四川總督，工部尚書，刑部尚書。

[四] 印官：明清制度，從布政使到知州、知縣等各級地方官皆用正方印，故稱『正印官』或『印官』。其他臨時差委以及非正規系統官員，則用長方印。

彙成一册，日置案頭，以備儆省，名曰《作吏九規》。非敢規世，用自規耳。且朝夕翻閱，庶毋忘先君子之訓與夫諸大人先生相與有成之義。

時嘉慶十七年歲次壬申竹醉日[一]浦濤仲振履柘庵氏記于咬得菜根堂

[一] 竹醉日：農曆五月十三日。范致明《岳陽風土記》：『五月十三日謂之龍生日，可種竹。《齊民要術》所謂竹醉日也。』

作吏九規　卷上

蒲濤仲振履柘庵甫[一]自訂

一、立品

昔人云：『士先器識而後文藝。』[二]遴選所以重真品也。漢陳群[三]官人之法，自一至九，皆曰品，士不立品則士行隳，官不立品則官箴玷，品綦重哉。規立品。

存本色

人無本不立，色則根心而生。不事雕琢，不作虚憍，不充能幹，不裝理學，不貌爲時髦，不做成官樣。此之謂本色。夫我有我之性情，誠中形外，原無可矯揉造作。盛德若愚，本色也；光輝發越，亦本色也。質而言之，衹是樸樸實實、平易近人而已。若必裝模做樣，自謂與衆不同，實則脂韋淟涊，人將趨而避之。以處鄉黨，猶不可一朝居，况上司于此覘

[一] 甫：男子名字下加的美稱，表性别。

[二] 語本劉肅《大唐新語》卷七『知微』：『士之致遠，先器識而後文藝也。』

[三] 陳群（？—二三六），字長文，潁川許昌人。三國時魏國大臣。劉備爲豫州牧時，陳群爲别駕。後歸曹操，辟爲司空椽，後爲治書侍御史，轉參丞相軍事。魏文帝、魏明帝時，歷任尚書、鎮南大將軍，領中護軍，録尚書事。曾建議選任官吏，實行『九品中正』制。

氣量，百姓于此仰丰采，顧可忽乎？存本色即孟子所謂存幾希也[一]。

礪廉隅

廉隅者，氣節之謂也。處世不可不圓，而立品不可不方。我輩微員，原不應太露圭角，岳岳自恃，爲上下之所憎惡。然官雖小，是朝廷之司牧也，是百姓之父母也。倘竟頽靡波流，毫無節氣，上司稍有牴牾，則手足無措，紳士相與把持，則心膽皆驚，設一旦臨大節、决大計，其不致委靡不振者，鮮矣。孟子曰：『其爲氣也，配義與道，無是，餒也。』[二] 一『餒』字，當悉心體認，是因何而餒。

崇節儉

我輩何德何能，有官以榮其身，有養廉[三]以豢其妻子，又有羨餘[四]以供其酬應。羨餘一項，攘奪其君、刻薄其民，罪已不容逭矣，然猶可解者，州縣一歲之内捐款攤款，公私差使，所費不支，不得不假此以供支給。究竟支給而外，衣食未嘗或缺也，饑寒未嘗交迫也。節而用之，斯亦足矣。設不知足，衣必文綉，食必粱肉，選聲色、購玩好，盛僮僕以壯觀瞻，招賓客以佐談笑。費用浩繁，不得不動支倉庫，輕則累逋欠，重則挂彈章。即不

[一]《孟子·離婁下》：『人之所以异于禽獸者幾希，庶民去之，君子存之。』
[二] 語見《孟子·公孫丑上》。
[三] 養廉：清代于官吏正俸之外，按職務等級另給銀錢補助，稱爲養廉銀。
[四] 羨餘：清代州縣在正賦外還增徵附加額，這部分收入除去實際耗費和歸州縣官吏支配的以外，其餘的解送上司，名爲羨餘。

致此，而計無復之，改行易轍，比比然矣。試思口體耳目之奉于我何濟，而必忘身喪心以易之，抑何計之左耶？愚以爲，我輩一介寒士，居家所入，歲數十金或百餘金，尚可糊口，驟膺此數，可謂貧兒暴富矣。冠裳宴饗而外，布衣菜飯，飽暖即休。凡一切娱口體、説耳目者，概行屏弃，以清净此心。養廉足供家用，羡餘足支酬應，節必不可用之費，填不得不用之費，何虧空之有？或曰：『州縣缺有賠累甚重者，僅僅節儉，烏足以填之？』則是節儉尚未足以填之，况不節儉乎？且果能節儉，則上司悉知缺本賠累，我又未嘗浪費，當必有以原之也。上可邀格外原情之幸，下可免改行易轍之耻，儉以養廉，亶其然乎？故『能儉』是大受用事。

絶苞苴

新官到任，紳士争相饋遺。再數日，則有以漏規[一]進者。再數月，則有以請會[二]進者。稍爲摇惑，即不覺而墮其術中，挾制把持，後患之來，皆由辦之不早也。夫州縣爲親民之官，因公接見紳士，其事甚多，初見饋遺，概行拒絶，未免已甚，第擇其至輕者量受一二，以符執摯相見之義，使知我不峻亦不濫，則人之意也消。至于漏規、請會之説，則斷不可惑。蓋天下斷無不犯法之事而情願賄賂官長者，知其犯法而受其漏規，枉法之罪猶其後者。而始以執法之人受犯法之賄，繼以犯法之人撓執法之權。受漏規即受挾制，降心俯首，惟犯法者之命是聽，豈不可耻。至于請會，此窮措大無聊之極思也。忝然命官，而

[一] 漏規：即陋規。
[二] 請會：一種邀請他人參加的小型貸款形式。

卑躬屈節于紳士之前，曰某公助我，某兄助我，而紳士復倨傲鮮腆，較五量十，或笑或嘩，而僚屬又窺探意旨，酌減酌增，往來關說，辱孰甚焉？況由此而把持，勢將百出其奇以相刁難。且所謂漏規、請會，亦不過千金數百金耳。古人千駟弗視[一]，區區者奚爲？然此亦不必有其事，特我輩不可不設此想也。設想及此，不覺汗出，而尚可真有其事乎？故極言之以自儆。

勿與奴隸爲伍

佐雜[二]人員坐門房，與長隨[三]抗禮，不得已也。州縣爲印官，若同起坐、共杯酒，不獨爲旁人所輕，自己亦覺赧顔。至于署中長隨，或與團坐聚賭，雖屬偶爾游戲，然賭已不可，況與長隨團坐而賭耶？且若輩恃愛，後將不治，其事雖小，可以害大。

勿過量飲酒

飲酒，聖人所不禁，然必受之以節，不可過也。過量之飲，在有酒德者，肉糟骨醉，終日昏昏，廢時失事，莫此爲甚。迨無以解嘲，則援劉伶[四]、李白以自觬。試思我輩果有劉李之才否？即有其才，亦祇可放蕩于竹林竹溪間耳。州縣司一方民命，顧可以懵騰了事耶？欲學劉李，即不必做州縣。然此猶不過廢時失事也。設酒德不謹，一杯到手，萬事上

[一] 千駟弗視：語出《孟子·萬章上》：『非其義也，非其道也，禄之以天下弗顧也，繫馬千駟弗視也。』
[二] 佐雜：清代州縣官署内助理官吏佐貳、首領、雜職三者的統稱。
[三] 長隨：隨侍于官吏身邊的僕從。
[四] 劉伶，字伯倫，西晋沛國人，曾爲建威參軍。性好酒，放情肆志，與嵇康、阮籍等同稱爲『竹林七賢』。

心，小則罵座，大則尋仇，或據案以虐無辜，或升堂以抗長吏。毁衣冠、碎器皿，醉中忿然如不欲生。醒後茫然，略不復記。不然，則因酒以思歌，召優童而侍坐；因酒以致色，集妓女而稱觴。拍浮其中，左抱右擁，自以爲賢令尹之風流固如是也。然平心細想，朝廷命我作州縣，非命我尋快活也。爲父母者如此，何以示子孫？爲官者如此，何以治百姓？況風流是才子事，豈州縣事耶？或曰州縣終歲勤勞，偶爾選聲徵色，假杯酒以遣餘閑，亦未爲過舉。愚則以爲此種弊端，斷不可自我而啓。我倡之，衆人和之，勢必不流于百弊叢生而不止。公餘無事，静坐堂皇，劉庭啼烏[二]，潘縣飛花，天地自然之聲色，并不用一錢買。我果隨時遣興，則著書消白晝，煮茗看青山，名教中自有樂地。

一、居官

子思曰：『君子居易以俟命。』[三] 居之所在，命之所在也。居下位者不能自盡于居之中，而泛騖于居之外，則禍必隨之。故惟正己而不求，無入而不自得，斯可謂大居正矣。規居官。

勿思美缺

國家設州縣爲百姓計也，非爲我輩發財計也。使不問所以爲百姓者何如，而動曰某缺

[二]《教坊記》載：南朝宋彭城王劉義康、衡陽王劉義季被囚，家人報『昨夜烏夜啼，官當有赦』，果得釋，因作《烏夜啼》曲。《樂府詩集》引《唐書·樂志》云爲臨川王劉義慶事。

[三]語見《中庸》第十四章。

美、某缺惡，美則爭求，惡則巧避。將必美缺，可設數州縣，而惡缺可以裁矣。裁惡缺，將并其百姓而裁之乎？抑遷其百姓而附于美缺乎？且即以爲發財計也，我輩家居館穀[一]，得二百餘金，則莫不以爲美之至矣，缺雖至惡，并養廉計之，大約不下二千餘金。是十倍于至美之館穀矣，而反以爲惡，何也？或曰：州縣家屬而外，幕友之束脩[二]，長隨之食用，往來差使之供應，非數千金不足以敷用。不知缺果惡，則必簡刑錢書號，我可綜理而爲之，則束脩之費省；門印倉厨，我可兼并而用之，則食用之費省。以所入之數，供差使往來，人知缺惡必不苛求，我亦可因此以概從其省。『鼷鼠飲河，不過滿腹。』[三]缺美，我穿衣吃飯而已。缺即惡，我亦未嘗不穿衣吃飯也。昔王曾志不在温飽[四]，我謂州縣官得温飽足矣。發財有命，不繫乎缺之美惡，况一云美缺，則人人皆知其美，一切往來酬應，稍不如意，取怨必多。迨至罄一歲所入而不足以應人之求，欲思惡缺而不可得。當誦香山詩，爲之進一解也，曰：『賓客歡娛僮僕飽，始知官職爲他人。』[五]然是説亦不必拘也。我輩州縣，惟上司之所命而已，我除去發財一念，不問缺之美不美，祇問百姓之治不治，減人口，

[一] 館穀：本指駐軍就食。借指塾師的束脩或幕賓的酬金，亦指作坐館教私塾或任幕賓。

[二] 束脩：借指薪俸。

[三] 語出《莊子·逍遥游》：『鷦鷯巢于深林，不過一枝；偃鼠飲河，不過滿腹。』

[四] 王曾（九七八—一〇三八），字孝先，青州益都人，咸平年間，王曾連中三元。景祐元年（一〇三四），召入爲樞密使，次年再次拜相，封沂國公。魏泰《東軒筆録》卷十四：『王沂公曾青州發解，及南省程試皆爲首冠。中山劉子儀爲翰林學士，戲語之曰：「狀元試三場，一生吃著不盡。」沂公正色答曰：「曾平生之志，不在温飽。」』

[五] 詩見白居易《自感》。白居易，唐代偉大詩人，號香山居士。

節供應，惟百姓之事是務，處惡缺可，處美缺亦未嘗不可。

勿苛交代

交代，居官第一義也。間見交代核算不清，有延至數年者，有互相稟揭[一]者，甚至有相打相駡者，則皆錢席[二]階之厲也。蓋錢席各護其居停[三]，在卸任則浮開以掩其不足，在接任則苛駁以占其便宜。前後任又絶不將交摺平心核算。但聽所言，則互相雀角，亦有心知其過當而樂得藉此以爲口實，始争于本地，繼争于郡垣，終且至争于省會。在前任終亦不能不交，而交之外又增盤費花消，在後任亦終不能不接，而接之外，不但花消，且多曠廢，故長于佐治者，必持公論以周旋其間，而兩無所損。僅僅護居停，適足以僨事耳。何則？蓋交代要審彼此之勢，原虧欠之情，而并有確實不誣之法，無所用其争也。何謂審勢？要看前任是升調，是降革，後任是署事，是實授。升調、實授者，可吃虧，降革、署事則必不能吃虧。此在彼此心上明白。何謂原情？前任虧空必有緣故，若爲奸宄所侵蝕，有三尺法在；若爲因公賠累所致，則不惟不必苛刻，且必代爲設法消弭，或稟請開除，或酌議流攤。彼少一累，我亦少一累。争則愚矣。何謂有確實不誣之法？則經手書吏是也。書吏未有不向新官而反向舊官者也。除彼之侵蝕，我當代舊官追出外，我所接收皆彼之責成也。前任之應交應抵，彼知之，即前任之裝虧空與否，彼亦知之，但詳加查問後，即合

[一] 稟揭：稟，下對上的報告；揭，揭帖的簡稱，明代内閣直達皇帝的一種機密文件，後來公開張貼的私人啓事也稱揭帖，此處指公私文書。
[二] 錢席：錢穀師爺，地方官所聘主管錢糧會計的幕僚。
[三] 居停：居停主人，寄居處的主人，指雇主。

前後任錢席與經承三面核算，可半日而定。即不得已而質之監盤，監盤亦不過公論耳。公論者，一人如此言，人人如此言。由是而郡而省，亦不過如此言也。終歸于一交一接，而必相打相駡，互相參揭[一]，至于查抄監追，毋寧原情設法之兩有益也。錢席諸君子不可不慎之于始。諺云『損人不利己』，尤所當戒也。

勿濫收長隨

間見省中委牌一下，長隨哄然：有謀傳諭而薦者，有謀函書而薦者，有謀持名帖而薦者，有謀當面關説而薦者。州縣署中用人無幾，安得人人而用之？顧多收而不用，則大弊有三：一則數十人之費用浩繁，日計不足，月計有餘，食指[二]太重，日用將不可支；一則若輩聚處，人多口雜，小則嫖賭吃烟，大則酗酒打架，勢必擾擾不治；一則收而不用，恩變爲仇，在署則招摇撞騙，到省則散布謡言，毁我關防[三]，喪我聲名，尤不可不慎。然當今生齒日繁，若輩人人不用，又將何以爲生？善處此者惟擇其合式者收而用之，否則薄贈而遣之，所費無幾，而可省無限譸張[四]。

勿弛關防

州縣雖小，關防却最要嚴，而關防之嚴，在州縣甚難，尤不可不時時查察。蓋州縣署

[一] 參揭：彈劾，對違法失職或職務上犯罪的官吏采取揭發和追究法律責任的行爲。
[二] 食指：指家庭或家族人口。
[三] 關防：防守，警備。
[四] 譸張：驚懼貌。

内，自上至下，無不聲氣相通，所蒙蔽者，一官而已矣。在幕友則曰不受關防，在子侄則曰不必關防，在家丁則又彼此隱瞞，且幾于無可關防。州縣官祇一人，何能晨夕株守宅門，親身查察？故先嚴而後弛，勢使然也。關防一弛，則出入無忌。或入而舞弊，或出而白撞嫖賭嚇詐，靡所不爲。及鬧出事來，總在官一人身上。是所當勿憚其難而嚴以禁之者也。

勿沽名譽

州縣官求盡其職而已矣，職所不當爲，一夫失所，爲予辜職；所當爲，一國非之而不顧。甚而言之，聖人有麛裘之謗[一]，子產有孰殺之歌[二]，何况我輩？故一令出而必欲四境之内無間言，不惟不能，亦不可。蓋分莠良，州縣之職也，良安而莠怨矣；剖曲直，州縣之職也，直伸而曲怨矣。若必爲沽名譽之計，將使莠與曲不怨而後可，因莠與曲之不能不怨，遂使良不安、直不伸，而曲體乎莠與曲者之意，有是理乎？况實至者名必歸，我果是好官，百姓自有公論，善者好之，不善者惡之，聽之而已。

勿憚勞苦

我輩惟生成一勞苦命而後做州縣，做州縣而憚勞苦，則不必做。凡憚勞苦者，須知天

[一] 語見《呂氏春秋·樂成》：『孔子始用于魯，魯人鷖誦之曰：「麛裘而韠，投之無戾。韠而麛裘，投之無郵。」用三年，男子行乎塗右，女子行乎塗左，財物之遺者，民莫之舉。大智之用，固難逾也。』

[二] 語見《左傳·襄公三十年》：子產『從政一年，輿人誦之曰：「取我衣冠而褚之，取我田疇而伍之。孰殺子產？吾其與之。」及三年，又誦之，曰：「我有子弟，子產誨之。我有田疇，子產殖之。子產而死，誰其嗣之？」』

下至勞苦之境，我不以爲勞苦，則亦相習而不覺。即如寒暑風雨，人所憚也；深山大澤，人所憚也，我于其間順往來之時序，快登覽之游觀，則勞苦之念消矣。晝夜鞫囚，人所憚也；朝夕見客，人所憚也。我當其時，念枉縱之得咎，喜采訪之有資，則勞苦之念亡矣。極之，剿捕匪徒，風餐露宿，官守所在，雖盡力爲之，猶恐獲咎，則勞苦之念并不敢生矣。語曰：『勞則精神壹愈，勞苦愈見精神。』何憚之有？

勿始勤終怠

州縣莅任之始，未有不發憤爲雄、勤于辦事者也。莅任既久，亦未有不心灰意懶，怠于從事者也。迨身歷以來，乃知鮮克有終。其故有二：一、前任案件塵積，甫一詳辦，則或受申飭，或蒙批駁，提案解犯，所費不支。甚至辦一案有一案之處分，獲一犯有一犯之處分，而此心灰矣。一、民本刁抗，甫一集訊，則或散布謠言，或捏情上控，奸胥劣紳，動多掣肘，甚至因欲懲有罪而轉累及無辜，欲靖地方而反不無滋擾，而此意懶矣。不知州縣浮費甚多，辦案之費究亦無幾，處分雖不在我，然揆諸『過則歸己』之義，我不受，豈轉令上司受耶？至于民情，種種刁抗，發軔[一]之初，自古不免，孰殺之歌所由來也。二三年後，自然寧謐，若因此二者之故，遂委靡不振，要州縣何爲？做一日用全副精神，做十年五年亦用全副精神，傳曰：『勤則不匱』[二]。何可使怠氣中之？

[一] 發軔：拿掉支住車輪的木頭，使車前進。借指出發，起程。

[二] 語出《左傳·宣公十二年》。

勿妄想升遷

升遷，命也。守現在之分而安不可知之命。我自認真辦事，升遷不必計也。設妄念一萌，將必弃其現在之職守，而冥心于不可知之夤緣[一]。合乎此，未必定合乎彼也。忽而得，未必不忽而失也。究竟于彼于此，倫得倫失，皆司命者默爲，顛倒于其中，我何必爲司命者之所愚，而又爲所窘也。孟子不云乎：『得之不得，曰「有命」。』[二]

一、事上

古者出則事公卿，又曰弟所以事長，惟敬而已矣。不敢干犯，謂之敬；不敢讒諂面諛，亦謂之敬。孟子敬齊王，必陳堯舜之道。故事之以道，敬也；事之不以道，非敬也。規事上。

勿抗

州縣微員也，上司愛我，固不可抗；上司惡我，尤不可抗。設悻悻然，稍不相合，即恃其血氣，徵于色，發于聲，在上司大度包荒[三]，縱不致即時賈禍，而所惡于下，無以事上。既乖君子之義，况上司亦未必事事包荒，人人包荒，恐一旦禍作，噬臍無及矣。禍作而其屈在我，又將誰憾！

[一] 夤緣：比喻拉攏關係、阿上鑽營。
[二] 語見《孟子·萬章上》：『孔子進以禮，退以義，得之不得曰「有命」。』
[三] 包荒：包含荒穢，謂度量大。

勿卑

州縣自稱曰『卑職』，則亦『卑之無甚高論』[一]矣。然有職在，又未可一千卑而已也。上司之前，我所當言者，則款曲而言之，我所當辯者，亦不妨委宛以辯之。至境内之事，凡有利于民者，我自行之，可也。我行之，上司駁斥之，細想果實有利于民，我仍自行之，可也。若將進而趦趄，將言而囁嚅，是畏也，非敬也。敬則存乎道義，畏則逼于威勢。手版倒持，千古笑柄。自卑而尊人，禮也；卑而不可逾，道也。天下無道外之禮，故孟子曰『勿視其巍巍然』[二]。亦觀我所以者，何如耳！

勿訴貧苦

謁見上司，談公事而外，上司問及瑣事，即作閑談，亦未爲不可，而斷不可數數訴貧苦于上司之前。近日州縣貧苦者甚多，我果貧苦，上司未嘗不知，但必人人調濟，恐省中無此許多美缺，訴未必得，徒然刺刺不休，且大庭廣衆中，不談民之貧苦，而談我之貧苦，是以官市也。上司其能分俸以相助耶？未見顔色而言，故訴貧苦近于瞽談。

勿逞才能

百里才非大才也，今之人雖區區百里，尚未必盡能了辦，且州縣官中各途并進，究以

[一]《漢書·張釋之傳》：『釋之既朝畢，因前言便宜事。文帝曰：「卑之，毋甚高論，令今可行也。」』本謂要多談當前可行的事，不要妄發過高的空論。後用來表示見解一般、没有什麽獨到之處。此處謂卑下之意。

[二]《孟子·盡心下》：『孟子曰：「説大人則藐之。勿視其巍巍然。」』

審案辦事見長，幾句爛時文，尤用不着。若沾沾然正途出身[一]，自命不凡，目空一切，則上司之從科墨、從州縣來者，更不知當若何得意矣。器小易盈[二]，亦是自討苦吃。

勿恃愛而輕長官

督撫，上司也；道府，亦上司也。若因督撫之寵愛而放肆于道府之前。在上司推大憲[三]之愛，亦未必遽加責備，然少陵長，小加大，逆德，不可效也。

勿希寵而擠同輩

《書》曰：『同寅協恭』[四]。《傳》曰：『同官爲寮』[五]。尊于我者，兄事之；亞于我者，弟視之。各盡其道而已。若希上司之寵而密伺同輩之短，强聒以干進身，或同輩已罹罪譴，因上司詢及，又迎合以希意旨，皆昌黎所云『不爲援手，又加石焉者』也[六]，是大不可。

[一] 清制，官吏以進士、舉人出身與以恩貢、拔貢、副貢、歲貢、優貢、蔭貢出身的稱正途。由捐納或議叙而得官的稱异途。

[二] 器小易盈：三國吴質《在元城與魏太子箋》：『前蒙延納，侍宴終日……小器易盈，先取沈頓。』原謂酒量小。後以『器小易盈』指器局狹小、容易自滿。

[三] 大憲：清代地方官員對總督或巡撫的稱謂。

[四] 同寅協恭：同寅，原指同具敬畏之心，後指在一處作官的人；協恭，友好合作。指同别人互相尊敬，同心協力地工作。語見《尚書·皋陶謨》：『百僚師師，百工惟時……同寅協恭，和衷哉。』

[五] 語見《左傳·文公七年》。

[六] 語見韓愈《唐柳州刺史柳子厚墓志銘》：『一旦臨小利害，僅如毛髮比，反眼若不相識，落陷阱，不一引手救，反擠之，又下石焉者，皆是也。』

江右有某君者，兼蹈二者之弊，調任首縣[一]，終爲衆怒不釋，發遣新疆。宦途之忌，莫大于此。慎旃哉！

勿逾格供應

供應上司，禮也。一介行旅過境，尚宜供其困乏，況上司乎？然自有定則，不可簡，亦不必豐。陸路當計輿轎應用若干，水路當計船隻應用若干。上司飲食自當以豐潔爲主，即僕從之酒肴，胥役之飯食，亦皆不可不給。然亦如是足矣。往往辦差家人，希圖中飽，動稱上司筵席非使費不能上，内外上下照料非使費不能免，夫轎船隻非使費亦不能減。州縣信其恐嚇，莫不憚心竭力，唯命是從，以求免上司之苛責。試思上司過境，未有不體恤屬下者也。上司從人，亦未有敢公然揶揄州縣者也。轎頭承差，更未有敢公然挾制官長者也。即以爲實，凡上飲饌，我親率左右陳之，僕從酒肴，我親予之，胥役[二]飯食，我親給之。上既有以訓恭敬，下亦可以弭争嚷。而辦差家人，又何所施其伎倆？舍此不行，而惟家人之言是聽，以致上之供應缺如，我之囊橐罄竭，猶嘖嘖嘆息，某差若何花費，某差若何屈抑，恐上司不受怨也。陽江李鐵橋前辦大差，事事皆親爲照料，所費無幾，而上憲不以爲非，時邑中百姓又相助爲理，故事益裕如，則又德政之入人者深，非可强致也。

同寅要善于調協

州縣散處一方，首縣則朝夕相見，俗所謂近水樓臺也。外州縣固賴我爲領袖，上司亦

[一] 首縣：省治或府治所在之縣。亦指該縣的知縣。
[二] 胥役：胥吏與差役。

藉我相扶持。凡有難達之情爲上司之所見疑者，我代達之；難理之案爲上司之所申飭者，我代理之。外州縣不肖，上司愛之，我可以不言外州縣賢；上司惡之，我不可以不白，周旋宛轉于其間。毋令上司因小事忿怒而致州縣有失所之怨，則亦匡救之，敬也。

一、用人

州縣以一身而治百里，非藉群策群力相匡佐，雖極明幹，將智不周、力不逮也。故戴月披星而單父[一]治，父事三人、兄事五人而單父亦治。二者不相悖，而尤必善相藉也。規用人。

用僚屬以恩

州縣之僚屬，苦者甚多。凡一切案件，不能不藉其匡襄；一切差務，不能不資其委用。勞其身、費其財，使非接以恩誼，何肯甘爲我用而無怨讟于心？近日刻薄僚屬者，亦無其人，惟是朋友相待，痌癢無關而已。抑知共事一方，藉僚屬以爲我心膂、爲我耳目，當必聯以家人父子之誼，使樂爲我用。在醇正者，固以情相感，即執拗者，亦無間可乘。惠則足以使人，所當三復也。

用紳士以禮

地方公事不得不藉助于紳士，倘隨便請一二人入署商酌，既失之苟簡，且恐不無訛誤。

[一] 單父：春秋魯國邑名，故址在今山東省單縣南。孔子弟子宓子賤爲單父宰，甚得民心，孔子美之。事見劉向《説苑》卷七。

惟預擇邑中公所，持帖約期相見，盛禮貌以待之，于衆耳衆目之地加以禮貌，則紳士必以爲榮，而實心辦理以副官長之意，且所辦若何事，此事若何辦法，衆所共知，浮言可息。即有弊端，亦不難查察，斷不可苟簡行事，或先以不肖之心待人，致正人不樂于效命，則其事敗矣。

刑錢勿聘時髦

刑錢爲佐治之人，其名爲師，其位爲賓，凡有疑難案件，非有老成持重之見，鮮不敗事，甚而因一公事往還辨難，必求無弊而後已，是皆真學問也。一與訂交，則主不舍賓，賓不舍主，愈久而愈固，結實能相與有成。故幕友重，刑錢尤不可輕：我之聲名係焉，我之官職係焉，無論薦自上司、薦自寮友，必細核其人品學問，可以倚爲心腹、全其終始，而後可以延之。若夫席前金縷，坐擁鸞交，床上銀缸，卧吹鴉片，則不可不慎。

司閽勿用幹僕[一]

司閽之職，掌啓閉，稽出入，傳呼胥吏，出納文簡而已，一切簿書錢穀，各有專司，無所用其主張也。間見司閽必擇幹僕，未免太阿倒持。夫所謂幹僕者，大抵皆以賺錢爲能耳。内則慫恿其主，外則刻薄其民，以恐嚇快其侵魚，以譎詐施其伎倆。一旦事發，主人罹于網中，彼則置身局外。雖幹僕之收場絶未有能自保其後者，然我又何必先受其害？州縣之利弊，斯爲最大。與其用幹僕，毋寧取謹愿者而用之耳。

[一] 幹僕：能幹的僕役。

書吏[一]勿太鄙褻

書吏皆有出身，古所謂『府史』[二]也。而伊等例熟機深，專善舞文作弊，不可不以明察待之。各房必擇其老成者，俾掌案牘，每遇有事，必徹底根究，令其伎倆無所于施。罪大則置之以法，不必姑息；若係小過，但當予以戒飭，不可與差役概同笞杖，以養其廉耻，則老成可以資輔佐，而少年好事之輩亦知自重，而吏不敢犯奸矣。

差役勿輕信任

天下差役，未有不善窺官長之意因而施其伎倆者也。官長好察，則以媒孽之術進；官長好諛，則以讒諂之術進。而爪牙之衛又必不可少，是必嚴以統御，俾其術無可施，而一切偵查行拘之事，皆親加飭諭，不可由司閽傳説，則彼見官長事事認真，自然不生妄念。蓋胥役以備驅使，任之則可，信之則不可。即間有老成可靠者，亦必驗其平日辦公是否小心謹慎，然後間加信任，輕信任則斷不可。至于書差，靠官吃飯，亦不能不恤其身家，惟人數太多則伊等應得之利亦薄，而不足以糊口，擇可用者存之，不可用者去之，則衣食稍足，不致急何能擇，而可用者亦漸幾于可信矣。

硃墨[三]勿假人

硃墨筆即州縣之權也。除抄寫呈批親閱後，可令人代寫，其餘判稿則有事當行不當行

[一] 書吏：承辦文書的吏員。
[二] 府史：古時管理財貨文書出納的小吏。
[三] 硃墨：官府的文書用朱墨兩色書寫，因作公文的代稱。

之别，標硃則有用得人、不得人之分。且一日内所行者何件，所差者何人，一切文書往來，所發行者何事，設假手于人，而概置不問，所謂知州知縣者，究何所知耶？姻家宫練江[一]，謹飭[二]人也，因查拿通匪要案，標差票[三]時忘人名下一勒，書差即于忘勒處添一無辜人名，幾成大獄。真可畏也。標硃且有如此大弊，況判稿乎？

帳房[四]勿專司

帳房所以代會計之勞也。若一出一入以爲專司，則誤甚。簡缺出入無幾，固不必多一花費，即殷繁之地，不能不設，然司出則支度零星難察，司入則庫倉總數攸關。故《周禮》職歲、職納分爲二官，以出入之數不可專于一人也。應解之項自有定額，州縣當自司之。至于應酬日用，零碎出帳，請人司之可也。專司之弊，以應解之正項，化而爲無稽之空紙，而錙銖纖悉又難以稽查，徒自誤耳。

待左右要寬

薦長隨者踵接于户，原不能盡收。其不收者薄贈以遣之，前條已載明矣。至所收者，重而門印，輕而跟班。果有大過，自應逐出；若過衹于糊塗愚蠢，可造者教導之，無用者容忍之，願去聽之，願留亦聽之。雖當今生齒日盛，貧民游手無業，長隨一途，幾至擁擠

[一] 宫練江，當作『宫煉江』，宫秉鑒。
[二] 謹飭：謹慎。
[三] 差票：地方官派差役傳人的憑證。
[四] 帳房：管理財物出入的處所

如蟻。甚有甘受責讓而不去者，且即不甘凌辱而我爲主人加以詈駡笞撻，彼亦何敢不受？然細思之，亦猶人之子也，何必何必！

一、養士

民俗之轉移，因乎士習，士習端則民俗厚，古而然矣。顧縱之而士行隳，抑之而士氣又傷，是不可不知所養也。孟子曰：『中也養不中，才也養不才。』[一]是安得不望之賢父兄哉！規養士。

拔真才

州縣所司，不過童子試耳。然公卿大夫罔弗出其中，則試童子即所以登賢能也。州縣初試人多，原難過于嚴密，然愈覆愈少，大可以次而嚴約。至百餘人，贋者固在前列，而真者決未盡遺。扃置一室，出入親司之，飲食親給之，則傳遞不能入，挾帶不敢出，槍頂諸弊，不待查而自然敗露。拔真才固不難也。或又巧于避嫌，凡首拔者必訪求寒士予之，是又可以不必。我心無他，憑文取士，焉問貧富？亦惟其才而已矣，惟其真而已矣。

勤考課

天下惟秀才最多事，亦惟秀才最好勝。凡事不若人，尚可自解，考校一不若人，則忿忿不能暫釋，所謂耻不若人也。因其所耻而導之，每月或一課或兩課，親爲評點，定其優劣。優者喜其尊榮，益思前列；劣者耻其殿後，必想先鞭，朝夕咿唔于時文講義中，凡昔

[一] 語見《孟子·離婁下》。

日之所爲者無暇爲之，自日習而歸于純静矣。明太祖以制義[一]取士，曰：『天下英雄盡入吾彀中矣。』[二]是真精于養士之法。

不時接見

州縣與生童，勢甚闊絶，然以其分言之，皆吾弟子也。先生之于弟子，授經講學，匡座一堂，情義甚親。州縣事繁，雖不能朝夕提命，設踵門請謁，亦向道之誠也，拒之則已甚矣。且讀書人未有不愛體面者，我不時接見，待以子弟之禮，則彼已接談于坐上，必不甘屈膝于泥中。此猶其小者。大凡秀才不怕官長，最怕先生。彼甘居于弟子之列，則我以師長臨之，常常見我則常常有畏敬之心。人有敬心而好犯上者，未之有也。

隨事開導

秀才敦品[三]則學校治，學校治而四境遂莫不治。然秀才多矣，安能家喻户曉而使之敦品哉？是當隨事以開導之。凡與考課者，于點名時莊言開導，則相與講習，可以壹其心；請謁者于接見時莊言開導，則退而傳説可以鼓其志；甚至審案時，于曲直既剖之後，加以開導，尤可以讋服其氣。養士之法莫妙于此。

[一] 制義：八股文的别稱。
[二] 明太祖：當爲『唐太宗』。語出王定保《唐摭言·述進士》：『唐太宗賜新進士宴，宴罷，綴行而出，上目送之，喜曰：「天下英雄皆入吾彀中。」』
[三] 敦品：砥礪品德。

振作士氣

士氣之不振，厥弊有二，皆州縣階之厲也。一則强梁者不早訓誨之，致習慣性成而罹于法網。一則忠懦者不能調護之，致受人欺凌而無以自立。是惟待之若弟子，教之以道義，品行立則其氣直，文風盛則其氣伸。振者，收束之謂也，收束之，則不至蹈于佻闥。作者，鼓舞之謂也，鼓舞之，則不至流于選愞。况士氣既振作，則政治必昌明。古之善治國者未有不先文教者也，州縣何獨不然！

經理學産

學中之産蝕于學斗者半，蝕于佃户者亦半。州縣以學中之事無與于己，不爲經理，日久消滅，勢所必然。其中如學租，正項尚有學官查辦，至若膏火[一]、卷燭之産，前人慕義而施，後人藉資以助，一旦消滅，亦讀書人所深爲扼腕者也。加意經理，俾歲有所入，臨發時，不致減少，三場辛苦可免再憂旅食，亦快事也。

禁聯名保結[二]

弭盗安民，州縣之職也；伸冤攻匪，亦州縣之職也。與秀才毫無干涉。即有冤抑，身受者自可赴上伸理，亦與秀才毫無干涉。聯名保結，紛紛滿堂，玷士品而紊官箴，莫此爲甚，是不可以不禁。

[一] 膏火：本指照明用的油火，後特指夜間讀書用的燈火。指供學習用的津貼。

[二] 保結：寫給官府的擔保他人身份、行爲清白或符合某一商定的條款文書。

禁代作干證[一]

剖辨曲直，全在審訊。中證不直者，往往寫秀才作證，令州縣不便加刑，而秀才受其賄屬，居然袒護，妄言放肆于法堂之上，而州縣竟有受其挾制而莫可如何者。此亦不可不禁。禁之之法惟飭諭代書，凡用秀才作證者，不准用戳，違者責革，則此風自息。又一法，凡秀才作證，上堂不必問以本案，但令作文一篇，則此風更易息。

善爲培植

秀才之作無賴事，不得已也。自顧學問淺薄，不能置身青雲，而平日品行不端，又無人延課子弟，兼之肩不能挑擔，手不能曳杖，與其饑寒而死，作無賴事亦可以活妻子、博衣食，其罪可誅，其情亦復可憫。至貧而立志，不肯作非分之想者，是佳子弟也，必當加之體恤，以幾于造就有成。如科場有科名者，則少助以卷費；書院肄業者，則量資以膏火。平日于接見紳士時，仍不時褒奬，俾得名顯于鄉閭，自然互爲引重而得以自贍。雖曰小惠，實養士之要術也。

[一] 干證：與訟案有關的證人。

作吏九規　卷下

蒲濤仲振履柘庵甫自訂

一、安民

安民之説始于《尚書》，屢見于《孟子》。苟欲教之，必先安之。安其心則譸張之念絶，安其身則流離之患泯，安其家則凍餒之憂息，未有安之得其道而民猶不治者也。規安民。

朔望宣講

恭讀《聖諭十六條》[一]，寓治理于邇言[二]，反復開導，無微不至，所以端其心術、恤其身家者，至詳且備，決不可奉行故事，致百姓習焉而不察，務宜慎重其事，躬率宣講，并移會武職講于營、教官講于學，及四厢窵遠，亦必飭各堡紳士講于寺觀公所。我慎重其事，則百姓必悉心恭聽，互相傳説，知某事在所當行，某事在所當戒，其心自肅然收斂，不敢蹈于非爲。雖古者象魏[三]之懸木鐸[四]之訓，不是過也。故安民之術必以宣講爲第

[一]《聖諭十六條》：清聖祖玄燁（一六五四—一七二二）撰，康熙十一年（一六七二）頒布。

[二] 邇言：淺近之言，常人之語。

[三] 象魏：古代天子、諸侯宫門外的一對高建築，亦叫『闕』或『觀』，爲懸示教令的地方。

[四] 木鐸：以木爲舌的大鈴，銅質。古代宣布政教法令時，巡行振鳴以引起衆人注意。

一義。

興除利弊

利弊各州縣不同，而所以興之除之者，無不賴官長實心以任事，有利弊相判者，有利弊相倚者，有明知其爲利而動多掣肘者，有明知其爲弊而積重難返者，有弊小而利大、不可因小而遺大者，有弊大而利小、不可戀小而忽大者，甚至利弊之所在，興之而宵小切齒，除之而衆論沸騰，設識不精、力不固，鮮有不摇惑而中止者也。然而子産鑄刑書而遺譏[一]，子罕抉謳者而分謗[二]，愚民詛祝，皆不足計，惟視民之利弊爲我之興除而已。第興除之事，所關者甚大，或默斷于一心，或僉乎乎衆議，要認得真、靠得實而後可發。誤聽胥吏之言，顛倒是非，則利弊紊而擾累滋，安之實所以害之矣。

懲地棍[三]

地棍武斷鄉曲，把持官長，聚黨横行，略無忌憚。邊省則民風强横，或以占田畝拖累貧民，或以假人命傷害富户。此而不痛加懲治，則姑息養奸，必致釀成巨案。下車之始，首捕地棍痛懲之，則民心畏，民心畏則法令行。我輩無聖賢之德，而侈談以德服民，是即孟子所謂『罔民』[四]也。火烈之政，自當以若輩先之。

[一] 事見《左傳・昭公六年》。

[二] 事見《左傳・襄公十七年》。子罕，春秋時期宋國人。

[三] 地棍：地痞。

[四] 《孟子・梁惠王上》：『及陷于罪，然後從而刑之，是罔民也。』

逐訟師[一]

訟師盤踞衙門，譸張爲幻，遇事生風，鄉愚受其鼓惑，奉教唆之言如金石，雖死不恤，不獨被告受其拖累，即原告之陷罪及刑，亦無非受其拖累也。然近時訟師太多，略識之無，便弄刀筆，每一州縣不下數十百人。若人人而誅之，日不足也。惟擇其尤者治之于法，餘則概行斥逐，不准藏匿城市，則每逢告期，呈狀可以減半。

嚴束胥吏

大凡攪擾百姓之害，棍匪猶小，胥吏最大。何也？棍匪擾百姓，猶畏官長，胥吏則藉官長之聲勢以擾百姓。然事無大小，又必資之以供差委。以奉法之人即爲犯法之人，非嚴加約束，則其滋擾必倍于棍匪。即如書辦承行則索承行禮，衙役差票則索差票禮，此已相沿成習，莫可挽回。設更容舞弊弄權，不當行者稟請發行，不當拘者稟請捕拘，以無關緊要之案延累多人，胥吏之囊橐飽矣，百姓之身家奈何？且若輩欲壑難填，囊愈飽愈思滋擾，民受其害不顧，即官受其害，亦不顧。世之庇護胥吏者，皆執迷不悟者也。然則何以處此？曰：小過則寬以宥之，大過則嚴以懲之，無事則施恩以結之，有事則執法以命之，治胥吏之術備矣。

剿除盜賊

盜賊之害民最劇。閩粵諸省，洋盜之害民爲尤劇。剿除之法，土匪莫要于治窩主，洋

[一] 訟師：以替打官司的人出主意、寫狀紙爲職業的人。

匪莫要于斷接濟，其小偷小竊，隨時拘捕，不足論也。大凡奸民三五成群，原不敢公然肆虐，必藉有功名家業者恃爲護符，愈聚愈衆，攪擾鄉村，甚至結盟拜會，拒捕戕官，積漸之勢，終成大害。是不可不治之早也。當其未發，務密訪境内，爲首者幾人，設法拘拿，置以極刑，則夥從自然逃逸。然此輩又甚刁詐，纔一就獲，必假詞上控，極口鳴冤。上司閲其一面之詞，間亦准其釋免。是當據實禀覆，不可竟行放縱，致釀後患。若事已發，知其現在某處，即親率差捕，急赴其處，勿待會營而後偕往。蓋備文書、傳兵卒有需時日，必致泄漏風聲，我至而彼已遠颺，則無及矣。或曰：『我先往，懼戕我也。』盜賊雖横，斷無敢戕印官之理。我不畏彼，彼即畏我，何懼之有？既行，隨後移營，則接應有助，不難一鼓而擒矣。倘我至而彼已遠颺，近日封其祠堂，拘其族老，此法亦不得不行，猶有一焉，開參處分，固不免矣。而我爲民牧，致境内公然行劫，何面目對被事之人？惟是竭資懸賞，封存公所，明示以獲犯之首從，分賞賚之多寡，亦未有不破者也，而原其始，則皆因循玩弛之所致耳。履初攝恩平篆，謁制府百菊溪尚書，問：『恩平多盜，將何以治之？』對曰：『盜亦民耳。州縣寬則民可爲盜，州縣嚴則盜亦可以爲民。』尚書首肯。若夫洋盜入境之故，彼非邑中人，安能悉知何路可通、何姓可劫？則必有導引之人矣，而導引之人大率即接濟之人也。奸商希圖重利，往往勾通無賴紳士販米出洋。與盜稔熟，則引入境内肆劫分肥。試思外洋非産米之所，洋匪不能枵腹而生，縱零星劫掠，何能包贍多人？得奸商濟之而盜勢熾矣。州縣濱海之地，山溪汊港非熟諳者必不能通行，富族殷商非土著者必不能深悉，得奸商導之而盜衆至矣。是奸商實盜媒也。治之之法，凡近海搭蓋茅寮擺買雜貨者，皆非善類也，荒僻海岸，賣與何人？不問而知爲通盜者矣。概令拆去，則茫茫曠野，匪徒無從登岸。通海要害處所，不時偵訪。凡有米船出洋者，嚴拿究辦，不容稍有走漏。仍置鐵索横之，撑以石柱，俾可隨潮上下，似較木寨之費省，亦較堅而難斷。沿海居民稠密之處，建炮臺，團鄉勇，固已然。炮臺弁兵無幾，雖土人訛言有父爲盗而子爲兵，弟爲盗而兄爲兵之説，原不可信。然盗衆猝至，炮不及施，或炮少而盗衆，放者自放，來者自來，亦容或有之。閩粤之間，土産多竹，《周禮》曰：『唐大利野戰』[一] 令民斵竹爲弩，削竹爲矢。一弩十矢，十則矢百，盗一登岸，沿村施放，勢可及遠，而取之不竭。矢集如猬，盗何敢近。較營弁之炮省費而用便。余嘗于灣雷村教試之，時盗未至，不見其效，然理固不爽也。至于臨時應變，或擊其中，或攻其後，或半入而截之，或既退而掩之，則在當局者之善于調撥矣。又敝邑前令宋吉甫遵上行于冬時，設立卡房，分派差役，防守土匪，捐給飯食，不准暫離其地，境内甚爲寧謐，亦思患預防之一術也。予踵行之。以上諸條，有係捕盗章程所已載者，有爲鄙人之臆見者，節録之，以備參閲。

稽查保甲[二]

稽查保甲爲功令之所飭行，而邊省亦不可不行。然行之，正不易易也。蓋近來民多散處，大約每堡可數十百家，或依山搭寮，或臨水結舍，潜藏匪類，旦去暮來，雖本堡人，亦未必盡悉，則所可稽者，仍聚處之居民而已。且稽查之令一行，則經承索紙筆之費，差

[一]《周禮·夏官》：『唐大利車戰野戰。』

[二] 保甲：清代保甲之法，十户爲牌，設一牌頭，十牌爲甲，設一甲頭；十甲爲保，設一保長。户給印牌，書其姓名丁口，出則注其所往，入則稽其所來。

役索飯食之費，地保索使用之費，州縣親往則索公館應給之費，委員查勘則索夫馬往來之費，保甲亦終歸于無成，而烟户人丁已不勝其煩擾。法惟每堡擇公正紳耆數人，令將本堡之山川、田畝、廬舍四至詳繪一圖，注明若干田畝、若干廬室、若干人丁。凡有山寮水舍，概令移近稠密之處，再計其共若干户、若干丁，分十户爲甲，令連環保結，以備查考。仍單騎減從，或特往，或便道，隨時抽查，不經胥吏、地保之手，庶户口之費省而攪擾之患免耳。

清釐案牘

近日案牘，陳陳相因，致有以百計、以千計者，試思一案累者，至少亦五六人，由是而百而千，則累者幾萬人矣。一人受累，一家遺害，則害者幾數萬人矣。百里之内，民人有幾？而受累受害者至萬人、數萬人之多。爲民父母，忍不及早清釐，俾各安其業乎？投審者隨時審訊，不到者查案注銷，速追差票而毀之，則塵積可空，百姓之身家可安，而爲父母之心亦可稍安耳。切屬切屬。

勿輕查勘

查勘，書差之樂事也。州縣一到，夫馬飯食之費，自跟班以至轎夫，莫不争先需索，是曲直尚未分剖，而所費已不可支。我縱減隨從、禁需索，而未到之先，其關説者已經給付，即當場面諭，而錢已出手。關説者又希圖落爐，必巧爲粉飾，諭之亦無益也。故秀民[一]每求勘以圖拖累，書吏亦禀勘以圖費用。惟先行集訊，命兩造[二]中證當堂繪圖，圖既畫一，則就其圖剖决之，不必勘矣。若係要案，或上司委勘，亦必先傳兩造，諭以不准多費，然後乘小轎或匹馬，隨四五從人，勘畢即回，不必耽擱。甚有差役之黠者，恒密禀某某約會多人，查勸恐有不遜，宜多帶差役以助勢者，必不可信。無論『統衆毆官，法所不宥』，且我之查勘，不過丈量繪圖而已，案尚未定，何不遜之有？

一、决獄

决獄之法，備于《周官》[三]，五聽而獄，謂之决，尤非果斷不爲功。獄無論大小，一曲直而已，剖其曲直而獄以成，獄成而民累釋矣。若優柔寡斷，至再至三，徒滋延累耳，何以决爲？規决獄。

看卷

審案看卷，夫人而知之也。顧積案之卷有高與身等者，却從何處看起？然一案有一案之主腦，觀其現進之詞，比其初進之詞，再比其如何另生枝節、如何上控、如何翻控，而其真畢露矣。若不擒定主腦，有一詞看一詞，丢前忘後，徒然瞀亂心神，故不善看卷者，往往頭緒不清，愈看愈糊塗，善看卷者，擒定主腦，雖文狀累百，衹一綫穿去。

[一] 莠民：壞人。
[二] 兩造：訴訟的雙方，原告和被告。
[三] 《周官》：《書經》中周書的篇名。

問中證

兩造致釁之由，半起于中證，或借事以餤鄉愚，或挺身以爲符護。又或兩造互爭，賄買作證，滿口誑言，皆如鑿鑿可據，究竟審斷曲直，罪名并不在伊身上，故人皆樂得爲中證，而我即乘其隙而問之，盤駁不屈，則合兩造之中證對質之，直者必侃侃而談，曲者必不肯説十成死話。一得其間，因而究詰之，則迎刃解矣。然後傳原被到案，即以其人之中證反質之，則俯首服矣。予鄉州牧[一]宋檻泉先生專精此訣，臨行以授余，真決獄之秘要也。

察顔色

法堂，禁地也。民即刁詐，儻問心不過，初上堂時，其神色便與常人迥异，望其顔色如此，一跪地，便上緊盤駁，則言語必支吾不清，見其支吾，則厲聲以懾其心，危言以揭其隱，則必汗流滿臉，手足發顫，與情虚者判乎不同，是在初上堂時，望得真、認得確耳。又前有某官拘獲會匪[二]送審，王夏峰與焉，見一犯胸前微高，薄觀兩耳，皆有環孔，蓋婦人賣以充數者，察視可弗慎與？附録之，以爲粗心者勖。

省辭氣

前言察顔色，猶大略也。若省辭氣，却是細膩工夫。大凡疑難案件，屢經審訊，所供已爛熟于胸中，再加研問，不過照前背誦而已，何從得其情實？則省辭氣之法不可不講矣。其法亦必先施之于中證，須要平心静氣，祇着局外閑談，不可但就案中盤問。問一人，再

[一] 州牧：知州。
[二] 會匪：稱民間秘密結社及其成員。

問一人，總要細細省其辭不囁嚅否？氣不虚憍否？在强梁者，我一平淡，彼必暢所欲言，言多則敗矣；在愚蠢者，我之問爲訟師所未想及，彼必惶惑于心，茫無以應，心慌則情見矣。蓋中證自以爲身在局外，我即以局外探之，較求兩造之情實爲易。中證之辭氣虚，則其案可迎刃而解。

度理

古者治獄之官曰『大理』[一]，曰『理刑』。獄之所在，理必寓焉，准理以治獄則思過半矣。州伯[二]謝湘浦先生在南海時，有驗傷者，刀砍在額顱，長寸許，深不及分。先生曰：『此假傷也。』控者不服。乃取几上柚子，命照額上傷自砍之，則深三四分矣。乃叩頭服罪。履師其意，判斷疑獄，頗有奇中。然説來亦甚平易，但人想不到、見不透耳。

原情

先君子曰：『律者，理也；例者，情也。比照律例，亦不過推度情理。然理之所不直者，又不可不緣之以情，故律例載情有可原之條。州縣于審案時，據理以剖其曲直，再原情以恤其不得已之苦衷，民雖好訟，豈無人心，結案後，翻控當亦鮮矣。』謹全録以存庭訓。

隨到隨審隨審隨結

清釐案牘，安民條已詳言之矣。蓋爲塵積規也。然新者不壅，則舊者不積。最可笑者，

[一] 《禮記·月令》鄭玄注：『理，治獄官也。有虞氏曰士，夏曰大理，周曰大司寇。』
[二] 州伯：州的最高行政首長，知州。

近日州縣皆懸牌審案，不知懸牌乃上憲恐道遠人證不齊，故先示期以便投審。州縣日坐堂皇，與民相近，但有三人，便可質審，甚至放告時，兩造齊到，亦可剖其曲直，何必拘拘于懸牌示審乎？又有審至半堂，押候覆訊，此必重案而後可。若雀角[一]小故，兩造拘齊，親友往來，中證鋪擺，差役嘵聒，終日擾擾，所費不支，加以兩堂三堂，則未知曲直如何，先慮資斧不繼，愚懦之人，每有因此負累者。到即審，審即結，花費既可以省免，而正業亦不致抛荒。是願爲父母斯民者敬告之。

命案要速訊

一報命案，即帶入署，問有保甲報呈否，并來報者係死者何人，照呈細細盤駁。若係假命案，立即置之于法，仍嚴究值日差頭係何來手，當堂查拿，使不及藏逃，則此風自息。若真命案，當問正凶何人、已捉獲否，以及起釁何由、見證何人，一一問清，亦即寫明供詞，取具掌模，以防翻异。蓋初報命案，尸親匆忙之際，往往口供與呈狀不甚相符，迨日後訟師教唆，日生枝節。有原供在，終有據可質，然後看路之遠近，或當日，或次早，乘小轎，除原差刑仵外，約帶四五人赴尸場，如法相驗，仍一一細加查看，若傷痕有疑難處，勿嫌穢惡，必親手撳捺，看是硬是軟，傷口齊否，的係何物致傷，再將凶器與傷痕比對無訛，即坐候尸親親寫結狀領埋。凶犯一到，即帶入署。祇用書差數人，令司閽禁止出入。將凶犯細細盤駁，若招認，即將凶器令當堂比明，取具掌模口供，再行監禁，如供詞猶疑，即置署内密室中，擇老成差役看守，勿令出署，明日再審。亦不必遽加以刑，但令露膝長

[一] 雀角：指獄訟、争吵。

跪，用一二書差反覆開導，果係正凶，兩三日未有不成招者也。一令出署，訟師、老囚教唆口供，彼懼抵罪，必堅不承認，轉滋棘手矣。俟其自認，又無旁人教唆，則獄成之後，翻者鮮矣。縱有刁翻案，靠得實，無慮也。倘怠惰從事，愈訊愈支離。近有三五年不結之命案，半由于此。

盗案要細審

狡黠之盗，知必受刑，往往到案即招，夥黨某人，窩主某人，問官輕信其言，出票差拿，日事滋擾，皆非實供也。若輩窩黨，何肯輕招？所供者，非係挾仇誣扳，即差役教唆，希圖擾累，豈可輕信。務宜細細追究，并確查舊案曾否被人控告，嚴訊保甲有無別案指供，其在小盗供出者，案情本屬細微，既無實據，惟飭令保甲出結管束可矣，若大案，亦必于拘到日仍詳加究訊，勿亟亟也。

一、辦案

鍛煉周内，古人所惡。然文致其罪，不可有而曲達其情，又不可廢一獄之成，有當據事直陳者，有情節支離不得不曲爲斡旋者，且有得于此而失于彼者，是烏容不辦。規辦案。

防上司駁飭

上司批駁案件，不得已也。在不成信讞者無論矣，亦有案本如是，恐干部議，務批駁以實之，是亦不能不駁。辦案之法，書吏祇照舊套，送稿全在幕友悉心改正，其學問優者，自然删訂完善。送行判稿時，當即如上司閱州縣詳文，平心詳究，遇有疑竇，即與幕友商酌另辦，切勿糊塗閲過。我之疑處，即彼之駁處也。若批駁以求靠實之案，又斷不可隨駁隨改，致此案支離破碎，不可救藥，務照駁處申説頂詳，頂得結實，則上面便好核轉。前廉使陳望坡先生嘗謂履曰：『案要會辦，尤要會頂，隨駁隨改，仍是審案時未能靠得實耳。』可見會審者，辦亦容易，若不會審案，雖幕友學問精練，亦終靠不住。

顧前官考成[一]

辦案祇圖自己便易，不顧别人考成者，是喪心人，不可訓矣。近時蹈者甚少。惟無心之失，其獄既成，雖悔無及，是不可不悉心查問。履前在讞局承審洋匪，晤湘浦先生，乃檢問：『訊洋匪行劫幾次？俱有地方否？』曰：『有。』『内洋乎？外洋乎？』履無以應。乃檢一册以授，曰：『此殷廉使查定内外洋管轄之册也。』履閲之，乃知沿海州縣營汛各有分地，處分綦嚴，即此一端，其餘可類推矣。

推詳律例

『殺人者死，傷人及盜抵罪。』[二]原屬顯而易見，律載甚明，然其間有似是而非者。全在審量得宜，度啓釁之緣由，分彼此之曲直，詳律例之輕重，且有事極平易而律例毫無依傍，須援引例意，參考等案，必得良幕悉心推詳，州縣再細加察核，憑情定案，不可據供之疑似，就例之輕重問擬，致失罪名，出入關係匪輕。若一案而與例兩相似者，其中大有差别，尤必察其案情，辦其是否于何例最合，方可引用。若兩例有輕重不同者，啓釁根由

[一] 考成：在一定期限内考核官吏的政績。
[二] 語出《史記·高祖本紀》。

即寓臨時用意之分別，當輕當重，尤必親察，或再行隔别研審，例可從輕，即以輕辦爲是。倘供證確鑿，萬無解免，亦不妨以重例比之。總以罪名吻合、問心無愧爲主。此條道理最細，必隨案臨審參詳，仍與老于刑名者細心商度。

察看口供

書辦寫口供，信手疾書，原不能細細照顧，况舞弊者用數字調撥，便有出入之分。即我自行檢正，而多一句閑話，即受無限批駁；少一句問話，即受無限批駁。口供之達部者，皆命盗重案也。命案謀故鬥毆、傷痕輕重，口供内要照應清楚，必不可有一語模糊；盗案起意之人、聚衆之地、出入形境、輕重贜物要指證的確，必不可有一句枝葉，此緊要處之察看也。又有因年歲前後不符、父母無有不實，致干部駁。此間冷處亦不可不察看也。罪從看定，看從供出。口供總以一氣説去、語不夾雜、乾净明白爲主。

芟枝節而免拖累

辦重案，詳文所載口供人數宜减，斷不可有一人寫一供，防將來提審延累多人也。辦案必以初詳爲主，臚列多人，亦不過是一人問罪，不如擇其緊要者登之，可省者去之。設有翻提，亦衹照詳文拘解人證足矣，人數一多，上房照文下札，我雖擇緊要者解訊，彼仍照原詳飭催，不獨拘不勝拘，解不勝解，自家纏手。如省中案積如山，問官幹練者不過數人，無關緊要之案，不能不擁擠而延擱。延擱既久，案内不免疾病死亡，兩造未見輸贏，中證先遭顛沛。在與事之中證，尚有兩造養活，無辜之中證，飢餓流離，殊堪矜憫，則皆不芟枝節之所致也。凛之，慎之。

慎更改以防控告

凡辦案口供不合，不能不改。至要緊情節、實在姓氏，斷不可率行更改。命案如何致傷身死，共計若干傷，何處輕、何處重，先後下手，是一樣傷、兩樣傷，是斷不可更改，以防提省檢驗。盜案拒傷、拒殺，盜犯有無的名，首犯何人，爲從幾人，仍分已未捉獲，斟酌詳報，斷不可以無作有，以從爲首，希圖開豁處分，以防將來另案敗露。某縣初任，□辦盜案，誤信無知者，捏寫人名，申報獲犯病故，卒爲□民指控，致被吏議。可見州縣辦案，總要自己虛心裁酌，即被議，亦自我失之，可以無憾。

辦命案要求可以不入情實

莠民强悍性成，以殺人爲兒戲，即置之死地，亦分所應得。然殺一民又抵以一民，死二民矣。天德好生，死者已無如何，生者苟情有可原，仍當悉心審擬，以延其一綫之生。蓋州縣爲執法之官，原不得枉法徇民，致干嚴譴。第案情各有不同，得其情而不悉心體貼，是殺人者皆予以顯戮，案可不必辦矣。故殺斬，謀殺連坐，劫殺加梟，以及倫常服制諸大案，天理之所不容，即人情之所必絶，入于情實，法所宜然。但其間或有一節可原、一例可比，務當細意推詳，必求其有可以不入而後已，亦不失爲古人三宥[一]之義。夫曰可者，蓋爲入情實者言之也，若本不應入于情實，尤當妥爲酌辦，俾不致誤其生于筆墨之間。

[一] 三宥：對犯罪者可從輕處理的三種情况。《周禮·秋官·司刺》：『司刺掌三刺、三宥、三赦之法，以贊司寇聽獄訟……壹宥曰不識，再宥曰過失，三宥曰遺忘。』

盗案要求如何便免株累

一人爲盗，一家未必盡爲盗也；一家窩盗，一村未必盡窩盗也。在盗犯自行招認，未必可信，前審盗條已言之矣。辦案時，尤宜加意檢點，恐口供中稍有黏滯，往往一案累及數十人，在上司原不願盡置之罪，而詳文未能打叠乾净，則實逼處，此不能不辦，是當想出一法，可以不致株連，便是此數十人之福。

犯宜早解

書辦辦案，必曰命案限期三個月，盗案限期兩個月，不至期不辦也。此殊謬甚。一案拘齊人證，必十數日，研審定案又十數日，經承辦稿十數日，幕友改稿又十數日。由是而判行，由是而謄清，由是而送印，出入耽擱，爲期已多。且一州一縣之事易辦，一至郡垣，各州縣之事雲集，又需研審，又需辦稿，又需改稿，而判行，而謄清，而送印，出入耽擱，爲期更多，遲延處分，必不免矣。愚意于通報後，即早解審，則郡中之事雖多，限期尚寬，間即未經妥協，仍需發審，均可不致遲延議處，切勿懈怠自誤。

一、催科[一]

陽子曰：『撫字心勞，催科政拙。』[二] 此有激之談，非篤論也。百姓食毛踐土，

[一] 催科：催收租税。租税有科條法規，故稱。

[二] 《舊唐書·陽城傳》：唐德宗時，道州刺史陽城治民如治家，賦税不能完額，『州上考功第，城自署其第曰「撫字心勞，催科政拙，考下下。」』

供租税以備度支，使怠其政而缺惟正之供[一]，或擾其民以飽胥吏之橐，職守之謂何而略弗講也。規催科。

清理户籍

前明定魚鱗册畫、清田畝，由是有條編[二]，有四柱[三]，其法至詳且備。相沿日久，或有糧無田，或有田無糧，或田在此而糧在彼，或糧甚少而田甚多，有坍没者，有開墾者，飛灑[四]隱射[五]，百弊叢生。平沃之壤，尚可稽查，山僻之區，倍難清理。不得已，惟取户房册藉，查明都圖[六]若干，每都圖收錢糧若干，有無書手[七]、里長包攬私收，有無奸吏、蠹差藏匿簿串，至于飛灑、隱射，又需臨時逐一查核，使糧從田出，庶可免滋弊竇。

[一] 惟正之供：《尚書・無逸》：『文王不敢盤于游田，以庶邦惟正之供。』言惟正税是進。後指正税。古代法定百姓交納的賦税。

[二] 條編：即條編銀，明代實行一條鞭法後，各項賦役折徵銀兩的總稱。

[三] 四柱：出納財貨或錢糧交代表册中的四個項目。錢大昕《十駕齋養新録・四柱》：『今官司錢糧交代，必造四柱册。四柱者：舊管、新收、開除、實在也。《至正直記》云：「人家出納財貨者，謂之掌事。計算私籍，其式有四，一曰舊管，二曰新收，三曰開除，四曰見在。」則元時已有此名目。』

[四] 飛灑：亦稱飛走、灑派、飛派、活曬。富家巨室逃避徭役之手段，將賦税轉嫁貧苦農民身上，分别寫在貧困户、逃亡户和無地農民名下。

[五] 隱射：亦富家巨室逃避徭役之手段，具體手法不詳。

[六] 都圖：古時鄉里區域圖籍名。因每一區域必首列地圖，故名。見于宋。元以後用作鄉村基層行政區劃的概稱。明清時期都圖爲各州縣的基層行政區劃組織，其統屬關係是縣轄都、都轄圖。

[七] 書手：擔任書寫、抄寫工作的人員。

慎選糧差[一]

糧差之弊，有私藏底簿，令官不知應完若干、任比莫奈者；有借票索詐，不辨官糧，但肥私橐者；有誘詐鄉愚，托伊完納，而花費正供，推爲民欠者。若輩久慣催糧，視比較[二]爲應酬故事，輕宥之則每卯[三]欠挂，重責之則拘極貧之花户[四]搪塞官長。積弊所致，處處皆然。惟先選稍有家業及較爲老成之頭役[五]，令其各出保結，保舉可用之差，若有不法，并伊等一體究治。然亦不過一兩卯，可無弊耳。若不時時查察，則依然故態復萌。故催科最是州縣費手事。

不准包徵包解

近日各省户房每每包徵包解，在州縣以爲奏銷[六]時不消自費周章，大可省事，不知若輩平日驕淫浪費，視銀錢不啻糞土，事發受刑繫獄，視性命亦不過鴻毛。而州縣罹于法網，果能推諉係彼包徵包解，不干我事耶？此大弊也。

[一] 糧差：明清時期州縣政府向糧户發易知單催糧户交糧的差役。

[二] 比較：官府徵收錢糧、緝拿人犯等，立有期限，至期不能完成，須受責罰，然後再限日完成，稱作『比較』。

[三] 卯：期限。

[四] 花户：舊指户口册上的户口。花，言其參雜不一。

[五] 頭役：衙役中的爲首者。

[六] 奏銷：清代各州縣每年將錢糧徵收的實數報部奏聞，叫奏銷。

嚴查大頭小尾[1]

大頭小尾不獨錢糧，凡稅契倉屯，皆有之。其害雖祇有損于官，而完報少，批解時何以充數？且冒爲民欠，將來追完舊欠銀米，彼必持串控告，轉多費手。其法將油串存署，諭糧户將所完之銀書明紙上，每晚呈簿照封截發，庶免舞弊。然亦不可不時時查察也。

比較勿寬勿峻

比者，比往年以分贏縮；較者，較前後以別差等。州縣長厚者以爲每卯捶楚有所不忍，嚴厲者以爲若輩延誤正供，處死不恤。二說皆非也。上下兩忙，各有其時。凡耕種收穫，民間有事，索室催追，究難分力措納，是不可不寬；農隙無事，奏銷届期，催不上緊，必致侵食，是不可不峻。要于平日立定章程，設法辦理，則比較原不得已而爲之，故《桂苑》訂本載『設法催科，不必專靠比較』之條。

要房差互相核對

除徵收之弊，由串存署，固已然。又有糧數在房，差人承催而不知其數者；又有糧簿在差，户房經收而不知其人者。當飭房于差票時黏貼數目清單，俾知某都某圖應催若干數目。入櫃時，亦必載明都圖人名，俾知某錢糧納自何人。三面核對，雖有積重之弊，亦可漸次廓清。

[1] 大頭小尾：猶虎頭蛇尾。比喻做事前緊後鬆、有始無終。

奏銷臨期速解

奏銷，州縣之專務也，無論遲延議處，例有明條。我輩所司何事？自當早爲之計，必到臨期，始行措辦，徒然手慌脚忙，濟得甚事？朱子云：國課早完，雖囊橐無餘而亦快[一]。民間且然，況州縣耶？且到臨期，斷不能不解，何不早爲措辦？一到解期，即行解繳，豈不暢快！

收漕[二]

嗟乎，履生江浙，習聞州縣收漕，有爲之捧腹者，爲之裂眦者，爲之長太息者，爲之作惡、累日不忍復聞者，況身受之人，更不知若何光景矣！夫州縣雖末吏，固儼然朝廷之命官、斯民之父母，平日養尊處優，高居人上，到此把持不定，將人之四端[三]抛于腦後，致惡僕、奸吏、蠹差弄之如傀儡，劣生、棍監、刁民叱之如奴僕。孔子曰『穿窬之盜』[四]，孟子曰『行道弗受，乞人弗屑』[五]。此猶充類之詞也，以比收漕之辱，殆不止此。憶少時余鄉某刺史者，循吏也。惑于小人之言，謂某處使費若干、某處使費若干，計非萬餘金不足。

[一] 朱柏廬《朱子家訓》：『國課早完，即囊橐無餘，自得至樂。』

[二] 收漕：徵收漕糧。漕糧，由東南地區漕運京師的税糧。

[三] 四端：指仁、義、禮、智四種道德觀念的開端、萌芽。《孟子·公孫丑上》：『惻隱之心，仁之端也；羞惡之心，義之端也；辭讓之心，禮之端也；是非之心，智之端也。人之有是四端也，猶其有四體也。』

[四] 語見《論語·陽貨》：『色厲而内荏，譬諸小人，其猶穿窬之盜也。』

[五] 《孟子·告子上》：『一簞食，一豆羹，得之則生，弗得則死，呼爾而與之，行道之人弗受；蹴爾而與之，乞人不屑也。』

乃不得已而收渾漕，臨期儀從至倉，甫升座，倉衆一擁而上，公案擠倒，筆硯差簽破碎滿地，喧騰嘈嚷，震耳欲聾，刺史側立土壁下，慨然曰：『我年已六十，顧替人挣錢，受此凌虐，寧弃官，不受辱也。』諭令清收，擁者屏退，復升座，受一二擔，散已過半，内外闃然無聲。後升淡水司馬，卒亦未嘗弃官[一]。又某令素守清操，開倉時，民感其德，請留斛面以備津貼運丁之費。所謂『仁義未嘗不利』[二]也。嗟乎，民情之愛戴不可預，必而受辱、不受辱之權則操之自我，至身受之辱，爲聖賢所不能知，士大夫所不願聞，父母妻子所不忍道，而忝然爲之，不亦辱朝廷而羞當世之士乎？履簋仕粤東，幸而免此，然每一念及，未嘗不汗流浹脊也。嗟乎！

[一] 袁秉義，字介夫，直隸宣化人，乾隆三十一年（一七六六）進士，乾隆五十年（一七八五）知泰州，五十三年升任台灣淡水同知，五十六年再任。

[二] 朱熹《孟子集注》卷一『梁惠王上』注：『仁義未嘗不利。』《河南程氏遺書》卷十九『伊川先生語五』載程頤語：『仁義未嘗不利。』

附　石香秘録

此蔣君石香之藏本也，履借閲之。其所論驗傷諸條甚爲詳核，真可補《洗冤》[一]《無冤録》[二]之遺缺。附梓以公諸世，未知所從來，即以《石香秘録》名之。[三]

檢驗

驗尸有發變之處，以指按之，若軟者，真發變；如硬者，即被傷淤血凝滯，即以驗其色及何器所傷。發變之處如多，以燒酒同醋調和噀于上，若真發則沾濕，如傷處即乾不濕。

凡拳打傷，圍圓、分寸、顔色不等。

脚踢傷，牽長、圍圓、分寸、顔色不等。

磕傷，圍圓様。

擦傷，是皮破。

木器傷，斜長分寸。

[一]《洗冤録》，宋代宋慈著，世界上第一部系統的法醫學著作。宋慈（一一八六—一二四九），字惠父，建寧建陽人。寧宗嘉定十年（一二一七）進士。歷任廣東、江西、湖南提刑。理宗淳祐八年（一二四八），爲廣東經略安撫使、知廣州，卒于任。

[二]《無冤録》，元代王與著。王與（一二六〇—一三四六），浙江温州人，曾任温州郡功曹，遷杭州路鹽官、州提控案牘。

[三]此段文字原置目録中，今移置此處。

磚石傷，參差不齊，分寸、顔色不等。

鐵器傷，皮開肉綻，兩邊堅硬，紫黑色。

跌傷，皮肉一片，顔色不等。

凡日久驗骨拳傷者，骨傷如豆大。

脚傷者，骨傷月牙樣，尖斜。

木器傷者，骨傷如綫。

磚傷者，骨傷尖大。

鐵器傷者，骨傷略散大。

尸之傷痕大，驗時可以量分寸；骨之傷痕小，驗祇報『某器傷，骨細、骨斜難量分寸』字樣；如要量，須以燈草量之，然不若不量分寸爲妥，蓋初驗時則傷痕細，再蒸一次，其傷又大，與初驗之傷痕分寸不同，必干上駁也。祇照初驗比傷痕，不另報分寸爲是。

凡滴血，不必拘定骨頭，在身上之骨皆可滴。或經日久風雨剥損，須洗刷白，將鐵鉗炭火烘之，然後刺血滴上，看其沁入有血癊，方是活人。刺血，將兩人之手指并爲一處，用刀横刺，兩人之血齊入水中，看其相合。凡男子骨白有傍骨，婦人骨黑無傍骨；男子下部有傷癊入牙根裏骨，婦人下部有傷則癊于胯骨；男女脅傷俱癊于肋骨。人身之骨皆白，惟心頭排子骨兩面皆黄黑色，蓋心爲聚血之處，故其色然。若被傷則有紅色。男子臂腿正骨傍有細骨，即爲傍骨。女子未行經，骨白；行經以後，則血流散，骨黑，無傍骨。

小腹與大腹皆無骨，被傷則癊于肋骨上，故驗時止驗肋骨。生前打折骨者，其骨縫鍖處必有血痕，死後打折則無血痕。有因穿青黑衣下棺，檢驗時其骨青黑者，以碗片刮之，即見内中之白色。蓋此色在浮面，故一刮即去，若真傷在骨，即刮，其色不去。若以灰袋悶死者，頂骨必裂碎。濕紙或别物悶死者，頂骨必紅色。腦後、脚踝、脚跟有頂撞傷，更看其手足膝蓋有無束縛傷痕。

凡被傷顖門、太陽、腰眼、腎囊，登時殞命，其傷腰腎者必笑。

凡捻碎腎子而死者，傷瘢于頂骨上，有碎路。

凡自縊死者，日久皮肉消爛，檢骨則傷映于兩耳根前。

凡被人勒死者，咽喉有圍頸繩痕不起向下交匝，結締在于面前。不拘左右，兩背俱曲，兩手微握。

凡死後血脉已定，假作生前縊死者，咽喉繩痕俱白，并無顔色。

凡被人乂死者，咽喉中間有手乂痕路，兩邊有指甲痕，俱有顔色，面赤，唇吻流出涎沫，胸腹有傷。

凡生前溺死者，十指甲、兩鼻竅俱有泥沙，腹或全脹，或半脹，兩手脚皮俱皺白。日久檢骨，則取髑髏骨洗净，將熱湯從腦後門穴灌入，有泥沙，蓋鼻息取氣吸入，死後入水則無。

凡死後推入河内，鼻竅指甲無泥沙，腹不脹，手脚不皺，白色，青黑。

凡將死而氣不絶推入河内者，兩鼻竅、指甲無泥沙，腹肚微脹，手脚微皺，傷痕不甚堅硬，顔色或紫紅不等。

凡被人用刀殺死者，刀路平，瘡門大而深，皮縮，有鮮血污，眼睛聳出。

凡用刀自刎死者，持刀之手拳握必固起，手重則深收，手輕則淺，兩邊皮縮，有鮮血，要量闊狹分寸，持刀之手有血。

凡死後假作生前自刎，兩邊刀路齊截，皮不縮，無血，即有血亦是黑，持刀之手拳握不固。

凡碗鋒自抹死者，創門不齊不大。若深則死，淺則不死。有鮮血污。

凡被鳥槍打死者，有鐵砂眼孔，圍圓，腫脹，其色焦黑，或紅紫色不等。隔幾日死者，火氣内發，孔爛肉黑。

凡被秤梗通糞門死者，兩眼胞膜起，兩手脚指俱拳縮，大腸拖出出四五分，有血流出，日久皮肉腐爛，檢骨則頂骨有十字様紋。

凡服毒酒死者，周身皮肉俱黑，腹背俱發小泡，七竅流血，眼鼻聳出，舌有芒刺，唇吻碎，十指甲青黑色，肛門突出，有血。

凡將毒藥插和食物服而死者，周身皮肉或青黑、或紫黑，腸背無泡，七竅不盡出血，舌黑，無芒刺，十指甲青黑色。

凡服鹵死者，面色黄，周身皮發亮黄色，鼻口内涎沫流出，嘗之甚鹹。腹低壓，十指黄或青黯色，滿身經絡俱收縮。如吃鹵太多，皮肉俱青，與毒相似，或面色微紫赤，唇吻皮皺，牙根微紅色，舌縮，微細小泡。

凡婦人墮胎死者，産門必有惡血流出；傷胎死者，心下至臍腹堅硬，如周身無故，須看陰户有無他物暗傷。産後死者，胸膛兩脅俱有微青色，頂心骨有紫色様。

凡患癆病死者，身體瘦弱，遍身皮肉俱黄白色。

凡氣膨死者，肚腹不堅硬，揿之則凹，放之則高。

凡食膨死者，肚腹亦不堅硬，揿之則凹，放之則高，彈去甚堅硬。

凡血膨死者，四邊俱有血癊筋，穀道流出血。

凡水膨死者，當絶氣時即有黄水流出，腿脚俱胖脹。

凡瘋病死者，皮膚有紫點，兩手脚俱圈樜，口眼俱癱。

凡驚風死者，鼻梁、十指俱青，牙齒咬緊，肚腹堅硬。

凡番沙死者，兩眼俱合，十指甲青黑色，兩脇脷有青筋，紫紅癊。不拘胎膊兩脅胸膛、肩下兩傍等處有痧癍癊。

凡殺死奸夫奸婦，每有真僞，以大缸盛河水井水各半，名曰陰陽水，以棍棒攪成旋渦，急以男女頭入水中，如真奸，兩鼻皆對，否則兩頭各背，一上一下。

凡服銀黝死者，驗無故，檢時顋門偏左右，骨俱紅色，脊背筋内外俱紅黑色，起黴斑，兩肩骨絡、兩手骨絡、兩臂大腿骨絡俱有蜂窩，係毒氣損。

凡吞金死者，其骨黄。

凡服毒死者，用銀簪探試，沃以滚水，不可太多，多則腹裂。張筱原署豐順時親見之。

凡死尸沉溺河内，無從打撈者，用蘆席一張，上放舊筆一枝，浮于水面，聽其漂流。到有尸處，筆頭即能動摇。指定所，唤人撈之，尸可得矣此説係楊中丞口傳，伊于書上見之。

命案驗傷總論

凡命案全賴尸傷。大凡以黑黯者爲最重，赤腫者爲次重，紅腫者又爲次，紫紅爲新傷，黄黑爲舊傷。驗尸之時，仰面自頂心以至指甲，合面自腦後以至十指甲縫，何傷爲重，或青黑，或赤黑，係湯火鐵銅傷、木傷、拳傷、脚傷、磁傷、墊傷、擦傷、磕碰傷，及有無皮破骨損，并深淺、大小、長短、闊狹、方圓，逐一親驗之後，填注圓格，追取凶器，與傷比對是否相符，當場訊明各犯口供是否相對，逐一詳細聲叙，取結附卷，毋致遺漏。

凡殺傷，身死之人，有辜限[一]內外之分、抽風他病之別。辜限內外身死者，必須查明死者被傷及身死年月日時；其抽風他病者，亦必叠驗傷痕曾否平復，傷口有無潰爛，口眼手足有無進風形狀，實係患何病症身死，并醫生、地鄰、尸親人等確供。

一、自盡各案，雖與真正命案自覺簡易，惟是情僞百出，機械變詐不可惻度，有將殺死而故作自刎者、勒死而報作自縊者，有推入河井裝作自投自溺者，此中情節，當細心推究。如果自縊者，其縊痕斜入髮際，髮不亂，入字不交，以及口眼俱閉，腿有炙斑。自勒者結扣在前，兩手拳曲，脖項無掏抓傷痕。投井者如果肚腹膨脹有水，兩手拳曲，足心皺白，趾甲縫俱有沙泥。自刎者果其刃痕齊截，左右有深淺之別，沿身上下別無傷痕，又加衆證確鑿，毫無疑竇者，即照常隨詳擬結，如有不實，即按《洗冤録》內相驗之法查明通報，再行覆訊。

覆檢

凡覆檢之事，皆因初驗草率，或吏仵受賄匿傷，以致尸親不服，嘵嘵告訐，始萬不得已而用之。至蒸刷之法，《洗冤録》內開載甚詳，如法檢驗，自無錯誤。但須訊明凶犯與原告、干證供詞定詳。如服鹽服毒，自必通身檢驗，毋庸置辨矣。若用鐵器械毆傷，祇須憑

[一] 辜限：古刑律規定，凡毆人致傷，官府立限，責令被告爲傷者治療，其限期稱『辜限』。

原告所供處所，取具如虛反坐甘結[一]，止于所指傷處檢驗。蓋人一生每多跌磕，或生瘡，或毆，或負重著肩，血不流行，傷輕者日久則消，傷重者終身不散，著骨則青，一不理會，原告、干證、本供，一下打死，而渾身檢驗，喝報傷痕數十處，迨經上司駁詰，則增毆打情節以符之。刑鞫逼供，含冤莫訴，是誰之過歟！

一、棍傷斜長，而在骨頭圓則未必盡斜長也；磚傷方長，而磚角、磚塊未必皆方長也；鞋尖傷月牙形，而脚底踢傷未必盡月牙形也。臨時宜仔細。有致命之處，有致命之傷：頂心、顖門、耳根、咽喉、心坎、腰眼、小腹、腎囊，此速死之處；腦後、額角、胸膛、背後、脅肋，此必死之處。色青黑，皮破肉綻、骨裂腦出、流血腸出，此致命之傷。致命之傷，當速死之處，不得過三日；當必死之處，不得過十日。當致命之處而傷輕，或極重之傷而非致命之處，自當詳悉推求，不可拘泥成見也。

檢尸之弊，通出于仵作之口，如真正人命，受人財賄過手，頭顱有傷則云跌磕，胸坎有傷則云自捶，服毒者銀釵探驗黑色，則云穢氣所冲，諸如此弊，不可枚舉。明慎者于此當近尸親驗，不厭污穢，詳細察其真僞。驗尸傷果與凶器合否，或與所證之物件同否。如額傷以毆爲跌，跌在額而面目不能無傷也；如胸坎有傷，果出自捶，多以偏左，死者生前用左手則必偏右，斷不中分也；果爲穢氣所冲，則擦之易去，真毒擦之，亦不去也。至于生前服毒，黑及骨髓；死後中毒，止抵肚腹，亦不可不辯也。

履幼時聞于老于仵作者云，檢驗時用鹽藏指甲縫間，臨時擦傷處，則其傷不見，是亦

[一] 甘結：舊時交給官府的一種畫押字據，多爲保證某事，并聲明不爾則甘願受罰。

不可不慎也。

驗傷機要

長闊深圍，傷有分寸，青紅紫赤，色有淺深，金石竹木，手足他物，痕有輕重，砍截、毆踢，磕擦，迹有大小，雖不盡同，而因色辨傷，因傷辨械，要有相同之勢，惟在相驗時留心體認，庶能傷確情符。

驗生傷

注明係何械傷，及長闊、圍圓、分寸、顔色，如係皮破血結，或已罨護，不便揭驗探量者，不妨據實聲明『無傷處所統刮以餘無別故』一語。驗婦人傷，須帶穩婆。

無名尸

着何服色衣褲，尸旁有無遺物，地上有無血迹，何處起、何處止，逐一聲叙。

檢漫地枯骨

將零星碎骨檢齊，驗明骨色明亮并無青黑，須報明某骨幾塊不全，有無齒痕咬印，衣服曾否拉碎，無有血迹，某骨衣服離尸多遠，或東或西，頭髮多少，鞋襪是否齊全。

腎子傷辨驗

相驗尸傷，周身致命之處，凡遇受傷俱係皮骨相連，傷痕顯露，惟獨腎囊乃係下懸虚軟，或被脚踢，或受他物刺擊，腎子傷重，一時升入腹下，氣血攻心，必致昏迷不語、殞命登時者，既不皮破血流，又無青紅高腫可驗，確與《洗冤録》所載『或宿患疝疾，因怒激發而死，則腎子縮入腹中』等語情形相似。查《洗冤録指南》，舊説用温醋棉絮挪罨片時，腎子自下，可以驗傷。或云『驗上下牙根，肉内現有形如瓜子紫紅色痕，即係腎子受傷致死，如無，應查有無宿患』等語，再聞有此等受傷致死之尸，雖如法醋糟罨下腎子，亦無相驗正傷，如遇天寒，牙根亦無紫紅色痕。驗顱門必現紫紅色，大如瓜子，傷左偏左，傷右偏右。因周圍有血暈、滴水不流者方實。此誠可辨疑難，有益于相驗也。

近有麻瘋人死後將開檢者，諸書皆所不載，查廣東舊卷，有龍門縣兩案，一載骨節有蟲眼，一載蟲眼有損壞處，蓋受病有輕重也。周身骨色俱白，又《洗冤》所未備也。二十三年九月附記

附　十誡詩

江左仲振履柘庵氏撰

予莅茲土三年于今矣，與都人士日相親習，知興邑爲百粤[一]文物之邦，其人民知耻讓而畏刑法，又往往以執拗而羅于咎，則教誨之疏也，抑民心猶未盡厚歟？伏念先賢宰蒲，政稱三善[二]；先君子宰蜀，百姓設主祀焉。予不敏，復忝爲斯邑長，雖此中人士勤于學農、勤于耕，而思患預防，儻教誨之終疏，不免負國恩而辜家學，爰擬《十誡詩》，刊示邑中，且以自儆。其讀予詩而油然興感者，予之願也。人民之不遠于古也，倘漠然置、怫然去焉，是猶執拗之未馴，予之咎也。都人士，其勉旃。

杏苑春　誡諸生也

杏苑春，桂苑秋，秀才讀書思出頭。讀書人人志功苦，其奈家貧親老朝夕之是謀。饑寒迫我弃書卷，不得不爲非分求。硯田[三]荒蕪不生粟，愈求愈貧愁復愁。貧則猶是齒加

[一] 百粤：亦作『百越』，古代南方越人的總稱。分布在今浙、閩、粤、桂等地，因部落衆多，故總稱百越。亦指百越居住的地方。

[二] 此處指子路。仲姓以子路爲始祖。《孔子家語》：『子路治蒲三年，孔子過之，入其境曰：「善哉由也，恭敬以信矣。」入其邑曰：「善哉由也，忠信而寬矣。」至廷曰：「善哉由也，明察以斷矣。」』

[三] 硯田：以硯喻田，謂靠筆墨維持生計。

長，同學青雲我白頭。耻不若人亦已晚，不恒其德承之羞。是如商賈喪其本，利市三倍無從收。不見長者至今窮不死，書中有粟夫何憂！

布穀鳴　誡農夫也

布穀鳴，修耒耜，播種家家謀活計。粤中風土歲兩熟，春夏勞勞到冬季。田功四季忙不了，又復無端生客氣。東家毁我墳，西家占我地。奸人唆哄氣益粗，告狀抱牌堂下跪。貼膝銀邀證保歡，草鞋錢送胥徒醉。輸赢未定財已空，數畝山田盡荒廢。轉瞬催糧人又來，荒田賣作催糧費。嗟嗟爾錢得從辛苦中，何必甘心飽胥吏！

筆如刀　誡訟棍也

筆如刀，自作孽，殺人紙上本無聲，忍見堂前日流血。愚民奉爾教，至死不休歇；良民受爾累，平地相波涉。長官原有父母心，小罪何難立昭雪？奈何爾毒入人深，誘使鞭笞不改説。事外安身置等閑，局中負罪遭縲絏。孽重灾生刀自殺，神鬼鑒臨無解脱。爾獨不見劉學斌（邑之惡棍），雷擊其子，官囚其身，雖有面目難爲人。

拜五祖　誡惡少也

拜五祖，徒自苦，亡命豈得金橋度（洪周五逆，康熙時盗也，俗傳戰敗，天以金橋度之）？城村惡少結盟誓，聚黨横行抗官府。椎牛烹羊飲美酒，擄人資財及子女。但快黄金到手空，那知法網分頭布！一朝事敗身就擒，桎梏鋃鐺繫囹圄。父母不敢親，妻子不相顧。衣破頭蓬生蟣虱，血肉淋漓骨酸楚。爾亦猶然盛世民，身首胡爲甘异處？到此悔恨已無益，何不及早求生路？吁嗟乎，何不及早求生路！

枝上花　誡淫奔也

枝上花，唯一跗；閨中婦，無二夫。貧賤富貴各有命，一與之醮終身俱。爾夫勤儉持家計，家道雖貧終有餘。夫也不良命所值，命不猶人難改圖。此夫不良逐人去，彼亦未卜心何如？倘若轉徙遇凶暴，孤身异地誰相扶？命窮到處無安樂，垢面蓬頭仍故吾。不如安分守貧賤，生兒長女光門閭。種粟一斗舂作飯，織布五丈縫作襦。寒有布衣飢有粟，長成兒女孝翁姑。

銷金鍋　誡標會也

銷金鍋，古所嘆，粤俗澆漓猶足憾。呼盧挾妓未云奇，鴿標[一]花會争傾産。鴿標記用千字文，花會花名尤罕見。狀元和尚與將軍，信口編排恣鼓煽。更有包攬相往來，安坐得金殊覺便。愚民費少貪得多，積少成多費千萬。曠時廢業騖若狂，産蕩家傾不知怨。官司執法有明條，彼罪坐身爾爲援。長官縱不置爾刑，耗費資財已過半。嗷嗷八口日啼飢，爾手無錢誰養贍？

[一] 鴿標：即『白鴿標』一種賭博，盛行于廣東一帶。梁紹壬《兩般秋雨盦隨筆·白鴿標》：『粤有白鴿標之戲。標主以《千字文》二十句爲母，每日于二十句散出二十字，令人覆射；射中十字者，予以數百倍之利。其餘以次而降，四字以下爲負。』

六神符　誡堪輿也

六神符，三元訣，山川不能言，長官代爲説。牛眠[一]馬鬣[二]無定形，積善之家自然發。虎邱雷震范侯墳[三]，桐城鬼守方公穴。天理地理互消長，吉凶曾不差毫髮。爾何人斯爲謷談，煽惑愚頑逞奸猾。剞親皮血滌親骸，五刑[四]無赦罪在殺。小亦抛棺占壙基，尋仇釀禍無休歇。辨方擇日可糊口，何容滅理輕饒舌，自今至後爾惑人，予不爾宥置爾法。

葵向日　誡販糴也

葵向日，庇本根，禾有秋，洽比鄰。頻年米價苦騰貴，窮民枵腹難圖存。販糴爲計亦自得，輾轉溝壑伊何人？在爾雖若分爾我，總是齊昌耕鑿民。鄰邑不荒我獨歉，盗賊死亡將洊臻。况今閩海氛未息，接濟盗匪厥罪均。孳孳爲利苦不省，瞬息禍害宅爾身。不然長官腹甚小，饘粥豈至無饔飧。爾予祝置勿論，爾予詛亦弗聞。但願家家含飴鼓腹樂豐稔，訟獄不興民氣淳。

[一]　牛眠：即『牛眠地』，卜葬的吉地。《晋書·周訪傳》：『初，陶侃微時，丁艱，將葬，家中忽失牛而不知所在。遇一老父，謂曰：「前崗見一牛眠山污中，其地若葬，位極人臣矣。」』

[二]　馬鬣：墳墓封土的一種形狀，亦指墳墓。

[三]　傳説宋代名臣范仲淹爲祖先卜地，堪輿家言其地爲『五虎撲羊』之絶地，范不願移禍他人，仍堅持葬于此處。夜間，雷擊其地，成『萬笏朝天』吉地。

[四]　五刑：五種輕重不等的刑法，隋唐以後爲死、流、徒、杖、笞。

孽鏡臺　誠胥吏也

孽鏡臺，在何處？不在神祠在衙署。自身不見見前人，但想前人身可悟。某胥豪猾勢逼人，某吏舞文家致富。轉瞬身罹法網中，三尺爰書五刑具。子孫消滅爲乞丐，室廬賣與鄰人住。亦有猾吏昌厥後，天心竟似相饒恕。那知愈昌報愈慘，城旦[一]沙門[二]苦流戍。願爾念此竦爾心，清夜常常手自捫。古來翟公[三]亦爾輩，榮哉駟馬興其門。

玉壺冰　長官自誡也

玉壺冰，朱絲弦，直哉惟清古有言。後人依附作箴戒，第一功名不愛錢。朝廷廉俸本寬裕，我亦簞瓢恒晏然。徒守清操未變俗，聲聞過情滋愧焉。大吏優容已逾格，爾民愛戴尤纏綿。盗未盡除訟未息，日坐堂皇徒素餐。長官今與爾衆約，慎守厥誡無遺愆。家無溺女完骨肉，野不焚殤全性天。田閑暇日宣聖諭，堂上示法懸蒲鞭[四]。歲時伏臘一杯酒，官民同樂大平年。

[一] 城旦：古代刑罰名。一種築城四年的勞役。

[二] 沙門：即沙門島。在山東省蓬萊縣西北海中，爲宋元時流放罪犯之地。

[三] 翟方進，字子威，汝南上蔡人。家世微賤，年十二三給事太守府爲小史，後擢爲丞相，封高陵侯。事見《漢書·翟方進傳》。

[四] 蒲鞭：以蒲草爲鞭。常用以表示刑罰寬仁。《後漢書·劉寬傳》：『吏人有過，但用蒲鞭罰之，示辱而已，終不加苦。』

跋

世父[一]柘庵先生作宰南越十有三年，孜孜然于吏治，歷知恩平、興寧、東莞、南海諸縣事，所至輙有政聲。貽光[二]生也晚，不逮見先生治迹，然讀是編而先生所以宰粤者可知已。同治癸亥冬，偶從亡弟貽清[三]敝簏中檢得刊板，梨棗叢殘，略無倫次。謹取家藏本急付手民[四]，剥蝕者補之，漶漫者更之，以成完璧。貽光不才，不能如傅氏《理縣譜》故事光繼先業，而先生十數年孜孜求治之苦心，猶甚望後之人挹清芬以誦之也。甲子季夏猶子[五]貽光謹識。

[一] 世父：伯父。
[二] 仲貽光，仲振履之弟仲振猷子，字小浦，候選按察司知事。
[三] 仲貽清，仲振履次子。
[四] 手民：雕版或排字的工人。
[五] 猶子：侄子。

秀才秘籥

書秀才秘籥册首

『「大道以多歧亡羊，學者以多方喪生。」[一] 裹糧[二]就學者成群，半途而廢者皆是：則多歧與多方之迷也□。』晁無咎[三]《題段謹修紙》[四] 云爾。仲栢庵先生善承先學，讀書成進士，出爲名宰，公餘著《秀才秘籥》一册，與操觚[五]之士現身説法。自初搦管[六]，以迄成材登第，自大家名家以及房書試牘，罔不巧度金針，揣摩精熟，去其多歧，以歸于道，

[一] 大道以多歧亡羊，學者以多方喪生：語出《列子·説符》。

[二] 裹糧：携帶乾糧。

[三] 晁補之（一〇五三—一一一〇），字無咎，號歸來子。宋代濟州鉅野人。元豐二年（一〇七九）進士，詞人、文學家。工書畫，能詩詞，善屬文。與張耒、黄庭堅、秦觀并稱蘇門四學士，與張耒并稱『晁張』。有《鷄肋集》《晁氏琴趣外篇》傳世。

[四] 《題段謹修紙》：當作《題段慎修紙》，見《鷄肋集》卷三十三。

[五] 操觚：觚，木簡，古人在木簡上寫字。操觚指執筆作文。

[六] 搦管：握筆，執筆爲文。

袪其多方，以衷諸學，非三折肱[一]，不能爲是秘本也。劉勰[二]《時序篇》曰：『鄒子以談天飛譽，騶奭以雕龍馳響，屈平聯藻于日月，宋玉交彩于風雲。』『中巧者，獵其艷辭，童蒙者，拾其香草。』[三] 古藝爲然。至于時文，何獨不爾？故紀事者，必提其要，纂言者，必鈎其玄[四]。不此之求，則『邱仲深有一屋散錢，祇欠索子；劉希賢有一屋索子，祇欠散錢』[五]。道既多歧，學又多方，迷乃滋甚，昌黎有言：『諸生業，患不能精，無患有司之不明；行患不能成，無患有司之不公。』[六] 蓋琥珀不受腐芥，磁石不引曲針[七]，綾錦徒工，花樣或異，則曷與搜先生之秘帳哉！昔陳述古爲仙居令，作《勸學》一篇，邑之子弟得所

[一] 三折肱：《左傳·定公十三年》：『三折肱知爲良醫。』謂多次折斷手臂，就能懂得醫治折臂的方法。後多喻對某事閱歷多，富有經驗，自能造詣精深。

[二] 劉勰（四六六？—五三二），南朝齊梁文學理論家，字彥和。東莞莒人，世居京口。所著《文心雕龍》是著名的文學理論著作，共五十篇，『時序』爲第四十五，『辨騷』爲第五。

[三] 語出《文心雕龍·辨騷》：『中巧者獵其艷，吟諷者銜其山川，童蒙者拾其香草。』

[四] 語出韓愈《進學解》：『記事者，必提其要，纂言者，必鈎其元。』

[五] 事見黄瑜《雙槐歲鈔》卷十『邱文莊公言行』條：『劉學士健謂曰：「丘仲深有一屋散錢，祇欠索子。」公曰：「劉希賢有一屋索子，祇欠散錢。」健默然甚愧。』邱濬（一四二〇—一四九五），字仲深，廣東瓊山人，景泰進士，官至禮部尚書、文淵閣大學士。著有傳奇《五倫全備記》《投筆記》《舉鼎記》《羅囊記》，有《邱文莊集》。劉健（一四三三—一五二六），字希賢，號晦庵，洛陽人。天順四年進士。弘治十一年爲首輔，累加少師兼太子太師、吏部尚書、華蓋殿大學士。死後贈太師，賜謚『文靖』。有《晦庵集》。

[六] 語出韓愈《進學解》。

[七] 語本明李贄《焚書》卷四『三大像議』：『寶石不吸腐草，磁石不引曲針，自古記之矣。』

矜式[一]。兹先生《秘篇》出，覺項水心[二]之論文、殷价人[三]之舉業諸詩、唐順之[四]之讀書作文譜，猶未能抽其秘而啓其篇也，請亟付剞劂氏[五]以公諸同好可耳。

南城蔡光華[六]凌庵氏撰

[一] 矜式：示範。

[二] 項煜（？—一六四五），字仲昭，號水心，蘇州吴縣人。天啓四年（一六二四）舉人，天啓五年（一六二五）進士，由庶吉士累官少詹事兼翰林侍讀。明亡，項煜投降李自成，授太常寺丞，後趁間逃至南京。弘光立，以失節降敵下獄，后以捐銀助餉出獄。清兵南下，亡命至浙江慈溪，被鄉民所殺（見《小腆紀傳》卷一九）。

[三] 殷价人：或爲殷維藩。殷維藩字介人，浙江湖州烏程人，順治十八年（一六六一）進士。

[四] 唐順之（一五〇七—一五六〇），明文學家。字應德，一字義修。武進人。嘉靖八年（一五二九）會試進士第一。曾督領兵船在崇明抵禦倭寇，以功升右僉都御史、代鳳陽巡撫。謚文襄。人稱荆川先生。有《荆川集》十二卷及《廣右戰功録》等。

[五] 剞劂氏：刻板印書者。

[六] 蔡光華：江西南城人，庠生，以其子蔡夢麟封文林郎。蔡夢麟，字天石，嘉慶三年舉人，四年聯捷成進士。歷廣東清遠、新會、歸善、香山等縣知縣。

秀才秘篇

蒲濤仲振履柘庵甫著

童子初開筆，出語便爽快，雖蠻話，却説得有想頭，此必成之材也。出語詀灉[一]，一句文章有數樣毛病，令閱者欲批出他毛病來，却非一語可盡，此絶無用之材也。出筆俗惡者，非偉器；出筆乾枯者，無福澤。文無生氣者，雖成片段，有工夫，終不售。

童生[二]之文，忌蹇澀，秀才[三]之文，忌老秃：蹇澀者，格格不吐也，老秃者，貌爲渾古也。

童子初學作文，務令作四個提比[四]，筆氣便會開展。

[一] 詀灉：聲音不和諧；煩亂不安。原文作『沾灉』，據下文校改。
[二] 童生：明清時期，府、州、縣學的應考者稱爲童生，或稱儒童、文童。衹要未取得府、州、縣學的生員資格，均稱童生。
[三] 秀才：明清時俗稱生員爲秀才，即經州縣、府及學政考試，録取入府、州、縣學的諸生。
[四] 提比：即『起股』『提股』。明清科舉考試所用文體八股文的組成部分之一。入題之後爲起股，與中股、後股、束股爲八股之正格。

場屋[一]文章，要在人不經意處留意，無論大小考[二]，皆如是。

歲試[三]作文要有膽，科試[四]作文要有法：歲試人人畏懼，志在祇求無過，我獨明目張膽，暢所欲言；科試人人放逸，我獨周規折矩，舉止官方，如此未有不一等者也。

無論大小考，臨場前數日不必讀文，惟擇同學中素有學問者，相聚講習，談到得意處，便覺心花怒開，最能增長智力。如無良友，則取前人杰作閲之亦好。

有友人歲考屢不録，問于余。余曰：『試前當取項水心文大概閲之，場中將文章前路摹擬數句，便高取。然不可多學，多則三等矣。』其人試之，果然。此法大場亦可用，但不可沾濡耳。

項水心論文數則，不可不熟讀。

場中作文，先作首藝，便作第三藝，再作第二藝。何也？人之精神，至三條燭盡，未

[一] 場屋：本指科舉考試的場所、屋舍，後泛指科舉。

[二] 大小考：大考，即『大比』，鄉試，明清時期在省城（包括京城）舉行的考試，通常每三年舉行一次，中式者爲舉人。小考：亦稱小試，明清童生試的俗稱，包括縣試、府試和院試，因係童生獲取生員（秀才）資格的入學考試，故有是稱。

[三] 歲試：即『歲考』，明代提學官和清代學政對所屬府、州、縣學生員舉行的考試，每年舉行一次，并根據成績進行獎懲。

[四] 科試：即『科考』，明清時對生員考試的方式之一。學道或學院每屆鄉試前巡回所屬，以科考甄别學生，以選送優等的生員參加鄉試。

有不委頓者，首藝用全副精神，到第二作，便有興到筆隨之妙，三則竭矣。簾官[一]挨次看去，每況愈下，索然無味。將二三篇一爲移换，閲至三藝，興致勃勃，毫無委頓之態，則售矣。

墨卷[二]、試帖[三]、館閣字[四]，一物也。詩文日日做，字日日寫，到得工夫純熟，便覺自在游行，處處合法。

作文火侯，全在有了上句便有下句，一篇一股，若有模子澆成，則售矣。試帖亦然。童生筆氣平庸，能日日讀、日日做，亦可入學；秀才筆氣乾枯，能日日讀、日日做，亦可中舉：蓋熟則巧、熟則潤也。

老吏斷獄，全在盤駁要證；名手作文，全在梳剔要字。余嘗作『無暴其氣』[五]文，另疏暴字二比，爲友人改『諸侯之寶三』[六]文，另疏寶字二比，均優取。

長題要頻頻點醒題字，若囫圇做去，閲者不知何題矣。

[一] 簾官：掌管考試的官員。《明史·選舉二》：『試官入院，輒封鑰内外門户。在外提調、監試等謂之外簾官，在内主考、同考謂之内簾官。』

[二] 墨卷：鄉試、會試時，應試者用墨筆書寫的試卷。

[三] 試帖：科舉考試時所作的詩，多用古人詩句命題，冠以賦得二字，其詩或五言、七言，或八韵、六韵，在詩中自成一體，稱爲『試帖』。

[四] 館閣字：明清兩代稱翰林院爲『館閣』。館閣書寫文字要求端楷方正，後來稱這種字體爲『館閣體』。明清時代，士子應試時皆要求以此種字體書寫。

[五] 無暴其氣：語出《孟子·公孫丑上》：『持其志，無暴其氣。』

[六] 諸侯之寶三：語出《孟子·盡心下》：『孟子曰：「諸侯之寶三：土地、人民、政事。」』

趙子昂[一]跋《蘭亭》[二]云：『結字古今不同，用筆千古不易。』[三]作墨卷亦然。

胡文恪公（高望）督學江蘇，示履曰：『天下有必不中之文，蹣跚爲大、料峭爲高是也。去其不中者則中矣。』履謹書諸紳[四]。

張紫硯[五]先生（九鉞），西江[六]名宿也。嘗與先君子客邗上[七]，論作墨卷曰：『大命人生而筆性過人，不知場屋之苦，便破壁飛去，不必論矣。其餘則必于此道中三折肱而後有得。

[一] 趙孟頫（一二五四—一三二二），字子昂，號松雪道人、水晶宫道人、鷗波，别號甲寅人。宋室後裔，年十四以父蔭補官真州司户參軍，宋亡，家居力學。元世祖忽必烈下詔搜訪遺逸，孟頫應召入仕，累仕至翰林學士承旨，榮禄大夫。卒追封魏國公，謚文敏。趙孟頫爲元代著名書畫家，著有《印史》《松雪齋集》。傳世墨迹有《洛神賦》《膽巴碑》《臨黄庭經》《急就章》《玄妙觀重修三門記》《趵突泉詩》《閑居賦》《續千字文》《種松帖》等。

[二] 《蘭亭》：此處指晋王羲之《蘭亭集序》，是書法史上的名作，被譽爲『天下第一行書』。

[三] 此出于趙孟頫《蘭亭十三跋》之第七跋而小有差异：『書法以用筆爲上，而結字亦須工。蓋結字因時相傳，用筆千古不易。』

[四] 書諸紳：語本《論語·衛靈公》：『子張書諸紳。』把重要的話或事，寫在衣服的大帶上，以示不忘。

[五] 張紫硯，當作『張紫峴』。張九鉞（一七二一—一八〇三），字度西，號紫峴、陶園。湖南湘潭人。清代詩人、戲曲作家。乾隆二十七年（一七六二）順天鄉試舉人，二十八年明通進士。歷官江西南豐、峽江、南昌，廣東始興、保昌、海陽等縣，所至有治聲。因故落職後遍游嵩、洛、偃、鞏間，寄情山水。乾隆五十七年（一七九二）春返歸鄉里，先後主講澧陽書院、昭潭書院。有《陶園集》。

[六] 西江：貢水支流，又名澄江河，地處瑞金、會昌、于都縣境内。此處指江西。張九鉞長期在江西任職，故稱其爲『西江名宿』。

[七] 邗上：揚州。

蓋墨卷之當行出色者，必合正嘉之出落、隆萬之機局、天崇之筋節、國初之議論丰采，以成一家，斯百發百中矣。彼譏墨卷不屑爲者，不能也，非不爲也。其學墨卷而流爲庸俗冗闒者，是不善學者之咎也。墨卷之名作具在，豈有是哉！」

本朝墨卷以宮會元夢仁[一]『巍巍乎唯天』[二]節文爲第一，熊閣學伯龍[三]『湯之盤銘章』[四]文次之。熟讀精思，可得千古用筆之法。

薦卷房師[五]聞在東夫子鏞，六合令[六]謂履曰：『杭州某前輩教弟子臨場祗讀三藝：一姚希孟[七]

[一] 宮夢仁，字宗衮，號定山，江蘇泰州人，康熙九年會元，康熙十二年殿試二甲第五名進士，官至福建巡撫。有《齊魯詩》。會元，會試第一名。

[二] 巍巍乎唯天：語出《論語·泰伯》：『子曰：「大哉，堯之爲君也！巍巍乎，唯天爲大，唯堯則之。」』

[三] 熊伯龍（約一六一七—一六六九），字次侯，號塞齋，晚年別號鐘陵，湖廣漢陽人，順治五年順天鄉試第一名，六年己丑科榜眼，授翰林院編修。累仕至内閣學士兼禮部侍郎。閣學，内閣學士的簡稱。

[四] 湯之盤銘：語出《禮記·大學》：『湯之盤銘曰：苟日新，日日新，又日新。』

[五] 房師：舉子稱其薦卷房官。

[六] 聞鏞，浙江仁和人，乾隆三十六年（一七七一）舉人，曾任江蘇安東、六合縣知縣。

[七] 姚希孟（一五七九—一六三六），字孟長，號現聞，長洲人。萬曆四十七年（一六一九）進士，選翰林庶吉士。天啓中，爲魏忠賢黨羽所劾，罷官削籍。崇禎改元，以庶子充講官，又遭群小排擠，歸里，尋卒。

「有攸不爲臣」[一] 文，一金正希[二] 「所謂平天下」[三] 文，一吴珏[四] 「四方之民」文。姚文提筆、落筆，煞筆，縱横排奡，變化無窮，正嘉之杰作也；金文筋脉貫注，機局流利；熊次侯、韓慕廬[五]諸作，皆脱胎于此，合隆、萬、天、崇而兼之者也；吴文志和音雅，如□前草、雨後泉，國初諸老之遺音也。果能學得他一三分，安得不中。』

宫言可夫子嘗謂及門曰：『高生[鶚]文如集錦，仲生文如堅金。』蓋譏下筆過重也。重則板，板則不輕，輕則圓，圓則不覺其重。余以筆重，故四十外始售。售時輕矣。

先君子曰：『作文要圓，亦要方。』謂行文處貴圓，出落處貴方。方者，有棱角之謂也。又曰：『人之筆性，無論犯何弊病，祇要多讀多做，自然渣滓去而清虚來。』[六]

[一] 語出《孟子·滕文公下》。

[二] 金聲（一五九八—一六四五），字正希，又字子駿，號赤壁。休寧人。崇禎元年（一六二八）進士，授庶吉士。弘光帝時，擢爲左僉都御史，堅辭不就。隆武帝任爲右都御史、兵部右侍郎守績溪，城破，被執死，謚文獻。

[三] 語本《大學》。

[四] 吴珏，字栖玉，歙縣人。乾隆二十七年（一七六二）壬午科解元，次年成進士，候補内閣中書，曾主講揚州安定書院。著有《繹水經注》《詩古文集》，選輯有《古歙詩鈔》。

[五] 韓菼（一六三七—一七〇四），字少元，一字慕廬，長洲人。康熙十二年（一六七三）連中會元、狀元，授翰林院修撰，歷官日講起居注官、右贊善、侍讀、侍講學士、内閣學士，升禮部侍郎兼翰林院掌院學士等。康熙三十九年（一七〇〇）充經筵講官，授禮部尚書。有《有懷堂文稿》。

[六] 劉義慶《世説新語·言語》：『周伯仁曰：「吾無所憂，直是清虚日來，滓穢日去耳。」』

又曰：『做長章大節題，務將上下截消息打通，則元矣。如王解元「或問禘之説章」[一]文中，知禘也，知天下也，是矣。』

文章不切題，不中也；太切題，亦不中也。趁著筆性，放倒題目，不離題，亦不泥題，滔滔汩汩，説個暢快，中品也。

翁明府運標[二]，江蘇老房考[三]也。嘗謂人曰：『中式文章有二種：離奇光怪，如凶神惡煞，人見必畏，畏則中矣；搽脂敷粉，如西子、王嬙，人見必愛，愛則中矣。』

方王二家，制義之圭臬也，然亦要善學，墻東[四]先生善發題蘊，竪義精而語無泛設；樸山[五]先生善體口氣，故得題情而筆筆生動。然意太親切則下語必深，深則驟難領會，場中走馬看花，何能降心探索？不若筆筆生動，令人一目了然也。是有畫虎刻鵠之别。

場中作文，要有興致，尤要做得諦當快活。做得快活，則看得亦快活。若太苦心孤詣，

[一] 語出《論語·八佾》。

[二] 翁運標，字晋公，號蓼野，浙江餘姚人。雍正元年進士。任河南桐柏縣、湖南武陵縣等縣知縣，乾隆十三年擢道州知州。明府，漢代對太守、唐代對縣令的尊稱。

[三] 房考：鄉、會試時分房閲卷的同考官。

[四] 王汝驤，字雲衢，又字雲劬、耘渠，號墻東。江南金壇人。康熙至乾隆初在世。由貢生官通江知縣。著有《墻東雜著》《炳燭集》。

[五] 方櫱如，字若文、文輈，號樸山，浙江淳安人。康熙四十五年（一七〇六）進士，官直隸豐潤知縣。工詩古文詞，乾隆元年（一七三六）舉博學鴻詞，不與試。著有《周易通義》十四卷、《尚書通義》十四卷、《毛詩通義》十四卷、《集虚齋學古文》十二卷、《十三經集解》《四書口義》《四書考典》《讀札記》及《樸山存稿》《續稿》。

俯首愁眉，抑鬱無舒展氣，閲者愈看愈悶，十數行後弃去矣。此是場中第一要訣。場屋文字，粗不妨，氣要豪；平不妨，調要高；淺不妨，詞要湛；熟不妨，筆要新。制義以清爲主，夫人而知之也。然清非説白話也，于典制裔皇中，自得乾坤清氣，斯爲中品。

今人作文未有不欲其華者，然不讀十三經[一]、披閲疏注，惟事餖飣剽竊，雖將典制類林[二]填寫滿紙，仍然無華。無華者，無書也。故古人云：『腹有詩書氣自華。』[三]少年略解詩賦，便嗤墨卷爲腐儒所爲，不屑從事，不知甲乙兩榜[四]未嘗以詩賦取士也。老生株守舊説，又詈墨卷爲盡失古義，力講章、羅、徐、艾之秘奥，以爲剽盡浮華，足以壽世。不知時文者，因乎時以爲文者也，生今之世，反古之道，固屬太謬，且所學之章、羅諸公，果真能到諸公地步否？果遂能與諸公同壽世否？皓首窮經，老死牖下，固曰命不猶人，亦怪念頭錯了。

[一] 十三經：儒家的十三部經書，即《易》《書》《詩》《周禮》《儀禮》《禮記》《春秋左傳》《春秋公羊傳》《春秋穀梁傳》《論語》《孝經》《爾雅》《孟子》。其形成過程爲：漢立《詩》《書》《易》《禮》《春秋》于學官，爲五經；唐加《周禮》《儀禮》《公羊》《穀梁》爲九經；至開成間刻石國子學，又加《孝經》《論語》《爾雅》爲十二經；宋復增《孟子》，因有十三經之稱。

[二] 典制：指《通典》等典制政書。類林：指《類林》等筆記。

[三] 腹有詩書氣自華：語出蘇軾《和董傳留别》。

[四] 甲乙兩榜：科舉考試舉人與進士榜之合稱。唐代進士科考試分爲甲乙之科，是爲録取等第，時人稱之爲兩榜。舉人爲乙榜，進士爲甲榜。明清科考，稱經鄉試與會試，由舉人而取中進士爲兩榜。

薛葦塘[一]《墨譜》，是苦海慈航，迷津寶筏，不可不細心潛玩。

命中者膽要壯，氣要豪，手要勤，心要虛。

有人問王太史蘇[二]曰：『命中有秘訣否？』曰：『有。每日必作文，每科必下場。』

場後看中式人文字，不必菲薄他，要想他所以得中處。

墨卷家有煉丹法，如李駿[三]『閔子侍側』[四]文，李東櫰[五]『或問禘之説』文，仲嘉

[一] 薛鼎銘，江蘇上海縣人，字象山，號葦塘。乾隆二十八年（一七六三）進士，任浦江縣縣令。有《述訓篇》《春餘吟詩文稿》《墨譜》。

[二] 王蘇，字儕嶠。江陰人。乾隆五十五年進士，改庶吉士，授編修，歷官衛輝知府。嘉慶四年，官翰林院。嘉慶十年（一八〇五），任衛輝府知府。著有《試畯堂集》十六卷。太史，原爲編載史事兼掌天文曆法之職官，明清修史之事由翰林院負責，又稱翰林爲太史。

[三] 李駿，字冀超，號肖石，世居江南銅山，以父官河南下北河同知僑居長垣。乾隆二十一年（一七五六）順天鄉試解元，官内閣中書、翰林院起居注主事。卒于官。

[四] 語出《論語·先進》。

[五] 李東櫰，江寧府句容縣人，由廩膳生中雍正元年（一七二三）恩科舉人，雍正六年（一七二八）任汀州府寧化縣知縣。

德[一]『湯之盤銘曰』文，潘汝誠[二]『君子篤于親』[三]、吴珏『鄉人儺』[四]文，煉到爐火純青，未有題目，先有文章，無論何題，總有一篇典雅恬適的文字，真妙訣也。不知始于何時，或曰：『是從前明程文[五]中得來，其後馮夢禎[六]、石有恒[七]已衍成此派。至諸君子，擴而充之耳。』然此秘非攻苦三年，不能辦也。

文有四色，清奇濃淡是也。清奇濃皆中，惟淡者甚難。然淡而能煉，亦可中。如張京江[八]『不患無位』[九]文，且士一出而天下之人皆引重焉，淡而煉者也。

[一] 仲嘉德，字成一，號靄梧，江蘇常熟人，乾隆二十五年（一七六〇）庚辰恩科解元，歷任高淳、宜興、青浦等縣教諭。

[二] 潘汝誠，字笠亭，一字榕堂，浙江湖州府歸安縣人，乾隆二年（一七三七）恩科進士。歷任福建連江縣知縣、廣西賓州知州、江西南安府同知、濮州知州等。

[三] 語出《論語·泰伯》。

[四] 語出《論語·鄉黨》。

[五] 程文：科舉考試時，由官方撰定或録用考中者所作，以爲範例的文章。明代以後特指試官擬作者。

[六] 馮夢禎（一五四八—一六〇五），字開之，浙江秀水人。萬曆五年（一五七七）會元，殿試二甲三名，授編修。官至南京國子監祭酒。有《快雪堂集》六十四卷。

[七] 石有恒（？—一六二四），字伯常，湖北黄梅人，萬曆三十四年（一六〇六）舉人，四十七年進士，歷任浙江遂安縣、長興縣知縣。天啓四年（一六二四）正月爲長興巨寇吴樵野所殺，事聞，贈太僕寺少卿，謚忠烈。

[八] 張玉書（一六四二—一七一一），字素存，又字京江，號潤甫，丹徒人。順治十八年（一六六一）辛丑科進士。歷任翰林院編修、國子監司業、侍講學士，累官至文華殿大學士兼吏部尚書。謚文貞。

[九] 語出《論語·里仁》：『子曰：「不患無位，患所以立；不患莫己知，求爲可知也。」』

作文用典語，不如用典字，引典語貴其精，不貴其多。

童生出題，謂之挑剔，當如春波魚躍，清脱令人愛玩；秀才出題，謂之跌落，當如懸崖石墜，震響令人驚駭。

文要有模子，如前明王錫爵[一]『用下敬上』[二]文，歸震川[三]『大學之道』[四]『生財有大道』[五]『舜好問』[六]文，唐荆川『匹夫而有天下』[七]兩節文，張以誠[八]『愚而好自用』[九]

[一] 王錫爵（一五三四—一六一一），字元馭，號荆石，蘇州太倉人。嘉靖四十一年（一五六二）會元，廷試榜眼。官至太子太保、吏部尚書、建極殿大學士，謚號文肅。著有《王文肅公全集》五十五卷。

[二] 語出《孟子·萬章下》。

[三] 歸有光（一五〇七—一五七一），字熙甫，又字開甫，别號震川，又號項脊生，世稱『震川先生』。蘇州府昆山人。嘉靖四十四年（一五六五）進士，歷長興知縣、順德通判、南京太僕寺丞。著有《震川先生集》。

[四] 語出《大學》第一章。

[五] 語出《大學》第十章。

[六] 語出《中庸》第六章。

[七] 語出《孟子·萬章上》。

[八] 張以誠（一五七四—一六一五），字君一，號瀛海，青浦人。萬曆二十九年（一六〇一）進士廷試第一，授翰林院修撰，遷右中允，轉右諭德。

[九] 語出《中庸》第二十八章。

文，石有恒『周公謂魯公』[一] 文，吴韓起[二] 『奢則不孫』[三] 文，及桑弢甫[四] 《斧香集上選》諸作，皆須手爲編輯，彙成一册，頻頻翻閱，到場中便有依傍，所謂脱胎也。本朝佳作尤多，此不過約言之耳。

大凡作墨卷法是圓的，領題後便揭題尾，貫落題首，中間作夾縫二比，將首尾攝入空際盤旋，後比尾仍拍轉題首，所謂常山率然之蛇也[五]。質而言之，即是截題做法，不過大同小异耳。截題入手映下，便是墨卷之揭題尾。截題過下，便是墨卷之夾縫二比。截題之挽上，便是墨卷之回抱題首。所小异者，乃體裁虚實之間也。做童生不會作截題，做秀才自然不會作墨卷。

作墨卷全以火候爲主，天資不足恃也。聞吴解元珏天資甚優，因小試爲人捉刀，革去廪生，乃發憤閉户三年，煉成金丹。壬午科試，求學使復衣頂。學使試『夏曰校，殷曰序』[六]題，云能首拔，即准復。得其文，亟賞之。即許以是科必元。仲解元嘉德天資最鈍，考必三

[一] 語出《論語·微子》。

[二] 吴韓起，字宣伯，號青岳，福建晋江人，崇禎九年（一六三六）舉人，十三年進士，授當塗令，擢禮部主事，卒于官。著有《四書易經説》。

[三] 語出《論語·述而》。

[四] 桑調元（約一六九五—一七七一），字伊佐，號弢甫，錢塘人。雍正十一年（一七三三）進士，授工部主事。著有《弢甫集》八十四卷。

[五] 《孫子·九地》：『故善用兵者，譬如率然。率然者，常山之蛇也。擊其首則尾至，擊其尾則首至，擊其中則首尾俱至。』

[六] 語出《孟子·滕文公上》。

等。時薛葦塘《墨卷萬選》初出，每取一藝，裱糊于案上，讀得爛熟，洗去再裱一篇。金丹既成，亦得元。有志者事竟成。秀才當猛省也。

今之秀才，到老不中，則諉之曰命。不中者，果盡如王墻東、方百川諸先生，誠命不猶耳。若一做秀才，便將書本擱起，雅則做詩學畫，交結名流，俗則盤利放債，專心居積，甚則做呈狀、鬧漕規，以資口腹。諉之曰命，恐造物者不任咎也。

秀才臨場，最喜擬題作文，延請高手改正，以期幸中。此必不可。古人之文，根柢深厚，故歷數百年而光景常新。工夫淺薄之人，纔脱稿，尚有可觀，轉瞬便覺陳腐氣矣。場中雖遇舊作，亦必重入錘爐，去其陳腐。

讀文之法，將一藝展開，先看題當如何做法，再看文是如何做法，看畢要高聲朗誦數十遍，以領其氣韵聲調。又恬吟密咏數十遍，以探其綫索義藴。又默誦數遍，以察其句法、字法，及如何層接法。既掩卷，將此藝留在心中，存養少刻。日日如是，則心下便有一段絪緼綿密之氣凝注于其間。一有題目，此氣便蒸然而上，化爲當行出色之文矣。工夫不到者，不能領會也。

作文之法，一題到手，先將上下白文背清，便看他來龍在何處，竅竅在何處，歸宿在何處，用何局法，立何柱意。想畢，拈筆便做。斷不可輕于擱筆。蓋筆一離手，游思頓起，蛛絲馬迹，想入非非。待得猛省回頭，已耽擱工夫多刻矣。余生平作文，拈筆在手，文成而後擲筆，雖有求之不得之處，亦必執筆構思。故燃綫香一枝，可成一藝。同人常謂仲某文在筆管中，此亦振作精神之一法也。

場屋文章做得快，其妙有三：人未及半，我已全篇，則可以細加改正，一也；二三藝與詩，可以從容構撰，二也；大場完卷早，可以先謄送閱，小試可以端楷寫字，三也。往往見人聳肩面壁，搓手攢眉，或伏案，或巡檐，人皆完卷，彼尚一藝未成，自以爲苦心孤詣，與衆不同。不知學問之淺深，毫不能强。做得快，固不盡佳，做得遲，亦不見好。果學問平常，雖構思三五晝夜，恐亦不過如是，况風檐寸晷中，能讓人慢慢構思耶？

秀才要常做小題，小題做得好，方無顢頇之弊。

文無論有無醞釀，衹要聲調高，高則中矣。

文滑不得，又滯不得；空不得，又實不得；不宜生，又不宜過熟；不宜淡，又不宜過濃。用心人自有悟入處。

文章正面不好做，要設法敷之，惟先大兄能力排正面，余不及也。

工夫用到純熟後，便覺一篇之前後，一比之長短，一句之多寡，總是定該如此的。

左太冲十年成《三都賦》[一]，王實甫[二]九年成《西厢記》，没有人催他繳卷，原可以消停細做。鈍秀才以此藉口，是自己討苦吃。

或曰：場中文不可太快，快則粗率少静穆之氣。即如王農山[三]壬辰[四]會試，矮屋爲風

[一]《晋書·左思傳》：『復欲賦三都，……遂構思十年，門庭藩溷，皆著筆紙，遇得一句，即便疏之。』

[二] 王實甫（一二六〇—一三三六），元代雜劇作家，名德信，大都人。

[三] 王廣心，字伊人，號農山，江南華亭人。順治六年（一六四九）進士。官御史。

[四] 壬辰：此當指順治九年（一六五二），王廣心已于上科成進士，或爲作者誤記。

雨所摧，迅筆急書，先真後草；先君子壬申春闈[一]鄉試，大雪覆檐，巳刻始得題紙，至三更，七藝[二]俱成，曾未見有粗率處。坊刻具在，可覆按也。

秀才不讀兩漢八家之文，雖有文名，是鄉裏土財主。

劉閣學星緯[三]曰：『秀才胸有一千篇熟文字者，廢物也。』

嘗見名人通籍[四]後，好作高淡文字，以示其落落大方。然而遺誤後學，亦是罪過。

又見有好秀才，或長于詩賦，得六朝駢儷之遺；精于考據，有鄭買[五]宏深之目。及閱其制義，則于八股之法，絶無合處，是可惜不開詩賦考據科。

秀才用功法，清晨作文一首，次讀經書，次讀古文，飯後手抄策學一通，作試帖一首，餘功讀文。久久行之，未有不成名手者也。惜做秀才者恒苦其難。

朱明經晋[六]，先君子門下士也。嘗謂余曰：『書是窮秀才本錢，愈窮愈要讀，不患不利市三倍。若窮而改摻，是將本錢花費了，終于窮而已矣。吾弟當志之。』旨哉斯言，可爲窮

[一] 先君子：作者父親仲鶴慶，乾隆十七年（一七五二）江南鄉試解元。春闈：此處猶『春試』，指春天舉行的考試。

[二] 七藝：亦稱『七篇』『七作』『七題』。明清科舉鄉、會試應試的八股文篇數。明洪武十七年（一三八四）頒科舉定式，初場試《四書》義三道，每道二百字以上，經義四道，每道三百字以上，故名。清初因之。

[三] 劉星緯，當作『劉星煒』。劉星煒，字圃之，號印子，江蘇武進人，乾隆十三年（一七四八）進士，授編修，歷官至内閣學士、工部左侍郎。曾任揚州安定書院掌院。有《思補齋文集》四卷。

[四] 通籍：指初作官。意謂朝中已有了名籍。

[五] 鄭買：或爲『鄭賈』之誤，一指東漢鄭興、賈逵，一指鄭玄、賈逵。均爲著名學者。

[六] 朱晋，字唐封，江蘇泰州人，乾隆二十六年入學。歲貢生。明經：對貢生的尊稱。

秀才下一針砭。

七弟振猷喜燈下作文，每晚飯罷，一燈熒熒，拈毫朗咏，得意作多膾炙人口。其後則非點燈，胸中無一字也。余嘗戲之曰：『余文在筆管中，弟文在燈花中。』然究不如清晨之合時也。中時亦改其故態矣。

弟又喜揣摩《牡丹亭》爲制義，嘗作『而未嘗有顯者來』[一]文，幽折秀婉，神似《驚夢》《尋夢》口吻。吴起莘[二]夫子評其文，謂如携斗酒、雙柑聽新鶯于陌上[三]。可見古來好著作，皆可以爲文料也。遺其體製，求其神韵，是精于爲文者。鈍秀才當于此參之。

戊辰會試前數月，余與高舍人約日作一藝，午後互相批閲。半月後，兩人布局命意，率多相似，甚且句字多有同者。蓋揣摹同，工夫意見同，斯運筆吐詞，不期同而同矣。

余作秀才時貧甚，夜僅一燈，置先宜人[四]室中，余與七弟讀書燈下。一夕絶晚膳，購市粥奉先宜人。又奇冷，取床頭草，燎于瓦盆中奉宜人寢。宜人憐余兄弟之餒也，向老嫗貸錢二文，買薯芋置瓦盆上，且烘且煨芋。三更後，宜人倦卧，芋與瓦盆俱冷矣。少時，渴甚，乃起煮茶，出視庭際，大雪没階，厨下無束薪。返室，則燈滅矣。遂和衣酣睡，晨起膚冷如未睡時。然余兄弟豪性勃勃，不自覺其貧也。此種興致，秀才亦不可少。

[一] 語出《孟子·離婁下》『齊人有一妻一妾』章。

[二] 吴起莘，即吴伊訓。

[三] 馮贄《雲仙雜記》卷二引《高隱外書》：『戴顒春携雙柑斗酒，人問何之，曰：「往聽黄鸝聲。」』

[四] 宜人：明清以正從五品官之妻封宜人，因其子孫封者加『太』字。

獨往獨來，空諸依傍，一字一句，俱從性靈中流出，上乘也。如汪會元汝洋[一]『則衆物之』[二]文，先君子『可與言』[三]文是矣。然由天授，不可以人力争。俯仰揖讓，神味淵永，讀之令人心氣俱平，中乘也。如田解元玉[四]『夫子莞爾』[五]文，許解元祖京[六]『吾何執』[七]文，于工夫純熟之候，意到筆隨，端莊流利，兼而有之，是可偶得，不能常得也。敲金戛玉，典麗矞皇，如青錢萬選萬中，下乘也。『湯之盤銘曰』『鄉人儺』諸作是矣。是自家煉成一顆金丹，未有題目，先有文章，能令雅俗共賞，但工夫用到，自然可成。此丹真是秀才活命丹也，亟宜學之。

學前人文字，祇要得其精蕴，不必襲其皮毛。人各有丹，丹各自煉，一剿襲，便是陳飯土羹矣。

富秀才心苦，貧秀才心泰，老秀才心虚，小秀才心鋭，則中矣。

[一] 汪汝洋，或爲汪如洋。汪如洋（一七五五—一七九四），字潤民，號雲壑，浙江秀水人。乾隆四十五年（一七八〇）庚子科會元，殿試狀元，授翰林院修撰。後任雲南學政。著有《葆冲書屋集》。

[二] 語出《大學》第六章。

[三] 語出《論語·衛靈公》。

[四] 田玉，本名薛田玉，田玉爲榜名。字蔚田，一字鳳翊，一字莘葉，江蘇無錫人，占籍大興。乾隆十七年（一七五二）順天鄉試解元，乾隆十九年（一七五四）進士。官保定府同知。有《問濟軒稿》。

[五] 語出《論語·陽貨》。

[六] 許祖京（一七三二—一八〇五），字依之，浙江德清人。乾隆三十四年（一七六九）進士，授内閣中書，擢侍讀，任《一統志》纂修官。歷官雲南鹽驛道、按察使、廣東布政使。

[七] 語出《論語·子罕》。

先宜人善聽人讀文，有鄰家子方夜讀，宜人曰：『某某此會必售矣。』及與試，果掇芹[一]。家人以請，宜人曰：『其聲疾徐長短，若有節拍者然，故知其必售也。』可見讀得好便做得好，讀與做，不可偏廢也。

作文第一要相題，題中字眼脉絡，斷乎不容略過，『不亦悦乎，不亦樂乎』，集注言之矣。他如『民德歸厚矣』[二]『歸』字，『吾無隱乎爾』[三]『爾』字，『有美玉于斯』[四]『斯』字，『無所禱』『無所争』[五]『所』字，『八佾舞于庭』[六]『庭』字，『三家之堂』[七]『堂』字，又如『瑚璉也』[八]『也』字，不可截斷，將來還有工夫。『韞匵而藏諸』[九]兩『諸』字，一開一合，不可對翻。『今女畫』[一〇]『畫』字，即在曰字上看出。『夫子哂之』[一一]，是哂率爾

[一] 掇芹：考取秀才。
[二] 語出《論語・學而》。
[三] 語出《論語・述而》。
[四] 語出《論語・子罕》。
[五] 語出《論語・八佾》。
[六] 語出《論語・八佾》。
[七] 語出《論語・八佾》。
[八] 語出《論語・公冶長》。
[九] 語出《論語・子罕》。
[一〇] 語出《論語・雍也》。
[一一] 語出《論語・先進》。

而對，不是哂有勇知方，莞爾而笑，是欲戲之，所以先笑。『管仲之器小哉』[一]，器是承受之物，不儉不知禮，是其小處，即是其不能承受處。『女爲君子儒』[二]二句，平不得，蓋以下句鞭辟上句也。『默而識之』[三]章，是通盤打算，故曰何有于我。『若聖與仁』[四]章，是盡力行去，故曰可謂云爾。顔淵喟然一嘆，是在欲從末由時。『善人之道』[五]，迹字室字，是就道字上説。『子路問聞』[六]是挾唯恐有聞意來問。『冉有問聞』，仍是力不足也神情來問。『師冕見』[七]一章，均是從子張眼中看出。『君子學以致其道』[八]，學是太學，對上句肆字。『仲尼日月也』[九]，是言其高，方與上文邱陵對。類而推之，是相題要訣也。

第二要布局。其法取先達名文，編而閲之。如前明之程墨[一〇]，與本朝諸名作，及歷科墨選，看其如何題，作如何布局。或一題一局，或一題數局，或數題一局，融會于心，取

[一] 語出《論語·八佾》。
[二] 語出《論語·雍也》。
[三] 語出《論語·述而》。
[四] 語出《論語·述而》。
[五] 語出《論語·先進》。
[六] 語出《論語·先進》：『子路問：「聞斯行諸？」子曰：「有父兄在，如之何其聞斯行之？」冉有問：「聞斯行諸？」子曰：「聞斯行之。」』
[七] 語出《論語·衛靈公》。
[八] 語出《論語·子張》。
[九] 語出《論語·子張》。
[一〇] 程墨：即程文。

之不竭矣。

第三要命意。近來天人水火，摇筆即至，數見不鮮矣。一字必拆作兩意，當于大士求之。

第四要措詞。其填寫《類林》者，不足語也。博雅之士，一題到手，不顧題理題神，率將《墳》[一]《書》[二]《路史》[三]，及符命三篇[四]，直書滿紙，竟不知題在何處。此大不可。經書而錘煉出之，便覺光芒萬丈，用典太僻，自以爲新奇，而場中往往誤事。余蓋三折肱矣。

看文貴于多，讀文貴乎熟。看得多，則自前明及近科，千變萬化，無美不備，足以增長見識；讀得熟，則自實字至虚字從口吻間流出，無不自然合拍，下筆時亦無不合拍矣。人不讀桑弢甫《斧香集上選》八篇，無怪嗤墨卷爲腐爛文字。

凡作文求入彀者，無論大小試，總要性靈好。

場中文字，不可太短。作短文，須要句句精光迸露，甚不容易。

場中開講數語，寧明毋暗，寧空毋實，寧突毋率，起講煞句，要却好勒在題巔。

場中用虚字，要用得莊重，要用得飛舞。也字、焉字、矣字、乎字、哉字，用來都有

[一]《墳》：三墳，伏羲氏、神農氏、黄帝寫的書，傳説中最古的書籍。

[二]《書》：《尚書》。

[三]《路史》：宋羅泌撰，四十七卷。取材蕪雜，多出于緯書、道書，保存了許多傳説的資料，可供後世寫文章的人參考。

[四]《文選》選録『符命』三篇：司馬相如《封禪文》、揚雄《劇秦美新》、班固《典引》。

精神，便是中品。

長比中要有提筆，有用今夫、間嘗等字提者，有用秃提者，不提則平沓矣。『寬則得衆』[一]四句，題炬云此題能截發，更覺新樣，蓋謂四扇做者多，總做又吃力，故創此論，亦可爲做板重題之一助。

前輩云：『場中文字，不在乎解題之創、立局之新、撰語之奇，祇要氣和音雅，出語豐潤，自然入彀。』

作當行文字，中者十之九；作偏鋒文字，中者十不及一。何必于少處爭勝。

做題承以官樣乾净爲主，不可過于冗長，令人生厭。

文章之制勝者有二：曰氣味冲和，曰筋力彌滿，而怪僻者、艱深者不與焉。

文章有議論者足以動人，有情致者足以動人。

好文字全要會煉：煉密處易，煉疏處難，煉實處易，煉虛處難，煉得通編無懈可擊，所謂顛撲不破之文也。

文章要煉去閑話，語縱新奇典雅，與題無涉，皆閑話也。

初學墨卷，文成後要多删虛字。

文章煉到十分火候而不中者，真命也。蓋有之矣。我未之見也。

文章煉火候，煉得一分，便有一分捉摸；煉到十分，便有十分捉摸。有火候而不中，仍是火候未到。

[一] 語出《論語·堯曰》。

趨風氣之説，名手所不爲也。然做秀才亦不得不爾。前輩云：『歷科風氣不同。然不同者，祇元魁及前列之文耳。中間仍不過一樣。熟讀薛葦塘《墨卷萬選》者，多中在中間。』歷驗其説，頗確。

文章最容易看：豐腴潤澤者，必中之文也；喬皇典麗者，必中之文也；清老高談者，明經之文也；毛草沈晦者，三等之文也。用功人雖自己亦看得出。

筆直立者中，橫卧者不中；氣上揚者中，下垂者不中。此非工夫所能挽回，所謂命也。筆性係乎天分，火候係乎工夫，詞之豐潤在乎讀，氣之静穆在乎養。

典致不豪，精神不振，中者鮮矣。

謝金圃[一]學使(墉)曰：『墨卷要讀順天[二]、三江[三]之文，他總有出奇制勝處，小省祇擇其尤佳者閱之。』

或曰：『吴蘭陔[四]《讀墨一隅》，是一部大搢紳。』然科名乃富貴事，讀吉祥文字，亦可

[一] 謝墉（一七一九—一七九五），字昆城，號金圃，又號東墅，浙江嘉善人。乾隆十七年（一七五二）進士，官至吏部左侍郎。著有《安雅堂詩文集》《四書義》《六書正説》。謝墉于乾隆三十九年（一七七四）、四十八年（一七八三）兩任江蘇學政。

[二] 順天：府名。明永樂元年（一四〇三）改北平府置，建爲北京。十九年定都于此，改稱京師。順天鄉試又稱北闈，參加考試的人數遠超他省。

[三] 三江：此處指江蘇、浙江、江西三省，科舉均較興盛。

[四] 吴懋政（一七一八—一七九三），字維風，號蘭陔，浙江海鹽人。乾隆十七年（一七五二）進士，歷任廣東博羅縣知縣、處州府教授。有《八銘堂詩稿》。

領會金華殿[一]中人語。

昔人云：『梨花院落溶溶月，柳絮池塘淡淡風。』[二] 此真富貴人語。寒士家有此景致否？可見豐腴秀潤是有福澤文字，其堆垛餖飣，自矜典博者，皆寒乞相也。

文字太奇險，不是有福氣人。項水心文，無一句不奇險，終無好收煞，初學當慎之。

章雲李[三]驚才絶艷，開宕心胸，衹是不甚合律。張素存了不异人，衹是俯仰疾徐，自然中節。讀古人文，而中不中之分，可以默識。

二場經文，要與頭場一樣做。但頭場宜守律度，經文則驚奇炫异，無不可矣。

策問能條對，天下鮮有其人也。行險懷挾，一朝失足，玷及終身，斷乎不可。余做秀才時，經學則墨守《稽古日鈔》[四]，不獨備策料，且與頭二場俱有益。頻頻手抄披閱，亦可得其十之六七。史學則取杭大中[五]《道古堂文集》中一藝，并有經學一藝，均足以資稱引。其餘若字學、韵學等類，則取《文獻通考》[六]，挨次手編五六百字，另有新題則構求他書，照樣編好，時時翻閱。場中所忌者，亦不過十之一二。策問到手，我所有者對之，我所無

[一] 金華殿：漢未央宮殿名。《三輔黄圖》卷二：『未央宫有宣室、麒麟、金華、承明、武臺、鈎弋等殿。』

[二] 語出宋代晏殊《寄遠》（或作《寓意》）。

[三] 章金牧，字雲李，號萊山，浙江德清人，康熙四年（一六六五）以拔貢官柏鄉縣知縣，卒于官。有《章雲李稿》。梁章鉅《制義叢話》卷七：『德清章雲李（金牧）之文驚才絶艷，而不爲時輩所推。』

[四] 《稽古日鈔》：清張方湛、王逸虬等輯。

[五] 杭世駿（一六九六—一七七三），字大宗，號堇浦，晚號秦亭老民，浙江仁和人。乾隆元年（一七三六）舉博學鴻詞，授編修，官至御史。有《續禮義疏》《石經考异》《道古堂集》等。

[六] 《文獻通考》：宋元之際馬端臨撰，記載上古至宋寧宗時的典章制度沿革。

者闕之，我有而彼未問者，亦不妨添凑之。房官不暇句句比對也。此亦枵腹人不得已之一策。較行險懷挾，差爲放心耳。不敢藏拙，用以直告。

每篇策做一大帽子，最是可厭。然而無帽子則太短，亦無可如何也。不若將帽子放在後幅，爲總滙推衍之論，如符命做法，花樣便新奇好看。

冰綃帕傳奇

覽岱庵木石老人填詞
春草軒天台山樵評句

冰綃帕記

余鄉任霞舉，名冶雲，不記何代人也。持身若鵠，吐氣如虹，慕李白粲花之論[一]，鄙韓偓[二]香奩之風，慷慨自喜，風雨下帷。時有歌女瑶娘者，出自良家，流爲樂户，耽愁則玉削雙肩，善病則紅消兩頰。笙歌曲部，未翻衍波之詞；風雪揚州，竟效窮途之哭[三]。霞舉憫焉，捐金以助。爾乃一時任俠，過已輒忘，五夜銘恩，惄焉如擣。則有風流都尉，雅集名流，開筵新購纏頭，隔座舊曾識面。爰訴蘭心，竟成絜果。賢主酹之玉釧，嘉客佐以冰綃。詎彼美之憐才，索伊人之題句。曲歌金縷，冷寫冰姿，結訂紅絲，温生鐵骨，雖紫

[一] 五代王仁裕《開元天寶遺事·粲花之論》：『李白有天才俊逸之譽，每與人談論，皆成句讀，如春葩麗藻，粲于齒牙之下，時人號曰李白粲花之論。』

[二] 韓偓，晚唐五代詩人，字致光，號致堯，晚年又號玉山樵人，陝西萬年縣人。其詩多寫艶情，稱爲『香奩體』。

[三] 《晋書·阮籍傳》：『（籍）時率意獨駕，不由徑路，車迹所窮，輒慟哭而返。』

玉之悦韓重[一]，紅拂之識李靖[二]，不過是也。霞舉素耽于情，遂迷厥志，歡然對兩同心，不啻得一知己。詎意狼子之奸，較勝蛾眉之嫉。女也不爽[三]，未獻諛詞；讒人高張[四]，竟煩刑牘。牌擎朱押，風生假虎之威；樓墜緑珠[五]，綃染啼鵑之血。爰居湖上，載議籬間，换以雙珠，迓之百兩。空門寄迹，暫爾栖遲。旅館偕行，劇勞鞅掌。春山紅雨，香生倩女之鞭；曉鏡青螺，黛染才人之筆。無如十上不行，百端交集，珠宫路杳，憔悴經春，紙閣燈昏，呻吟徹夜。紅參有藥，難爇返魄之香；青黏[六]無方，誰采還元之草？杜蘭香[七]逝矣，埋恨人間；桓子野奈何[八]，寄愁天上。霞舉藐焉旅次，黯然魂銷。秋舫[九]懷人，空寫傷心之句；春風及第，不開稱意之花。事閲百年，心如一日。花前對酒，情泪盈觴；月下徵歌，春愁入鬢。人皆莞爾，余竊憐之。爰按紅牙，載成綺曲。招來菊部，訴牢愁于蠻風

[一] 干寶《搜神記》載：吴王夫差小女紫玉，年十八，悦童子韓重，欲嫁而爲父所阻，氣結而死。

[二] 杜光庭《虬髯客傳》載：紅拂姓張，名出塵，爲隋末權相楊素的侍妓。時天下方亂，李靖以布衣謁素，獻策騁辯。楊素姬妾中有一執紅拂者，貌美而矚目靖。其夜靖歸旅舍，出塵奔之，乃與俱適太原。

[三] 女也不爽：語見《詩·衛風·氓》。

[四] 讒人高張：語見《楚辭·卜居》。

[五] 緑珠：西晋石崇愛妾，美而艷，善吹笛，後爲孫秀看中，奪之，石崇不與。孫秀遂誣陷石崇繫獄，緑珠于金谷園墜樓而亡。

[六] 青黏：草藥名，即黄芝。

[七] 杜蘭香：神話傳説中的仙女。

[八] 《世説新語·任誕》：『桓子野每聞清歌，輒唤「奈何」！』桓子野，桓伊，見《弃餘稿·新河道中》注。

[九] 張瑶娘亡後，汪雲任作有悼亡詩《秋舫吟》三十首。

蜑雨之天；化去蕭娘[一]，聚怨魄于鐵撥銅琶之地。始以緣成萬劫，知其身墮九重，終之棒喝一聲，當必耳聾三日。

木石老人自記于緑林野屋

[一] 蕭娘：齊梁時蕭爲門閥大族，蕭娘爲對蕭姓女子的敬稱。後以爲女子的泛稱。

卷上

第一齣　謫玉

（末道服，白鬚，手持紅絲，扮月下老人[一]上）

【蝶戀花】懵懂乾坤，誰覷破憨女痴兒，幻出奇因果。無事偏生尋事做，石中敲出燎原火。緣短緣長難怪我，歡喜冤家，自把紅絲鎖。一縷痴情吹不墮，招魂鐙下歸來些。

自苦蜂蒸蜜，纏身蠶吐絲。天下本無事，庸人自擾之。我月下老人是也。你道我因甚説這幾句話哩，祇爲那南海中有一玉支仙子，超生歷劫，修煉千年，無奈他未能勘破情關，却與那東海上釣鰲公子因愛生痴，因痴成障，竟爲一幅冰綃，惹下五年孽果。空受無窮苦惱，終成不了姻緣。今日是他們會合之期，待他孽果將成，奏聞上帝，照數施行。道猶未了，你看玉支仙早上場也。

（下，旦道裝水田衣，持拂塵上）

【黃鐘·畫眉序】步斗御天風，水佩泠泠曳太空。喜逍遥域外，散誕荒中，

[一] 月下老人：傳説中掌管婚姻之神。典出唐李復言《續玄怪録·定婚店》。略謂：杜陵韋固元和二年（八五）旅次遇一老人倚布囊，坐于階上，向月撿書。固問所尋何書，答曰：『天下之婚牘耳。』又問囊中何物，答曰：『赤繩子耳。以繫夫妻之足，及其生，則潛用相繫，雖讎敵之家，貴賤懸隔，天涯從宦，吴楚异鄉，此繩一繫，終不可逭。』後因以月下老人爲媒人的代稱。

弄雙纖，烏兔丸跳；蹙鞋尖，鯨鯢波涌。天長地久無終極，不放心芽萌動。〔集唐〕白露洗空河漢明，天風吹下步虛聲。空山夐寂無來往，人在野花香裏行。我玉支仙子，生于不可知之世，長于無何有之鄉，自玄黄定位，山海分形，就在這沱陵山上，采日月之精華，服烟霞之奇氣，一絲在挂，萬慮皆空，但知天上庚申，不識人間甲子。今日空山獨坐，聽這猿鳥哀吟，海波汩没，頓覺凄惻動人，不免岩間散步，以遣悶懷則個。（行介，眺望介）

【啄木兒】祇見那浩漫漫層波闊，渺茫茫斷靄濛，看不盡波杪珊瑚映日紅。遥指着煮元洲赤焰燒山，又還見浴咸池碧漢磨銅。憑着這芙蓉一瓣望洋聳，任爾蛟龍千古驚濤汹。呀，你看東方一帶，雷雨齊來，風波大作，是何緣故？敢祇有帝子扶桑曉挂弓。（暫下）

（内出兩大鰲，繞場跳舞）（雜扮雲雹風雨各神，引生金冠、錦襖、彩褲、朱履，持釣竿上）

【賞宫花】劃破鴻濛，挺青虬，挂彩虹，一竿摩日月，大荒東，撒餌寒芒飛蜃市，垂綸駭浪撼蛟宫。

我釣鰲公子是也！呼盤古爲兄，挈太虛爲友，出入于曶爽暗昧之天，遨游于暝漠荒寒之地，浩浩落落，不知閲幾滄桑。怎奈下界有個列禦寇〔一〕老頭兒，他説我一釣而連六鰲，因此將我釣鰲名子，傳播人間。這也不在話下。今日閑暇無事，不免携着釣竿，向南荒一帶，行樂去者。

【神仗兒】把長竿浪陘雷哄，挂懸鈎雨飛山動。看這碗大滄溟，那彀嬉游播弄。嘯一聲鱠斧横拋，舞一會鬣帆倒鞚。（旦迎上）釣鰲公子從何處來？（生）原來是

〔一〕列禦寇，即列子，戰國時鄭國人，道家學者。唐代天寶元年（七四二）時被尊封爲『冲虛真人』。

玉支仙在此。（揖介。旦）何不請在懸石岩上小坐片時？（生）使得。（合）且小憩，莫匆匆。且小憩，莫匆匆。

（衆神潛下）

【前腔】（旦）喜班荆得親神勇，仰丰裁欣瞻威重。（背介）對着這日角[一]芝眉[二]，不愧丹山[三]靈鳳。釣鰲公子，你看這海上風光，好不豁人心目也。初日上，翦碧成漪，新月照，爛銀堆甕。（生）果然好景，小仙還要向麟鳳洲游戲去，就此拜辭了。（旦留介）且小憩，莫匆匆，且小憩，莫匆匆。

（旦）請問釣鰲公子，你那東海風光，較我南海何如？（生）仙姑問我東海風光麽？

【前腔】尾閭翻，奔流澒洞，沃焦騰，驚潮汹涌，弄紅輪，日出扶桑，更喜有常儀[四]相共。仙姑呵，你指東方朝雨霏微，我息南溟天雲下滃。（望介）説話之間，不覺日已下春了。（合）且小憩，莫匆匆。且小憩，莫匆匆。

（末扮月下老人上）空向人間憐薄命，奈何天不惜多情。（向生旦拱介）二位道友請了。（生旦起介）月下仙翁從何處來？（末）就爲你兩位而來，祇因你二人一念痴情，化作三生怨耦。上帝命我把紅絲繫定，謫向人間。（生頓足）（旦泪介）（末）釣鰲公子，你因生于感，戚匪自貽，將來

[一] 日角：額骨中央部分隆起，形狀如日。相術家認爲是大貴之相。
[二] 芝眉：對人容顏的美稱。
[三] 丹山：産鳳之山名。《吕氏春秋·本味》：『流沙之西，丹山之南，有鳳之丸，沃民所食。』
[四] 常儀：上古黄帝臣。《晉書·律曆志中》：『乃使羲和占日，常儀占月。』此處指月亮。

還另有一番事業，也不枉下界走一遭兒。祇是玉支仙少小仳離，妙齡夭折，生不如心，死猶飲狠，煞是可憐人也。

【絳都春序】情芽一蕻，却做了斷腸人，生和死，憑天撥弄。感郎恩，痴痴一寸心香奉，五年空煮傷離夢，（向生旦繫絲介）把紅絲重重繫踵，看花前雪後，酒邊燈下，驀地相逢。

（内奏樂。雜扮仙童捧旛蓋上）（末）你看仙音嘹喨，羽蓋招摇，吉時已到，你二人就此投生去者。

（生旦灑泪分下）（末）

【尾聲】握手滄溟話正濃，罡風吹墮太匆匆。玉支仙哪玉支仙！但願你露水因緣恩愛永。

（吹打下）

第二齣　玉窟

（旦布衣素妝上）

【南吕・解三醒[一]】説不盡許多愁悶，又新添無限淒清，黄昏門掩秋風冷，祇滿地亂苔青。已自嘆小園人散春無主，那禁得斷竈蛩吟夜有聲。銷魂境，閃得我無依無靠。更何人相顧相親？

[一] 醒：原文如此。據《中國曲學大辭典》等，當作『酲』。

【搗練子】日將殘，晚風寒，窣窣空庭落葉乾，手籠雙袖單。恨千般，愁萬端，貧到開門七件難，剩將珠泪彈。兒家秦玉支，小字瑶娘，海鹽人也。略識之無，頗諳宫羽，幼爲掌上之珠，今作道旁之李。爹爹在日，曾充本縣提公，家下十分熱鬧，座中終日笙歌。那知亡過三年，竟至家徒四壁，母子煢煢，全憑針指糊口。眼下又是深秋時候了。斷竈雲對寒砧月，好不凄凉人呵。

【三仙橋】深院無人闃静，送斜陽天向暝。聽啾啾唧唧，寒蟲催莫影。魆地間，心耿耿，猛想起幼年時，教我一想一泪零。想、想當日那勢熏人，想、想當日那家豪盛，鎮終朝歌聲、笑聲，那曉得不留停，早則冰消雪净，恨拋撇得冷清清。誰想着秦玉支幼時的光景。（嘆介）從前之事，也不必想了。祇是倏届隆冬，家無一有，怎生挨得過去。（泪介）

【前腔】聽着這颼颼西風做冷，更黄葉飄飄成陣。并没個綉芙蓉新裝薄綿，有阿誰還肯過問？豈祇無相過問，更有那舊逋償未了，與新逋厮并。挨着室暗晚無燈，床空夜没衾，更説甚炊烟曉暝，却教我破朝昏，終日裏寒針血迸。想都是饑寒獄前世的冤由。誰惦着秦玉支眼前的艱窘？

哎，想我年已長成，若是爹爹在日，尚可對一好好人家，而今苦到這個光景，將來不知着何歸束？（嘆介）我想人生在世，第一要所遇得人，與爲俗子之妻，甘作文人之妾。或者名題金榜，亦可與有榮施，但不知可能得如我心哩？

【前腔】罷針工，悄然動情，坐窗下，低頭自忖。聞得媽媽生我之時，説是夢見仙女謫向人間的。（笑介）神仙謫降，豈比那凡匹聘。想必畫蛾眉，臨寶鏡，有玉皇香案吏，共敦誓盟。便做生命不猶人，衾裯備小星，也博得侍爐香分鐙并影。縱難得可人卿，拼做十年待等，倘能得花縣的潘安，也不枉我秦玉支終身究竟。

胡思亂想了一會，不覺窗前洞黑，且待月兒上了，回房去睡罷。（老旦匆遽上）

【越調·憶多嬌】我凶耗聞心膽驚，忙裏傷心兩泪零，還祗怕娘兒命不存，及早逃生，及早逃生，知何日纔逢救星。

（旦起介）媽媽何以如此驚慌？（老旦）兒呀！不好了！剛纔有你爹爹舊日相好的官頭，遣人來說，你爹爹侵呑鹽課的事發覺了，明日要來查封家産，還要將我母女監追哩。這便怎好？（旦哭介）

【前腔】恨業障縈，禍横并。爹爹呀！你貽害今朝累子孫。媽媽！你説逃生，却到何處去哩？怕投奔無門、寄此身，况是我生小伶仃，生小伶仃，從没有輕離户庭。

（老旦沉吟介）是呀，我們黄夜逃走，却到何處安身哩？（想介）哦！有了，記得你爹爹在日，説揚州有個王二媽，與他十分相好，不如投他去罷。（旦）媽媽差矣！

【鬥黑麻】他本是烟花籍中有名，若墮落烟花，將兒自坑，何顔面見世人？雖免圜扉，又落風塵。（老旦嘆介）兒啊！到了這個時候，也顧不得許多了。人生有命，你且安心任我行，收拾行囊，收拾行囊，早登去程。

兒呀！你可快快收拾，今夜五更，就要動身，我且雇一輛車來，載了你去。（下）（旦掩泪介）

四壁空空，有何收拾，不如坐到五更走罷。

【前腔】坐守殘更，眼中泪傾，拼死都休，何必逃生！登車去，何處停？做不得《漢廣》春游[一]，到學了多露宵行[二]。我想王二媽豈是可以依靠之人。烟花賤身，何知憐舊盟，祇怕從此天涯，從此天涯，窮途泪零。

命薄如斯何必生？仳離憔悴暗傷情，
五更望望出門去，四海茫茫何處行。

第三齣　雪遇

（生巾服上）

【雙調・步步嬌】裹羊裘驀地新寒俏，歲將闌積悶縈懷抱。（嘆介）文中一世豪，歲歲秋風難辭席帽，幾番待把爛書拋，盼金泥堂上雙親老。

少年走馬氣如虹，閬苑蓬山指顧中。十上不行猶故我，弃繻無路學終童[三]。小生任治雲，表

[一]《漢廣》：《詩・周南》篇名，詩中有『漢有游女，不可求思』句。

[二]多露：《詩・召南・行露》：『厭浥行露，豈不夙夜，謂行多露。』

[三]《漢書・終軍傳》：『初，軍從濟南當詣博士，步入關，關吏予軍繻。軍問：「以此何爲？」吏曰：「爲復傳，還當以合符。」軍曰：「大丈夫西游，終不復傳還。」弃繻而去。軍爲謁者，使行郡國，建節東出關，關吏識之，曰：「此使者乃前弃繻生也。」』終軍，字子雲，西漢濟南人。前一一三年，奉命出使南越，説南越王入朝，後因越丞相吕嘉興兵叛漢被殺，死時年僅二十餘，人稱爲『終童』。

字霞舉，舊住琉璃泉側，新居芍藥橋邊；叨列黌宮，未登蕊榜。徒然俠氣自豪，竟致壯懷莫騁。龐德公[一]之操于忽，憫此勞生；桓子野之喚奈何，願因情死。前日家君新授松江學博，與母親一同赴任去了；留小生夫婦在家，寒燈佐讀，琴瑟頗諧，祇是歲催短景，雪阻長空，這時候好難消受也。

【醉扶歸】算春花秋月何時了，祇少年場似織梭般容易拋，纔覺得鬢裊博爐[二]青又早，自[三]頭嘆窮經皓，魯詩[四]周頌[五]悶無聊，望天街短景催人老。

（望介）呀！朔吹森寒，彤雲密布，好是要下雪的光景了！

【皂羅袍】更比那秋風毷氉，聽籬邊觱栗萬竅哀號，雄關未擁馬猶驕，疏林盡禿山應老，看他沉陰向暝，葉鳴樹梢，凌寒將夕，鴻啼斷濠，糝長空，應見有銀龍攪。

你看果然一陣陣的雪下來了。

[一] 龐德公，漢末襄陽人，隱居峴山，多次拒絕荊州刺史劉表延請。龐德公作有《于忽操》詩，今傳者爲宋代王令所托。

[二] 博爐：即博山爐，古香爐名。因爐蓋上的造型似傳聞中的海中名山博山而得名。一說像華山，因秦昭王與天神博于是，故名。後作爲名貴香爐的代稱。

[三] 自：原文如此。

[四] 魯詩：即魯頌，《詩》『三頌』之一。共四篇。周成王封周公、伯禽于魯，周公有大功德于王室，故雖爲諸侯國亦得有頌。

[五] 周頌：《詩》『三頌』之一。共三十一篇，爲西周宗廟祭祀樂章。

【錦衣香】似報衙蜂競鬧，似辭條飛絮攪。霎時堆滿庭除，寒光皓皓，春吞食葉蟹迎潮。因風弄響，亂卷横飄，寒起粟玉樓柱倒，眩生花銀海波摇，春到梅開了！（丑白鬚抱頭跳上）好大雪！好大雪！老漢冷江楓，籍隸淮安，客游邗上，今早出門遇見大雪。（望介）這是任霞舉家了。且到他家躲避躲避。（敲門介）（生）是那個？（丑）是老漢。（生開門介）呀！原來是冷兄；何以冒雪而來？（丑）霞舉兄，你想我已是姓冷，偏又遇着這樣大雪，真是没一點熱的了！特來打你個酒把市。（生）這個容易。（丑）還必得一斤羊肉纔好。（生笑介）這也容易，請進去坐。（携手入介）飛瓊踐約好，准備紅爐煮酒，翠釜炰羔。

（暫下）（雜扮車夫，推老旦、旦，包頭帕上）。

【好姐姐】走揚州山遥也路遥，行兩月今朝纔到，摸不着二媽門道，滿城胡亂跑，雪又大了！腹中飢餓如何好，脚下淋漓怕跌交。

（雜駐車介）媽媽、姐兒，你們請下來。（老旦）做甚麽？（雜）今日到了揚州，你們將銀子找了我去罷。（老旦）原説是到了王二媽家，纔將銀子找清。（雜）這纔是奇談哩！若是今年找不着，就過了年找銀不成？你二位就請下來，我是不推的了！（扯二旦下，旦掩泪，老旦與雜争鬧介）（生丑同上，丑笑介）今日打攪霞舉兄，不覺醉了。趁此酒力，我便冒雪而回罷。（聽介）如許大雪，門外何人在此喧嚷？我們出去看看。（開門向雜問介）你們因甚這般争鬧？（雜）相公，我告訴你，他母女是海鹽人，雇了我車來此探親，從九月底動身，一路上風哩！雨哩！這姐兒病哩！（生視旦。旦窺生，解頭上帕拂衣介）（生）哎喲！這怕上盡是冰了！（雜推生介）相公，你聽我説，就足足的耽擱了兩個多月，纔到揚州，今早推到此刻，也不見那個王二媽家住在何處。你説我急也不急？（生）途中風雨，與客人何干？就是害病，也非得已。若尋不着那王二媽，慢慢的問就是了。何必如此大驚小怪。（丑諢介）（雜頓足介）這真真委屈死人，你可知我自朝至此，粒米還未下肚麽？（老旦）誰有米下肚來？（旦掩泪介）（生）這也容易，我出個小手，買些東西與你們充飢就是了。（雜）相公，你還不知道，他來時允我車價銀十兩，當交四兩，下欠六兩，到揚州找清。如此大雪，王二媽又找不着，我這銀子向何處去討？（諢哭介。老旦、旦皆哭介）（生躊躇介）這却也難怪，看他母女光景，那裏還有銀子找他？（想介）哦，有了！我前日在梅花書院，領得兩月膏火，何不替他母女給發了。然後再問王二媽住處，送他前去。（向雜介）你且在此略等片時，我進去就來。（生下。丑與諢介。生旋上，向雜介）來來來！這是六兩銀子，拿了去。（雜接銀介）相公，你揚州恒生銀子，我是不要。（生）胡説！這是運庫關紋。（雜作謝，推車急走下）（旦扯老旦介）媽媽，車又去了，我們怎樣好哩！（丑笑介）不妨。媽媽，我且問你，那王二媽可是魏老爺府中家妓麽？（老旦）正是。（丑）這便離此不遠，等老漢送你母女去。（旦復包帕。生袖出錢付老旦介）且慢，你母女今日尚未進餐，拿去買些點心吃了。好尋親去。冷兄，祇是又勞動你了。（丑）這個何妨。（生）耐冷且須吟白雪，贈貧何肯惜黃金。（下）（老旦向丑介）老爹，多多得罪了。（扶旦行介）兒呀，難得這相公一片心，不然今日怎得開交哩。

【雙蝴蝶】他好似黃衫客[一]，俠氣豪。一味價憫窮途，那吝金錯刀[二]，比雪中送炭更高。也不是舊相知，瓊瑶投報；也不爲戀温柔，花錢費抄。兒呀，且和你祝長生、日把瓣香燒。

（丑）媽媽，那王二媽家就在這浣紅橋東首便是；你可與姐兒向館中吃些酒飯去。（老旦）甚

[一] 黃衫客：唐代蔣防《霍小玉傳》中的俠客，挾持李益和霍小玉相見的豪士，因穿黃衫，故名。

[二] 金錯刀：古代錢幣名。王莽攝政時鑄造，以黃金錯鏤其文。也稱錯刀

好。老爹你也同去飲一杯兒。（老旦丑先下，旦吊場[一]介）這位相公好不多情也。

【香柳娘】嘆鄉園路遥，嘆鄉園路遥，索逋争吵，窮途怕惹傍觀笑。他人非故交，他家非富豪；他憐我凍雪滿身飄，他憐我飢雷滿腸攪，竟捐金解囊，竟捐金解囊，我偷睛暗瞧，他真個是龍姿日表。

（内）瑶娘，你進來坐罷。爲何痴痴的立在雪裏？（旦）來了。

【尾聲】今朝委是心傾倒，一寸柔腸一寸膠。唉！自古説：易求無價寶，難得有情郎。可知我不斷的香魂爲你消。

（内）瑶娘，快來！（旦）來了，來了。

第四齣 逼妝

（净扮老妓，亂塗脂粉艷妝上）

【商調·折梧桐】歲月催人，瞥眼髫齡過。粉剩香殘，閑煞風流我。染鬢調脂，一樣新梳裹。輕薄兒郎，人人笑我喬裝做。

博山偎暖枕函香，早起梳頭試曉妝。一段風情消不得，昨宵猶夢少年場。我王二媽是也。籍隸烟花，性耽風月，十三樓畔，走馬登高，廿四橋邊，艤舟修禊。梢頭豆蔻，春風幾度勾人；堤

[一] 吊場：一齣戲中，當劇情告一段落，其他角色已下場，祇留一二角色仍在場上，稱爲『吊場』，意謂吊住場子，不使中斷。

上楊花，河滿一聲送客。那知枕上歡娛，轉瞬門前冷落。現在魏老爺府上充了個女檔子班[一]頭，終日教歌教舞，也省得謀食謀衣；前日大雪中，有海鹽秦提公家母女遠來投奔。（笑介）你想我，這衏衏人家，祇博新歡，誰憐舊好，却因是任相公叫冷老爹送來的，他與魏老爺八拜之交，祇得暫且留下，喜的他女兒生得十分齊整，兼又能歌善舞，若肯上了這個道兒，便是我一樁大大財源了。不免請他母女出來，將言語打動他，看意向何如。（向內介）秦大媽，請出來閑話。（老旦上，旦隨上）

【水紅花】匆匆的似栖禽忽離了舊窠，（旦）看了這借栖枝，似妥終非妥，祇對這小紅壚，終日教笙歌，敢祇怕失時人孽冤難躲。（相見介）（老旦）二媽萬福。（净）不敢，大媽有禮。（向旦介）瑤娘過來拜謝你二媽收留養育之恩。（旦拜跪介，净扯介）哎呀！我的乖乖兒子，地下腌臢，常禮罷。（分坐介，净向旦）我乖乖，你也坐了。（旦旁坐介）兒子，你今年多大了？（老旦代答介）二媽，今年十六歲了。（净）當日他爹爹在這里，常說，他大小曲足有百十套，這是最難得的了。（旦羞介）（净）我乖乖，會唱曲纔會賺錢，如何反害起羞來？看出落得纖腰裊娜，便春風十里，總不如他，包的賺錢多也囉。

（向老旦介）大媽，你這姐兒是個熟手，又生得這樣標緻，何不教他同我家的丫頭，打夥兒做個門頭，也好賺錢養你。（老旦）這便狠好了。（旦）二媽容稟：孩兒幼讀詩書，長嫻姆訓，好人家兒女，怎做得這沒廉耻的勾當來。（泪介）

【越調・小桃紅】我是没爺兒，感受母恩多，料三餐難空過，也算祇有寒

[一] 檔子班：女藝人組成的戲班。檔子，指女藝人。

刀冷尺，把口腹消磨；清白人，怎肯向迷津墮。二媽呵！你看我瘦僂科，難蹲坐，愁兀辣，怕廝羅，便任做門頭貨，也誰把千金買這不笑的嬌娥。（拜介）望你網開三面，免兒家侑酒徵歌。

（净惱介）姐兒，你這個説法，我就不疼你了。我等人家八張口，全靠兩片皮，你不侑酒徵歌，你媽媽吃甚麽？穿甚麽來？（旦掩泪介）二媽呵！

【下山虎】這是自投孽網，勾引寃魔，敢怪你下工夫相揉挫，鬭將來兔遭犬獲，飛不去鴻離魚羅。（哭介）忍不住椎心悔，涕泪滂沱。（净冷笑介）哭也無用。（旦）祇若是笑買揚州瘦馬[一]䭾，備小星[二]還猶可。（净）還是將來的事，眼前等不得。（旦頓足哭介）怎偏要懷抱琵琶唱衍波。（指老旦頓足介）是你坑埋我，硬走入蜂窩蝶窩。（大哭介）我拼着一點貞心死不磨。

（老旦怒介）小賤人！你二媽一片好心，勸你賺錢養我，倒惹出你叨叨絮絮無限話來，我就活活打死你，看是做也不做！（打介，净勸介）大媽你莫打他，他是個伶俐孩子，且讓他細細的想來，可是逃得脱的麽？（旦泪介）

【五韵美】恨一個孤凄我，猛可的禍臨頭無從躲，想着這連環債，便觀音曾墮。（哭向老旦、净拜介）待做羞人難做，怎生般瑣骨袞窩。（净）兒子，你這話還説得

[一] 瘦馬：買來養育以待再販賣的童女、雛妓。
[二] 小星：《詩・召南・小星序》：『小星，惠及下也。夫人無妒忌之行，惠及賤妾。』後因以『小星』爲妾的代稱。

是，我替你媽媽說：衹唱歌，不接客罷。你可情願？（旦）情願了。避凶鋒，圖計較，慢延俄，但今朝暫脱鞭笞，且函胡莫教覷破。

（净）兒子，你是真個情願的？（旦）情願的。（净）這纔是呀！乖乖，你看頭也打蓬了，衣服也扯破了。等我來替你從新梳裹，更換衣裳。你乖乖的温習舊曲。過了年，魏老爺請客，就要演唱的，你還討得大大賞哩。（代旦梳頭換衣介，旦一面掩泪介）

【黑麻令】嘆生來愁魔病魔，悔當初學甚麽長歌短歌，算難捱百折千磨，也衹好舞當筵金縷婆娑。（净取鮮衣示旦介）兒子，你看這衣服可好？（旦）任便你有紅羅翠羅，怎比儉梳妝裙花淡拖。（穿衣掩泪介）禿襟小袖婀那，這妝扮教人奈何。

（净向内）丫頭們，可同瑤娘姐同心演習詞曲，莫放生疏了！（内應介）（旦）

【尾聲】想前身冤孽可如何，恨煞衹命犯桃花難擺脱，怎得那俏郎君，再肯發慈悲救我。

（掩泪下）（老旦向净笑介）二媽，虧你這一逼，纔上了道兒。（净）便是。這丫頭却也古怪，我們小時聽説教接客，就歡喜不了，他偏偏如此刁難，豈不是自己討打。（老旦笑介）二媽，你小時喜歡接客，而今還想不想？（净作醜態介）怎麽不想，衹苦的人不肯來呀。大媽，我們今夜把被兒烘得香噴噴的，睡在一床，也免得孤眠凄冷，你説可好麽？（老旦）好極好極。（携手諢下）

第五齣　題綃

（外金抹額團花包金帶長鬚，雜扮院子隨上）

【仙吕·雙玉供】逍遥人外，藉笙歌把無聊悶排，散飛香揹展紅裙，寫新聲敲斷金釵。嘆封侯難待，怎及得林泉歡快，弓衣手版盡拋開，養素何妨老不才。

〔集唐〕煉汞燒丹四十年，上元高會讓群仙。而今不作飛昇想，閑倚蒲團向日眠。我魏信陵，號遁齋，江都人也。本由武舉出身，曾任外洋參府，一官淹滯，十年不遷，因此絶志功名，娱情聲妓，紅牙菊部，人呼曲子相公[一]：錦瑟梨園，自號風流都尉。昨日王二媽來説，新到了一個檔子，名唤瑶娘，生得技色雙絶，恰好梅花盛開，已分付將我那結拜的兄弟任霞舉請來，煮酒聽歌，以消清晝。院子，那檔子們可曾伺候齊備。（雜）齊備多時。（外）任爺到來，就請在梅花亭上坐罷。（雜）是。（外暫下，生上）

【八聲甘州】詩魔酒債，似天憐騷客，巧與安排。正遣愁無奈，過燒燈有些寒在，却聞倩女燈前聚，又報梅花雪後開，樂得對知交，暢飲抒懷。

（丑上，遇介）霞舉兄何往？（生）小弟連日被興化谷小橋、皖桐阮對山拉去游湖，碌碌應酬，困于酒食，正想一清净去處，消遣片時。恰好遁齋兄遣人來説，梅花盛開，請去聽歌飲酒。（丑笑介）這是最有趣的了。老漢多日不到他家，何妨同去走走。（到門介）（院）任爺來了，冷老爹也同來了。家爺在梅亭專侯，就請進去罷。（入介。外出迎介。生揖介）哥哥拜揖。（外）賢弟少禮。（見丑，笑介）冷兄是不速之客了。（生、丑）又來叨擾，祇是不當。（外）今日賞梅聽曲，正好開懷，不但請教雅量，還要請教佳章。（生）又要獻醜了。（外）好説，院子，可唤那女孩子們過來。（院

[一] 孫光憲《北夢瑣言》卷六：『晋相和凝，少年時好爲曲子詞，布于汴洛。洎入相，專托人收拾，焚毁不暇。然相國厚重有德，終爲艷詞玷之。契丹入夷門，號爲「曲子相公」。』

應，向内喚介。旦、小旦、貼旦上）舞低楊柳樓頭月，歌罷桃花扇底風。[一]（入見介）老爺在上，婢子們叩頭。（外）見過任爺。（衆旦行禮介。旦）呀！相公與冷老爹，也在這裏。（生）月餘不見，越發齊整了。（外指旦介）他是新到的，你二位如何您[二]般相熟？（生）哥哥有所不知，客冬大雪中，門外吵嚷，出去看時，見他母女滿身泥濘，與推車的争吵。（外）却是爲何？（生）因這車從海鹽雇來，欠下六兩銀子未交，又找不着王二媽家，小弟憐其窮途無措，代還了車價，就煩冷兄送到王二媽家去，因此這女子還認得。（外）賢弟此事可稱豪舉，少時當浮一大白。（生）小弟還有疑團。哥哥，你看這女子愁黛難描，泪容可掬，不像慣走江湖的，却怎生又認識王二媽？大小曲又怎生學得您[三]快？這却委實難解。（旦）相公如此垂問，婢子不得不直告了。（泪介）老爺、相公聽禀！

【金字令】椿庭早喪，累下官司債，依栖舊好，來到揚州界，母女煢煢，有誰偢睬？想那日呵，正自難分難解，那知天上有恩星，忽的掉將下來。相公呵，蒙你分潤到枯荄，捐金活病骸，想起傷懷。（拭泪介）雙泪頻揩，那知道鈍根的人兒，又遭陷害。

（外）瑶娘，你既是好人家女兒，怎生會得歌唱哩？（旦泪介）老爺聽禀。

【夜雨打梧桐】是當日鍾憐誤，作事乖，鎮日裏聚裙釵，教追陪，要我歌喉相賽，學做遲聲低唱，柱促弦哀，歡娱未盡也呆打孩，早欠下觀音瑣骨連環

[一] 語出宋晏幾道《鷓鴣天》『彩袖殷勤捧玉鍾』，原作『舞低楊柳樓心月，歌盡桃花扇影風』。歷代文人多有引用，此處所引文字與《浣紗記》第七齣、《金瓶梅》第五十八回同。

[二] 您：原文如此。

[三] 您：原文如此。

債。（哭介）將奴活害，好難捱，那鞭撻膚流血，呼號泪滿腮。

（生泪介）説來好不可憐人也。（外）哎呀！賢弟，如何掉下泪來？（笑介）瑶娘過來，任相公好端端的，被你説得泪流滿面。今日花間雅集，豈不掃興，你快快唱一套好曲兒，與他排遣排遣。（旦）是。婢子一時情不自禁，知罪了。（外）院子擺酒。（雜擺酒，各坐飲介）（外）你們都坐下來，吹的吹，唱的唱，大家熱鬧一回。（二旦各坐，用鼓板笛。笑介）衹少個彈弦子的。（丑）老漢頗善琵琶，來湊一個脚色罷。（旦持扇繞場唱介）齊梁詞賦，陳隋花柳，日日芳情迤逗，青衫偎倚，今番小杜揚州。尋思描黛，指點吹簫，從此春入手。秀才渴病急須救，偏是斜陽遲下樓，剛飲得一杯酒。

（外）果然歌得好。（指旦向生笑介）

【金字令】你聽他唱喉輕轉，似風雨雜香來。衹那纖牙微露，倦眼慵抬，便千金何處買？况香裹梅花，横生姿態。誰似他堪憐堪愛，恰可人懷，娉娉裊裊，忒您[一]乖。與你兩無猜，陪他泪也該。（丑笑介）霞舉兄！你聽他唱秀才渴病的話麽？勸你快盡金杯，早赴陽臺[二]，和他被中將連理栽。

（生）兩兄休得取笑。（外）瑶娘，你再唱一曲來，我重重有賞，還勸這任相公和你一同回去哩。

（旦）婢子唱一個即景的曲兒罷。

【玉包肚】孤山曾種，遠移來寒香幾叢，映疏楊點綴南枝，伴騷人瀟灑東

[一] 您：原文如此。

[二] 陽臺：戰國楚宋玉《高唐賦》序：『昔者先王嘗游高唐，怠而晝寢，夢見一婦人，曰：「妾巫山之女也，爲高唐之客，聞君游高唐，願薦枕席。」王因幸之。去而辭曰：「妾在巫山之陽，高丘之岨，旦爲朝雲，暮爲行雨，朝朝暮暮，陽臺之下。」』後遂以『陽臺』指男女歡會之所。

風，羅浮空向夢兒逢，怎如你紅白花開烟雨中。

（外）果然更好，即景成歌，人花并咏。院子可將那白玉條脱一雙，付與瑶娘，以代纏頭之費。（雜取付旦，旦謝介）（生）小生也携有冰綃香帕一方，以致繾綣。（旦謝，取帕看介）如此纖細白潔，任相公何不題詩一首，付婢子什襲藏之。（外）好，適間本欲請教佳章，何不也咏花咏人，雙管齊下，將來紙貴洛陽，庶不虚今日之舉。（生）祇是筆墨久荒，不堪清賞。（丑取筆硯，旦磨墨，生拈筆想介）也罷，填一闋賀新郎罷，這還是我的熟調兒。（念介）巧舌玲瓏轉，記前時，單車風雪，曾窺半面。（屈指計介）雪裏至今恰好一月了。不睹冰姿剛一月，分外添些嬌倩，對尊前舞裙歌扇，官閣梅花香雪裏，度新聲幾曲屏山展，頻覷我，泪珠濺。（外取閲介）好極！又旖旎，又情雄，句句似姜白石[一]。（生復寫介）佳人自古歡情欠，况茕茕飄零异地，有誰憐戀？（外讀，笑介）賢弟情見乎詞矣。（生笑介）還有幾句得意的，寫來呈教。（一面寫一面讀介）便是前生修得到，幽怨濃歡相半，算到底少歡多怨，歌罷酒闌人散後，（想）參横月落重門掩。（拍旦肩介）瑶娘！瑶娘！祇好是，夢中見。（旦取帕謝介）（外）賢弟如此多情，何不就將瑶娘梳櫳了，也是一段佳話。（旦靦腆介）（生）哥哥，小弟寒士，那能措得多金。（外）這個所需無幾，愚兄代辦了就是。院子過來，你可分付王二媽，叫他收拾乾净床帳，候任爺與瑶娘梳櫳，不准多要喜錢。（雜應下。丑挽二旦）我們没想頭，不如先回去罷。（諢下）（外起與生揖介）羅浮又見趙師雄[二]，（生）翠羽嚶鳴小夢通。（旦）從此

[一] 姜夔，南宋詞人。字堯章，號白石道人，饒州鄱陽人。終生未仕。精通音律，作詞注重格律，音節諧美。有《白石道人詩集》《白石道人歌曲》。

[二] 羅浮：山名。在廣東省東江北岸。晉葛洪曾在此山修道，道教稱爲『第七洞天』。柳宗元《龍城録》載隋代趙師雄在此夢遇梅花仙女。

梅花是盟主，（外笑拍生肩介）夜來香雪亂飛紅。（大笑下。生携旦手笑介）瑤娘，我扶你回去罷。（旦）任郎請。（同唱介）

【夜雨打梧桐】雙携手，同下階，細語倚香腮，兩情諧，種下生生恩愛。誰想那日雪中相見，今夕花下重偕。但願得同心膠漆終不改，鎮常是香温玉軟春如海，一納頭無灾無害。（生先下，旦回身掩泪介）祇是我運多乖，怕妾命冰綃薄，郎情玉釧摧。

（生復上，携旦手行介）瑤娘，來喲！（旦）任郎請。（抱肩同下）

第六齣　勸試

（老旦上）可笑我這女兒，去年被我狠打了一頓，他祇是情願唱歌，不肯接客。那知第一次到魏老爺家！使同這任相公回來，足不出户，同住了三個多月，虧是魏府按月送錢送米，衣食豐腴，全家受用。昨晚任相公分付，三賢祠芍藥盛開，叫多買些來，連根的種在階前，折枝的用竹筒插在壁上，其餘大瓶小盎，須要處處插滿，與瑤娘煮茗看花。哄！老身與王二媽帶領插花的先生，足足忙了一早上，今已布排停當，想任相公也好出房了。（向内望，拍手笑介）看他二人交扣丁香，并窺鸞鏡，世間也少有這親熱様兒。（内嗽介）哎呀！想就要出來了。（向内介）丫頭們，快些泡開龍井，相公們就要用茶了。（内應介。笑介）正是：宛轉隨嬌女，殷勤做老娘。（下）（生旦艷妝携手上）

【大石・東風第一枝】緣訂三生，恩深一夜，終朝歡坐蘭房。喁喁訴説衷情，匆匆辜負春光。落花滿地，敞輕紗新緑圍墻，願此生終老温柔，何須晝錦題坊。

【減字木蘭花】（生）良宵太短，（旦）痴抱鴛衾酣又軟。（生）睡眼模糊，（旦）笑倩檀郎靠枕扶。（生）梳妝纔罷。（旦）窗外三竿紅日下。（生）代畫眉彎，（旦）鏡裏春生兩點山。（生）瑶娘，我與你三月流連，十分美滿，而今不覺已是初夏時候了。昨晚分付他們買了許多芍藥，遍插庭階，和你煮茗看花，藉消長晝。你看嫩扶翠葉，香綴丹葩，不同帝女之清寒，何减鼠姑[二]之富貴，此花當與瑶娘并擅歡場也。（丑送茶上，諢介）（生）

【念奴嬌序】春風十里，算揚州佳麗，誰堪領袖群芳？一段濃香天付與，端的絶世無雙。摇漾，乍裹宫衣，半拖舞袖，紅酣帶露巧相向。惟願似婪春未老，并擅歡場。

（旦）任郎以此花比妾，未免擬不于倫了。

【前腔】蒙獎，沈吟半晌，嘆愁容病骨，怎如他富貴堂皇。金帶圍腰，却好供仙客玉堂清。（掩泪介）還想，怕開到將離，春闌花謝，紅顔難久侍君傍。

（生代拭泪介）賞花樂事，豈可傷心？惟願取年年歲歲，影并形雙。

（旦泪介）妾有寸衷，欲言久矣，因雅興甚濃，未便啓齒。今日觸景傷懷，竊願略陳顛末。（生）瑶娘有何見教，但説何妨。（旦嘆介）任郎，你説如此恩情，可是能長久的麽？（生）哎喲！我還没有想起。（旦持生袖泪介）我痴痴一心，祇要終身廝守着你，但不知大娘子可能容得麽？（生）瑶娘放心，你果有此心，荆妻是極賢淑的。

[二] 鼠姑：牡丹的别名。

【前腔】非謊，我見猶憐，屋烏推愛，斷無釁起閨房。況是瑶娘如此温柔宛轉。專寵惜，應是一身承當。（摟旦笑介）遥想品字春温，雲芽夜嬲，大和小睦共檀郎[一]，包管你無嫌無隙，地久天長。

（旦）任郎，大娘子既如此賢淑，郎如不弃，敢望一言，矢以終身，妾雖萬死不辭。（生嘆介）荆妻天性賢淑，斷可相容。衹是家有嚴君，不能自主，這却奈何？（掩泪介。旦）這個不妨，任郎但要你奮志讀書，早登仕版，堂上雖嚴，斷無子已成名，尚逐其愛妾之理。

【前腔】須想，子已成名，妾非煽處，更兼大婦許隨行。侍二老，衹要殷勤停當，思量，搔背檐前，梳頭窗下，承歡甘旨不時嘗，也自信怡聲柔色，能奉高堂。

（生）瑶娘果能如此，僕雖不才，自信弋取科名，尚如拾芥。終身之約，願與同之。（旦）蒙郎不弃，敢請對天一拜，以訂心盟。（生拉旦同拜，作旖旎狀介。外上）

【中吕引子・行香子】巷隔垂楊，門掩新篁，看雙雙燕掠泥墻。（望介）茶烟輕颺，花雨飛香，見敞柴扉，由蘚徑，到回廊。

早間霞舉尊人有書到我，説他性好浪游，抛荒制藝，場期在即，要他到栖霞讀書，叫我催他立刻動身。特地尋來。喜的門兒半掩，不免徑入。（見生旦，笑入）賢弟，你二人相處三月，怎又重新拜起堂來？（生旦急起，笑介。生）哥哥從何處來？（旦掇椅介）魏老爺請坐。（外坐介）賢弟，

[一] 檀郎：《晋書・潘岳傳》《世説新語・容止》等載：潘岳美姿容，嘗乘車出洛陽道，路上婦女慕其丰儀，手挽手圍之，擲果盈車。岳小字檀奴，後因以『檀郎』爲婦女對夫婿或所愛慕的男子的美稱。

特爲尋你而來。（生）哥哥有何見教？（外）早間伯父書來，説你留戀烟花，大生嗔怒，教我催你立即動身，到栖霞讀書，以待秋風一戰。（生驚介）這便如何是好？（外）賢弟，有何不好？以足下如此才華，豈可戀着瑶娘，自隳遠到之志。

【中吕正曲·古輪臺】你試思量，東塗西抹少年場。誰不想秋高鳴鹿登金榜，趁年方少壯，腹有文章。更堂上雙親懸望，一夕歡娱，終身壯往，也須將輕重細評商。適間見你二人對天拜跪，自然是約訂終身的了。（生旦相視笑介。外）誓盟非誑，願常做比翼鸞凰。瑶娘呵，你衾裯夙抱，追隨大婦，榮施有兩。你二人呵，從此卜悠長，情歡暢，夜來新惹桂枝香。

（旦）魏老爺説得極是。（顧生介）任郎，須爲兒家走一遭兒。（生嘆介）家君既有嚴命，哥哥又如此諄諭，小弟敢不凛遵，明日起程，可使得麼？（外）賢弟願去，明日何妨？但是要早些動身，愚兄已雇定船隻，在河干候送你，快快收拾書箱。愚兄告辭了。（生揖介）恕不遠送。（外答揖介）正關密愛聯新耦，又爲浮名動别情。（下）（生轉身携旦，泪介）瑶娘，這便如何是好？（旦）任郎，功名大事，豈可因妾自誤前程，倘得從此登科，正可藉圖偕老。（替生拭泪介）

【前腔】任郎，你本是累葉舊書，自古道丹桂留根、紅梅早放。况氣概昂藏，也值得名題金榜，及早梯雲，置身天上，修磨月斧趁槐黄。任郎，想你秋風報捷之日，兩隨一唱，錦衾中心字盟香，瑶琴共理，青燈對伴，公車偕上。（生）呀！説話之間，不覺已是點燈時候了。（合）圓月上西墻，花摇漾。（携手介）好談離緒上牙床。

（旦）任郎，你此去千萬保重。（泪介）餘下我也不説了，免得你又牽腸挂肚，耽誤功夫。

【尚如縷煞】有恨花如妾，無聲月似郎。（合）且和你枕上把離情細講，還祇怕這造孽的更籌不肯長。

（携手同下）

第七齣　勒歌

（副净軍幘裝，布袍，紅邊馬挂，破靴，八字鬚，手拿鼻烟壺上）

【越調引子·杏花天】熊腰虎臂威風逞，逞威風弓强馬勁，看從今直换珊瑚頂，誰似我文通武精。建牙吹角不聞喧，三十登壇衆所尊，家散萬金酬士死，身留一劍答君恩。末將衛伯寶，特授漕標揚州營記名外委是也。盡同倉鼠，難丢到手馬糧；鬧比衙蜂，全仗護身虎補。祇爲要隨營值日，不得不遇事生風，自入伍之後，新結識了兩個朋友，一個嚴位淡，他本消乏商人，銓衙刑部員外，一個賴有光，他是刁惡訟棍，自號刀筆先生，末將與他二人，終日花街柳巷，尋釁弄錢，最爲洽愜。今日無事，想他二人也該來了。（坐吃鼻烟介。净短鬚破紗帽破紅袍扱鞋、丑破氈帽舊衣破靴上）作宦自憐成老大，讀書原不爲功名。（净）下官嚴位淡。（丑）小子賴有光。（相見笑介）我們好幾日未到衛老爺家去，今日無事，何不同去走走？（作行介）（净）賴先生，你這兩日在街上閑闖，可曾見幾個縹緻女人？（丑）那裏有，還是今年四月間，到抄關閑逛，見小任往南京讀書，有一個丫頭同老魏送他動身，生得實在齊整。聞説這丫頭姓秦，是新來的，住在王二媽家，是老魏替小任包下的。（净）原來如此。而今老魏奉旨進京，小任鄉試未回，何不大家去耍耍。（望介）説話之間，已到門了。（敲門介）衛老爺在家麽？（副净開門介）哎呀，二位老夫子一同來了，違教違教。（净、丑）老兄，我們剛纔在路上談起新來了一個姓秦的檔子，生成一表人才，被老魏替小任包下，我們從沒見過。而今老魏奉旨進京，小任鄉試未回，我們何不同去白撞白撞，聽個曲兒，也好開心。（副净）狠好，在那裏住？（丑）就是王二媽家。（副净）何不就此同行。（丑）且慢。我們去聽曲，也要裝點體面，弄個席金去纔好。（副净想介）哦！有了，我前日關餉，還剩得一錢六分銀子在此，何不攜了去。（丑）你拿來交與我。（副净取銀交丑介，丑背介）且拿他一塊，晚上到院大街通泗泉吃茶去。（將銀分藏介）我們就走。

【豹子令】聞説嫦娥長得俊，長得俊，大家前去好開心，好開心，二媽今日交新運，同來一夥大紳衿，須多吃酒，少花銀。

（望介）來此已是。（敲門介）王二媽在家麽？（内應介）病了，不能出來。（丑）開了門，我們有話説。（小旦上）生成水性楊花命，（從門間望介，伸舌介）來了喪門吊客星。（衆亂打門介，小旦開門介。衆）王二媽爲何躲避我們？（小旦）委實病了。（衆）我們聽説你家來了個姓秦的新檔子，又生得好，又唱得好，快快叫他出來。（小旦）有是有的，衹是他而今不見人了。（衆）爲什麽？（小旦）他已許嫁任相公了。（副净怒介）放屁！他現住你家，怎説嫁了小任，他敢不出來，本應是不依的。（小旦）副爺不要生氣，叫他出來就是。（欲下。丑招手介）來！來！來！（取銀包付小旦介）這是衛老爺賞你的席金，就去買酒來。（小旦接銀下，丑又招介）來！來！來！我分付你這酒要買得好，衛老爺他是做官的，要吃紹興酒。嚴大老爺他是富商家，喜吃鎮江百花。我從前與過考的，要吃泰州枯陳，本地木瓜是不要的。（小旦）老爺們還要什麽菜？好一起去買。（丑）菜不必多，衹要斗園劗肉，凌店炟猪頭，帶上幾包瓜子花生，就狠彀了。（小旦拿銀轉身笑介）還不彀，一錢銀子倒要買許多東西。（下）（丑）這丫頭等了半日還不見來，可惡已極。（拍桌叫介）那秦丫頭快些出來！（小旦推旦上，旦不肯前，小旦又推介）我的親娘，這三個人是揚州有名的老虎，你惹他鬧起來，大家晦氣，這是何苦！（小旦取琵琶强付旦手，推至席前介）這就是秦瑶娘。（丑）他是個啞子麽？（小旦笑介）他初來害生，老爺們寬恕罷。（净）衹要唱得好，這還可恕。（衆一面吃酒菜贊好，一面催唱介）瑶娘，快快唱幾支好曲來，與老爺們下酒。（丑笑介）聞得這丫頭痴痴的，衹戀着小任，難道除了小任，我輩中就没嫁得的了麽？（小旦連催旦，旦彈琵琶唱介。小旦暗下）

【仙吕·八聲甘州】悵遠正懷人，忽蛇神牛鬼，到門尋釁。紅牙勒按，村夫强做知音，敲豚不怕經三卯，瞎眼何曾識一丁。（二净贊介）果然好喉嚨，可惜他不會説揚州話，竟聽不清楚。（丑冷笑介）喉嚨是好的，且再往下聽去。（旦）休妄想，枉費心，天鵝不逐鴨兒群，忙餔啜，快出門，一班餓狗舐魚砧。

（丑拍桌罵介）好大膽的臊奴。（二净）賴老夫子如何生氣？（丑）二位，你們不懂曲子，我却是學過的，他説我們是不知音村夫，奚落衛老爺打過屁股，還罵你們瞎眼，一個字也不識。這也罷了，怎麽連我老人家也罵在裏面，説我們是些狗，混吃混飲，還要快快出門，你説還了得麽？（副净撚鬚打罵介）你這個浪蹄子，本應不依你定了。（净）這個臭臊奴，把我嚴大爺實在瞧不起了。（各揉腹介。旦擲琵琶介）不唱又不好，唱又不好，這就難伺候了。正是酒逢知己千杯少，話不投機半句多。（竟下）（衆翻桌椅跳罵。小旦忙上）三位老爺正好吃酒聽曲，怎樣生起氣來？（衆）這秦家丫頭混得罪我們，還了得麽？（小旦賠禮介，衆指内罵介）

【水底魚兒】看你年輕，公然不怕人，胡柴滿口，得罪老爺們。你倚仗小任，須把眼睛睁一睁。（丑）我刀尖略動，難容你暫存，難容你暫存。

（衆指小旦介）丫頭，你很懂事，不與你相干。我們且去，明日替這臭臊奴説話。（出門介。小旦關門介，合掌介）阿彌陀佛！（下）（二净向丑介）賴老夫子，此事着何主意？（丑）告他！（二净）用何注語？（丑）爲公逐流娼，以靖地方事。這是現成的了。（二净）就是我三名麽？（丑）何消説！

（二淨）明日不是告期，如何遮得進去？（丑）你們也實在糊塗了，衛老爺到營裏回一聲，請他大老爺名帖夾了，送到甘泉，地方公事，怕縣裏不收！（二淨）老夫子實在高見，我們就動手去。

誰言恨小非君子，無毒何能算丈夫，
計就月中擒玉兔，謀成日裏捉金烏。

第八齣　秋捷

（生常服帶童子上）

【商調・集賢賓】嘆書生壯懷何日吐，竟牛馬任人呼，終日個埋頭白屋，問何時高步天衢？看諸公衣紫腰金，有誰曾説禮敦書？猛抬頭，問青天，俯仰上下古，我生畢竟何如？還衹怕登庸[一]皆世胄，幾曾望薦剡[二]到寒儒。

小生白下羈栖，已將五月，未得趨覲雙親，又不知此會可能獲雋？聞説初十放榜，今日已是重陽，你看滿城風雨，秋氣逼人，不覺傷往思來，滿心鬱悶。童兒，你可隨我到秦淮河上，買一小舟，隨處閑游去。（童）相公，雨中路滑，怕不好走。（生）胡説！我原要冒雨而行，以遣積悶。

（童取傘隨行介）

【逍遥樂】向長街徐步，待買扁舟，暫寬積緒。早則見擁擠通都，鬧轟轟

[一] 登庸：指科舉考試應考中選。
[二] 薦剡：薦人的文書。引申作推薦。

似蠅狗争趨。誰識得獨醒行吟楚大夫[一]？待問取沙棠泊處，是釣魚巷口，丁字簾前板橋隅。

（净扮舟子上）秦淮河上酒旗飄，佳人今日盡登高。行到河房吹唱處，我曾靠着窗兒慢慢子個摇。相公，坐我的藤棚兒去罷。（生）狠好。（上船行介）

【上京馬】遥望見酒帘摇曳午風餘，鬧盈盈沸耳笙歌，桃葉渡[二]，想必是白水小姑[三]連巷居，挂檐前楊柳蕭疏，可惜隔窗紗偷眼望，人影半模糊。

（四雜旦艷裝坐高處，各用弦笛唱介）

彩雲開，月明如水浸樓臺，原來是風弄竹聲，祇道是金佩響，月移花影，疑是玉人來[四]。意孜孜雙業眼，急攘攘那情懷，倚定門兒待，祇索要呆打孩，青鸞黄犬信音乖。[五]（生）

【梧葉兒】忽聽得檀板兒催新調，原來是《西厢記》按北歈，却憐他宛轉破工夫，猛想起可意的人兒，也問幾回上山歌陟砠，嘆回首隔烟蕪，空擊碎樽

[一] 楚大夫：屈原。《楚辭·漁父》：『屈原曰：「舉世皆濁我獨清，衆人皆醉我獨醒，是以見放。」』

[二] 桃葉渡：渡口名。在今江蘇省南京市秦淮河畔。相傳因晋王獻之在此送其愛妾桃葉而得名。

[三] 《樂府詩集·清商曲辭·吴聲歌曲·青溪小姑曲》：『開門白水，側近橋梁。小姑所居，獨處無郎。』

[四] 月移花影，疑是玉人來：語出《西厢記》第四本第一折。

[五] 此支曲本王實甫《西厢記》第四本第一折『混江龍』，本處所引據李景雲、崔時佩《南西厢記》第二十七齣『臨鏡序』。

前唾壺[一]。

舟子，我不要聽了，你可撑向前去罷。（净）相公，過了下府橋，就没熱閙處了。（生）不妨，你衹管撑了去。

【醋葫蘆】便嬌歌誰耐聽？且移舟幽僻處，坐對着西風冷雨，憶當初何事催人，留不住恨離情，與誰同訴，不知他容顔别後，還是在家無？

（净）相公，已到水西門了，再往何處去？（生望介）雨已小住。童兒，給了他船錢，我們直到莫愁湖上眺望一回去。（作給錢、净争錢、生上岸介）上得岸來，又是一番景象也。

【幺篇】俺衹見圍城挂衰柳，沿堤塞敗蕪，漏斜陽山木氣蕭疏，更聽那怯冷莎蟲相對語，行曲徑，亂蓬堆路，且自向莫愁湖上，取醉買村沽。

來此已是莫愁湖了。童兒，你先回去，我在此略飲三杯，也就來了。（童應下，生行望介）此間一副座頭，正臨湖上，待我進去。（雜扮酒保上）相公，來吃酒的麼？（生）正是！（雜）相公，在我這裏的人人都中，一會得了狀元信兒，是要加給酒錢的哩。（生）這個自然，你快取酒來。（雜應下，復上擺酒介）（生）你看紅樹依山，白茅貼水，莫愁烟雨，果是妙景也。

【金菊香】看了這天然一幅石城的圖，那雨樹晴峰竟總不如，望不盡青山白雲接太虚，真個是風味清娱，更聽那閑鷗浴水，唼喋響蒲菰。

（嘆介）我在這莫愁湖上，還可排遣悶懷，不知瑶娘此際何以爲情也？

[一]《晋書·王敦傳》：『（王敦）每酒後輒咏魏武帝樂府歌曰：「老驥伏櫪，志在千里。烈士暮年，壯心不已。」以如意打唾壺爲節，壺邊盡缺。』

【柳葉兒】想着他冷清清空房日暮，瘦支支病骨清癯，悶懨懨把冰綃舊句頻頻覷，對窗下燈花謝，望雲羅雁影孤，怎把那漏遲遲一秋長夜獨消除。

【浪裏來】況是他意懸懸夢兒被江月阻，苦孜孜心兒被阿母拘，郎心妾意兩躊躇。料應是費沉吟，終日裏把雙眉緊蹙。，冷雨凄風欲暮，想泥金一紙，望得眼兒枯。

（内叫賣《江南鄉試題名録》介，生呆聽介。雜持《題名録》上）正是：十年窗下無人問，一舉成名天下知。相公，今年解元，出了你們揚州府甘泉縣，叫甚麼任治雲。（生）是任治雲？（雜）相公，你認得他麼？（生）是小生。（雜笑介）如此説來，我是頭報了。相公，明日要重重賞的。（童率報子跑上）恭喜相公，高中解元了。（生）怎見得？（童）報子都同來了。（報子叩見介）（生）你們總到寓所去，候我回去開發。（童、報子、雜下。生）

【浪裏來煞】猛可的大壑中縱巨魚，高陸中薦鴻羽，最喜博親歡，許置女司書。從此後把良緣重結締，讓可人兒到白頭，同室居，更不怕翻雲覆雨，好與他梯青攜手，平步上雲衢。

（欲下，雜急上拉生衣介）老爺，你纔允了加給酒錢，怎竟一直走去了。（生摸袖介）哎呵，適間忘了帶錢來，你明日到我寓中去取罷。（雜）老爺，小人明日來，是要大大的封子賞的。（諢下）

第九齣　玉厄

（旦淡妝袖綃帕上）

【仙吕·八聲甘州】新霜乍透，看院宇偏幽，景象增愁。纔過重九，沿階落葉颼颼，殘夜夢回白鷺洲，望遠難登王粲樓，空自盼江干，目斷歸舟。

奴家那日與三個刮棍吵鬧一場，二媽辭了出來，衹得在這左近巷口，賃屋居住，專待任郎回來。那知他一去五月有餘，昨已過了重陽，總不見秋風消息，不知曾否登科？我又無從訪問，痴痴盼望，好不煩心也。

【混江龍】想着他胸羅星斗，向飛雲寺抱膝費研搜，定讀書破萬，高出人頭，須信得芸管花生青瑣夜，還怕不桂輪香護廣寒秋，着鞭應在祖生先，題名豈落孫山後，斷不致形同畫虎，料應他氣可吞牛。

但是果然獲雋，這時怎還没個信兒，叫我左思右想，空費猜疑。媽媽又往王二媽家看病去了，獨坐空庭，好生凄冷，不知任郎此時恰在何處也？

【油葫蘆】我終日懸懸豁兩眸，天盡頭，眼穿不見孝廉舟。空自嘆，開簾人比黄花瘦[一]。鎮日把冰綃一幅籠衫袖，望音書盼不到回鸞字，撥琵琶彈不盡孤雁愁。衹耐着西風冷入羅衣透，他可曾檢點鸘鸘裘？

（出綃帕看介）看他筆法遒媚，詞句清新，如此才華，似斷無不中之理。（笑介）

【天下樂】想他捷足先登最上頭，伴嫦娥天半游，正月將圓，迥臨十二樓，脚踏着白玉梯，手拉着寒簧袖，料必是向秦淮新栽連理藕。

（嘆介）我想江南士子萬有餘人，其中似任郎才具者，正復不少，倘若竟遭擯弃，不知此際却在何處傷心哩？（泪介）

[一] 人比黄花瘦：語出李清照《醉花陰》。

【那吒令】想得意人熱騰騰，龍争虎鬥；他失意人苦支支，風僝雨僽。可憐他客館中孤燈獨守單衾，白葦天旅飯黄昏候，怎生般冷泪偷流。

（四雜扮差役同上）遵奉太爺命，前來檔子家。我們甘泉縣差是也。今日本官發簽，驅逐流娼秦瑶娘。來此已是。夥計們，敲門。（衆敲門介。旦）呀！忽聽敲門，想是我媽媽回來了。

【鵲踏枝】正凝愁，日將收，猛聽得剥啄門除，叩響雙鈎，想必是老娘親無心厮守，趁斜陽便小步歸休。

（衆大敲介）開門！開門！（旦）聽此人聲嘈雜，不像是母親回來，難道任郎高中，報録的來了麼？

【寄生草】一紙泥金到，三年俊又搜，鯉魚風裏戈船驟，鳳凰臺畔歌聲溜，鹿鳴宴[一]上宫花秀。今宵喜報秣陵回，何時再聽瓊林奏？

（衆打門竟入介。旦）呀！你們是何等樣人？到我家來做甚？（雜）我們是甘泉縣差，奉票驅逐流娼秦瑶娘，就是你麼？（旦驚介）哇！我乃廪生任治雲之妾，寄居在此，怎敢説是流娼！

【六幺序】聽説罷，心中怯，那顧得臉上羞，問你是何人？敢妄逞奸謀！

（雜）你看票上明明寫着：『據漕標右營移，據巡街弁目衛伯賓，廪拘前來等因。』與我們何干！

（旦）原來就是這三個狗頭麼？不由人氣滿胸頭，霎時間恨蹙眉頭，忒楞楞不覺的裂綻雙眸，咿也麼嘎，似這般平地生波，把良家婦女相污垢，問你這賢明府，他作

[一] 鹿鳴宴：鄉舉考試後，州縣長官宴請得中舉子。或放榜次日，宴主考、執事人員及新舉人，歌《詩·小雅·鹿鳴》，作魁星舞，故名。

甚來由？（拭泪指衆介）一任這饑鷹餓狗相搏噬。（雜）到你家茶也没有一杯，話也没有一句，倒連本官與我們總罵下來了，好大排場！（旦跌足介）更無人雪中送炭，竟憑他火上澆油。列位官頭，我母親不在家裏，多多有慢。拜煩你們回去稟覆太爺，説秦瑶娘是良家婦女，不是流娼。（雜）我們奉票驅逐，怎肯容留，就隨到官下處去。（旦怒介）誰敢叫我到官下處去？

【後庭花】我身雖一女流，堅貞能自守，不出茱萸幕，深居燕子樓[一]，賦凰求佳期專候。那三個狗頭呵！他凌人轉玉喉，欺儂央舊儔，我移居小巷幽，奈偏羈白下舟，那知道狼心想雪仇，狐威肆傀謀，人聲滿屋稠，捶門四下搜，（泪介）是郎君無端把我丢。

（雜指駡介）這丫頭好一張利嘴。夥計們，就把他拉了去！（衆拉介，旦倒地，滿場亂滚、披髮介）

【柳葉兒】欺負俺形單影瘦，悔祇悔苦教夫壻覓封侯[二]，我愁軀病骨難經受，無人救，任意蹂。（大哭介）我惟有報郎恩，一死都休。

（作撞地噴血介。雜）不好了！鬧出人命來了！快走快走！（急下。生上）小生中後，到松江署中省視回來，今日到家，粗爲料理，特來問慰瑶娘，説他搬在這一家居住。（望介）且喜門兒開着，不免進去。（見旦倒地，驚介）哎呀！是何緣故？（摸看介）不好了！頭碰破了！（場上預將綃帕置旦側。生急取替旦扎介。扶旦坐起介。望介）不好了！玉釧兒也跌斷了！（替旦撫摩介。唤介）瑶娘醒

[一] 燕子樓：樓名。在今江蘇省徐州市。相傳爲唐貞元時尚書張建封之愛妾關盼盼居所。張死後，盼盼念舊不嫁，獨居此樓十餘年。見唐白居易《〈燕子樓〉詩序》。

[二] 王昌齡《閨怨》：『閨中少婦不知愁，春日凝妝上翠樓。忽見陌頭楊柳色，悔教夫壻覓封侯。』

來！瑤娘醒來！（旦徐唱介）

【青歌兒】問郎君，何時與咱、與咱攜手？倒不如自拼一死，一死都休。原祇望月夜花朝共唱酬，那曉得生命不猶，禍起尋仇。（嘆介。生喚介。旦長嘆介）霎時間虎攛狼搜，止不住玉碎花揉。（揉頭介）痛殺我也！不堤防鮮血淋頭，痛得我泪雨交流。（生泪介。旦開眼見生介）呀！任郎，你怎麽回來了？（抱生哭介）你五月淹留，我望斷雙眸，晝夜擔憂，何祇三秋。任郎，你可曾得中麽？（生）小生已中了解元。（旦喜介）你占了龍頭，便穩步瀛洲。任郎扶我起來。（笑介）可是喜也！也不枉苦捐軀、痴心守。

（老旦急上）一心忙似箭，兩脚走如梭。方纔聽説瑤娘被甘泉差頭帶到官下處去了，嚇得我連忙趕走回來。（望介）門兒大開在此。（哭入介）我的兒呀！（看介）瑤娘！你還在屋裏，怎樣頭都碰破了？（見生介）緣何任相公也在這裏？（生）小生得中回來，探看瑤娘。見他暈倒在地，流血滿身，忙將這冰綃帕兒替他包扎好了，却不知是何緣故？（旦嘆介）

【賺煞】我獨坐静關門，剛到黄昏候，忽聽得亂嚷嚷如擒寇讎。原來是那衛副爺們三個賊徒呵！他平地生風，把禍横構，激得我烈心腸拼墜閣投樓。（生）原來如此，瑤娘，你看這冰綃帕兒，都被血污透了。（旦嘆介）已拼將孽命全勾，願血與郎恩不斷流，涔涔到死休。（生泪介。旦）任郎！你何須痛心疾首，祇望把這冰綃權當做絳紗韝。

（老旦）任相公，哎呵，錯了，而今是任老爺了。任老爺，你可把瑤娘扶進去，待我關了門來。

（先下。生扶旦行介。旦）任郎，可將那斷了的玉釧，也帶進去。（生應，拾介。旦嘆介）任郎，恨殺我也！（生泪介）瑶娘，且免愁煩，好生將息，鼠輩伎倆，也不必計較他了。

猜猿嚇鼠本離奇，一點貞心手自持。
熱血濺仇甘九死，肯將節義讓男兒。

（扶旦下）

第十齣　哨海

（净、副净扮洋盗引隊子駕船上）

【中吕宫引・菊花新】紅單千號大洋排，跳浪翻波萬衆來，專伺白艚開，且游弈磨刀相待。

（净）我乃平海大元帥是也！（副）我乃平海副元帥是也！我等嘯聚亡命，率領紅單大料船隻，在這嶺南中路洋面游弈伺劫，大則拒捕戕兵，小則打單抽税，近日軍威遠震，羽黨愈多，不但貨船任我搜求，便是番船也儘俺攫取。（望天，向副介）賢弟，今日風潮大作，不免趁此起碇出洋，一路擄掠去者。（副）得令！（繞場行介）

【馱環著】擁風帆雨蓋，擁風帆雨蓋，浪蹙轟雷，簕竹成盔，薯莨爲鎧，竹扎挑刀利快，洋面横行誰不怕？九龍山蜑家元帥，那更讓孫思[一]、徐海[二]，好趁此長驅域外。英雄聚，米艇排，島戰波驚，萬人喝采。

（雜跪稟介）啓元帥！那零丁洋面，有一隻大艚船來了。（净、副）孩子們，趕緊搶上前去！（内扮客船上，與盗船對敵。盗將客打落下水，衆搬搶貨物。净、副跳舞介）

【前腔】笑艚船襶䙝[三]，笑艚船襶䙝，捨命前來，炮位雷轟，刀頭風快，一霎入船盡壞，率衆搜贜，纔顯我逞威風，殺人如芥。衹一舉公然得采，便百戰何愁虧敗。鼉鳴慘，鸒叫哀，一將功成，伏尸盈海。

（雜）元帥不好了！師船來了！（净、副）怕他做甚？我們就迎上前去！

【添字紅綉鞋】把灰瓶火罐安排，安排，叫戈船快馬齊開，齊開，趁折戕大海，來占蕉門避炮臺。（内官兵上，鳴金鼓合戰介，官兵敗下。净笑介）笑官軍危哉危哉，不敢再前來，不敢再前來。

孩子們！可將船兒揀一個避風洋面灣泊好了，明日再行。（衆應介）

【應餘】滿船殺氣槍長快，衆聚糧多夥伴諧。好讓我、横踞重洋億萬載。

[一] 孫思，當爲『孫恩』。孫恩（？—四〇二年），字靈秀，琅邪郡人，西晋中書令孫秀之後，世奉五斗米道。三九九年起兵反晋，四〇二年敗死，餘衆由孫恩妹夫盧循領導，世稱『孫恩盧循之亂』。

[二] 徐海（？—一五五六），明代徽州人。曾在杭州虎跑寺爲僧，號明山和尚。爲王直部下的大頭目，稱『天差平海大將軍』。屢導倭寇騷擾沿海各地。總督胡宗憲設計誘降，加以圍殲，徐海投水而死。

[三] 襶䙝：愚蠢無能；不懂事。胡文英《吴下方言考·襶䙝》：『襶䙝，不能事而笨也，吴諺呼笨人爲襶䙝。』

（率衆跳舞下）

第十一齣　籬話

（旦常服頭插紅花上）朔風吹寒林，黄葉下茅屋，幽居空谷中，憔悴人如菊。燈昏夜漏長，獨抱鴛衾宿。奴家自那日與任郎商議，避三賊之禍，搬在這小金山下居住。且喜城灣有路，野曠無人，正臨保障湖邊，恰傍玉勾斜畔，你看岩松叠翠，籬菊堆金，雖是老屋蕭條，頗覺山家富貴。今日是我誕辰，任郎必定到來，早間檢點茶具，還剩有龍井雨前，不免掃些落葉，煨著地爐，待他來煮茗清談，也是村居佳話。（作掃葉介。生壽服上）芳草不迎游客舫，青山常對美人家。今日瑶娘誕辰，小生特地到來，與他祝壽，此間已是。（敲門介。旦）是那個？（生）是小生。（旦開門。生入揖介）瑶娘恭喜。（旦答介）任郎萬福。（生看介）瑶娘在此做甚？（旦笑介）掃葉烹茶，待君清話。（生）哎呀，雅極雅極！瑶娘，這兩日頭上血痂已脱盡了麽？（旦）脱盡了。（生作看介，旖旎介。旦推介。丑背琵琶，一手提壺，一手提籃，上）沽來嘉釀消寒晝，鈎得霜螯奉壽筵。（望介）到了。門兒開在這裏，待我進去。（作咳嗽介。生、旦望介）哎呀！冷老爹從何處來？（丑將酒菜并琵琶置案上，笑介）老漢今早在傍花村，摸了幾隻螃蟹，忽然想起今日十月十八日是瑶娘生日。（指生介）就一直跑到他家，打算與他同來這裏。他家霞嫂説，已出門去了。我就央煩霞嫂，將蟹蒸熟了，又沽了一壺酒，背了琵琶，一直到此。（向生笑介）果然你早在這裏。（望介）好！菊花開得尚覺精神。（旦奉茶介。丑吃介）好茶！真個香味俱清。（向生笑介）如此好花，我們何不將桌兒移在階下，對著籬花，持螯把盞，暢叙幽情。（生）狠是。（作移桌向臺口，生、旦并坐，丑看菊花連贊介）古人詩説：『惟願抱香枝上老，不隨黄葉墮秋風。』[一] 這兩句竟可替瑶娘寫照。（旦笑介）冷老爹還會做詩麽？（丑）老漢當時考供事的時候，狠謅幾句，而今没心腸了。哎吆！我倒忘了，瑶娘前日吃了苦了，頭上疤兒已脱了麽？（旦）脱了。（出帕介）你看這帕上血痂都污透了。（生掩泪介。丑摇手介）霞舉兄不必傷心，瑶娘此帕，可與李香君桃花扇同傳千古矣。（旦掩泪介）香君迫于權貴，也還值得，奴家被三個狗頭所窘，竟至九死一生，豈不更爲可恨。（丑笑介）瑶娘，今日是你壽辰，豈可楚囚相對，我們持螯把盞，正好快心，不要提了。（作擺酒菜同飲介）今日花前雅集，不可不點板徵歌，助些清興。霞舉兄，你平日精熟九官[二]，何不填一支小小曲兒，仿照當日題綃，人花并咏，以表瑶娘清節。瑶娘便點訂工尺，歌唱起來，方不負此名花美酒。老漢也謅了幾句盲女詞，回來也要獻醜。（旦取筆硯，生寫，丑、旦同讀，寫成付旦，旦點譜。丑同看，笑贊介）霞舉此曲，可與太白《清平調》并傳了。（旦唱介）

【駐雲飛】短竹籬邊，見數朵黄花瘦可憐。耐冷羞凡艷，病骨支霜倦，偏祇喜伴陶潛。新妝清倩，相對無言。多管是精神欠，獨抱寒香欲暮天。

（生）瑶娘唱得凄惻動人，叫小生實在難爲情了。祇是仔細想來，瑶娘僑寓在此，終非了局。我不日公車北上，將你托付何人？（泪介。旦亦泪介。丑摇手介）不要哭，不要哭，我已在盲女詞中替你們打了主意。（生、旦齊欠身介）冷兄既有主意，何不就請賜教。（丑笑介）你二人如此多情，必須再做一支好曲兒，唱個盡興。老漢也聽個盡興。方纔肯獻出這個主意。（生）瑶娘，冷兄既如此説，我們就動起手來。（旦磨墨。生疾寫付旦，旦一面填譜一面拭泪介。丑諢介。旦住筆介）譜已打

[一] 語出朱淑真《黄花》詩，原文作：『寧可抱香枝上老，不隨黄葉舞秋風。』

[二] 官：原文如此。當作『宫』。

成，冷老爹請同顧誤[一]。（唱介）

【前腔】無語情牽，祇坐對黃花泪共漣。傲骨經霜顫，香冷含，幽怨天，小別動經年。榮枯多變，翠袖生寒，盼不見蕭郎[二]面，獨自扶持獨自憐。

（生、旦各掩泪介。丑拭目介）果然唱得凄慘，連我老人家也要哭了。（生）冷兄，你的盲女詞，快些唱來請教。（丑）讓我吃一碗茶，打掃喉嚨好唱。（旦忙送茶介。丑吃畢和弦介）

【盲女詞】空谷佳人寄若耶，相門才子客京華。新妝帶病人如菊，遠別牽愁泪似麻。難覓藏嬌金作屋，却憐耐冷水爲家。一鞭風雪郎行遠，萬里關山妾夢賒。桑怨多憐鸛垤蜜，官愁更鬧蜂衙奸。口生怕有金垂餌，客去誰將玉辟邪。下渚難求仙解佩[三]，上都堪咏女同車[四]。共聽落月鞭梢響，對指殘陽馬影斜。紅袖最宜司筆硯，緑鬢不怕染風沙。敝裘那藉當壚袒，搔背還憑妙手抓。聯步直窺温室樹，倚肩同看曲江花。鵲鈴夜静堪聯句，鸞帖春閑好試茶。高接

[一]《三國志·吴志·周瑜傳》：『瑜少精意于音樂，雖三爵之後，其有闕誤，瑜必知之，知之必顧，故時人謡曰：「曲有誤，周郎顧。」』

[二]尤袤《全唐詩話·崔郊》載：崔郊之姑有一婢女，後賣給連帥，郊十分思慕她，因贈之以詩曰：『公子王孫逐後塵，緑珠垂泪滴羅巾。侯門一入深如海，從此蕭郎是路人。』後因以『蕭郎』指美好的男子或女子愛戀的男子。

[三]仙解珮：《列仙傳·江妃二女》載，江妃二女在江漢之湄逢鄭交甫，解佩與交甫。交甫趨去數十步，視珮，空懷無珮；顧二女，忽然不見。

[四]《詩·鄭風》有『有女同車』篇。

青雲承柏蔭，濃蒸玉雨綴蘭芽。忍教獨恨朝雲冢，須與同浮海客查。自譜新聲翻絳雪，不煩奇氣鬱青霞。冰綃血泪都湮透，莫使多情枉嘆嗟。

霞舉兄懂了麽？（生）懂是懂了，還要請道其祥。（丑）如今瑤娘又添了這一樁公案，你老人家家例最嚴，未必就許帶了家去。你二人又實在難分難捨，何不挈他同上公車，寓中也好相伴讀書。明年中了進士，受職榮歸，難道老人家還不准進門麽？（旦拍手介）任郎！冷老爹實是妙計。（生躊躇介）妙是極妙，衹怕你媽媽未必肯放。（旦低頭想介）這也難保。（丑）正是，你媽媽那裏去了？（旦）王二媽前日亡過，媽媽與他兩個女兒做伴去了。（丑拍手介）有了有了！霞舉兄，你連日開賀，自然剩有餘資，王二媽已死，他兩個女兒正没去處，何不將銀買來，以兩換一，難道他媽媽還不肯麽？（生笑介）是極是極，我就依計而行。（旦）且住，計是極好，衹是遠涉長途，任郎又未上過京師，再得一人照應纔好。（丑）老漢考取了供事，明年可以到班，不如就伴你二人同去走走，盤費是我自出，霞舉兄不必費心。這可好麽？（旦）好是好極，衹是勞動不當。（丑）好説，瑤娘，我們酒已彀了，你收過臺盞，吃杯茶散罷。（旦奉茶，内作敲門介）瑤娘開門。（丑向旦介）你媽媽也回來了，我們也可去了。（生）酒罷客將散。（丑）歌殘月滿厨。（生、旦向丑謝介）與君一夕話，勝讀十年書。（分頭下）

第十二齣　換玉

（老旦上）

【黄鐘・啄木兒】荒寒地，暫作家，坐對平湖門半斜。近黎明，聽古寺寒鐘，到黄昏，數選樹歸鴉。破窗櫺一枝黄梅亞，破墻頭幾粒秋紅挂，終日短綆呵寒汲水花。

老身搬住在小金山下，又已一月有餘。任老爺雖小有接濟，他究竟是個寒士，從打把式得來，那能像魏府那樣豐盛。柴荒米貴，一家兒如何養得過來，無奈瑤娘他痴守任老爺，誓不陪酒接客，弄得毫無貼補。幾次要和他說話，怎奈任老爺手袖雖單，勢力甚大，祇得權且忍耐，等他北上之後，再作道理。昨日冷老爹來說，任老爺要過來說話，且去燒茶奉候，看他說甚麽來？（暫下。生、丑、小旦、貼旦，雜扮舟子，作撑船上）

【前腔】平湖冷，曲岸遮，祇路轉虹橋三五家。破寒澌櫓響咿啞，趁斜陽人影横斜，望柴門隔籬不見黄花亞，看長堤滿途怕有青苔滑。（生）來此已是，我們上岸去罷。可知百樣周章總爲他。

（敲門介。老旦）來了。爐冷烟消候，茶香客到時。（開門。衆入介）任老爺來了。（看二旦介）呀！你兩個也同來了。（向内介）瑤娘，任老爺來了。（生摇手介）且慢驚動他，我們還有話説。（旦出，潛聽介。老旦）如此就請坐了。冷老爹上坐罷。（丑謙坐介。老旦向二旦）你兩個且到瑤娘房裏去坐罷。（二旦下。老旦奉茶接杯介。丑）秦大媽，任老爺有一句話，要與你商議，不知你意下如何？（老旦向生介）老爺有何分付？但説不妨。（丑）任老爺因與瑤娘十分情密，無奈手袖單薄，不能養活你一家兒。（老旦）這就是任老爺明見了。（丑）上月恰好王二媽過世，他家兩個女兒，無人照管。任老爺就與他家裏人説明，買來送你，打换瑤娘。你想瑤娘又不陪酒，又不接客，白在家也無用，况是以兩换一，又都是熟手，你説好不好哩？（老旦笑介）任老爺如此體恤下情，又是你老人家分付，這就好得狠了，老身怎敢不依。（旦潛下。老旦）請問任老爺，還是今日就把瑤娘帶了回去哩？還是另選日期？（生）今日良辰，就接回去，倒覺爽便。（合唱介）

【賣花聲】他獨閉房櫳，與誰歡？狎看大婦追隨，好同戲耍。至今也免得風聲大，稱他心，那刮棍都不怕，鎮終朝，陪情話。

（老旦向内介）三個女兒，一起出來見禮。（三旦推擠嬉笑上）不把荆州借先主，竟將趙璧换連城。媽媽，叫我們出來做甚？（老旦向旦介）瑶娘，任老爺將你兩個妹妹换你一個，這冷老爹就是原媒了，你可謝謝媒人。（旦向丑謝介。丑謙讓諢介。老旦）叩見任老爺。（旦行禮介。生扯住笑介）不勞行禮了。（生向二旦介）你二人也過來拜見媽媽。（二旦行禮。老旦扯介）不消不消。（丑）我們就此同去罷。（老旦攔介）冷老爹説那裏話，老身還有薄酒一杯，一則與任老爺餞行；二則與瑶娘送嫁。還要謝謝我這老媒婆。（拍丑肩笑介）可是不是？（丑望介）天色尚早，我們吃着酒，慢慢的談心也好。（生、旦并坐，丑、老旦側坐。小旦、貼旦送酒介）

【歸洞仙】捧金盞，同笑耍；舉銀箸，真歡洽。雙坐傳杯斝，説幾句知心話。聽滿座笑聲喧嘩，斜日將西下，任放懷長飲，滿泛流霞。

（生向二旦欠身介）二位如此殷勤勸酒，實是不當。（老旦）任老爺説那裏話來，請再用幾杯，以壯行色。（丑）也罷，大家吃一杯酒兒，好回去了。（作互相勸酒介。雜上）任老爺，快關城了，請回去罷。（生）如此我們散罷。（起身相别介。老旦携旦手）兒呀！你到任府，諸事總要小心。（旦應介。老旦）兩個女兒，把蠟燭拿來，照你姐姐下船。（小旦持燭同送介。生、旦辭介。旦）媽媽請關上門罷，女兒去了。（老旦、貼旦又叮囑介。關門介）正是：送得雁兒千里去，换將燕子一雙來。（携二旦下。生衆作坐舟中介。生）下得船來，看湖光月色，夜氣森寒，好一派清幽風景也。（合唱介）

【啄木兒】冰初沍，冷倍加。看老樹寒巢宿亂鴉。蹙波紋畫槳〔二〕頻摇，障

〔二〕槳：原文如此。

寒威綉幕横遮。挑箏人睡珠簾下，冶游客散歌聲罷。衹見湖上梅花幾樹斜。

（旦掩泪介）我自幼未曾離過母親，可憐從那日逃難出門，辛苦仳僪，相依爲命，到今日始得酬我夙願，想來轉覺傷心也。

【前腔】從郎去，乍别家。過碧柳橋灣轉舵牙。想我母親呵，對殘筵别酒瞢騰，卧空床老泪横斜。辭娘還似昭君嫁，同船喜共鴟夷話。半夜裏燈火扁舟出葦花。

（雜）已到北門了。任老爺請上岸罷。（生起搔首介）

【前腔】舟行駛，歸路賒。看魚鑰深沈門半斜。賃籃輿尚隔重闉，叩銅環又未便回家。换來幸免奸人詐，歸時又恐高堂駡。（指旦向丑介）冷兄呵，暫且要設個方兒位置他。

（丑）這有何難？北門月城内，有座送子觀音庵，房屋甚是寬敞，且將瑶娘寄下。待老漢張羅盤費到手，就同到淮安，住在我家，命老妻相伴，專候閣下到來，一同北上就是了。（生、旦笑介）果然好計，衹是又驚動冷大奶奶了。（丑）好説。（同上岸介。雜暗下）

【尾聲】苦奔馳，無閑暇，寄枝權到比邱家，從此綉佛長齋誦釋迦。

夜深霜落滿孤篷，小步敲門冷月中。

枕上鐘聲綃上泪，美人今在梵王宫。

卷下

第十三齣　庵寄

（場上設神幕奉觀音像。副浄扮老尼，雜旦扮二小尼撞鐘鼓。副浄用柳枝嗽口，合掌念『修利修利摩訶修利，修修利，薩婆訶』，持念珠燒香拜佛誦經介）

【南宫·梧桐樹】南無觀世音，般若波羅與佛同常浄。離波尼帝訶，老死虚空盡，念念不離心。佛法功無等，未來過去都精進。

（拜畢坐介）無上甚深微妙法，百千萬劫難遭遇，我今見聞得受持，願解如來真實意。老尼乃送子觀音庵住持是也。今日廣設道場，拜禮年懺，各家檀越入廟燒香，那村莊婦女尚可聽其來往，祇是諸位鄉宦家太太奶奶們留吃齋飯，須得個知客纔好。前日冷老爹送來那一位秦姑娘，頗是温柔停當，不免煩他代老尼做個東道主人。（向小尼介）請秦姑娘出來。（小尼向内請介。旦上）自嘆今生似小青，傷心不僅爲仃伶。前身應是白鸚鵡，學念觀音般若經。（見介）師父稽首。（尼答介）姑娘請坐。（座[一]介）師父有何吩咐？（副浄）姑娘，祇因小庵拜禮年懺，聞説新協臺[二]魏大老爺的太太，新解元任老爺的大奶奶，與衆位鄉宦眷屬，都要來進香。你想老尼一個人，如何照管得來，

[一] 座：原文如此。

[二] 協臺：清代副將別稱。爲清緑營軍官，隸于提督、總兵官之下。以其掌協即爲協的領兵官，若爲總督統理營務，即稱督標中軍副將；如爲駐防將軍統理營務，即稱將軍標中軍副將。

請你替做陪客，不知可好勞動麽？（旦）禮當效勞。（副浄）姑娘，你祇在方丈内陪伴各位鄉宦家的就是了，其餘不要管他。（旦起介）曉得。（背介）原來任大奶奶也要來此，這真是天假之緣了。幾年但作郎君伴，今日方隨大婦行。（下。副浄）徒弟，你們就請各位師父出來，上壇拜懺。（雜扮三尼，二敷粉，一素面，上）十方觀世音，一切諸菩薩，誓願救衆生，稱名悉解脱。（連副浄分兩班跪拜介）

【東甌令】南無法，南無僧，南無波羅佛世尊。普光功德山王并，人離難，難離身，灾殃一切化爲塵。南無觀世音。

（小尼）請師父們早齋。（衆尼下。雜扮村婦、村女，老少同上，拜香介）

【大聖樂】那摩大明觀世音，觀世音，度衆生，落伽南海光明境。南無法，南無僧，白蓮座上彌陀佛，紫竹林中觀世音。焚香露頂，祇求你祥麟送子，祇樹鋪金。

（衆敲木魚向神座膜拜介）離波離波帝，求訶求訶帝，陀羅尼帝，尼訶羅帝，毗離尼帝，摩訶伽帝，真靈乾帝，娑婆訶。（且行且誦下。衆尼復上）

【解三醒[一]】説無生，曇花絪緼，會無遮，佛炬光明，恒河沙數[二]量難盡。南無法，南無僧，南無釋迦牟尼佛，南無開明觀世音。斜陽暝，一霎鐘魚響

[一] 醒：原文如此。據《中國曲學大辭典》等，當作『酲』。

[二] 恒河沙數：佛教語。形容數量多至無法計算。《金剛經·無爲福勝分》：『以七寶滿爾所恒河沙數三千大千世界，以用布施。』

寂，梵唄音沈。

（副净向衆尼施禮介）衆位師父，今日過勞了，請各回房將息罷。（衆尼稽首下。副净）徒弟，方丈裏諸位，可曾散哩？（旦上）咒罷蒼龍蟄，人歸紺宇空。（向副净稽首介）師父，方丈諸位也俱散去。（副净）姑娘費心了，老尼要去歇一歇，道人們收拾傢伙，就請姑娘照應照應罷。（旦）是。（副净作咳嗽，二小尼扶下。旦坐，喜介）我瑶娘今日纔放下心來了，前此任郎説，他大娘子怎生賢淑，我還未能遽信，那知一旦相逢，十分親愛，難道薄命瑶娘，竟可終身有靠了麽！

【黄鐘·畫眉序】一見兩情投，衆裏依依共携手。看温詞密意，難捨難丢，許兒家青鏡同窺，伴檀郎白頭相守。全無謡諑蛾眉意，的是香閨師友。看這光景，任郎得第歸來，定可終身相靠了。今日也虧是魏太太幫襯了許多好話，真個天緣湊巧也。

【前腔】親許抱衾裯，贊賞津津不離口。他道我人才停當，又説我舉止温柔。説流連難怪郎痴，説顛沛真虧儂守。全無謡諑蛾眉意，的是香閨師友。大奶奶還説我隨任郎北上，一路要好生照應，到京時要勸他奮志讀書，莫放他閑游浪蕩，這不是一家兒的話了麽。

【前腔】囑咐説兜兜，教長路風霜共相守。但饑寒曉夜，加意綢繆。教殷勤紅袖分鐙，教扶持紅綾進酒。全無謡諑蛾眉意，的是香閨師友。

（小尼上）秦姑娘，師父請用晚齋。（旦）師父，我就來了。（尼先下，旦起介）

（下）

【尾聲】今朝得附鸞凰偶，他日生兒字阿侯[一]。從此後、同伴河陽到白頭。

第十四齣　塗贈

（外金盔軟鎧引隊子上）

【大石・念奴嬌序】風沙滿路，趁斜陽欲下，匆匆馬影鞭絲，乍出都門，一路上山村紅杏交枝，遥指北口冰澌，西山翠聳，青雲靉靆護旌旗，惟願取征程迅速，早抵邊陲。

我魏信陵，蒙皇上天恩，欽授嶺南水師都督[二]，平靖海氛，因此帶領人馬，星夜趲行。左右，這是甚麽地方？（雜）良鄉縣了。（外）就此趲行前去。（繞場行介）

【前腔】多士銜枚疾走，聽高吹觱篥，三軍曉夜奔馳，比户無驚，人盡道按律王師，完備完備，左偃青龍，右騰白虎，招摇轉應斗杓移，惟願取征程迅速，早抵邊陲。

（引隊子下。生、旦共一車，丑騎驢，雜扮車夫上）

【前腔】偕試，囊裹丹鉛，車偎紅粉，雙雙士女走春圻，抬眼望，抬眼望，

[一] 阿侯：相傳爲古代美女莫愁之子。南朝梁武帝《河中之水歌》：『河中之水向東流，洛陽女兒名莫愁。莫愁十三能織綺，十四采桑南陌頭。十五嫁爲盧家婦，十六生兒字阿侯。』

[二] 都督：古代軍事長官，歷代事權不一。清代無此官職。

一鞭殘照將西，如意旅館分鐙，鈿車攬鏡，春山眉黛兩相宜，惟願取征程迅速，早抵京師。

小生與瑶娘相偕北上，一路雨宿風餐。（向丑拱介）多虧冷兄十分照應。（丑欠身介。生）今已安抵良鄉。（旦作愁眉捫腹介。生）瑶娘因不服水土，時常腹痛。今日天氣尚早，冷兄，煩你打個乾净房子，讓他將息半天，以便趲行。（丑應介）老漢就去。（生）當駕兒的趲行一步者。（雜應行介）

【前腔】勞瘁，弱不勝衣，病都透骨，幾曾星夜慣輪蹄。呀！那對面來了許多人馬，不知何處官員？凝望處，凝望處，忽見馬驟車馳，停轡，遥避黄塵，讓開火傘，吹螺擱鼓大官儀。（外引隊子上）惟願取征程迅速，早抵邊陲。

（外見生介）哎呀！賢弟來京了麽？（外下馬，生下車，立談介）去年知賢弟中了解元，愚兄十分歡喜，在都中盼望多時，總不見到，不想今日途中相遇。（生）哥哥，聞你新授都督，赴嶺南剿捕洋匪，緣何今日纔到這裏？（外）愚兄因抱病月餘，是以耽擱。賢弟，那車中卧的可是瑶娘？（生笑介）哥哥何以得知？（外）我適見冷江楓，他已告訴我了。但是你挈眷同行，都中客寓，諸多未便，愚兄前在順城門外，置有宅院一所，砌草庭花，儘可娱目，兼好讀書，不如就在那裏住了罷。左右，取鎖匙過來。（作交生介。生揖介）多謝哥哥。（丑同店家上）房子在這裏，快打車進來。（生）且慢。（外）不妨。你教瑶娘先進去，我與賢弟再立談數語，也就行了。（生）哥哥何不同進去坐坐。（外）我要趕站，不及細談了。（雜推車介。旦）魏老爺，婢子有病，不能下車叩見了。（外）罷了，你就進去罷。（衆推旦下，外携生手介）賢弟，務須努力春明，以慰高堂盼望。

【古輪臺】盼金泥，芳名雁塔早標題。趁趨庭日暖新桃李，昆山片玉，桂林一枝，從此蜚聲青史。（附耳笑介）倚袂聯吟，分燈伴讀，酒酣人静要支持。場期伊邇，慢風流自誤雲梯。好待櫻桃宴[一]後，芍藥堂前，金蓮影裏，紅豆記佳期。情如水，朝回呵筆畫雙眉。

（生揖介）小弟領教。（外）賢弟，你進去罷，愚兄就此拜別了。（生）如此也不敢遠送了。（相揖介。生）哥哥請上馬。（外）得罪了。（上馬介。生揖，下。外嘆介）霞舉挈了瑤娘入都會試，將來必定受累無窮了。

【前腔】書痴多情，累到何時？況是病骨支離，尤難措置。這也是成事不說了，左右趲行者！紫陌紅塵，滿目山川迤邐，倦鳥翻飛，歸鴻嘹唳，馬蹄蹀躞趁斜暉，望山横紫翠，駐長途顧影驕嘶。知何日戈船撼浪？樓船横海，奴氛静謐，鐃吹慶班師。長鯨死，手書露布[二]答恩慈。

（雜跪介）啓老大爺，天色已晚。（外）分付安營。

【尾聲】卸朱輪，卷畫旗，鹿角外，囂塵驟起，轉爲這喚不醒的痴人，繫我思。

（引隊子下）

第十五齣　伴讀

（旦艷妝上）

[一] 櫻桃宴：慶賀新進士及第的宴席。始于唐僖宗時。

[二] 露布：此處指告捷文書。

【仙宮・二犯月兒高】午夢回方簞，春光滿深院。日暖度鶯聲，風過飛花片，倦理殘妝，粉淡香宜面。（嘆介）奈芙蓉衹合秋江占，歲歲春明，魚龍難變。天，僑寓已三年，何時出谷遷喬[一]、蜚聲上林苑？

【蝶戀花】睡起日斜窗半敞，燕子銜泥，飛觸簾鉤響。小立花間閑眺望，落紅吹墮春衫上。我與任郎，僑居京邸，不覺已兩赴禮闈，幸得朋儔接濟，未致旅次號咷。衹是年年被放，轉覺妾面羞郎，想他天分雖優，到底功夫未熟。昨曾苦苦的勸了一場，他已應允發憤攻書，想必明春定當破壁飛去也。

【桂枝香】要磨穿鐵研，要披穿鉛槧，果能拼水滴工夫，還怕不螭頭高占。（合掌介）祝朱衣點頭[二]，祝朱衣點頭，光吐斑錐，香生黄卷，着鞭先，花氣浮仙仗，珂聲疊曉天。

他今日到同年谷小橋寓中會文去了，待我來拂拭琴書，檢點筆硯，好等他回來，伴他燈下讀書。（作取拾介）

【不是路】檢點芸編，（笑介）脉望餐多緑字黏，端溪硯，青花顢頇墨膏填。（用袖拂介）拂塵湮，蛛絲亂網珊瑚格，駒屑頻堆翡翠弦。貪游宴，生疏千佛名

[一] 出谷遷喬：從低處移到高處。《詩・小雅・伐木》：「出自幽谷，遷于喬木。」

[二] 《天中記》卷三十八『朱衣點頭』條引《侯鯖録》：『歐陽修知貢舉日，每遇考試卷，坐後常覺一朱衣人時復點頭，然後其文入格。……因語其事于同列，爲之三嘆。嘗有句云：「唯願朱衣一點頭」。』（今本《侯鯖録》無此）

經選。争怪得、御爐香遠，御爐香遠。

（作翻書、滌硯、滿桌拂拭介。生上）

【排歌】紅杏墻頭，垂楊户前，胡同乍轉橋邊，悄無人到，見高低飛燕，翩翩入畫檐。游絲罥，樹影偏，柴門斜日過花磚。熏香坐，待月眠，長安市上小神仙。

小生會文完畢，又到阮對山寓處閑話一會回家，來此已是。（敲門介。旦）是那個。（生）是我。

（旦開門隨關介）任郎，文章完了？（生）完了。瑶娘，你在此做甚？（旦）收拾文房，待郎夜讀。

（同唱介）

【皂羅袍】門掩小庭深院，看殘陽向暝。屋角籠烟，雕粱軟語燕雙眠。筠櫳弄影燈初點。疏簾風細，爐香乍穿，紗窗月上，清輝漸圓，讀書莫怕春宵倦。

（生坐讀介。旦奉茶傍坐聽介）

【大聖樂】聽高吟，響透遥天。剔鐙花，垂紅焰，研搜仔細尋針綫。層層扼要鈎玄[一]，停如蕉雨遲聲滴，驟似松濤急響喧。更淋漓宛轉，儘遥吟俯唱，反復流連。

（旦起至臺口，笑介）你聽任郎，抑揚高下，真是讀得好也。來歲春明，定當高捷了。

[一] 扼要鈎玄：探取精微，摘抉要義：語出韓愈《進學解》『記事者必提其要，纂言者必鈎其玄』。

【解三醒[一]】多應是朱衣暗點，多應是黄榜開先，多應是玉章上達通明殿，多應是三甲臚傳，多應是殿前宫女窺佳彦，多應是月裏嫦娥愛少年。（聽介）呀，已是三更了。春宵短，聽譙樓更轉，月過欄杆。

（向生介）任郎辛苦，睡罷。（生欠身介）春宵苦短，終不是秋高風洗讀書天哩。（起與旦携□，起唱介）

【皂角兒】願把蕊珠宫[二]移來筆尖，願把星宿海[三]瀉來雙捥，願把大羅天[四]滴溜兒上登，願把清虚府[五]一齊兒高占。也免得杏紅春，槐黄夏，對西風傷朔雲，長安偃蹇。從此後、曲江開宴[六]，粉署鳴鞭，住瀛洲梨花玉雨，天上神仙。

（旦）任郎，你看星斗横斜，人聲闃静，我兩人携手月中，這滿階竹影，如水藻交浮，風景好不清幽也。（同唱介）

【尾聲】良宵喜得同心伴，聽半夜書聲月在天，誰知我風露沾衣尚未眠。

（携手同下）

[一] 醒：原文如此。據《中國曲學大辭典》等，當作「酲」。
[二] 蕊珠宫：相傳爲神仙所居之地。
[三] 星宿海：湖泊名。位于青海省中部，巴顔喀喇山西麓，古時以爲黄河發源地，或稱爲「星宿川」。
[四] 大羅天：道教所稱三十六天中最高一重天，即仙界。
[五] 清虚府：指月宫。
[六] 曲江宴：即曲江會，唐時考中的進士，放榜後大宴于曲江亭，謂之曲江會。宋人稱爲聞喜宴。

第十六齣　課兆

（丑吏人冠皂袍上）

【南呂·梁州賀新郎】趨衙承直，升堂畫卯，五載奔馳人老。每逢佳節，令人回首江皋。况是春宵月白，夜市鐙紅，帝里風光好。隻身羈旅館，悶無聊，共遣良辰盼故交。春富貴，長安道，星橋火樹連蓬島，有士女共相招。

老漢冷江楓，自偕霞舉到京，一住五載，且喜去年充上禮部供事，日日應官聽鼓。今值上元佳節，恰好下班，本要到霞舉寓中，問候瑶娘病體，他早間着人來，説他要進城找我，衹得在寓候他。（想介）他久不來，今日節下，必得小飲三杯纔是，衹我寓所太窄，不如拿兩把銀子，請他到酒館中吃酒看燈，大家熱鬧熱鬧。（暫下。生便服上）

【前腔】長街迤邐，幽居窅窈，少步闌珊，行到藥爐，丹火耽愁，終夜勞勞。最是呻多眉皺，嗽結心疼，瘦盡花容貌。痴痴頻覷我，淚雙澆，教我何能片刻抛？説甚麽春富貴，長安道，星橋火樹連蓬島，有士女共相招。

瑶娘自去年伴我讀書，寒暑無間，偶感風寒，致成咳嗽之症，那知日漸沉重，咯血滿衣，卧床不起。今日略覺好些，勸我到冷江楓寓處疏散疏散，衹得依他。一徑行來，此間已是。（向内問介）冷老爹在寓否？（丑應介）來了來了。（作肅客介）霞舉兄，請進來坐。（生入坐介。丑）霞舉兄，瑶娘這幾日病體如何？（生）前日谷小橋邀一良醫來寓診視，説肝氣衝肺，名爲木來忤金，入春木旺，若不能飲食，子母皆傷，便是不治之症。（丑）近日飲食如何？（生）不見得好。（泪介。丑）昨日小橋來，也曾提及。你今日約我在寓，有何事？（生）瑶娘説，他今日覺得好些，勸我到你這裏來暫遣愁悶，其實并無話説。（丑）霞舉兄，既然如此，今日街上燈甚熱鬧，何不到前門外看看，順便到酒館中略飲三杯，可好麽？（生）使得。（丑向内介）掌櫃兒的，替我把房門鎖好，我出去逛逛就來。（内應介。丑）霞舉兄，請你看，出得街來，烟火喧闐，鰲山重疊，好不繁華也。

【前腔】綴銀花，光燭丹霄；飛錦穗，香傳青杳。看齊齊整整，下下高高。列無限青獅白象，雕虎斑龍，百様奇花鳥。行來消渴吻，酒旗摇，且對花燈飲一瓢。春富貴，長安道，星橋火樹連蓬島，有士女共相招。

霞舉兄，此處一座酒樓，我們何不上去略飲三杯，看看熱鬧。（作上酒樓酒保送酒共飲介。雜扮諸佛菩薩持燈逐隊上。丑）霞舉兄，你看那裏許多燈來了。（雜持燈唱介）

【滴流子】魚龍燈，魚龍燈，影動畫屏；觀音燈，觀音燈，柳枝净瓶。巧妝諸佛諸聖，光明火焰中，神通大逞。三數百工，行行等等。（舞跳下。又扮男婦各持燈上）

【鮑老催】虎燈、象燈、鴛燈、鷺燈，都像生；蝦燈、蟹燈，都像形。綺羅叢，錦綉圍，笙歌競。佳人綉轂穿芳徑，王孫寶馬敲金鐙。□寫入丹青幀。（舞跳下。丑）霞舉兄，這燈兒真個做的奇巧，可謂良辰美景矣。

【前腔】載名姝，南國妖嬈；結勝友，西園談笑。看六街人擁，萬盞燈挑。（生）好是好極。祇是我心關生死，耳聽呻吟，疑慮盈懷抱。（丑）霞舉兄不必如此耽心，吉人自有天相。晚來還待月，飲醇醪，看萬丈光明絳蠟燒。春富貴，長安道，星橋火樹連瑶島，有士女共相招。

（生）冷兄，我不勝酒力，也無意觀燈，就此告辭了。（丑）霞舉兄，你出來不久，怎就回去？但你心中鬱悶，不便相强。我聞得虎坊橋畔，有一個知微子，開了一間課館，卜課甚靈，何不同去卜一神課，看瑶娘病勢，如何？（生）好極，就此同行。（丑喚酒保還錢，諢介。生）冷兄就請同去。

【節節高】虔誠問吉爻，課根苗，怕精微難識其中妙。觀龜兆，卜泰交，求靈曜，衹愁符使無靈效。那如蜀市通元奥[一]，但願他日元拱禄坐長生，纔保得精神健旺同偕老。

（末白鬚扮卜人暗坐臺口，懸『知微子精演大六壬神課』紙招牌。丑指介）這就是了。（同入介。末起拱介）老爺們是來占課的麽？（生）正是。（末出圓盒付生手介）老爺請在神前默禱，將這盒兒在香上熏一熏，摇一摇，揭開了，與我看。（生照行送末接看介）是戌時。（用筆排介，掐指算介，摇頭介）老爺是問的病人麽？（生）正是。（末）天后帶病符，乘四課，上病的是個婦人了，申金乘，白虎出，傳名爲白虎銜刀，是斷不能活的了。先鋒是戌，目下尚可無礙，一交三月，辰戌相衝，便是歸西時候了。（嘆介）可惜好一個輕年伶俐女子，竟不得到頭，真無可奈何也。（生泪介。末）老爺不必傷心，這也是前生注定的。

【前腔】生成命不牢，兩開交，痴心空繫郎懷抱，螣蛇繞，虎銜刀，胎神照。（又看介）這位佳人死後，老爺運氣倒要轉了。明年陽貴青龍耀，斬關必定泥金報。

[一]《漢書·王貢兩龔鮑傳序》：『（嚴）君平卜筮于成都市……裁日閲數人，得百錢足自養，則閉肆下帘而授《老子》。』

（生）先生如此説來，這病斷無用的了。（末）無用了。（生泪介）怎能彀日元拱禄坐長生，保得個精神健旺同偕老[一]。

（生取錢付末介）課金奉上，就此告辭。（末拱介）老漢不過照課斷課，老爺不必煩心，不送了。（下。生向丑泪介）冷兄，看此光景，瑶娘斷無可治的了。（泪介。丑）術士之言，未可深信，吾兄且放寬心。

【尾聲】你客途暫且開懷抱。（生泪介）怎禁晝夜呻吟難打熬。（合）知何日、伴讀燈前百病消？

（生先下，丑吊場介）我想瑶娘一病，霞舉已日在窘鄉，倘有不測，魏遁齋又遠在嶺南，一切衣衾棺椁，從何措辦？這便怎好？（想介）有了，他有最相好的阮對山太守，在京候選，與他文墨至交，須要預爲通知，對山必肯出力相助，免得事到慌張。正是：掌上珠圓偏善病，床頭金盡爲多情。（下）

第十七齣　玉殞

（生扶病旦咳嗽上）

【中吕·好事近】一病又經春，苦難捱，徹夜呻吟。（顧生泪介）任郎呀！我祇望百年鴛聚，誰想到半路鴻分？痴情總爲我前世生成薄命，累你受波喳，歷盡艱辛。（抱生哭介）傷心問天天何忍？現放着可人情種，却教我斷送殘生。

[一] 偕老：原文爲『偕老老』，據上文校改。

【生查子】懨懨鬼病纏，又到春將暮，泪眼幾時晴？終日風兼雨。陣陣晚風寒，欲化朝雲去，却問可人卿，何計留儂住？我自客冬一病，日加沉重，料是不起的了。（嘆介）想我得郎如此，死亦甘心。（向生介）任郎，祇是你曉夜無眠，形容消瘦，痴痴厮守着我，教我怎生放心？

【泣顔回】我見你，便心疼，可憐人瘦得楞生，爲家無婢媪，你嫩皮膚辛苦難經，和衣支枕，敞裘風雪長宵冷。任郎！看你這般消瘦，好教我越發傷心也。倒不如早赴黄泉，也讓你暫得消停。

（生泪介）瑶娘，説那裏話來！但得你病好了，小生便瘦何妨。（旦泪介）

【前腔】心疼，我待要早赴幽冥，你又苦孜孜難捨難分，待披衣强起，我又怯生生寸步難行。（持生手介）任郎！我肌膚冰冷，看看早晚捐軀命，你雖然因愛生憐，又何須與鬼相親。

（生）瑶娘！我二人貧病相依，于今五載，教我如何捨得你呀？（相抱哭介。旦代生拭泪介）任郎呀！

【榴花泣】人憎薄幸，你怎忒多情！朝裏藥，夜挑鐙，煢煢相伴不離身。（嗽介，生拍介）賺兒家分外銷魂。（泪介）任郎，我好難過也。骨冷毛森，戰兢兢，滿屋凄風緊。（生摟旦介）瑶娘，你怎的呀？（旦）心恍惚，身入虛無，眼昏花，看不分明。

（生抱旦撫摹介。旦）任郎，你嘗要我唱北曲與你聽，我因你讀書，未便分心，不曾唱得，今當永别，請倚郎歌之，以代自誄。我伴讀五年，略通文理，病中無事，將我生平苦惱，譜成《商調》

一套，名曰『薄命妾』，願强病一歌，以了郎願。（生）瑶娘，你且安心將息，等到病體全愈，再領佳音罷。（旦泪介）唉！任郎，那裏還有全愈的日子哩！（倚生懷唱介）

【集賢賓】恨今生耽愁，無可告，命薄數難饒，祇爲官司連累，母子潛逃。撇鹽城，夜走揚州，凍雪裏，停車争吵。你便是落伽山觀自在，發慈悲，把娘兒救了，再不想賞梅逢舊侶，贈芍訂新交。

【上京馬】又誰知那狐朋狗黨，大肆炰烋，急得我撲地哀啼，拚將頸血澆。虧你一紙泥金，將奸釁掃，湖寺畔做金屋藏嬌，纔想到把雙珠换取一枝瑶。

【逍遥樂】長安古道，同走鈿車，春明早到，小住逍遥，似梁上雙燕同巢。炷盡爐香寶篆消，伴夜讀，霜高月小，耐銅壺漏滴，長空雁唳，紙閣鐙挑。

【金菊香】恰年年辛苦燭三條，祀柳無緣覓棗糕，可憐瓣香徹夜燒，磕損頭毛，依舊是泪雙拋。

（嗽介。生拍介）瑶娘將息些兒罷。（旦泪介）

【隨調煞】今朝又遇這孽病攪，肌膚無可瘦，魂魄已俱消，日輕夜重苦煎熬，眼巴巴骨痛天難曉。（哭介）任郎，祇怕你他年歸去，這孤墳麥飯倩誰澆？

（生泪介）瑶娘，你請寬心，你倘有不測，我斷將你靈柩運回去的。（旦點頭泪介）任郎，你那時歸去，爲我寄聲大奶奶，説那没造化的瑶娘，再不能彀有追隨他的日子了。（生泪介，旦倚生肩閉目介。末扮月下老人，持剪刀向生旦身上各剪，急下。旦睁目望介）任郎，我剛纔合眼，見一白鬚老人，手持金剪，將我二人身上紅絲剪斷而去。看這光景，你我就要分離的了。任郎，今日初幾

了？（生）閏三月初五。（旦掐指嘆介）

【前腔】是我黄楊厄閏[二]，你也枉自鍾情，緣已斷，限將臨。（携生手介）一棺明日判幽明，重泉下哭不聞聲。（生泪介）瑶娘，你可有甚話兒囑咐我幾句？（旦嘆介）承郎相問，我泪腸枯，説不盡心中恨，祇撇不下你滯京華、鄉里迢遥，（拍生肩，以頭撞介）没扶持、客路零丁。

（作倒生懷氣急目上視披髮挺卧介。生靠旦臉，旦哭且唤介）瑶娘醒來！瑶娘醒來！（旦閉目徐唱介）

【石榴花】昏昏化去，心境霎時清，聽耳畔唤聲聲。我幽魂難捨俏郎君，做蘧蘧蝶夢重醒。任郎，你祇顧唤我做甚？（生哭介）瑶娘，你可開了眼看一看兒。（旦嘆介）我何能目瞑，要盼扶摇九萬鵬程穩。任郎，我死之後，可將斷的玉釧，和你題的那冰綃帕兒，總放我棺中，省得你睹物思人，啼啼哭哭，耽誤了上進工夫。要成名歡慰高堂，莫流連兒女恩情！

（旦睁目氣喘介）哎！呵！不好了！任郎，我要去了！（生哭介）瑶娘，你扎挣些兒！（旦）甚麽時候了？（生）戌時了。（旦在生懷展轉摇頭介）

【尾聲】我百年恩愛今宵盡，便死在郎懷也不肯分。哎呀，天呀！哎呀，我的任郎呀！怎奈他斷不留人到五更。

（生扶旦下，在場内唤介）瑶娘！瑶娘！（大哭介）我的瑶娘呀！

[二] 黄楊厄閏：傳説黄楊難長，遇閏年不僅不長，反要縮短。因以『黄楊厄閏』比喻境遇困難。

【商調・琥珀猫兒墜帶尾】你魂歸何處？猶對我把眼兒睁，我靠定你香腮喚不應，怎做了异鄉新鬼泣蘿陰，卿卿！你生來小膽驚疑，怕有那惡魅狂狰。我的瑶娘呀！可憐漸漸肌膚冷，竟長眠悄寂無聲。哎！呵！我的瑶娘呀！可知我從此天涯剩一身。

第十八齣　舫餞

（丑騎驢，雜挑酒盒隨上）

【雙調・步步嬌】驢背西風吹人面，喜老入清秋健，匆匆緊着鞭，趕赴河干開樽祖餞，目送故人還，嘆一棺千里家山遠。

老漢因霞舉兄定要親送瑶娘旅櫬歸里，替他雇船雇夫，足足的忙了十多日。今早他與瑶娘旅櫬俱已下船，老漢怕他苦壞身子，特地趕到通州，與他送別。正是：嘆我客中離舊友，憐君病裏哭佳人。（下。生帶雜上，掩泪介）我的瑶娘呀！

【忒忒令】記初見在梅花綉筵，還小住在夜香深院，看愁容病骨，似趁風兒顫，便常覺意懸懸，竟誰知逐東風，化朝雲一片。

瑶娘臨殁，要我將他旅櫬送回，祇得四處打算，煩冷兄雇了船隻由水路回揚，今早搬下船來，一棺而外，形影相依。回首入都光景，竟似昏昏一夢，却教我怎不傷心也！

【尹令】當日呵，記投宿在山村野店，你勞勞曉夜，有無限殷勤繾綣。怎斷送當年人面，誰想到冰綃也難見？（哭介）手撫桐棺，躑躅窮途哭莫天。

（丑上，下驢喚介）霞舉兄在船上麽？（生出望介）冷兄來了。請上船來。（丑上船，雜將酒盒置艙内介）霞舉兄，老漢備了一尊薄酒、幾碗蔬菜，一來祭奠瑶娘；二來與兄餞别。（二雜擺酒菜。丑拜介，生陪拜介）冷兄年尊了，領揖罷。（丑）豈敢！（叩首介）

【品令】瑶娘，你芳齡怎忽返大羅天？撇下人如斷雁，衹形影相憐，明朝風雨孤舟何處岸？（生哭丑亦哭介）瑶娘呵！你愁容笑面，嘆今世無緣重見，泪灑旁觀，絮酒來澆破驛前。

霞舉兄，我想瑶娘生得齊整，還是世間所有，衹看她又賢慧，又停當，老漢一到你寓所，（作態介）便笑嘻嘻的説，冷老爹，你來了麽？捧一碗茶，又裝一袋烟。又説，你老人家慢些回去，在這裏吃杯酒兒。想起來，莫説你捨不得，（哭介）就是連老漢也捨不得哩。（生哭介）便是！

【豆葉黄】争怪我涔涔泪滴，似珠串兒相連。他温柔處處憐人，他温柔處處憐人，况是我同衾繡榻，同車綺陌，怎不同旋？把五載熱騰騰的恩愛，竟一去飄然、化做了風鳶斷綫。

（丑顧雜介）可將酒擺來，我與任老爺略飲幾杯，以壯行色。（雜擺酒，丑拱介）霞舉兄，老漢臨别贈言，勿嫌逆耳，你待瑶娘，可謂實在多情了，勸你也不必過痴罷。

【玉交枝】眼前稀見，待娘行痴情可憐，看你呵，不多時瘦盡東陽面[二]，無言獨自慨慨，你兩眉結愁萬慮牽，一棺連影三人伴。霞舉兄呀，要飛花再上枝頭，總難償這般心願。

[二]《梁書·沈約傳》：『（沈約）永明末，出守東陽……百日數旬，革帶常應移孔；以手握臂，率計月小半分。』

（生泪介）小弟非不知之，祇是情不自禁，竟也無可奈何。

【月上海棠】隔九泉也知，既死難留戀。嘆空歸駿骨，人去幽燕。劣秋風雁塞沙寒，慘夜月鬼磷山遠。還眷眷喜同舟，歸去猶是雙眠。

（丑作勸介）霞舉兄，你堂堂男子，豈可因一婦人頽唐如此，這就不成話了。（生嘆介）冷兄之言極是，但是這一樁事情，回去怎生見得爹爹，故爾心緒瞀亂，口不擇言，小弟知罪了。

【前腔】望眼穿驚魂，日逐秋鴻斷。正買舟將下，翻怕言旋。津門鑰截不斷我泪千行，東蒙山壓不住我愁千點。歸路遠，説還家有日，越地熬煎。

（丑）霞舉兄，這也難怪得你。你一片苦情，料非朋友所能解勸。且待到家，那時自有區處。（望介）日已矬西，老漢要趕進城去，就此拜别了。（泪介）霞舉兄，千萬保重！莫要苦壞身子。（拜介。生）一杯别酒故人情，（丑）飲罷河干落日横。（生掩泪介）相伴桐棺獨歸去，（丑作上岸拱手介）重來拭目望春明。（下。生）冷兄已去，船家就此開行。

【江兒水】曠野虚烟散，長河落日圓。嘆青桐隔斷佳人面，祇床頭孤枕餘香卷。箱中剩髮亂絲纏，纔得夢中相見，睡眼睜開，依舊斷腸人遠。

想我久已不拈筆墨，何不做幾首感懷詩，稍寫胸中煩腦，當亦瑶娘所樂見也。

【川撥棹】記當日，詩題絹，血淋漓，層層染，到今朝附爾桐棺，到今朝附爾桐棺，暖幽宫祇尺半芸箋，你傷心化暮蟬，我傷心托夜鵑。

哎喲！我倒忘了，今日是中秋哩。

【前腔】丹桂霏香送客船，算拜月天街又一年，問今生何日重圓？問今生何日重圓？你怎不化鴛鴦要化仙，我悲歌誰與傳？你幽魂何處邊？

呀！日已晚了。童兒，你可安排筆硯，待我開窗對月吟詩。（雜應下。生起四望，嘆介）

【尾聲】蕭條旅況衣衫典，一棺外殘箋剩絹。瑤娘！瑤娘！且看我秋舫吟成百一篇。

拈毫欲寫淚先零，孤月窺篷一櫬停。

吟到傷心難話處，篝燈無焰照人青。

第十九齣　魂罵

（魂旦上）

【商調·二郎神】心難死，他暗逞奸謀我已知。早觸起冰綃當日事，血痕猶在，空掩鬱一棺奇氣，怕歷盡艱辛又受欺。須略顯娘行靈异能爲厲，肯由他奸宄胡爲！

我瑤娘，自都中歿後，蒙任郎搬柩下船，一路與他作伴，回到揚州，途中光景，已十分困苦難堪。那知賴有光這個狗頭，他又想挑唆老母，控告任郎，想他當日無端搬弄，教我將頭磕破，冰綃遺血，尚在棺中，因此一徑回家，等他來痛罵一場，以雪生前之忿。（望介）你看這狗頭早自來也！（暫下。丑扮賴有光破衣帽上）

【正宫·白練序】窮難過，恨費盡心機愈覺窮。驚塞鴻偏又帶來霜重，衣衾件件空，饑餓如何忍？到冬寒風動，一家八口怎生搬弄？

我賴有光，自與嚴、衛兩個打混數年，也還將就得過，那知衛老將革了，嚴員外死了，剩區區一人，雖則愈窮愈狠，無奈愈狠愈窮。今日聞得小任搬運瑤娘棺柩回來，料他死在京師，或有毆斃情弊，也未可知。他雖不是財主，到底比我還好。因此來尋秦大媽，和他商議告狀。行行走走，來此已是。（敲門介）秦大媽在家麽？（老旦上）正因哭女肝腸斷，何處呼人剥啄忙？（開門介）賴先生，久不見了。（丑入坐介）聞你大姐兒亡過，特來問候。（老旦泪介）多謝你老人家。我好苦呀！（丑）這恰怪不得你哭，祇怕令愛身死不明。若是病死的，怎樣不先帶個信兒與你？（老旦）賴先生，我女兒向來多病，多虧任老爺十分照應，怎好説是身死不明？（丑笑介）大媽，你好糊塗！小任素日性格乖張，或是小有口角，一拳兩脚，斷送了令愛，也未可知。況你年過六旬，瑶娘已死，將來養老送終，出在何人身上？自古道，女死郎情斷，難道遠想小任來料理你身後不成？

【醉太平】煢煢，你孤單母女，本相依爲命，一旦成空，將來身後，那更望一盂麥飯、六尺花桐，休鬆！瑶娘身死在都中，有誰人傳他病重？縱尸親捏控，也不過有因疑告，情理堪容。

（老旦想介）賴先生，你這話也説得是，你且請坐坐，容我細想一想。（丑）大媽，你那兩個小姐兒那裏去了？（老旦）這兩個荒年都賣與人家了。（丑）如此看來，我這話大有味兒，弄得錢來，年下就很好過哩。（坐介。老旦搔頭細想介。魂旦突上，指丑駡介）賴有光！我前冤未報，你又敢來愚弄我母親麽？（丑見旦，急跪地磕頭。老旦驚慌作不懂狀介。旦）

【二郎神】侏儒，看你裝妖弄鬼，暗藏奸計。聰巧舌如簧言近理，百般挑鬥，狼心簸弄官司。你爲銀白金黄妄想痴，造言生事。（旦向前，丑退後，繞場磕頭介）瑶娘奶奶！瑶娘太太！饒我狗命罷。（旦）能爲厲，怎讓你奸宄胡爲！

（老旦點頭哭介）瑶娘！我的兒，饒了他罷，我斷不告任老爺就是了。（忙取紙錢焚介。旦）

【囀林鶯】想我幽閨苦守雙泪垂，此心母也深知，因未盡琵琶筵上技，竟凌人刀筆横施。我身拼九死，纔免得公堂顛沛。（出帕示丑，掩泪介）血淋漓，冰綃一幅，猶殉季蘭尸[一]。

（丑連磕頭介）瑶娘奶奶！瑶娘太太！當日這事，也是衛老爺、嚴員外，三人同做的，還求寬恕。（旦）狗頭！你還想抵賴麽？（以土灑丑面，丑暗塗墨介。旦）

【前腔】你陰謀鬼算人盡知，怎奸心又肆非爲？俺任郎呵！他千里關河雙眼泪，纔和我冷骨同歸。你潛萌佹計，要愚弄娘心離异，鬼難欺，我一靈未泯，且教你無面逞凶威。

（掩泪下。丑昏倒地上，老旦扶起取湯灌用掃帚打介。丑作醒坐地拭面介。老旦笑介）你這是何苦來？

【黄鐘·醉太平】奸雄！無端結構，想是非顛倒，皂白和同。我那瑶娘兒呵！貞靈不泯，却怕你將俺愚弄。憑空！颼颼滿室起旋風，打得你眼青頭腫，再休唆訟！我已灰心，不勞欺哄。（丑爬起疾走介）嚇煞我也！嚇煞我也！（老旦關門介）

【尾聲】今朝怪事真難懂，似李夫人來帳中[二]。（泪介）祇可惜瑶娘兒呵，他秋

[一] 季蘭尸：《左傳·襄公二十八年》：『濟澤之阿，行潦之蘋、藻，置諸宗室，季蘭尸之，敬也。』《詩·召南·采蘋》：『誰其尸之，有齊季女。』

[二] 李夫人，漢李延年妹。妙麗善舞，得幸于漢武帝。早卒，帝乃圖其形，挂于甘泉宮，思念不已。方士少翁言能致其神，夜張燈設幃，令帝坐他帳中遥望，見一妙齡女子如李夫人貌。事見《漢書·外戚傳》。

水芙蓉不再紅。

（老旦下。丑出門亂走介。副净扮公差上）天下訟師窮到底，府中衙役老稱尊。我奉新任本府阮大老爺差票，訪拿訟棍。我想甘泉的老賴，是最有名的了，不免到他家走走。（作見丑介）賴先生，怎麽這個形狀？你望那裏去，我正來找你。（丑）找我做甚？（副净出票示丑介）新任本府大老爺訪拿訟棍，你是粘單上頭一名，就請同走。（出鏈鎖丑，諢下）

第二十齣　春捷

（雜紅袍紗帽捧榜，丑吏冠皂袍，引隊子上）禮闈金榜動長安，九陌人争走馬看。一日聲名遍天下，滿城桃李屬春官。下官禮部司員是也。今日春闈揭曉，堂官將榜簽押發下，實貼照墻。承值的，過來。（丑應介）有。（雜遞榜介）可將去小心貼好。（丑）是。（雜引隊子下。丑、貼并看介）第九名任冶雲，江蘇甘泉縣人。（笑介）妙哉！霞舉兄中了，就去報個喜信與他。正是：看去果然難徼幸，得來全不費工夫。（下。生病裝，雜扮童子扶上）

【高宫·端正好】嘆重來，無從見鏡裏容，空滴濕衾中泪，硬劈開燕雁分飛，我祇望和諧白首與同歸，再不想半路裏遭顛沛。

我自送瑶娘靈櫬歸里，在家僅住一月，奉雙親嚴命，早赴春明，仍居寓館。自慚未得一第，致瑶娘死不瞑目，祇得忍痛苦讀，奮志三餘。今喜三場已畢，將次揭曉，祇幾日精神疲倦，寢食俱忘，纔一合眼，便見瑶娘，不知是他索命，還是我一誠所感？想來好不傷心也！

【滚綉球】嘆夢想的痴，恨懊悔的遲，悔當初未同棺穴，到今朝誰與扶？記逢鄉雨雪天，賞梅花歌咏時，好端端吟芍藥，要催人赴試，悶懨懨傷豆蔻，枉耽誤你佳期。那知他惡喑喑憑陵勢力刀生筆，逼得你哭哀哀磕碎花容血滿衣。（泪介）想到此，越發傷悲。

童兒，房中昏暗，因何還不上燈？（雜應，持燈置案介。魂旦悄上，立案側介。生）

【滿庭芳】想著你芳心自矢，歷長途車馬，同到京師。萬不料懨懨一病終難起，猶記得去年春風雨夜淒其，歌薄命投懷宛轉，走無常卷帳低迷。魆魆的心如醉，招不得香魂再返，好教我涕泪兩交垂。

（泪介。魂旦掩泪欲前又却介。生）童兒，這窗上是甚麼東西？閃來閃去的。（內作風起。旦向雜面吹介，雜作寒噤介）哎呀！好冷，想必是鬼來了。（生）胡說！是瑤娘回來了。（起迎介）瑤娘！你在那裏？（四面抱摟介。旦避生椅後哭介。生立哭介）我的瑤娘呵！

【叨叨令】想看你容兒貌兒，真個是翩翩翻翻的致。聽著你言兒語兒，盡都是飛飛騰騰的志。誰知你愁兒病兒，鎮日裏懨懨纏纏的滯。逼得你身兒命兒，一霎時淒淒惶惶的逝。（頓足哭介）兀的不痛煞人也麼哥！兀的不恨煞人也麼哥！閃得我衾兒枕兒，衹一個孤孤淒淒的睡。

（哭向椅上倒介。旦急閃至案側泪介。生）我的瑤娘呀！

【朝天子】黑漫漫夢迷，血滔滔泪垂，訴不出兩下傷心事。記當日分燈窗下課書時，有無限憐人意，竟誰知兩命參差？一載分離，剪紙招魂魂不歸。（大哭介。魂旦撫心哭介。生）到而今、你傷心我知，我傷心你知，明放着兩同心不得同生死。

（作暈伏案上介。旦哭向生喚『任郎』又退後介。雜）哎呀！那裏鬼叫？不如偷去睡了罷。（悄下。生醒介）呀！這聲音好像是瑶娘唤我，哎呀！我的瑶娘呀！

【耍孩兒】聲聲唤我因何事？想今番下第你先知，記當初長跪炷香，持苦哀哀，哭禱菩提。可憐你枕邊珠落千行泪，盼不到榜上金書一紙泥。到今日思量你，再不見香烟裊裊，祇剩得燈影凄凄。

自我回到寓中，觸目傷心，事難枚舉。（指介）祇這窗前壁上，那一處不是你手澤遺留也？（泪介）

【五煞】恨迢迢冥路遥，帳茫茫歲月馳，招魂誰剪桃花紙？對著你照殘寶鏡塵封後，誰憐我冷入孤衾夢醒時。（椎胸大哭介）想到此，甘同死，你難捨可人夫婿，我怎拋可意人兒。

（生作坐不穩，魂旦欲扶又退介。生起唤介）瑶娘！瑶娘！（魂旦哭介。生拭目介）

【四煞】哭號咷，我眼花，訴衷情，你可知？我愁容瘦過當初矣。（翻書介）你看這零箋剩字書中疊。（指介）更有那斷綫殘絲壁上垂，越思量、越增憔悴。（伸欠介）早不覺魂銷氣阻，好難禁心倦神頹。

（伏案睡介。魂旦拍案介）任郎醒來，報録的來了。（閃下。內作敲門，雜應、作開門。生驚醒介）瑶娘！瑶娘！你説甚麽！（睁眼左右望介。雜引報子上）恭喜老爺，中式第九名進士，報條在此。（生看條哭介）哎呀！我的瑶娘呀！（報子伸舌介）這老爺竟是傻的，就是那姚老爺不中，還有下科，怎就大哭起來？夥計們，看這光景，今日不必開口，明日來罷。（各下。生哭介）

【三煞】想你盼宫花，曉夜愁；爲我落孫山，暗自悲。住長安、屢墮春明淚。我今日探花身列瓊林宴，你何時舉袂魂歸暮雨祠？問誰是通幽使，報道你檀郎及第，也教你泉室舒眉。

我想瑤娘今夕幽魂，斷然在此，不免很很的唤他幾聲，看他可還應我？（唤介）瑤娘！瑤娘！我的瑶娘呀！

【二煞】我成名，你到臨，你來歸，我怎知？我和你遠隔人間世，想到你死難目瞑胸遺恨，覷着我瘦得心疼淚便垂。（頓足哭介）我病久，卿知未？衹剩了一絲殘喘，怎禁得萬種想思。

（四面唤「瑤娘」跌伏地介。雜扶不起介。丑上）一進門來，但聽得霞舉兄哭聲，是何緣故？（看介）哎呀！跌倒在此。（忙與雜扶起坐介）霞舉兄，恭喜高中，如何這樣傷心？（生嘆介）冷兄呀，想我那瑤娘呵！

【一煞】他歷艱難，我共嘗；苦衷情，你盡知。他眼巴巴衹盼這題名紙。我今日便得中，他已死了。（哭介）好教我心如炙艾疼難忍。（丑淚介。生）便是你淚比磨金也泫欲垂，哭得我腸穿矣。冷兄呵，你看這深宵風雨，又依然曩夕凄其。

（丑）霞舉兄休得過傷，二十二就要殿試，好好的將息些兒。

【尾聲】戀蕭郎，他太憨；哭亡魂，你也痴。早難道男兒竟爲佳人死。（生）冷兄説得也是，衹是我呵，那斷不盡的魂兒，尚痴痴在他心坎裏。

（雜、丑扶下）

第二十一齣　歸真

（末扮月下老人上）

【雙調·醉落魄】仙娃滯迹紅塵久，怕還拖逗，浮雲聚散知之否？斷腸人莫爲斷腸留。

小仙月下老人，因玉支仙留戀釣鰲公子，猶滯人間，上帝命我飭令歸真，俟釣鰲功立考終，永成仙眷。不免立在雲中，唤他上來，勸諭他一番者。玉支仙何在？（旦道裝上）世間問我歸何處？天上催人去奈何！（見末介）大仙稽首。（末答禮介）玉支仙請了。上帝命爾即返仙山，不得羈留人世。將來你與任郎，終成仙偶，這也可放心的了。（旦）弟子謹遵仙命，即日回山。（末）百感到心皆孽障，一絲不挂是真如[一]。（下。雜扮仙童女持幡幢上。旦）衆侍者，就此起行。（衆應介）

【桂花襲袍香】天風吹綬，仙雲拂袖，静蕩蕩萬里層霄，都任我鸞車馳驟。悠悠，愛郎戀郎今掉頭，紅鄉翠鄉休逗留。笑痴心都已剖，活時難救，死時便休；塵中厮逗，海中倡酬。任郎，你空悲渺渺魂難覓，我却喜懨懨病已瘳。

（雜）啓仙姑，雲車已到揚州了。（旦）衆侍者按住雲頭，待我往下一觀者。

【不是路】冷落荒邱遠，見郊原土一抔[二]。空回首孤眠長夜，恨悠悠，想

[一] 真如：佛教語，指現象的本質或真實性。

[二] 一抔：一捧。一抔土，或一抔黄土，借指墳墓。《史記·張釋之列傳》：『假令愚民取長陵一抔土，陛下何以加其法乎？』

因由，冰肌再熱何能彀？笑我痴心把孽債酬，問新恩宿怨終何有？怎偏僝僽？怎偏僝僽？

衆侍者，就此駕雲前去。

【前腔】撇却揚州，馭鳳驂鸞去似流。雲飛驟，望梅關南下是丹邱；快遨游，不同偕試公車走。馬背春馱萬里愁，悔冰綃誤賺花容瘦，問郎知否？問郎知否？

（衆）啓仙姑，已到南海了。（雜扮龍王，引蝦兵蟹將迎上）南海龍神率同水族，恭迓仙姑。（旦）請回水府，不敢遠勞。（衆神喏，旦答禮介）

【長拍】大海回舟，大海回舟，塵寰夢醒，銀瓮乾坤碧皺。倏來倏去，廿載苦惱，到今朝一例兒都休。慚愧別瀛洲，爲題綃留戀，鈿車奔走。此日重來，抬望眼，驚浪涌，怒潮收，景物還如舊。（合）從此見慈雲再照，滄海安流。

（龍神引衆跳舞下。雜旦扮四仙女上）沱陵山衆侍女恭迓仙姑。（拜介。旦）爾等免禮，可隨我歸山去者。（衆應介。旦）

【短拍】記長別仙山，長別仙山，人寰謫降，杳茫茫幾度春秋，密誓苦勾留。被一點痴心，淹逗到而今，纔得前身重覯。（合）再不向寥廓寫離愁。

（衆）啓仙姑，已到沱陵山了。（旦）衆侍者按落雲頭，隨我向宫中去者。

【情未斷煞】看瑶宫依然舊，生前愁病已全休。（嘆介）空撇下苦惱人兒泪獨

流。（下）

第二十二齣　哭墓

（生微鬚冠帶，引雜二院子二童子上）

【中吕·一枝花】我衹道長年無别離，竟誰知中道分生死，再不見春風雙鬢影，却回頭曉月一鞭絲。今日個拋撇卿卿，嘆從此風塵始，這傷心有天知與那地知。白日裏奉高堂，膝下承歡，黑地裏憶冰綃，懷人也那墮泪。

下官登第後，叨入詞林[一]，京察一等，欽命嶺南海防觀察使[二]，先已差人前赴松江，迎請二老就養官署，先由浙江一路進發，下官里門小住，即便起程。恰好阮對山選授揚州太守，昨日在他署中歡然道故，提起冰綃舊事，爲我十分惋悼，叫我倍難爲情。今日瓜洲開江，打從瑶娘墓前經過，正好哭奠一番，并將遺下衣舄，焚化與他，藉以告别。（向雜介）左右，牲醴可曾齊備？（雜）齊備了。（生）隨我上岸去。（雜扮船家，持篙扶生上岸介。嘆介）自瑶娘葬後，又經五載，音容敻絶，風景依然，一死一生，好難爲情也。

【梁州第七】想當日，手相攜，朝窺鸞鏡；影相依，夜步蟾階。説不盡兩情如乳恩如海，畫雙蛾青螺染黛，理雙鬢香麝匀媒，按紅牙紗窗月到，唱青詞

[一] 詞林：翰林院。

[二] 觀察使：官名。唐于諸道置觀察使，位次于節度使。中葉以後，多以節度使兼領其職。無節度使之州，亦特設觀察使，管轄一道或數州，并兼領刺史之職。凡兵甲、財賦、民俗之事無所不領，謂之都府，權任甚重。宋觀察使爲虚銜，無定員。清無觀察使。

花檻風回，正優游兩意和諧，竟誰知樂極悲來，瘦伶仃抛荒了妙舞清歌，病迷厮冷落了詩懷酒債。（泪介）京華地斷送了月姊瓊娃，哀哉痛，乃祇得把一棺冷骨扁舟載，葬高旻寺墻外。今日呵！空對著泥滑春田宿草埋，不見魂歸。

（雜禀介）啓爺，已到墓前了。（生撫看，泪介）記得瑶娘歸葬之時，爹爹知他在京伴讀辛苦，命我立一石碑，上寫任門側室秦瑶娘之墓，以惘其勞。瑶娘此碑，可謂妾身今日始分明矣。

【九轉貨郎兒】爲憐你篝燈相伴，書側室下酬卿願，猶記得胭脂卧土石棱寒，到今日讀封碑苔花蝕，尋遺志蘚痕斑，空剩着這薄命瑶娘名字鎸。

你看這春容黯淡，野色荒凉，瑶娘獨卧孤墳，好難消受呀。（泪介）

【二轉】可憐他墓門前野花初謝，荒草外祇遥山掩亞，更嗚咽的流泉走白沙。幽宫裏風緊俏寒，加你孤眠到曉也愁無那，料小膽荒郊驚怕。瑶娘呀瑶娘，從此後寒食東風何處家？

瑶娘，你音容雖杳，丰致猶存，我細細想來，寸腸千斷矣。

【三轉】瑶娘呵，你生得來温柔窈窕，最好在輕顰淺笑，真個是一般丰致百般嬌。見歡生，添柔媚，遇愁損，更苗條。響秋風清砧夜搗，倚香篝寒針夜挑。更花前唱麼，風前弄簫，燈前訂稿。恨没個妙手丹青，向幀上描。

（雜捧酒跪介）啓爺，奠酒。（生澆酒哭介）

【四轉】問瑶娘，這杯酒我親澆土上，冥漠裏，可來歆薦享？怎能彀口脂沾手親嘗，料應你見檀郎傾别酒，泪珠兒點滴盈觴。杯擎在掌，好教我霎時間丟不得、捨不得，早晉亂心兒上。痛的心慌，絞的腸忙，苦哀哀訴不盡凄凉況。墳厮并，影一雙，斜日外天荒路長。怕咽不下嘉釀，葡萄噙在頦。

（雜捧飯菜跪介）啓爺，奠饌。（生置案上介）

【五轉】手雙擎，這甌兒水飯，撲疏疏把相思泪彈。往常時晨起治朝餐，舒素手，配齏鹽，一件件都出自行厨井臼間。想着你藿飯藜羹調酸劑鹹，想着你朝與夕費艱難，想着你傳薪爨釜炊烟晚，想着你山厨下留賓清宴，想着你寒竈裏剪蔌烹甘，想着你清齋長跪佛燈前。今日個添悲哽。有俸錢，怎奈你半碗凉漿不下咽。

（雜捧楮帛[一]跪介）啓爺，焚楮帛。（生）可將他衣舃一并焚了。（雜取焚，生哭介）

【六轉】你看這冷清清春田將暮，更堪憐靜沉沉墳臨野渡，忽地裏轟轟烈烈、熊熊灼灼起平蕪。不覺的對冥燒心驚懼，早則是紛紛攘攘、揚揚沸沸、高高下下、飄飄蕩蕩，見飛灰旋舞，趁着那冷冷習習晚風團聚。又祇見零零星星的衣，輕輕盈盈的舃，霎霎靆靆、芬芬郁郁、香氣模糊，圍繞着凄凄慘慘、孤孤冷冷、一抔荒土。不知他那是耶非耶的環佩魂歸月下無？

（雜）祭奠已畢，請爺回船去罷。（生）我還要眺玩一回。（雜取椅，生坐介）

【七轉】望一帶草檐竹舍，暗濛濛低籠晚霞，屈指當年恨，愁絶桃花千點，

[一] 楮帛：祭祀時焚化的紙錢。

染冰綃血。白楊樹鎖薄命碑碣，紫萍草揜美人墓穴。墓門殘照風生野，漸凄凄人散黃昏乍，料應他没依靠的孤魂，常聽這慘切切的鷩鳥叫殘月。

瑶娘，你老母後事，已俱替你安頓，可無挂念了。衹是我今遠去，撇下你這座孤墳，無人照應，如何是好？

【八轉】念行人相離隔窎，佳城遠無人照料。清明郊陌雨蕭蕭，響空江暮潮暮潮，隔墻兒孤寺晚鐘敲。看落花曲徑黏芳草，卧荒郊也麽哥，聽哀號也麽哥，柳絮兒亂飄，大麥青青野菜兒摇，倩何人祭掃祭掃？一樹棠梨花瓣兒凋，衹聽那半夜狐狸叫。（哭介）嘆蕭條也麽哥，長蓬蒿也麽哥，長蓬蒿月照荒墳五尺高。

（雜跪啓介）前日夫人吩咐，在高旻寺東邊起一座雲綃庵，就請那北門内觀音庵的老尼來作住持，就近照看墳墓，老爺請放寬心。曠野風寒，回船去罷。（生掩泪介）

【九轉】説甚麽荒郊外，黄昏風冷，纔提起紛紛泪抆。（指介）你看他在荒寒窟裏卧孤身，并没有膝前兒樽酒去澆傾，傷心人碗飯去親陳，若不是比邱管領，這荒墳畔更有誰過問？想着他并孤鸞，却本姓秦，做弄玉[一]，待我雙返瑶京[二]。（向墓泪介）瑶娘呀，便是你血痕凝碧化青磷，照不見萬里征夫夢影，坐對着

[一] 弄玉，相傳爲春秋秦穆公女，嫁善吹簫之蕭史，日就蕭史學簫作鳳鳴，穆公爲作鳳臺以居之。後夫妻乘鳳飛天仙去。事見劉向《列仙傳》。

[二] 瑶京：玉京，天帝所居。泛指神仙世界。

垂楊一樹孤墳剩，料應你曉風殘月也增悲恨。（雜跪介）小人前日在阮對山大老爺處，聽説他府中新畜乳姬，知書識字，就要送與老爺的，請免愁煩。（生）你那裏曉得，那阮對山呵，他意孜孜苦要我忘情，則俺見新歡，抛撇舊人兒心怎忍？

（雜上跪介）啓老爺，沿途州縣用四百里排單[一]，賫到操江鈞諭，説請老爺星夜趲行，商酌平海要務。（生）吩咐回船。（衆引生行，生嘆介）

【收尾】嘆今朝放情痛哭，在荒郊外，實祇望紫玉如烟肯入抱來，却怎奈官書火速催行邁。（轉身向墓嘆介）乍思量痛哉，再思量快哉，瑶娘呵，誰似你一幅冰綃播千載。

第二十三齣　靖海

（净、副净盔甲引隊子跳舞上）孽龍口吐瘴雲高，赤黨波翻水族嚎。脚下踏來鰲背浪，腰間横挺雁翎刀。（相見介。副净）哥哥拜揖。（净）賢弟少禮。賢弟，我二人横行海上十有餘年，番舶商船盡遭劫掠，聞得那兩粤操江差委海防巡道[二]，會同左翼都督前來剿捕，我們須要殺得他片甲不回，方是好漢。（副净）哥哥，雖是我們船多人衆，也不可不預爲防備。（净）賢弟之言有理。左右，可傳各幫頭目前來聽我吩咐。（衆吹海□唤介。雜扮四盗齊上，向二净行禮介）二位元帥在上，末將等

[一] 排單：清代驛站傳遞公文填注的單據。

[二] 巡道：清代官名。唐代遣使分道出巡，稱分巡某某道。明代各省按察司除按察使外，還有按察副使、按察僉事等官員，負責巡察州、府、縣的政治、司法等方面的事情，稱分巡道、兵巡道等。清廢副使、僉事等官，簡稱巡道。

叩見。（拜介。二浄）諸位頭目，探得有海道與左翼都督前來勦捕，我等可將船駛到大嶼山空闊處所，操演一番，准備厮殺去者。（各跳舞下。生冠帶引隊子駕船上）

【仙吕・八聲甘州】天荒日小，看衝波直立，朔吹哀號。長帆飛到，撼起鮫啼鯨嘯。青螺遥點烟雲闊，翠笠圓垂日月跳。西風緊，衝波欲釣靈鰲。

下官奉操江鈞令，會同左翼都督遁齋兄勦捕洋匪。今已行抵沙角炮臺，看臺上旌旗招展，炮聲四起，想是遁齋來也。左右，就此住船。（衆應介。雜扮軍校持帖上）魏大老爺拜會。（轉啓介。生）就請相見。（外盔甲上）正當按劍誅渠寇，却喜班荆見故人。賢弟，久違了。（生迎上介）哥哥一晌安好？小弟拜見。（外答拜介）愚兄相盼已久，今日始得晤談。（分坐奉茶介）賢弟，你知冷江楓也在此做白沙司巡檢[一]麽？（生）昨日勞他遠接，方始得知。（外）他常時到來，談及途中別後，把瑶娘死時光景，賢弟如何苦惱，到後來春闈高中前後事情，一一告我。那谷小橋也選授程鄉大令，昨日來此。他説阮對山又新有乳姬奉贈，近日想已達觀了。（生）小弟身肩君父之責，何敢以私廢公。（嘆介）衹是月下花前，未免怦怦心動耳。（外笑介）這也可不必了。（雜急上）啓二位大老爺，適間中軍官在望樓上，用千里鏡打看，賊船已至零丁洋面了。（外）再去打探。（合）

【甘州歌】旌旗繚繞，看軍聲殺氣，震響波濤。（外）賢弟，我們同上柁樓去看介。（生）當得奉陪。（同上介）憑樓高望，一派銀翻珠躍。衹見那風前素帆，衝浪駛天外，朱旗蕩日飄。撈繒艇，大料艚，舳艫千里趁晴潮。雄心起，壯志豪，手援桴鼓下磨刀。

[一] 巡檢：明清時，凡鎮市、關隘要害處俱設巡檢司，歸縣令管轄。

（外）賢弟，請在船催鼓，愚兄殺賊去也。左右，快放舢板過來！（衆應介。外跳下船介。吶喊介。生）你看遁齋兄年過六旬，精神矍鑠，真是一員虎將也。（内鳴金吶喊，官兵與盗渾戰一回下。生）

【前腔·換頭】英英殺氣豪，看兜鍪金甲，雅歌談笑。威風凛凛，光寒大海横刀。衹見那銀槍遠挑魁盗死，火炮横飛巨艦燒。帆檣簇，吶喊高，螺盔蚝甲海中抛；鯨鯢哭，鰌鱟號，紛紛總向外洋逃。

（净、副净與官兵接戰。外出短鞭跳過船，將净打倒踩脚下，手擒副净，向生大呼介）盗首已拿住了。（衆縛二净，隊子急下）

【前腔】層層簇戰艘，忽電掣星飛，衝波一躍。辟易千軍，真個是龍飛虎跳。血噴如雨重甲濕，膽落驚濤萬衆號。疾如飛，除似掃，渠魁就縛海氛銷；軍聲震，賊衆逃，淋漓血肉滿弓刀。

（雜扮軍校跪禀介）啓大老爺，魏都督師船已追出龍穴外洋去了。（生）衆將官，可分投追向前去！（生下，坐低處。衆軍校繞場急走。合唱介）

【前腔】抽帆趁落潮，看長趨東下，直窺淵渺。桅懸殘照，響湍騰，一路滔滔。丹山翠島相出没，魚遁龍潛轉寂寥。飛羽鏃，響鳴弰，手提長劍斬天驕。（生）呀！此處好風景也。林猿嘯，野鹿跑，蓬萊仙境路非遥。

左右，這是甚麽地方？（衆）沱陵山了。（生起望介）你看丹磴盤空，翠蘿罩海，雲歸老樹，月涌層波，對此敻絶之區，恍似經行之路，這却教我好生難解也。罷！不免在此住宿一宵，看是如何光景。衆將官，就此寄碇，明日開行。（衆應介）

【餘文】景清幽，形窅窕，月升銀浪照團瓢，且讓我卧對青山度一宵。
駭浪初平練影鋪，卧游人在小方壺。
月明如水寒潮上，試問今宵有夢無？

第二十四齣　喝夢

（丑冠帶皂袍，貼旦扮蜑女摇舟上）漠漠浮雲出岫，飄飄斷梗隨波。世上悲歡離合，安排其奈天何！下官泠江楓，供事報滿，奉部選授嶺南白沙司巡檢，常時謁見魏都督，暢談往事，到也安閑。昨聞任霞舉新放海道，來與魏都督會剿洋匪，前往獅子洋叩接，蒙他不忘舊好，賞飯暢談。今日海氛平靖，衹得雇了這一隻小漁船在此叩送。適間弓役探禀，觀察師船寄碇沱陵山過宿，明日開行，我恐回衙誤差，衹好就在船中將就一宵，明日纔趕得上。（貼）老爺，你我兩個，怎好一處睡？（丑）我睡我的，你睡你的，這個何妨？（貼）老爺，你不妨，我却妨哩。（諢下。生冠帶引院子持燭上）

【越調·祝英台近】浪平時，新月上，山外暮烟瑣。小倚船樓，閑看海曇墮，愛他山繞如屏，波澄如練，且燃燭披衣閑坐。

下官愛此地山水清幽，寄碇小住，藉他忙裏偷閑，聊爾愁中遣悶。（内打三更介。欠伸介）呀，不覺已是三更了。正是：海上荒更催客倦，船中殘燭照愁眠。（伏案卧介。旦道裝水田衣持拂塵上）

【前腔】别多年，驚乍見，幽冥嘆相左。小立懸崖，思往泪雙墮。嘆他奔走風塵，暗傷離别，這憔悴何曾經過？

我與任郎塵緣已斷，不想他剿捕洋匪，到我沱陵山下，衹索引他入夢，到仙宫共訴悲懷，以補終天之恨。（用拂塵向生招介，生起行見旦執手介）哎呀！瑶娘，你從何處來？（旦）我在此服煉修山，任郎何不同到庵内小坐片時。（携手行介。旦）

【祝英台】把手雙携，肩并倚，覷面眼同睃。（看生嘆介）瘦了腰圍，皺了皮膚。（笑介）怎便領間髭多？知麽？嘆分離，寒食梨花；繫相思，青山榆火。（合）今日個再相見，又怕天風吹墮。

（旦）任郎，來此已是我宫中了，請進去。（生）瑶娘請。（旦）任郎請。（雜旦扮四侍者分立。生望介）

【前腔】延俄。侍香童，傳言女，都似舊結過。（與旦雙携手介）慘記往時，别又經年，怎便獨居岩阿？憐我哭佳人，永夜凄凉，載桐棺，長途坎坷。（泪介。合）苦支支，郎心偏恁情多。

（旦）侍者們，可取酒過來，我與任郎小飲數杯。爾等分吹玉琯，合舞霓裳，爲郎排遣則個。（四雜旦進酒，内奏樂，雜舞介）啓仙姑，初奏天女謫降之樂。

【雙調·玉包肚】逍遥瀛海。綰紅絲、偏逢俊才，指青山、共話滄桑，墮紅塵、同轉胚胎。揚州風雪麗人來，一面姻緣百事乖。

（旦泪介）任郎，這便是你我降生之始了，你可還記得麽？（生驚訝介）我竟茫然不解。（雜進酒介）啓仙姑，再奏天女歡會之樂。

【前腔】冰綃題贈。寫新詞、梅花主盟，伴深閨、玉軟香温，理殘妝、脂淡黄輕。醉中同理錦紋箏，月下雙吹白玉笙。

（旦嘆介）昔年歡會，邈若河山，任郎教我好難爲情也。（雜）啓仙姑，三奏天女解脱之樂。

【前腔】昏燈寒雨。卧繩床、神尫氣吁，累郎君、骨瘦楞生，嘆娘行、心病羸虛。一棺空掩恨愁軀，萬里誰通冥漠書？

（生泪介）聽此歌聲凄宛，想到你長辭光景，如在目前，忍不住痛腸千結矣。（旦同泪介。合）

【祝英台】無那當年慘别，鐙前心痛怎生搓？試想帳卷素綾，紙剪黄錢，祇剩孤身悲脞。消磨。吐心紅、秋舫吟成，報泥金、春明泪墮。（旦出冰綃帕示生介）任郎，你看這冰綃帕兒，至今猶在我身邊哩。（生泪介）見冰綃，越教我肝腸如銼。

（生起抱旦相哭介。末扮月下老人，手持大棒向生指介）任冶雲，你不去幹你的道兒，苦苦的戀著他做甚？看打！（向生打去，旦與雜旦并末急下，生仍坐原處，醒介）哎呀！唬煞我也！瑶娘！瑶娘！你那裏去了？（揉眼四顧介）原來是一場大夢。（内鳴金吶喊介。軍校持旗幟并上）啓大老爺，魏都督在沙角炮臺候送。（生）吩咐開行！（合唱介）

【前腔】飛柁怒潮，催送征帆，千里去如梭，濤涌殘骸，風蕩餘腥，巨浪拍船掀簸。鐃歌聽人人高唱，凌雲趁滔滔急溜，衝波海氛銷，到處商民相賀。

（丑上，雜持手版跪介）白沙司巡檢冷江楓叩送大老爺。（軍校轉傳介。生）請來相見。（丑上船，生迎上執手介）冷兄，你知我今夜夢見瑶娘？（掩泪介。急垂手顧左右介。向丑拱介）冷兄請便。左右，開行去者。（丑作回船立候，生引隊子吶喊鳴金鼓下。丑吊場，笑介）你看任霞舉這個書呆，而今做了四品監司[一]，痴情尚未割斷。他一見我，便一手抓住，（作態介）説：『冷兄，我今夜夢見瑶娘。』若不是怕三軍瞧見，幾乎掉下泪來，豈不可笑。（作捧帶捫腹大笑三聲下）

[一] 監司：漢以後的司隸校尉和督察州縣的刺史、轉運使、按察使、布政使等通稱爲監司。

虎門覽勝

卷上

虎門在東莞縣南六十里，爲粵洋之中大路，上通惠、潮、南澳，下達高、廉、雷、瓊，大海外環，崇山中峙，凡番舫之赴黄浦者，必由是以達獅子洋。蓋澳門雖爲外洋扼要之所，而香山内河水淺，不能通行，且西洋人世守其地，外夷亦不易與争。虎門距省百八十里，洋闊水深，乘潮馭風，不過一夜可到，十三行[一]往來貿易，凡四十餘國，莫不以虎門爲總匯焉。而番、東、順、香、新五縣相連，又以龍穴山爲分界，濱海荒田遼廓，漁艇鹽艘聚集如猬，防禦稍疏，則窮蜑奸民，不時竊發，尤賴于要害之地設置師舟、炮臺，以資彈壓。誠粵東之户鍵，省會之咽喉也。丙子春，履調任兹土。是夏，值暎咭唎使臣入貢，秋冬之

[一] 十三行：鴉片戰争前廣州港口官府特許經營對外貿易的商行之總稱。行數并不固定。十三行對官府負有承保和交納外洋税餉、規禮，傳達政令及管理外洋商務人員等義務；也享有對外貿易特權。一八四二年《南京條約》訂立後，十三行專營對外貿易的特權被取消，乃日趨没落。相傳十三行名稱起于明代，意義不詳。俗亦稱『洋行』。

交，奉檄查勘炮臺，復護送夷使出洋，與水師中權[一]吴參戎[二]紹麟[三]歷勘沙角、横檔、南山、鎮遠各炮臺，及本邑之闔西、大小虎，新安之合瀾、九龍、大嶼諸山。丁丑冬，復奉勘香山、蕉門炮臺，并詳訪老萬、擔秆之水道，覽其形勢，稽其興廢，辨其物産，或詢諸老卒蜑民，或考之縣志舊案。時以奉檄督建大虎炮臺，春雨泥濘，枯坐師舟，述所見聞，成《虎門覽勝》二卷[四]，爲後日官斯地者之一助。

虎門寨城，明萬曆十六年建，初在武山，以水淺不能灣泊船隻，改建三門内。康熙九年，盗匪謝昌、李積鳳竊起，副將[五]張應科、張愉相繼失守。二十六年，乃建土城于石旗嶺。二十七年，改用磚石，即今之寨城。是城凡東、南、西三門，北枕嶺脚，爲軍門署。

[一] 中權：中軍。

[二] 參戎：參將，俗稱參戎。參將：清代緑營將領，位次副將，正三品。統管一營之軍務，分屬總督、巡撫、提督、總兵官管轄。或專守一城，或與上級武官同守一城。又有爲提督、巡撫總理營務者，稱提標中軍參將、撫標中軍參將。水師中亦設。

[三] 吴紹麟，原名紹璘，廣東羅定人，由武生襲雲騎尉世職，嘉慶二十年（一八一五）升平海營參將，累遷至陽江鎮總兵、記名提督。

[四] 二卷：原文作『一卷』。

[五] 副將：清代緑營將領，從二品。隸于提督、總兵之下，可充協的領兵官，統理一協軍務。又稱協鎮，别稱協臺。下轄參將、游擊等。另有充督標中軍官者，協總督綜理軍務。又，漕運總督下亦設副將，掌理催護糧船等事。

前明僅置參將一員。康熙元年，改設副將。乾隆二十二年，總督楊應琚[一]奏言形勢未協，請將左翼鎮總兵[二]并中、右兩營移駐虎門，爲外海水師之缺，其虎門副將移駐順德，改爲順德協。從之。嘉慶十四年，總督百以盜匪張保[三]、郭學顯[四]突入内河肆掠，奏改左翼鎮爲水師提督軍門[五]，以中、左、右三營管轄外洋，左營分駐新安，割東莞新塘爲前、後營，管轄内河。此虎門興廢之大略也。

[一] 楊應琚，字佩之，漢軍正白旗人，廣東巡撫文乾子。乾隆初，自員外郎出爲河東道，調西寧道。累遷至兩廣總督。二十二年（一七五七），移閩浙總督。二十三年，加太子太保。二十四年移陝甘總督，二十九年，拜東閣大學士。三十一年移雲貴總督，次年因與緬甸作戰失敗而被賜死。

[二] 總兵：清代緑營之高級將領，僅次于提督，正二品。所轄爲緑營最高組織『標』。分設于内地各省，每省二至七人不等。水師中亦設。管轄本標及所屬各協、營，鎮守本鎮所屬地方，受本省總督與提督雙重節制。因所轄之部隊稱鎮，故俗稱『總鎮』。各鎮多以所駐之地取名。

[三] 張保，嘉慶年間海寇首領。人稱張保仔，本新會縣江門漁家子，爲海寇鄭一所虜，收爲養子。鄭一死後成爲首領。嘉慶十五年（一八一〇）四月，張保率兩萬餘人投降，并引官軍擒殺海匪，獲頂戴花翎，升澎湖協副將。

[四] 郭學顯，廣東海盜，乳名郭婆帶，番禺人，全家爲鄭一所擄，任爲頭目，鄭死後獨立。嘉慶十四年（一八〇九）十二月率部衆五千餘人投降，授把總，不受，閑身僦居廣州城中。

[五] 提督：爲提督軍務總兵官的簡稱，又別稱提臺、軍門。清代緑營軍之最高長官，從一品。分設于内地各省，掌一省之軍政，并節制各鎮總兵、副將、參將、游擊、都司、守備、千總、把總、外委等官。雖與直省督撫并稱『封疆大吏』，然聽總督節制。其不設之省，則由巡撫兼任。沿江、沿海地區，專設水師提督。江南、湖南、浙江等省，則有水陸提督。此外，京城有『提督九門巡捕五營步兵統領』。軍門：明代有稱總督、巡撫爲軍門者，清代則爲提督或總兵加提督銜者的尊稱。

提督署，在城内石旗嶺下，中、右守備署，附于其西。

中營參將、右營游擊[一]署，在西門外。

演武廳，在東門外，久圮。嘉慶二十一年，新安碧頭村民魯亞歡[二]等入海行劫，水師偵知向捕，盜夥許啓猷[三]率領多匪抗拒官兵。履奉檄會同周別駕紹蕙[四]、吴參戎紹麟帶兵剿捕，拴其巨匪二十餘人，并請將該族私祠拆毁，改建演武廳，以昭炯戒。復捐辦工價，于今戊寅年正月八日重建。

太平墟，在南門外，爲師舟灣泊之所。

靖海神廟，在鎮口，去寨城西一里許。初，張保聚衆肆劫，舟至九龍山，于絶壁下得神像一尊，奉置舟中，有禱必應，盜衆崇信之，加以彩飾。十四年冬，保被圍于大嶼山，幾就獲，炷香禱于神，忽燎神鬚，火光起數尺，保驚仆，乃决意投首。總督百奏建祠于鎮口，封靖海神，春秋崇祀，縣官主之。廟側多海曇花，高不及二丈，葉似枇杷而無毛，花上白下黄，六出而無心，旋謝旋開，四時不絶。其香似橘、柚，華而不實，亦嘉樹也。

廣濟墟，在三門内。嘉慶十五年，總督百移缺口司署于此。山之南爲海南栅諸村、寧洲村，小徑紆折，可通沙角炮臺。總督百受張保降，由是徑至沙角。多使君子，藤本蔓生，

[一] 游擊：清代緑營將領，位次參將，順治十年（一六五三）以後爲從三品。統管一營之軍務，分屬總督、巡撫、提督、總兵官管轄。又有爲總兵總理營務者，稱鎮標中軍游擊。水師中亦設。

[二] 魯亞歡，廣東海盜，嘉慶二十一年（一八一六）五月被平海營參將吴紹麟捕獲，伏法。

[三] 許啓猷，廣東海盜，事迹不詳。

[四] 周紹蕙，字又伯，浙江仁和人，貢生。曾任香山縣知縣、南雄知州。

花有紅、白二色，實如梔子。

圓螺洋，在廣濟墟北。其螺可以爲杯。

三門，在寨城南八里。潮汐所出入也，兩岸皆山，形若峽，中瀝復平列二山，劃爲三門。中門近已淤淺，師舟不能行。左爲上門，凡艘舶之至自新安者，皆出入于此。右爲下門，門外爲拈洲山。武山在其西門内，有沙坦一頃許，舊寨村民梁壯蘭所私墾也，師舟出入多窒礙。後復搭寮聚匪，滋事不法。總督蔣以坦入官，今爲中營牧馬之所，有營汛。

木棉洋，在三門外。師舟之所駐也。山多木棉樹，高四五丈，正、二月開花，大如升，色正赤，遠望之，如赤城霞焕耀天際。下産鳳尾魚，長不及三寸，其鱗可以爲珠。

沙角炮臺，在木棉洋南。嘉慶五年，總督吉慶[一]奏建。臺臨洋面，勢甚空闊，凡閲水操，師舟畢集于此。惟夷船自龍穴至此，則折而西，以趨武山。雖巨炮，僅轟擊其尾，無能爲力也。然臺甚堅壯，以備水閲而威外夷，亦設險之要津矣。

武山，在三門西。明于山前設寨，置兵戍山之東，凹處爲三門炮臺，山之角爲南山炮臺，又西爲鎮遠炮臺。峰巒突兀，亘延數里，民蜑雜居，實虎門之要害也。宋余襄公靖[二]嘗候潮于此，著《海潮序》曰：『古之言潮者多矣，或言如橐籥翕張，或言如人氣呼吸，或

[一] 吉慶，滿洲正白旗人，以官學生補内閣中書，擢侍讀，轉監察御史，再世襲佐領、散秩大臣，歷副都統、内閣學士、禮部侍郎、兵部侍郎、鑲黄旗護軍統領、户部侍郎。乾隆五十六年（一七九一）出爲山東巡撫，調補浙江巡撫。嘉慶元年（一七九六）六月授兩廣總督，六年四月授協辦大學士。

[二] 余靖（一〇〇〇—一〇六四），字安道，韶州曲江人。天聖二年進士，仕至工部尚書，謚襄。著有文集十卷、奏議五卷、《三史刊誤》四十卷。《海潮序》，當爲《海潮圖序》。

言海鰍出入，皆無經據。唐盧肇[一]著《海潮賦》，以謂日入海而潮生，月離日而潮大，自謂極天人之論，世莫敢非。予嘗東至海門，南至武山，旦夕候潮之進退，弦望視潮之消息，乃知盧氏之説，出于胸臆，所謂蓋有不知而作者也。夫陽燧[二]取火于日，陰鑒[三]取水于月，從其類也。潮之漲退，海非增減，蓋月之所臨，則水往從之。日月右轉，而天左旋，一日一周，臨于四極，故月臨卯酉，則水漲乎東西；月臨子午，則潮平乎南北。彼竭此盈，往來不絶，皆繫于月，不繫于日。何以知其然乎？夫晝夜之運，日東行一度，月行十三度有奇，故太陰西没之期，常緩于日三刻有奇；潮之日緩其期，卒亦如是。自朔至望，常緩一夜，潮自望至晦，復緩一晝。潮若因日之入海激而爲潮，則何故緩不及期常三刻有奇乎？肇又謂月去日遠，其潮乃大，合朔之際，潮殆微絶。此固不知潮之準也。夫朔望前後，月行差疾，故晦前三日潮勢長，朔後三日潮勢極大，望亦如之，非謂遠于日也。月弦之際，其行差遲，故潮之來去，亦合沓不盡，非謂近于日也。盈虚消息，一之于月，陰陽之所以分也，夫春夏晝潮常大，秋、冬夜潮常大，蓋春爲陽中，秋爲陰中，歲之言春秋，猶月之有朔望也。故潮之極漲，常在春秋之中；潮之極大，常在朔望之後。此又天地之常數也。

[一] 盧肇（八一八—八八二），唐代袁州宜春人。會昌元年（八四一）狀元，仕至吉州刺史，卒于官。盧肇在歙州刺史任上撰《海潮賦》進獻，詔褒諭宜付史館。

[二] 陽燧：亦作『陽遂』，古代利用日光取火的凹面銅鏡。

[三] 陰鑒：即陰燧，古時月夜承接露水的盤子。《周禮·秋官·司烜氏》：『司烜氏掌以夫遂取明火于日，以鑒取明水于月。』

昔竇氏[一]爲記，以謂潮虛于午，此候于東海者也；近燕公[二]著論，以謂潮生于子，此測于南海者也。又嘗聞于海賈云：「潮生東南，此乘舟候潮而進退者耳。」古今之説，以爲地缺東南，水歸于海。賈云潮生東南，亦近之矣。今通二海之盈縮，以志其期；西北二海，所未嘗見，故闕而不記云。嘗候于海門，月加卯而潮平者，日月合朔，則旦而潮平，日緩三刻有奇，上弦午而平，望以前爲晝潮，望以後爲夜潮，此皆臨海之候也。遠海之處，則各有遠近之期，月加酉而潮平者，日月合朔，則日入而潮平，上弦則夜半而平，望則明日之旦而平。望以前爲夜潮，後以望爲晝潮，此東海之潮候也。又嘗候于武山，月加午而潮平者，日月合朔，則午而潮平，弦則日入而平，望則夜半而平，上弦以前爲晝潮，上弦以後爲夜潮，月加子而潮平者，日月合朔，則夜半而潮平，上弦則日出而平，望則日入而平，上弦以前爲夜潮，上弦以後爲晝潮，此南海之潮候也。』

三門炮臺，一名鵝兒炮臺，康熙五十六年建。臺甚小，凌于水面，若浮鵝然。今山下淤沙成坦，無足用矣。

南山炮臺，形似莞婦之鞋，故土人謂之阿娘鞋臺。勢偏于一角，與横檔炮臺勢不相屬，今廢，亦康熙五十六年建。

[一] 竇叔蒙，浙東人，主要活動在唐代寶應、大曆年間。所著《海濤志》，是我國現存最早的潮汐學方面的專著。

[二] 燕肅（九六一—一〇四〇年），字穆之，一字仲穆，一署上谷，祖籍青州益都，定居曹州。北宋著名科學家、畫家、詩人。宋真宗大中祥符年間進士，官至龍圖閣直學士。著有《海潮論》，繪製《海潮圖》以説明潮汐原理。

鎮遠炮臺，嘉慶二十年，總督蔣建。與横檔炮臺南北并峙，相距三百六十餘丈。重洋至此，爲一大束，真天險也。蓋自老萬山以内，下猶有地，洋面雖極寬闊，舟行必由水道以進，猶陸路之康莊也。外此，則或暗沙淤淺，或巨石崚嶒，夷船載重，艙深入水必二丈許，不遵其道，非滯于沙，即崩于石矣。故諸夷赴黄浦，必先于澳門請雇蜑民之諳于水道者，引其舟以行，謂之引水，官爲之司。至沙角炮臺呈報單，載明某國船赴某行貿易，乃折而西，至兩炮臺間，其水道寬不過數丈餘，皆巨石相觸，不敢行也。今夷人之黠者，亦略能知之。然自此至黄浦幾二百里，不能處處盡悉，建臺于此，與横檔炮臺若門之兩扉，闔其扉，奚自入？初爲南雄直隸州知州羅含章〔一〕監修，後以颶風山溜，間有冲毁，命履及委員〔二〕馮章〔三〕修復。

横檔炮臺，康熙五十六年建。初建小炮臺于山頂，山勢高峻，距洋面又遠，炮火所不能及也。復建大臺于山北，臺設兩層，上層以資瞭望，下層以施轟擊，因日久多有坍壞，嘉慶二十二年，總督蔣命履及委員馮章復加修葺，與鎮遠炮臺皆堅壯，足資捍衛。是年冬，

〔一〕羅含章，原姓程，字月川，雲南景東廳人，乾隆五十七年（一七九二）舉人，嘉慶六年（一八〇一）大挑知縣，分發廣東，署封川，以事落職。九年投效海疆，叙功擢知州，十一年署東莞知縣，十四年署任雷州同知，十六年春署連州，十七年任化州知州，二十三年任南雄州知州，後任惠州、廣州知府，廣東巡撫。官至工部左侍郎倉場總督。

〔二〕委員：被委派擔任特定任務的人員。

〔三〕馮章，寧波人，監生，曾署任信宜、電白等縣典史。

總督阮[一]大閲水師，親臨查勘，督參將吴紹麟施放八千斤大炮，炮丸擊至武山，裂其石。沙角炮臺相隔十餘里，屋石皆震。時彭太守與履皆從行，復南登女墻，望山頂小炮臺，臺中有木槵子樹，半生半枯，數百年物也，間年一結子，其子較他處産者小而堅。考木槵子，粤産也，貫以爲珠，能收花實諸香，經數日不散。崔豹[二]《古今注》云：『一名無患者。昔有神巫，名曰寶眊，能符劾百鬼，得鬼則以此爲棒殺之。世人相傳以此木爲衆鬼所畏，競取爲器用，以却厭邪鬼，故號曰無患也。』其子可爲念珠，佛經云：『當貫無患子一百八個，常自隨身。』[三]是也。然携至北方，經酷寒多裂，惟是山産者不裂，以其得石之精也。有粤海關稅館在山下。

小横檔山，在炮臺南。

校椅灣，在沙角炮臺南，夷船入境之要津也。山形如椅，地甚寬廠，有靈泉清洌可飲，大旱不竭。前護送嘆咭唎使出洋，撥前營弁兵駐札于此，斗賬重疊，望之如荼，軍中吹巨螺，聲與海水相沸，嗚咽幽折，令人有鳴笳塞上之想。

[一] 阮元（一七六四—一八四九），字伯元，號雲臺、芸臺，别號雷塘庵主，晚號頤性老人、節性齋老人、北湖跛叟。江蘇甘泉人，占籍儀徵。乾隆五十一年（一七八六）舉人，五十四年進士，改翰林院庶吉士。散館後入直南書房，詔任《石經》校勘官。提督山東、浙江學政。嘉慶、道光年間，歷官兵部、禮部、工部、户部侍郎，兩任會試副總裁。後又膺任河道總督，浙江、江西、河南等省巡撫，湖廣、兩廣、雲貴總督。晚年入京，爲體仁閣大學士。致仕後，重赴鹿鳴，晋加太傅。卒謚文達。

[二] 崔豹，字正能，一字正熊，晋代人，惠帝時官至太子太傅丞，訓詁學家。作《古今注》三卷，將雜考名物與訓詁結合起來。此處引文與通行本小有差。

[三] 語出《木槵子經》，原文爲『當貫木槵子一百八，以常自隨』。

穿鼻山，與校椅灣相接。凡師舟之巡海者，恒于此駐泊。

龍穴山，在虎門南三十里，應龍之所潛也。實爲五縣之分域，東莞之外屏。海潮汐之際，其流混混泡泡，北流入于虎門，西達省會，東至惠州。夜爲篙槳所擊，其水灼灼有光，無月則明，有月則否。其陰有大岙，可以避風，番、東、順、香、新之蜑艇集焉。蟹籪魚罾，張如列市。考蜑户之名，不知始于何時。《番禺縣志》云：『秦使尉屠睢統五軍，監禄殺西甌王，越人皆入叢薄中，莫肯爲秦民。』意即其遺種。以舟楫爲宅，捕漁爲業，男未聘則置盆草于稍，女未字則置盆花于稍，以致媒妁，婚時以蠻歌相迎。婦女皆能泅水，辨水色則知有龍。昔時有稱爲龍户者，齊民則目爲蜑家，土人不與結婚，不許陸居。明洪武初，編户立里長，屬河泊所，歲取漁餉。今或于水次搭寮而居，其婦女喬妝招客，俗所謂珠娘是也。

上岙山，在龍穴西，蜑民所叢葬也。有魚曰白鰽，其色純白，牛首而魚身。每颶風將至，其魚恒千百爲群，浮于洋面。頭之所向，風輒應之。履護送暎咭唎夷使出龍穴，是日，炮聲砰訇，海水飛立，白鰽驚起，躍過槳船，約長丈餘。巡卒謂是魚之小者。其脂可以爲燭，不可食也。

下岙山，在上岙西。嘉慶二十二年四月，咪唎𠹭夷人私載鴉片烟泥入内境，停泊于鷄頸洋。蜑民李奉廣偵知之，率其黨林福如等十五人，登舟搜泥，殺五夷墮海中。履奉檄查拘，遣馮章及外委[一]陳衛邦[二]等搜烟泥于是山，得十箱。是日大風，舟幾覆。舟人屬各員去其裩，云：『着裩墮水中，則水注于裩，不能起。去之，抱桅槳之屬。今日南風瞬息可入虎門，舟師當救援也。』噫！亦危矣哉。山之西，仍有小山，若青螺浮于水面，名不傳。

笞杯山，在龍穴東。兩山相峙如笞，有泉出石穴中，味甚甘美。番舶過此，必汲焉。

零丁山，在龍穴南，洋名以山，分上下，宋文信國公誓師處，其詩云：『零丁洋裏嘆零丁』[三]，即謂此。東、香、新之總匯也。

九洲洋，在龍穴南一百四十里，有巨石九，相聚于中流。夷船入境之孔道也。

老萬山，在龍穴南，距虎門二百七十里。中國之山，至是盡。昔有萬姓賊巢此，故名，有東西兩山相峙，爲入虎門水道，此東南第一關也。波流汹涌，每南風作，傾排若山岳，震撼若雷霆，師舟、蜑艇皆不可越。傳聞峭壁上鑿有『萬海平波』四字，筆力遒勁，未留書者姓名。登山頂望樓，以千里鏡矚之，天水渾茫，杳無涯涘，其間有數點黑翳，出没于若隱若見間，俄頃帆檣團矗，結若懸螺，舟中人白衣赤足，鴉呼之聲，與海水相騰沸，則番舶乘風而至矣。顧其來也，重洋無所障礙；至是而兩山相束，不得不依山而轉。故山之間，東西各設炮臺，以資捍禦。東屬大鵬，西屬香山協，誠設險之要津，全粤之屏障也。下有魚，曰海鰍，其長不知幾何丈也，其至小者，揚其鬣，高于師舟之桅。每夏秋之交，

[一] 外委：清代對緑營軍官于限額之外委任者之通稱。有外委千總、外委把總，其職掌與額設千總、把總同，但品秩、俸餉略低。另有額外外委，從九品，乃緑營中最低級軍官，本文所指似此。

[二] 陳衛邦，新安人，行伍，曾任右哨二司把總、督標把總，後升右營中哨千總、右營中軍守備。

[三] 文天祥《過零丁洋》：『惶恐灘頭説惶恐，零丁洋裏嘆零丁。』

魚從海中出，屹若人立，亦不知其幾何丈也。張口噴沫，須臾雲合，電掣雷鳴，大雨若注。其出也，蛟龍見之而潛。又有海牛，若牛；而大海狗若狗而有鱗；海馬形極小，狀如蜥蜴，出水則死，擲水中則復活：皆海之怪也。此虎門以南之形勝也。

闍西山，在虎門西三十里。嘉慶二十二年，總督蔣奏修横檔、蕉門諸炮臺，并建兵房于武山附近處。所撥肇、惠兩標陸路兵貼防，履謁節相[一]面陳：該山前距大、小虎山，左通横檔、鎮遠炮臺，右通蕉門炮臺；二虎之陰，左通虎門，右通獅子洋，入番禺境；山之北，上達東莞：實虎門之側户，兩縣之要津也。請移建于此。從之。飭履及委員徐祖榮[二]建于山之南，對鎮二虎，番、東之盜艇不敢出。然陸兵貼防，揚帆鼓楫，非所諳悉。履將復請改設水師，時以節相調任西川中止。是冬，總督阮按臨虎門，道過闍西，履與參戎吴紹麟以改設請，并請裁澄海協守備一員及督標陸路提標千總一員、把總二員、外委二員、目兵[三]二百三十名，建營于是山，以屬中營，議請行。

大虎山，在闍西山南十里。其西爲小虎山，相距僅一里許，俗呼虎頭門，潮汐所出入也。一名秀山，爲天南重鎮。宋張世杰[四]奉端宗走秀山，即此。山勢亘長五里許，其北爲澄泥洲，暗沙淤積，舟不能行。中瀝水深五六丈，去山七十五丈，共闊一百二十餘丈。凡

[一] 節相：清代對總督帶大學士銜者的尊稱。
[二] 徐祖榮，江蘇如皋人，監生，曾任英德、文昌等縣巡檢、東莞縣縣丞。
[三] 目兵：本爲兵卒中的小頭領，此處似指普通士兵。
[四] 張世杰（？—一二七九），涿州范陽人，後逃奔南宋。宋亡後，與文天祥、陸秀夫等立端宗，端宗死後，立其弟帝昺。崖山之戰，因颶風毁船，溺海死。

番舶自横檔赴省者，必繞山而西，以達獅子洋。蜑艇自蕉門至縣者，亦必由山之陽，過猪頭凹，折而西，以達雙岡、陳、岐石諸汛。以虎頭門日就淤淺，潮至小艇可行，潮落則多淤積之故也。嘉慶二十二年十二月，總督阮率候補府彭昭麟[一]、中軍參將吴紹麟及履等，親駕槳船，登山相度，議建炮臺于山腰扼要處，所以資防捍。當飭履及候補從九品馮章監造，限明年四月竣工。東連横檔、鎮遠炮臺，北接闍西兵房，西通獅子洋，管鑰東南，重門設險，百世之利也。議定，莞邑父老莫不傳述相慶，謂夷船之來尚未可定，而番、順、東、香、新五邑相連，貧蜑奸民瀕海出入者，于二虎之交，肆其劫掠。得闍西、大虎添兵彈壓，東莞盗氛可自此永息矣。即如往歲獅子洋、蕉門一帶，每届冬令，盗艇潛出劫掠之患，無歲無之。自十月闍西兵房告成，至今盗艇無敢出者。此其成效也。蔣節相築闍西兵房于前，阮宫保[二]建大虎炮臺于後，東莞之民，世世享其利矣。

小虎山，在大虎西。有石泉，在山之陽，清洌而甘，濱海居民，争汲于此，雖大旱不竭，亦靈泉也。泉側聚而處者，約百餘家，巨石積于外，茂木叢于内，望之不可見也。

白藤滘，對兩山之間。聚小石于水面，若門閾然。相距約二里許。有營汛。

南沙山，在白藤滘南。峰巒重叠，自横檔迤西，至小虎山，又折而南，其末爲金洲山，蓋龍穴外洋之屏障也。産石，極堅緻，可以爲柱戺，今已將盡，而砰礴之聲猶弗絶。其居

[一] 彭昭麟，字井南，四川雙流人，由拔貢任南江教諭，以軍功升廣東陽春縣知縣，調香山，多次與海盗交戰。後以薦升登州同知，援例以知府用。歷署鹽運司運同，嘉應州知州，著有《從征過嶺》《嶺南詩草》。

[二] 宫保，明代習慣上尊稱太子太保爲宫保，清代則用以稱太子少保。嘉慶十九年，阮元在江西巡撫任上，以捕治逆匪胡秉耀功加太子少保、賜花翎。

民多姓朱陳者，考古覆姓，未嘗有也。土人云其先爲前明福王[一]之後，避三王之禍[二]，逃依南沙陳氏，故姓朱陳。履諭其族人曰：『盛朝録前代之後，略無疑忌，况食毛踐土數百年于兹矣，當仍以朱爲姓，無所諱也。』

蕉門炮臺，在南山之西。兩岸山勢如壁，計闊百八十丈，亦潮汐之門也。東金洲山，爲東莞屬；西黄角山，香山屬；中一水道，黝然而深，以劃兩縣之界，亦天險也。初，水勢甚深，西北通順德之陳村等鄉，北通閣西，東北通横檔；嘉慶十四年，洋匪張保率盜艇百餘艘，由蕉門入，經閣西山，攻東莞之到滘鄉，居民男婦死者不可數計。候補經歷李棠[三]獻堵蕉門之策，乃飭東莞令王國忠[四]截大木于口門，截流爲栅，地皆流沙，兼以潮汐往來，屢截屢決，工費至累巨萬，不得已，于黄角村之南，建設炮臺，潮至則水及臺基，落則淤沙泥濘，幾四十餘丈，臺又窄小，建于山腰，無所施其力也。二十二年，總督蔣飭履及委員馮章添築臺基，臨于水面，以安炮位。未及行，是年冬，總督阮復飭履會同候補府彭昭麟、中軍參軍吴紹麟詳加查勘，勘得該處洋面兩岸淤積日多，僅存百二十丈，其中

[一] 福王，明神宗與鄭貴妃之子朱常洵（一五八六—一六四一），萬曆二十九年（一六〇一）受封福王，就藩洛陽，崇禎十四年（一六四一）李自成攻克洛陽後被殺，謚忠，故稱福忠王，亦稱老福王。庶長子朱由崧嗣位，明亡後被立爲帝，年號弘光。一六四五年清兵南下後被俘，次年被殺。

[二] 三王之禍：即三藩之亂。清初平西王吴三桂、靖南王耿精忠、平南王之子尚之信等發動的叛亂，始于一六七三年，終于一六八一年，歷時八年。

[三] 李棠，江西豐城人，經歷，嘉慶十九年（一八一四）閏二月署任高要縣典史。

[四] 王國忠，浙江會稽人，貢生。曾任石城、陵水、茂名、東莞等縣縣令。

瀝最深處，僅一丈五六尺不等。夷船入水必二丈餘，勢不能入也，惟盜艇竊發，未能免耳。而臺位既不得力，其勢又難更易，且臺下淤沙没篙，不能見底，非挖盡淤沙，不能立樁，潮汐之來，旋挖旋長，徒費無濟。乃定議捨蕉門而築大虎炮臺，實勝算也。然蕉門之在當日，水深四五丈，番舶入口，瞬息可抵閣西。今則日就淤淺，夷人絶無可慮，亦國忠堵塞之力焉。惜堵塞未得其術，諉之本地奸紳，妄以大木截流爲栅，漂没之患，斷不能免。倘得數千金，因其前力購買舊船，載南沙之碎石，鑿而沉之，甚易爲力。雖盜艇，亦無自而入，且可得良田數千頃，不致徒費工價，亦滄桑之妙策也。

二角山，在金洲山南。面大洋，有營汛。

飲杓山，在小虎山西。枕獅子洋，其形如覆杓。

獅子洋，在閣西山西。上通省會，下接香山，由芙蓉、大刀諸沙直達澳門鷄頭外洋，廣及萬頃，波濤洶涌，番、東之要津也。以中瀝爲兩縣之界，凡番舶之赴黄浦者，必由于此。西爲石獅頭山，山頂有塔，在省會之東南，每晴霽之日，登越王臺望獅子洋，塔如彩筆，倒擎干霄，矗立瑣院之文峰也。塔下有炮臺，爲明末尚可喜[一]所築，今圮。

蚝墩，在獅子洋北二十里。凡夷舶之赴黄浦者，必停泊于此，頭目先至洋行，赴海關投税，查明貨物，然後敢入。每夷舶至近處，居民皆搭寮棚，擺賣酒食，人烟叢雜，哄然

[一] 尚可喜（一六〇四—一六七六），字元吉，號震陽，祖籍山西，後至遼東。被封爲智順王，入關後，改封平南王，鎮守廣東。康熙十二年（一六七三），疏請歸老遼東，由其子尚之信承爵。後朝廷詔令盡撤三藩，吴三桂、耿精忠起兵叛亂，尚可喜憂急而死，其子尚之信響應。

成市。嘉慶二十一年八月，暎咭唎國有喇時兵船來迎貢使哃噹喇[一]等。履嘗會右營游擊萬國治[二]、後營游擊唐盛高[三]防禦于此，亦扼要之區也。山内爲永靖營，游擊一員守之，屬陸路。

黄浦，在蚝墩[四]北七十里，粤海關在焉。夷舶皆聚于是，居民叢集，儼然一都會也。凡夷舶之至黄浦者，必登岸搭寮棚，作禮拜會。每三月一小會，五月一大會。會之日，永寧通判、茭塘巡司莅之，夷人畢登岸，棚内舶上，皆施設燈彩，奉天主及諸佛像，禮拜畢，則嬉戲山水間，聯臂作歌，聲振林木。性多嗜酒，飲必爛醉，居民之黠者，于酒中置鬧羊花，俾飲之，醉仆于地，兩腿纏縛甚固，卧不能起，凡所佩之表及苗刀，盡攫而去。諸夷掖以歸，醒檢所失之物，恬不爲怪。至夕則岸上水中，燭光照耀，皎如白晝。夷人相聚，鼓吹絲竹之屬，皆與中國無异，唯吹錫牛角，其聲嗚嗚然，仿佛海水汩没，令人哀慘耳。自老萬山至黄浦，虎門西南之形勝也。

[一] 司當東（George Thomas Staunton，一七八一—一八五九），即小司當東，曾隨馬戛爾尼使團（其父老司當東爲副使）來華，爲見習侍童。後任阿美士德使團副使。司當東曾任東印度公司的文書、大班兼翻譯，曾將《大清律例》譯爲英文。

[二] 萬國治，廣東東莞人，行伍出身，曾任廣海寨游擊、水師提標右營游擊、碣石鎮標左營游擊、龍門協副將。

[三] 唐盛高，廣西臨桂人，曾任水師提標前營都司、新會營參將、提標後營游擊、順德協副將等。

[四] 墩，原文作『蠍』，據上文校改。

亭步炮臺，一名新涌，在虎門東十里，東、新之要鎮也。嘉慶十四年，總督百建其上。

多波羅密，本西域種，佛氏所謂優鉢曇也。樹高三四丈，不花，實從枝杈間出，大如斗，重可三四十斤，皮厚，有軟刺，礧砢如佛頭旋螺，肉含勸間，叠如橘、柚，味甚香甘。山在海汊中，荒僻少居民。丙子夏，履因公過其處，時日甫出，而四山雲漫，滃然欲雨，肩輿至山側，忽見紅緑霞光從叢石間出，若山之吐雲，相距不及一丈，奇彩奪目，漸出漸高，回首南望，已亘出海外，截如半環，蓋曉虹也。考前人所論，或曰：『實有其物，形如蜓螾』，或曰『陰雨之氣，映日而成』。是皆以訛傳訛，未嘗親見之耳。設非適過其處，適遇其物，當必執前人之説，深信不疑矣。

合瀾山，在亭步東二十里。兩山對峙，海潮至是而合，故名。其下多蚝田。土人之種蚝也，率于正月初燒石令紅，投之海中，蚝輒生石上，房房相生。至五六月，其殼日長，廣可數十畝。及冬，駕小艇入水掘之，塊然若石，中多孔竅，孔中皆有蚝，肉味甚甘美，如蜱螯。挖出後，仍擲水中。明正取蚝殼，剔其泥沙，列行而種之，若町畦然。又明年，復洗而種之，生生不絶矣。偶得一塊，嵌空玲瓏，置之盤盎中，雖太湖、靈璧，不之若也。居民挾以爲利，各分畛域，相犯則爭。考《東莞縣志》，敬康海市爲八景之一。敬康，社名；海市者，蚝氣之所成也。土人云，每正月積雨之後，蚝田有白氣出，非烟非霧，須臾金彩焕發，光艷燭人，或成城市，或成樓臺，人烟輻湊，車馬駢闐，花木鳥獸，有影有聲。

微風乍起，蕩然無迹。誠海上之奇觀，惜未能目擊之耳。

烏[一]沙村，在合瀾東一里許。暗沙淤積，海水所不能刷，日久成坦，生莞草，可以爲席，東莞之得名以此。凡沙坦皆有居民，陳、李二姓争其利。嘉慶二十年，排械傷多命，巡撫董[二]飭，其地没入官。二十二年，復鬥，履親臨彈壓，丈其坦，得十頃零，請爲水師五營捕盗之費。又凡海濱沙坦，夏、秋時有雀，白質而黑章，形似練雀，以其禾生花時來，名禾花雀，蓋海魚所化也。土人取之，一網可得數百，肉腴而骨脆，海鄉之佳品也。霜降至，復入海爲魚。

碧頭村，在烏沙東五里，新安屬，即前所紀會剿洋匪魯亞歡、許啓猷處也。近其村者，若碧岡、燕村、岡邊，瀕海聚居，皆盗藪也。家置紅單船，販酒、米赴汕尾貿易，實則乘便劫掠。雖豐厚之家，亦必聚夥肆行，若世業然。是村有營汛，僅目兵十餘人，不足以資彈壓，必設千總一員，添兵百餘名，左營游擊仍不時巡查，縣官嚴編保甲，飭福永司管轄之，庶匪徒知警，不敢施其伎倆。然地屬新安，不容越境而請也。

南頭炮臺，在新安南門外一里許。海中有烏、白兩石，對峙中流，全粤之水，經虎門，繞南山，逶迤而東。嘉慶□年，總督□建。

南山，在炮臺南七里。臨海，上有雙石塔，有石，名仙人足。下出清泉，味甚甘美，鄉人恒祈雨于此。有龍爪石，石有龍爪紋。

[一] 烏，原文作『鳥』，據下文校改。

[二] 董教增，字益甫，又字觀橋，江蘇上元人，乾隆五十一年（一七八六）進士，授編修，歷四川布政使，安徽、陝西、廣東巡撫，閩浙總督。卒謚文恪。

赤灣，在南山之南。勢極開展，兩翼盤護葱蒨。鮜海在其左，大黄、大鏟、平洲、孖洲諸山在其右。上有天后宫，前臨大海，洪濤萬頃，一望無際，零丁諸峰壁立海中，爲之屏障。天后神甚靈應，船經此，必禱祀之。嘉慶某年，總督□建左右兩炮臺，以資防禦，亦扼要處也。

屯門山，在赤灣東。郡志云：大寶元年春，于寶安縣設屯門鎮，以重兵守之。明正德元年，佛朗機突至屯門，設立營寨，占據海島，膾炙生人，以充常食。海道汪鋐[一]用破舟載柴，繞出夷船後。時南風大作，火及，夷舶重大，不便轉移，盡被焚毁，遂大勝之。

琵琶洲，形如琵琶，去縣七十五里。爲左營、大鵬營交界之所。

杯渡山，在縣南二十里。宋有僧名杯渡，嘗以杯渡海，憩于屯門，故名。山勢高峻插天。南漢時封爲瑞應山。有滴水岩、杯渡庵、虎跑泉。韓愈、蔣之奇[二]各有詩。又有石柱二，高五丈，相隔四十步。其一以鯨魚入海觸之，折其半。石岩内有石佛像，約高五尺餘；有吊鐘，兩樹交枝懸之。

靈渡山，與杯渡對峙。僧杯渡嘗卓錫[三]于山下，得靈泉，味甚清洌。

杜角山，在縣南三十里。上多桂，兩山并秀，若總角然。其山有雲即雨，上有仙女梳

[一] 汪鋐，字宣之，婺源人，進士，仕南曹，擢廣東僉事，升浙江布政使，後以都御史提督南贛，擢吏部尚書。

[二] 蔣之奇（一〇三一—一一〇四），字潁叔，一作穎叔，常州宜興人。嘉祐二年（一〇五七）進士，官太常博士，升監察御史，因彈劾歐陽修貶監道州酒税。徽宗崇寧元年（一一〇二）知樞密院事，出知杭州。

[三] 卓錫：卓，直立；錫，錫杖，僧人外出所用。因謂僧人居留爲卓錫。

妝石，有泉水，甚甘美。

南亭竹没山，近老萬山。或云即東萬山也，或云在萬山西南，今謂之大嚴山。周回數十里，内有盧亭。居是山者，與民、蜑皆不通言語，俗傳爲盧循[一]之後，能入水捕魚，鮮食，以棕蘭竹籜爲衣，種類不多，今已亡矣。

大嶼山，本名大奚山，在縣東南百里。爲佛堂、急水二門之障，山有三十六嶼，周回二百餘里。有异鳥，見則大風。山下有村十餘，多鹽田，宋以爲李文簡[二]食邑。嘉慶十四年，總督百圍張保于此，將以火焚之，保乘間遁去。二十二年，總督蔣飭候補知府彭昭麟查勘，該處孤懸海外，爲夷船必經之所，又有大澳、東涌二處，可以收口泊船。二處亦俱有村落，居民稠密。其東涌向無汛房，惟大澳口原設守兵十三名，雖有鷄翼炮臺派大鵬營千總一員帶兵四十名駐札防守，但地勢闊寬，距東涌、大澳口遥遠，勢難兼顧。請在東涌口添建汛房八間，圍墻五十丈，抽撥大鵬營外委一員、兵丁二十名分駐；并請在大澳口西面近口左右村二處，各建垛墻四十丈，北面汛房後，亦建垛墻四十丈，以備隨時添兵架炮

[一] 盧循（？—四一一），字于先，范陽涿郡人。孫恩妹夫，孫恩以五斗米道起事失敗後，盧循統其餘衆，被任命爲永嘉太守。後與劉裕作戰失敗，乘船南下。于元興三年（四〇四）攻略南海郡，并進攻廣州，俘廣州刺史吴隱之。盧循自稱平南將軍，攝廣州事。義熙元年（四〇五），派使者向晋廷朝貢，被任命爲征虜將軍、廣州刺史、平越中郎將。後又興兵與晋軍作戰，被劉裕擊敗，盧循投水自殺。

[二] 李燾（一一一五—一一八四），字仁甫，一字子真，號巽岩，眉州丹棱人。紹興進士，任禮部郎中、秘書少監，繼直顯謨閣、寶文閣，遷秘閣修撰，進敷文閣學士、同修國史。謚文簡。著有《續資治通鑒長編》等。

之用。從之。工竣，檄履勘履[一]。其山勢極曠衍，凸凹孱顔，雖置大鵬之兵于此，不足以資分守。唯澳口多漁艇，民、蜑叢雜，不下數千艘，人皆狂悍善泅，習知水道，印以火烙，編其保甲，設澳長以率之，嚴出入以馭之，則漁艇可利于師舟；設不得其道，亦未嘗不可以爲寇也。是在參戎者善用之。

上下磨刀山，在大嶼北，龍鼓山南。其洋名以山，分上下，大嶼之要津也。

擔扞山，去新安三百二十里。山勢横亘，逼近重洋，下爲擔扞洲，有營汛。又西有山曰一門，又西曰二門，又西曰三門，又西曰山冚，其北曰大冚，又其北曰涌鞋，逼近萬山，皆外洋也。

蚊洲，在擔扞東。四圍潮水繞之，有井泉，味甚甘美。傳有船纜在海中，每天欲雨，則聞纜聲。

九龍山，在新安東一百三十里。有炮臺建于山岙。昔莞之南沙山有漁户兄弟九人，善泅水，一夕風月清朗，九人戲于海，皆化爲龍，栖其神于是山，故名。從山麓而上，連頓九層，周匝數十里。其石堅緻，可以爲礎戺。今之建設炮臺者，皆于此取石焉，砰磅之聲無一日息。舊傳下有大魚，不知其幾何丈也，揚其鬣，與山齊。山頂有天生石人，面向海，手握鐵丸以鎮之。丸在手，可旋轉而不能脱也。問之土人，云是魚已數十年不復見矣。其東爲糧船灣，有營汛。

官富山，在九龍東佛堂門之内。宋景炎中，帝嘗泛舟幸于此，殿基猶存。與梅蔚山行

[一] 原文如此。

宫并載縣志。舊有官富司署，今遷于赤尾村。

急水門，在屯門東。水勢湍激，震撼奔騰，雖龍門竹箭之險，不是過也。凡商舟自汕尾往來者，貧蜑奸民往往于此肆劫，不可不嚴爲之防也。有營汛。

鯉魚門，在急水東。俗傳鯉魚自是出海，則化爲龍。海道至是分爲二，一東抵大鵬，一東南抵沱寧。

佛堂門，在官富山之南。大洋之潮，皆自是上經南頭海貫虎門而入，有龍形刻于石壁之側。爲南頭出海外關，舊設哨船防守，今廢。有營汛。

白甲門，在佛堂東。潮流急駛，舟人之所畏也。

黑岩，在白甲東。自急水門至是，兩岸多山，勢狹而溜急。岩中窅窔深邃，日光所不能照，常昏暗若晦，盗賊之所潛也。

沱寧山，在大金門東，孤懸海中。其南爲青洲，西北爲亞媽灣，北爲燈籠洲，有炮臺，外委一員守之。其下産鮑魚，生啖之，味極鮮脆。

大鵬山，去縣百二十里，即大鵬營地也，有城在其上。按明末大盗羅欽贊[一]、李成[二]盤踞以爲巢穴，流劫東、新、歸善，民不聊生。順治十三年，新安知縣傅爾植[三]請于上，剿平之。一名七娘山，昔有仙女七人游此，以其形如鵬踞海中，故名。今以參將一員督兵一千名守之。其東南一山，包拱如城，可容兵船數十艘，先年洋匪常憑以爲險，明海道何

[一] 羅欽贊，廣東海盗，清初盤踞梅沙、葵涌等處，爲同夥李萬榮所殺。

[二] 李成，廣東海盗，事迹不詳。

[三] 傅爾植，順治十三年（一六五六）署任廣東新安縣知縣，其他不詳。

某壘石塞之。又有王母洞村，前有石，高數丈，俗傳爲王母妝臺。自是山以東，有三管筆山，其形如三筆矗立，去新安三百里，爲上大路，隸碣石鎮。

謹按：虎門，天險也。列代設險之制，缺不可考。自明設參將以鎮武山，知所當守矣。而部置不得其宜，致夷人猖獗于外，洋匪肆掠于内，則督臣咎也。我朝德化所被，薄海歸誠。南方四十八國，不憚涉重洋數萬里之險，納貢交市，繹絡往來，咸依仁宇，誠所謂『海隅出日，罔不率俾』[一]矣。而歷任督臣，復不忘思患預防之備。考自康熙時，法尚可喜之遺制，設建各路炮臺，而楊總督、吉相國、百協揆[二]，及今之蔣節相、阮宫保，踵而行之，增設要害之守，商訂防禦之術，所以除外患而靖内奸者，至詳且備。丙子夏，暎咭唎國遣使入貢。暎咭唎即古紅毛倭，東洋之大國也。其君懦弱而無威，其民獷悍而無禮，事無鉅細，皆商賈主之，君收其税而已。夷使之來，實大班[三]同噹嗹之所教也。乃以外夷僻陋，不諳朝儀，臨時乞以病免。天子憐其草野，却貢勿受，仍厚賜之，命由粤之虎門出外洋歸國。履隨同按察使司明山[四]，會水師員弁，護送夷使出洋，兼查各路炮臺，以資防守。駕槳船，由黄浦趨龍穴，東至大嶼山，周覽形勝，詳加考核。恍然于粤東之患，不在外夷，

[一] 語出《書·君奭》。

[二] 協揆：清代對協辦大學士的稱呼。

[三] 大班：稱外國公司、洋行的經理。

[四] 明山（？—一八三四），滿州鑲藍旗人，薩克達氏。乾隆六十年（一七九五）由筆帖式授刑部主事，嘉慶九年（一八〇四）升員外郎，歷郎中，山海關監督，熱河道，浙江、廣東按察使，福建布政使，貴州巡撫，雲貴總督。道光四年（一八二四）授刑部尚書。十三年因事降四級留任，十四年病免，旋卒。

在内盜，炮臺、兵房之設，所以防夷，而尤不可不防盜也。蓋夷之不足患者有三：道路不諳，一也；水米不濟，二也；攻戰不力，三也。番舶非極大，不能涉重洋，故其底入水必二丈許，海自老萬山以内，雖勢極汪洋，其下皆暗沙、巨石相間，愈入愈淺，惟中瀝或數十丈、或數丈可以通行，夷人必于澳門雇蜑户之熟于水道者引之，謂之引水，否則非滯于沙，即觸于石矣。且舟在虎門外則高，入虎門内則低，淡水力弱，則其舶愈不便轉移。此不足患者一。番舶之來，每艘必百餘人或數十人，所載糧米至多亦不過數千石。自其地至中國，經年累月，所耗者必已過半，設有不虞，營員守炮臺以阻之，列師艇以截之，東、香、新三縣率各巡司分堵口門，嚴斷奸民接濟，有不法者斬之，不數月，而夷人餓斃矣。且海水之性，邊大洋以北者清而紺，邊大洋以南者碧而黑，紺者猶可飲，黑者則鹵汁矣，而夷人之來，均在九、十月之交，海水春夏淡而秋冬鹹，其時涓勺不可入口，斷校椅之泉，截龍穴、大嶼之汲，不數日，而夷人渴斃矣。此不足患者二。若夫攻戰之術，夷所恃者，炮耳。其炮皆以銅爲之，盤螭鑱花，中刻幾千幾百幾十年鑄，蓋夷人以得國之日爲紀，易王不易年也。炮子則用生鐵，大者四十斤，小亦二十五斤，火藥之力較中國尤猛，炮火所轟擊可及三四里，誠勁敵也。然其舶不敢深入，不過停泊外洋，肆其凶惡耳。颶風驟起，則必遭傾覆。且炮火雖猛，在船施放，摇蕩必無定準，况炮可施于遠而不能施于近。但于月夕以蜑户小艇載火具潛伏其舶下，舶之布帆重叠，猝不能卸，又沉重不便轉移，加以火攻，頃刻灰燼，炮力無所于施。又或患其潛乘三板小艇上岸力戰，此尤不足患也，蓋夷人以布纏縛，兩腿不能屈折，又日與海波上下，足軟無力。凡與搏者，無論墮水仆地，一蹶即不能起，非若中國水師起伏擲跳、捷便即溜也。有此三不足患，夷人誠無能爲役矣。而洋匪之爲民害，則在在可虞，是誠不可不嚴治之也。蓋番、東、順、香、新五縣瀕海之地，去縣窵遠，貧蜑奸民，或搭寮于山凹，或駕艇于水次，形迹佹秘，遷徙無恒，村中間有富監耆老，類多由盜劫起家，大者駕紅單船，裝載酒米、糖果赴各路販賣，小者家置蝦笱艇，出洋采捕魚蝦，遇有客船載重者，一呼而集，恒數十人，殺劫貨物，駛至外洋偏僻之地，分携贓物而竄。官爲查拿，則生耆出結保領，委係貿易良民，而實則以盜保盜也。欲窮治其罪，又無贓據可證，轉致干妄拿平民之譴，不得不相爲隱忍。前十數年，督臣未悉其故，往往案無確據，概予省釋，以致張保、郭學顯、麥得勝[一]諸匪横行無忌，聯幫肆劫，動至數十百艘，往來洋面。自林、許兩鎮不靖，勢益披猖，流毒六縣，男婦死者以數萬計。天子軫念民艱，運籌勝算，以百協揆節制兩粵，整飭管伍，嚴斷接濟，圍張保于大嶼山，幾就縛，以賊婦鄭一嫂[二]救之獲免，乃奏下副將王國寶[三]等于獄。香山縣知縣彭昭麟復率蜑艇，雇番舶，截張保于芙蓉沙，賊糧盡勢蹙，相繼投首，復親臨雷州，誘麥得勝戮之，海氛于此一靖。然盜夥計不下數萬人，雖奉恩詔飭令歸農，官爲管束，而若輩不諳耕桑，性又凶惡，飲酒食肉，習與性成，田家之苦，非所能受，村中生耆，恃其凶惡，擇食四鄰，往往交結羽黨，潛出爲盜。上下兩路濱海地方，民多貧瘠，盜風猶不甚熾；六縣沙坦之富甲于通省，而商船之趨省會貿易者，莫不滿載貨物，交易往來，故搶割劫掠之患，惟中大路爲尤劇。是所賴大吏創制以袪其害，有司實力以發其奸也。嘗有邑父老請于履曰：『濱海

[一] 麥得勝，廣東海盜，事迹不詳。

[二] 鄭一嫂，石氏，廣東海盜鄭一妻，鄭死後統其衆，屢敗官軍。嘉慶十五年（一八一〇）四月與張保投降。

[三] 王國寶，福建人，曾任順德協副將。

之民，苦于盜久矣。虎門爲水師統轄之地，而劫掠之患，無歲無之。明府前請于蔣節相，移武山之兵房于閣西，而番、東之盜不敢復出；今又請于阮宮保，建炮臺于大虎山，橋頭、雙岡之盜，誠不敢熾矣。然西而番禺市橋、順德陳村、香山黄角之盜，未嘗不從蕉門出也；東而新安碧頭、岡邊、燕村、碧岡之盜，未嘗不潛出于佛堂門、龍穴山以肆劫也。東莞雖可即安，他縣之患未息，明府其何以籌之？』履曰：『余爲東莞令，知爲東莞謀耳，他縣非所能及也。無已，則有一焉。按：香山，海疆也，而設澳門同知以撫夷人，而夷人戢安。東莞海疆，較香山爲尤要，是番舶之要津、盜賊之淵藪也。若裁廉防同知缺，移置虎門爲直隸，繁缺同知割缺口，福、永兩巡司爲之屬官，守汛員弁亦得節制，以彈壓夷人、緝捕盜賊。凡紅單船出海貿易者，沿海口岸有司稽之，非同知照，不准入口，仍嚴究之；蝦笱艇之出海采捕者，各炮臺營汛武弁稽之，非同知照，不准出洋，亦仍嚴究之。凡夷船之報單，必報于同知而轉達之；凡軍門出巡回署，及師船之巡至某所，皆按期報之；瀕海居民統衆械鬥者，亦得隨時禁捕之，則夷船出入有所稽查，凶匪畏忌，不敢復熾，營員勤惰，亦不致漫無覺察，而鹽梟私販，且必知所畏忌，不敢出入口門。所謂「設官以經之，置使以緯之」[一]也。然是謀也，非履所能及也，容請于大府圖之。』

嘉慶二十三年正月上燈日，振履又識

[一] 語出杜佑《通典・職官・歷代官制總序》。

一、清料船以靖海氛。看得盗船横行，非假商、漁，無能出海；非通經紀，無能作奸。西海之船，有名曰高頭料者，破浪輕快，利于涉險，往往爲盗。先年曾經禁阻，海上賴以無虞；邇來法久廢弛，此船復出，倚藉宦家旗帖，執爲護身之符，串謀不肖經紀，詐稱腌魚之客，哨兵難詰真僞，商、漁罔知堤防，屢罹其殃。且一劫揚帆，莫得踪迹，詢之輿情，誠當禁者。然以諸强半泛海爲業、采捕爲生，一方軀命攸關，又所不能禁也。卑縣籌之，惟立法以清之耳。凡有料船腌魚者，許經紀赴縣報名具結，船户某、商人某、駕船某某若干人，給印信合同串票，簽定出海日期，與該汛哨兵截票各執一過，盤詰照驗對合放行，哨兵不得生事。其船回于何日，亦注票内繳察。此船不過數十隻，逐一出票，稽其出入，則人之奸良自無所容。如無票照，即係歹船，該哨立時拿解，盡法究懲，兵役故縱，一體坐罪，海氛其可永靖。

一、編蜑甲以塞盗源。看得海洋聚劫，多出蜑家，故欲爲海上清盗藪，必先于蜑家窮盗源。何也？蜑艇雜出，鼓棹大洋，朝東夕西，栖泊無定，或十餘艇，或八九艇，聯合一䑸，同罟捕魚，稱爲罟朋。每朋則有料船一隻，隨之腌魚。彼船帶米以濟此蜑，各蜑得魚歸之料船，兩相貿易，事誠善也。但料船素行鮮良，多伺海面，商、漁隨伴船少，輒糾諸

[一] 周希曜，字道升，旌德人，舉人。崇禎十三年（一六四〇）任新安縣知縣。
[二] 條議：指分條陳述意見的奏疏或文書。

蛋，乘間行劫，則是捕魚而反捕貨矣。當事者未嘗不三令五申也，然弭盜之方總不外于總甲。今議十船爲一甲，立一甲長；三甲爲一保，立一保長。無論地僻船稀，零星獨釣，有無罟朋，大小料船俱要附搭成甲，編成一保，互結報名，自相覺察，按以一犯九坐之條，并繩以朋罟同鯮之罪。甲保一嚴，奸船難閃，則盜藪不期清而自清，盜源不期塞而自塞。

雙鴛祠傳奇

弁言

李君亦珊，福建閩縣人，仕廣州别駕[一]，不得于其親，一弟又桀驁不可馴，自甘凉[二]解餉歸，抑鬱成疾，疾日篤，且死。一棺之外，四壁蕭然。其妻蔡氏謂老婦曰：『吾夫甫死，無一過問者，設久殯此，其何以歸！我將死之。聞者或憐我之節，送吾夫歸，吾翁姑[三]亦藉以同歸。我無憾矣。』乃冠帔[四]拜堂上，自縊死。移棺于庵。人莫不哀蔡之節，亦卒無議歸其喪者。同官某之妻某，聞于老婦而憫之，乃屬其夫醵金以助，仍己出二百金，送以歸，且立廟祀之。粤中傳其事久矣。柘庵先生卸事閑居，素工音律，爰屬爲傳奇，被諸管弦，流連倡嘆，庶愚夫愚婦聞聲興感，憫其遇，高其節，而各成其志焉，未始非風俗之一助也。

[一] 别駕：官名。漢代州刺史的佐官，因隨刺史巡行視察時另乘車駕，故稱爲『别駕』。李亦珊任廣州通判，故稱。
[二] 甘凉：清置甘凉道，其地在今甘肅省張掖縣。
[三] 翁姑：公婆。
[四] 冠帔：古代婦女之服飾。冠，帽子。帔，披肩。此處猶言『盛裝』。

時庚辰中和[一]日，盱眙汪云任孟棠[二]甫題于禺山官署

顧序

琵琶彈出，字字酸心；觱篥吹來，聲聲慘語。所以落瓊魄于青衫[三]、合綺思于檀板[四]者，其惟仲君柘庵所作《雙鴛祠》曲本乎？以彼亦珊翳桑[五]薄宦，枳樹寒栖，生乎難養，死也安歸？艱難彈鋏之歌，宛轉破甑[六]之泣。靈衣瑟瑟，旅殯蕭蕭。司馬魂歸，但存少

[一] 中和日：即中和節，民間傳統節日之一。此節日乃由唐德宗下詔成立。相傳每年農曆二月初一爲太陽真君的生辰，民間習于是日相互贈送百穀、瓜果，并以『太陽鳩糕』祀日，祈求農作物豐收。見《新唐書·李泌傳》。

[二] 汪雲任（一七八四—一八五〇），字孟棠，號藺園，安徽盱眙人。嘉慶二十二年（一八一七）丁丑科進士。曾任廣東三水、番禺等縣知縣，擢廣西歸順州知州，署思恩府知府，移江西贛州府知府，服闋後授蘇州知府兼護蘇松太道，擢山東督糧道、陝西按察使權布政使等職。著有《藺園詩文稿》《汪孟棠太守詩鈔》。

[三] 青衫：唐代低級官員所著衣衫。白居易《琵琶行》：『座中泣下誰最多？江州司馬青衫濕。』

[四] 檀板：樂器名。檀木製的拍板。

[五] 翳桑：本指桑陰。《左傳·宣公二年》：『初，宣子田于首山，舍于翳桑，見靈輒餓，問其病。曰：「不食三日矣。」』後以喻指飢餓。

[六] 破甑：典出《後漢書·郭太傳》：『孟敏，字叔達，鉅鹿楊氏人也。客居太原，荷甑墮地，不顧而去。林宗見而問其意。對曰：「甑以破矣，視之何益？」』後遂以『破甑』喻不值一顧的事物。這裏反用其意。

婦；中郎嗣隕[一]，尚有衰親。天乎已酷，人也何堪！而乃平生杯酒，莫爲招魂，向日同袍，鮮聞斂爪，致使老親成末路之孳，弱婦賫黄泉之痛。鴛鴦血挂，青冢無歸；蛺蝶灰沈，金錢難卜。于是厮養傷心，監奴墮泪。動秦庭之哭[二]，故主恩多；望蜀道之遠，纍臣情重。遂使義烈起于巾幗，廟貌比于蟂蟣。柘庵掞張綺語，姱飾幽修，前者欷歔，後者咽塞。同官視此，當何如耶！從此梨花春早，譜成南部之詞；薜荔烟深，補入《大招》[三]之句。别鴛有知，靈其慰矣。

時庚辰仲春中浣[四]，長洲顧元熙[五]序

[一] 中郎：漢代著名學者蔡邕曾爲中郎將，故稱。蔡邕無子，一女名文姬，著名文學家。

[二] 秦庭之哭：春秋時，吴國進攻楚國，楚臣申包胥奉命到秦國求援，在秦庭倚墻而哭，歷七日夜，哭聲不絶，秦王遂出兵援楚。見《左傳·定公四年》。原指向别國請求救兵，後指哀求别人的幫助。

[三] 《大招》：楚辭篇名，據説是屈原爲招懷王魂而作。

[四] 中浣：古代官吏中旬的休假日。

[五] 顧元熙（一七八一—一八二二），字麗丙，號耕石、耕石道人、掃花仙史等，江蘇長洲人，嘉慶十三年（一八〇八）鄉試解元，嘉慶十四年（一八〇九）會試榜眼，二十四年任廣東學政，卒于任。著有《顧耕石先生詩集》《蘭修館賦稿》《説文部次便覽》等。

天生烈性誰能比，妾薄命，甘同死，郎不歸來儂去矣。一腔幽憤，半生勞瘁，付與東流水。有客閑將紅豆記彤管[一]，臨摹斷腸事，觀者傷心同墮淚。紫絨氈上，紅牙[二]聲裏，凜凜餘生氣。（調寄青玉案）

山陰李澐鐵橋拜題

[一] 彤管：指史筆。

[二] 紅牙：樂器名。檀木製的拍板，用以調節樂曲的節拍。

雙鴛祠傳奇題詞

光山戴錫綸東塘[一]

暫乞官身不放衙，閑賡楚些[二]按紅牙。翻將新樣房中曲[三]，散作蠻天海曙霞。

俠腸熱血入新詞，忍見從容就死時。活現鴛鴦長比翼，珠龕綉閣兩蛾眉。

按拍都將稾臼捐，一番豪竹一哀弦。何當老我偕諸俊，也向場中説可憐。部内木石老人柘庵自謂，盧江別駕爲何沛雲，關西權使爲楊筱平，平陽大令爲汪孟棠，譙郡司馬則鄙人也，亦預其間，謂非厚幸。

酬他廟祀送麒麟，福善昭昭信有神。不見陽春纔脱稿，明珠潤筆報殊珍。柘庵此曲甫成，恰有弄璋之喜。

[一] 戴錫綸，字欽九，號東塘，光山人，乾隆四十五年（一七八〇）舉人，五十二年考取覺羅教習，歷任澄海、合浦、南海知縣，擢南雄直隸州知州，遷綏猺同知，道光元年（一八二一）知羅定州，擢高州府知府，尋入欽天監供職。著有《樂静軒詩鈔》二卷。

[二] 楚些：《楚辭·招魂》是沿用楚國民間流行的招魂詞的形式而寫成，句尾皆有『些』字。後因以『楚些』指招魂歌，亦泛指楚地的樂調或《楚辭》。

[三] 房中曲：《漢書·禮樂志》：『周有《房中樂》，至秦名曰《壽人》。』漢高祖有《房中詞》，武帝有《房中歌》。

江寧龔　鯤北海[一]

簿書纔了又文章，政績詞華兩擅場。閑搦如椽一枝筆，爲他潛德發幽光。
弱草栖塵謾自驚，泰山死重一身輕。唱隨不隔人天界，直向泉臺挈手行。
俠腸友誼重同官，香火從今永不刊。百尺貞珉褒節烈，天書爛熳舞龍鸞。
陰陰榕葉護新祠，丹荔黄蕉佐酒卮。讀到迎神送神曲，女蘿山鬼擬騷詞[二]。

天津楊紹庭筱平[三]

烈性金堅，俠腸火炙，兩般自古爲難。讓他香閨麗質，占斷人天。愧殺鬚眉男子，誰能到處口碑鎸？羊城裏，後先輝映，一對嬋娟。　還更想，雙别駕，虧附他驥尾，博得名傳。從今紅牙，譜入争要先看。不是老人留滯，白頭誰與寫金荃？好同取，心香一瓣，共祝名山。調寄慶清朝慢

[一] 龔鯤，字北海，江蘇江寧人，舉人，曾任新安、南海等知縣，肇慶、廣州知府，湖南按察使。
[二] 騷辭：楚辭。《山鬼》爲《楚辭·九歌》之一章，首句爲：『若有人兮山之阿，被薜荔兮帶女羅。』女羅，植物，即菟絲。
[三] 楊紹庭，直隸天津人，貢生，由户部候補員外郎南河捐輸議叙鹽運司運同，任兩廣鹽運司運同、潮州運同。

錢塘何玉池沛雲[一]

年來奔走名場，過眼匆匆誰記？檀板催人，想到四年前事。雙棺冷落無人問，一見一回垂淚。僅捐金、收拾幽栖半畝，剪蔬相慰。　嘆招魂、魂不歸。紅蠟下，鐵笛新聲相倚。楚些歌殘涼月白。蝙蝠空庭飛起。愧何郎，得藉春風詞筆，現身場裏。調寄陌上花

元和徐香祖秋崖[二]

缺陷幻成世界，憂患注定人生。何苦天公播弄，要替烈婦傳名。奇節剛逢奇俠，奇人還賴奇文。從此璇閨嘉話，不徒珠海馨聞。

長白觀　瑞竹樓[三]

含玉成冤，捐珠填恨，恰被蛾眉雙占。名滿羊城，一路口碑傳遍，誇巾幗，名壓紅妝，

[一] 何玉池，錢塘人，監生。曾任廣糧通判，連山綏猺同知、羅應州知州，後以同知分發湖南，攝理新寧縣知縣，卒于官。

[二] 徐香祖，字藹生，號秋崖，江蘇元和人。舉人，歷署廣東順德、增城知縣。道光二年（一八二二）署番禺知縣，補授鶴山知縣。四年改南海知縣。遷佛崗同知，署連州知州。卒于官。

[三] 觀瑞，字祇异，號竹樓，一號雪堂。滿洲正白旗人，姓索綽絡氏。嘉慶十五年（一八一〇）舉人，官文昌知縣，調廉州同知，升南雄知州，江西鹽法道。著有《郵程紀事草》《卧簾日記吟》《瓊南唱和詩》等。

寫彤管句成黃娟[一]，惜輪他傅粉何郎[二]，登場說法全身現。可憐今夕何夕，得向氍毹[三]上，雙窺人面。泪落燈前，腸斷一聲何滿[四]。摹小步，花鳥依人。奏長歌，管弦清婉。嘆我輩，聽鼓匆匆，愧抱琴人遠。（調寄臺城路）

河陽郭際清巘亭[五]

一個烈佳人，殉節甘同死，白練黃泉了一生。千載餘生氣。　一個俠佳人，閨閣敦名義，不惜釵環濟憫艱，賽過奇男子。（調寄卜算子）

[一] 劉義慶《世說新語·捷悟》：『魏武嘗過曹娥碑下，楊脩從。碑背上見題作「黃絹幼婦，外孫齏臼」八字，魏武謂脩曰：「解不？」答曰：「解。」魏武曰：「卿未可言，待我思之。」行三十里，魏武乃曰：「吾已得。」令脩別記所知。脩曰：「黃絹，色絲也，于字爲絶；幼婦，少女也，于字爲妙；外孫，女子也，于字爲好；齏臼，受辛也，于字爲辭，所謂絶妙好辭也。」魏武亦記之，與脩同，乃嘆曰：「我才不及卿，乃覺三十里。」』

[二] 傅粉何郎：三國魏駙馬何晏儀容俊美，平日喜修飾，粉白不去手，行步顧影，人稱『傅粉何郎』。

[三] 氍毹：一種毛織或毛與其他材料混織的毯子。可用作地毯、壁毯、床毯、簾幕等。演劇用紅氍毹鋪地，因用以爲歌舞場、舞臺的代稱。

[四] 何滿：唐玄宗時著名歌者，即何滿子。白居易《何滿子》詩序：『開元中，滄州有歌者何滿子，臨刑，進此曲以贖死，上竟不免。』元稹《何滿子歌》：『何滿能歌，聲宛轉，天寶年中世稱罕。嬰刑，繫在囹圄間，下調哀音歌憤懣。梨園弟子奏玄宗，一唱承恩羈網緩。便將《何滿》爲曲名，御譜親題樂府纂。』

[五] 郭際清，雲南河陽人，嘉慶十二年（一八〇七）順天鄉試舉人，官饒平知縣、澳門海防軍民同知、連山綏猺同知等。

秦州吴廷揚義麓[一]

飲冰不惜未亡身，解佩能回地下春。歌罷酒酣同太息，古今出色是佳人。

羊城逸老譜新詞，裝點神奇騁秘思。一曲慨慨紅蠟下，《離騷》遺響付紅兒。

無爲盧殿楠寅谷[二]

京洛歸來，正詞人老去，閉户偷閑，閑將紅豆裝點。出色嬋娟，烈腸俠骨。譜新聲、占斷人天，却更比《琵琶》真摯，不徒玉茗[三]流連。恰笑何郎何幸，與通眉李賀[四]，依附同傳。都賴深閨弱質，特地成全。紫氍毹上、舞紅兒，細奏朱弦[五]。從此後、人間天上，都成美滿因緣。調寄漢宮春

長白宋如楠蔭川[六]

自古從容就義難，可憐琪樹共摧殘。酒闌歌罷重搔首，絳蠟風生玉笛寒。

[一] 吴廷揚，甘肅秦州人，舉人，官三水、新安、鶴山、開平、東莞等縣知縣。

[二] 盧殿楠，安徽無爲人，貢生。官和平縣知縣、肇慶府通判、高州府同知、化州知州、萬州知州。

[三] 玉茗：著名戲曲作家湯顯祖室號「玉茗堂」。

[四] 李賀，唐代著名詩人，字長吉，昌谷人。有《李長吉歌詩》。通眉：兩眉相連。李商隱《李賀小傳》：「長吉細瘦，通眉，長指爪，能苦吟疾書。」後以「通眉」指李賀。

[五] 朱弦：用熟絲製的琴弦。泛指琴瑟類弦樂器。

[六] 宋如楠，漢軍鑲紅旗人，舉人。官大埔、永安、電白、新會、和平、香山等縣知縣。

作宦經年寄穗城，何郎曾與訂心盟。那知今夜燈前見，附驥居然享令名。
絶世風流仲柘庵，拈將紅豆譜瑶函[一]。從今檀板金尊下，争唱新詞遍海南。

長白吉　安虚白[二]

殉節捐資兩足奇，憑誰妙筆寫新詞。丈夫事業歸巾幗，愧煞人間輕薄兒。

承德王天寧静圃[三]

玉樹凋殘誰與憐？閨人血泪委黄泉。至今埋骨青山外，墓草香生瘴海天。
何郎何幸得名姝，俠骨峥嶸愧丈夫。從此石麟[四]天附與，他年預卜慶充閭[五]。
手版纔抛羨此翁，頭銜新署印泥紅。歌成不作風塵吏，紅粉香奩太史公[六]。

[一] 瑶函：玉製的書套。泛指珍貴的典籍。
[二] 吉安，正白旗漢軍，舉人，官西匯關批驗所大使、大洲場大使、電茂場大使、廣盈庫大使、博茂場大使，番禺、東莞等縣知縣。
[三] 王天寧，後更名焯，直隸承德人，嘉慶十四年（一八〇九）舉人，曾任山東高密縣知縣，後補廣東，任長樂、普寧、順德等縣知縣。
[四] 石麟：即石麒麟，對幼兒的美稱。
[五] 充閭：光大門庭，用爲賀人生子之詞。
[六] 太史公：司馬遷繼其父司馬談爲太史令，後世多以「太史公」稱司馬遷。

興化鄭　鑾子彥[一]

小部徵歌，燭影搖紅，乍起悲聲。嘆角弓情絶，號天路隔。刀環唱斷，化石身輕。匹練纏冤，麻衣染血。哭到黃泉鬼亦驚。抛難盡、任珠江滚滚，泪迸珠傾。　蒼蒼未必無情，但生也堪哀，死也榮看。龍章寵錫，春生抔土，鴛祠倡建，義重友生。檀板招魂，氍毹現相，事比《紅樓夢》更真（木石老人伯氏雲瀾先生有《紅樓夢傳奇》）。全無悶羨，塤篪[二]伯仲，有恨都平。（調寄沁園春）

常熟宗德懋牧崖[三]

天上雙星墮，塵間一霎優曇化。撇了榮華，厮守定、三生證果。就義從容，巾幗無多個。縱苟活、蜂蠆争摧挫，欲九原隨唱，誰是招魂楚些？　幸遇中山[四]也，瓶笙調曲聲情寫，恨月愁花。渾唱得、寒雲深鎖。千萬難言、舞板工嘲罵。聽下泪簌簌如瀉算。曲傳南嶺，不枉芳名遠播。（調寄安公子）

[一] 鄭鑾（一七八二—一八五三），字子硯，江蘇興化人，鄭燮從孫。嘉慶十二年（一八〇七）舉人，二十二年大挑知縣，分發廣東，任仁化、吴川等縣縣令，後改河南，任魯山縣令。著有《魯山集》《梁園集》《嶺海集》等。

[二] 塤篪：塤、篪皆古代樂器，二者合奏時，聲音相應和，因常以『塤篪』比喻兄弟親密和睦。

[三] 宗德懋，字牧崖，江蘇常熟人，諸生。同知程某助貲爲縣佐，試職粤東，大吏延參記室，充督院巡捕垂二十年。歷官南海主簿、三水縣丞，多帶職而未履任。著有《説文類纂》等。

[四] 中山：此處即『中山毫』，用中山兔毛所製的筆。常用爲名筆的代稱。

盱眙汪云任孟棠

願化雙鴛，不願向、人間憔悴。便摧挫、那能磨滅，貞心烈氣。巾幗盡除兒女態，泉臺重領夫妻味。却嚴妝、再拜别姑嫜，從容死。　嘆雙櫬，停蕭寺，有誰去燒錢紙？仗故人慷慨，揮金好義，餒鬼不教啼异域，殘魂終得還鄉里。送桐棺、載上木蘭舟，交全矣。寄調滿江紅

筆底詞瀾起，寫淋漓，許多懊惱，許多歡喜。此老掀髯高唱處，聽者攢眉酸鼻。搜奇句、筆驚鬼神。風化人間傳萬古，付梨園、一一調宫徵。表潛德、勝青史。　笙歌妙部誇新制，眼前人、齊登場上，大都是戲。唱到悲凉聲欲絶，字字教人心碎。重勾惹、欷歔往事。難得閨幃逢俠友，問論交、生死談何易。座中客，感而涕。調寄金縷曲

丹徒張　署雲門[一]

菊部梨園總擅長，尊前傀儡看登場。全憑才子生花筆，今事都從古尺量。

清歌一曲幾回頭，檀板金樽宴未休。自現法身來説法，鬚眉巾幗各千秋。

泰州許兆龍御堂[二]

生就烈心腸，殉節偕亡。雙棺蕭寺太荒凉，一任含冤烟瘴裏，誰闡幽光？　閨閣最

[一] 張署，江蘇丹徒人，順天府大興籍，嘉慶二十四年（一八一九）進士。曾任英德、惠來等縣知縣，升知州。

[二] 許兆龍，待考。

情長。吩咐何郎，爲他立廟答烝嘗，更羨關心風化者，譜入宮商。調寄過龍門

吉水陳懷彦補初[一]

烈骨生香，俠腸如火，天生巾幗男兒。點鼓登場，座中惜我來遲。雙鴛未睹光儀。祇尋春、底印曾窺。妒煞何郎，是何福分？消受蘭姨。　詩人老去，彩筆留題，臨摹苦況，描寫芳姿。俠腸烈骨，都憑羽换宫移[二]。檀板聲催，占人天、一對蛾眉。令人思，鵑啼去後，麟降來時。調寄夏初臨

山陰沈德溥玉泉[三]

賦罷皇華百感侵，酸辛訣别室中人。最憐病骨支離甚，甘旨猶思奉老親。

鏡臺倏爾兩分離，無限悲哀祇自知。一縷真情三尺帛，笑歸泉下續齊眉。

就死從容心志堅，如斯節烈感人天。雙棺歸葬還留祀，賴得同官内助賢。

木石老人擅妙才，閑憑湘管出心裁。奇文真足傳奇事，從此芳魂慰夜臺。

繪影宣情真妙手，風雅宜人無出右。此翁天欲展其才，故教分散鴛鴦耦。亦珊伉儷厚，

[一] 陳懷彦，字鶴升，一字補初，江西吉水人，監生。歷任陝西郿縣、長安，廣東陽春、饒平、番禺知縣。後升南澳同知，署肇慶、韶州府知府，兩任潮州運同。卒于官。

[二] 羽换宫移：指樂曲變調，也指事物的内容發生了變化。

[三] 沈德溥，浙江山陰人，順天籍，監生。曾任興寧、海陽、花縣等縣知縣。

歌殘黃鵠[一]歸泉九。這般情、一經譜出，揮淚遍僚友。登場羡煞雙閨秀，烈骨俠腸天付就。悲思曲導管弦中，通神不羡鈞天奏[二]。雙魂今返否？宫商引處如重覯。聽新詞，動流至性，壓倒梨園舊。調寄歸朝歡

甘泉齊　瀾德泉[三]

郎恩山重妾身輕，地老天荒此日情。莫作尋常兒女看，繞梁聲是斷腸聲。

譜出清詞結構新，登場自現宰官身。曲終夜月凉于水，誰似高眠閉户人？

閩縣陳上彤桐皋[四]

宰官一現比曇花，彤管芳聲更足誇。譜出雙鴛新樂府，悲風颯颯動箏琶。

[一] 黃鵠曲：劉向《列女傳·魯寡陶嬰》載：陶嬰少寡，不再嫁，『作歌明己之不更二也，其歌曰：「黃鵠之早寡兮七年不雙，鵷頸獨宿兮不與衆同。」』，因以名曲。

[二] 鈞天奏：即鈞天廣樂。《史記·趙世家》：『趙簡子疾，五日不知人……居二日半，簡子寤。語諸大夫曰：「我之帝所甚樂，與百神游于鈞天，廣樂九奏萬舞，不類三代之樂，其聲動人心。」』後因以『鈞天廣樂』指天上的音樂，仙樂。

[三] 齊瀾，道光五年（一八二五）因任藩庫管庫時『假造文領，描摹印信，兩次冒領庫銀，數至逾萬』，而『即予勾決』（《清實録》卷八八『道光五年（一八二五）九月上』）。

[四] 陳上彤，原名上桐，福建閩縣人，嘉慶十二年（一八〇七）丁卯科舉人，曾任樂昌、龍門縣知縣。

變起家庭事可哀，忍教奇節委蒿萊。君看宜臼申生[一]死，那復笄珈[二]殉夜臺[三]。

交情張范[四]死生知，不但招魂唱楚詞。一曲傳芭[五]斜日晚，廟門鴉影颭靈旗。

凄凉法曲[六]按梨園，大有風人[七]美刺[八]存。敢作木魚歌[九]一例，奇文真比泰山尊。

[一] 宜臼申生：宜臼，申后子，周幽王太子，因幽王寵愛褒姒，被廢。幽王被犬戎所殺後，申侯、魯侯及許文公立宜臼爲王，是爲平王。申生，晋獻公世子，因晋獻公寵妃驪姬陷害而被殺。

[二] 笄珈：原指婦人首飾，亦代指婦女。

[三] 夜臺：墳墓，亦借指陰間。

[四] 張范：亦作『范張』，東漢范式、張劭的并稱。二人友善，重義守信，有死友之稱。後常以范張比喻生死不渝的至交。見《後漢書·獨行傳·范式》。

[五] 傳芭：祭祀時，舞者手執香草，相互傳遞。《楚辭·九歌·禮魂》：『成禮兮會鼓，傳芭兮代舞。』

[六] 法曲：一種古代樂曲。東晋南北朝稱作法樂。因其用于佛教法會而得名。原爲含有外來音樂成分的西域各族音樂，後與漢族的清商樂結合，并逐漸成爲隋朝的法曲。其樂器有鐃鈸、鐘、磬、幢簫、琵琶。至唐朝又攙雜道曲而發展至極盛階段。著名的曲子有《赤白桃李花》《霓裳羽衣》等。

[七] 風人：詩人。

[八] 《詩·召南·甘棠序》『美召伯也』，孔穎達疏：『至于變詩美刺，各于其時，故善者言美，惡者言刺。』

[九] 木魚歌：又稱摸魚歌，彈詞類粵語説唱曲種，形成于明萬曆二十八年（一六〇〇）以前。

荆華女史貽釵[一]

地老天荒郎不歸，蛾眉奇節世尤希。登臺既爲韓憑[二]死，應作鴛鴦比翼飛。

歌成黄鵠有陶嬰[三]，烏鵲詞留死後名。今日雙鴛新譜出，又傳奇節滿羊城。

[一] 仲貽釵，或爲仲振履過繼之女，陳上彤繼室，即通常所稱仲孺人者。

[二] 干寶《搜神記》卷十一『韓憑妻』：『宋康王舍人韓憑，娶妻何氏，美，康王奪之。憑怨，王囚之，淪爲城旦。妻密遺憑書，繆其辭曰：「其雨淫淫，河大水深，日出當心。」既而王得其書，以示左右，左右莫解其意。臣蘇賀對曰：「其雨淫淫，言愁且思也；河大水深，不得往來也；日出當心，心有死志也。」俄而憑乃自殺。其妻乃陰腐其衣。王與之登臺，妻遂自投臺，左右攬之，衣不中手而死。遺書于帶曰：「王利其生，妾利其死。願以尸骨，賜憑合葬。」王怒，弗聽。使里人埋之，冢相望也。王曰：「爾夫婦相愛不已，若能使冢合，則吾弗阻也。」宿昔之間，便有大梓木生于二冢之端，旬日而大盈抱，屈體相就，根交于下，枝錯于上。又有鴛鴦，雌雄各一，恒栖樹上，晨夕不去，交頸悲鳴，音聲感人。宋人哀之，遂號其木曰「相思樹」。相思之名，起于此也。南人謂此禽即韓憑夫婦之精魂。今睢陽有韓憑城，其歌謠至今猶存。』

[三] 劉向《列女傳·魯寡陶嬰》載，春秋魯陶門之女陶嬰，少寡，撫養幼孤，紡績爲生；魯人或聞其義，將求匹。嬰聞之，乃作《黄鵠之歌》以明志。魯人遂不敢復求。

雙鴛祠傳奇

泰州群玉山農填詞

第一齣　點譜

（末白鬚，穿常服、朱履，引院子上）

【正宮引子·破齊陣】笑我將登道岸，牽人猶滯名場，志絶雲從，心關風化，細把紅牙評量，舊事今朝重提起，潛德猶爭日月光，霏霏彤管香。

我木石老人，江左迂儒，嶺南末吏。覆盆[一]難照，愧膺百里之封；善刀可藏[二]，聊爲六月之息[三]。去臘卸事閑居，娱情筆墨，但俟交代一清，便可青鞋布襪行矣。昨與盧江别駕談及亦珊兄與蔡安人夫婦偕亡之事，鵾鳩一鳴，鴛鴦雙死，言之墜泪，聞者傷心。屬我調叶宫商，表揚節烈。現已點訂成譜，付與梨園，令其演習。今日約得同好數人，來觀新劇。院子，可將子弟[四]們唤出來，待我指示一番者。（院子向内唤介）（生旦净丑同上）（生）不讀詩書做秀才，（旦）常將脂粉膩香

[一] 覆盆：見《弇餘稿》「伏盆」注。

[二] 《莊子·養生主》：「善刀而藏之。」陸德明釋文：「善，猶拭也。」後用以指事前的准備。

[三] 《莊子·逍遥游》：「《諧》之言曰：『鵬之徙于南冥也，水擊三千里，摶扶摇而上者九萬里，去以六月息者也。』」

[四] 子弟：戲曲藝人。

腮。（净）本來面目無人識，（丑）粉蝶兒飛上鼻頭來。（同向末行禮介）老爺在上，優人們叩頭。（末）起來，你們新戲已演熟了麽？（衆）俱已演熟。但是這中間情節，還求指示一番。（末）聽我道來。

【雙調集曲·風雲會】個中情況，須當細演裝。把悲愁心病，憤烈形狀，揣摩仔細詳。嘆人生最苦，嘆人生最苦，莫過欲訴無門，骨肉參商。情篤閨中，恩捐堂上，此事堪惆悵。嗏，一片烈心腸，視死如歸，天地含悲愴。虧了那盧江别駕呵，他却肯捐貲建廟堂，把幽魂妥供養，纔博得封題節烈，麟麟炳炳，詔從天降，詔從天降。

（外、副末、小生、貼冠帶引隊子上）聽鼓匆匆日已晡，又來閑處覓歡娱。今宵重晤故人面，别後幽魂相識無？（外）下官譙郡司馬是也。（副末）下官關西榷使是也。（小生）下官盧江别駕是也。（貼）下官平陽大令是也。（相見介）今日木石老人《雙鴦祠》新曲演成，相邀同賞，須索走一遭者。（到介）（院子）禀爺，諸位老爺到了。（末起迎介）（生旦净丑暗下）（相見介）（衆）宦海浮沉不計年，（末）果然無事是神仙。（合）今宵燈下觀新劇，死死生生各自憐。（坐介）（吃茶介）（衆）閣下《雙鴛祠》新曲演成，自當領教，仍望將稿本先賜一觀。（末）

【前腔】奇文欣賞，不才何敢當。但孝思難剖，性烈難仿，這寃情宜表揚。况當年人去，况當年人去，冥漠無言，道路悲傷。氣鬱桐棺，悲生花棒，寫不盡凄凉况。嗏，血泪滴珠江，蘸墨成花，并蒂毫端放。（向袖中取稿本付衆介）衹是鄙人呵，奔馳筆墨荒，勞瘁心思莽。那得從容寫就，凄凄慘慘，可憐情狀，可憐情狀！

莽字用得響，又穩又透又奇，合黄金鑄之。東塘

（衆同看介）妙呀，辭欲騁而仍留，意將通而未露。把當日難言之隱，盡付諸唱嘆之餘。閣下真是曲子相公矣。（末）豈敢，鄙人連日枯坐，頗覺閑適，此篇不過數日而成，以視當初馬上聳肩、輿中叉手，竟有仙凡之别了。

【前腔】逸情雲上，閑中晷刻長。把常時瑣碎、舊日魔障，都付與筆尖兒，一掃光。却降心細揣，却降心細揣，寫那鏡裏鸞單、冢上鴛雙，不作牢騷，自然凄愴。鬼斧相摩盪。嗏，彤史[一]已無望，祇得闡發幽輝，聊代鴻都榜[二]。却可惜含悲守洞房、埋憂寄天壤。若不是鄙人開中傳述呵，誰復含毫吮墨、勤勤懇懇，寫成新樣，寫成新樣。

（向小生拱介）列位，此段佳話，總因盧江兄招魂立廟。終始成全，補其缺陷，是亦其夫婦之幸也。（小生欠身介）（末）

【前腔】想他幽魂蕩颺，頻年誰主張？却藉取紫姑[三]傳意，博得個彩鸞圖像。也虧你情義長。到今朝累你，到今朝累你，把兩個就餒羈魂，付與一瓣心

[一] 彤史：宫中女官名，掌記宫闈起居等事，後以指記載宫闈生活的宫史。此處指記載女性的史書。

[二] 鴻都：漢代藏書之所。借指秘書省。後以指仙府。

[三] 紫姑：神話中厠神名。又稱子姑、坑三姑。相傳爲人家妾，爲大婦所嫉，每以穢事相役。正月十五日激憤而死。故世人以其日作其形，夜于厠間或猪欄邊迎之。見南朝宋劉敬叔《异苑》卷五、南朝梁宗懔《荆楚歲時記》。一説，姓何名楣，字麗卿，爲唐壽陽刺史李景之妾，爲大婦曹氏所嫉，正月十五日夜，被殺于厠中，上帝憐憫，命爲厠神。舊俗每于元宵在厠中祀之，并迎以扶乩。事見《顯异録》以及蘇軾《子姑神記》。

香。從今後、安享椒馨，再不要啼饑烟瘴。你一段俠心腸，嗏，到處口碑揚。總説做好事的郎官，妥侑雙靈爽，賺我吟鬚撚的忙，吟肩聳的慌，取次把宫商點訂。層層節節，布排停當，布排停當。

曲折得好。東塘

（小生）若非小弟勉爲善事，安能賺得閣下絶妙好辭？（衆笑介）（外一面閲稿本，徐就末同坐介）吾兄排次接構，花様甚新，愚意祠成一齣之後，再添蠻女數人，歌舞迎神之曲，以仿屈子《九歌》遺意，豈不更覺古雅！（末拱介）先生所論極是，容便添入，何如？（院子）酒已齊備，請諸位老爺入席。（末携外手邀衆介）我們一面觀劇，一面續成，不必耽誤了。

【本音隨煞】看花冠對對氍毹上，寫往事、故人同賞。祇怕若有人兮，衣聲在燈下響。

繞梁之音，動人心目。東塘

拈將紅豆譜新聲，搔首鐙前醉不成。
環佩空歸明月冷，酒闌歌罷不勝情。

第二齣　心病

（生病裝，旦與老旦扶上）

【高宫套曲·端正好】可憐我、兀兀的病伲離，越越的心煩惱，强支撑、片刻難熬。（顧旦介）娘子呵，我祇望琴耽瑟静同偕老，却不料撇下你無依靠。

一起六字便奇兀，攝起全部，形神都到。東塘

（生正坐，旦旁坐，老旦侍立介）下官李亦珊，舊爲閩縣諸生，新授廣州别駕。幼而失學，未諳視聽之儀；長而遨游，久失友于之愛。幸得這蔡氏妻子，一意綢繆，百般將順。不致嘖有煩言，藉以苟延殘喘。那知自甘凉解餉回來，又加感冒風霜，損傷氣血，晝夜咳嗽，一病垂危。嗳，我

可憐。東塘

眼前難狀情景能以勁氣達之。東塘

想來好不苦也。

【滚綉球】看肌肉漸銷，看毛髮漸焦。仰蒼蒼向天虔禱。苦難捱，這暮暮朝朝。嘔不完血一腔，拭不乾泪萬條，却怎奈喘吁吁心坎痛、咳嗽着到曉，那禁得赤律律眼皮倦、呵欠着終宵。自揣這千鈞重擔肩難荷，衹逼得一縷懸絲命不牢。（取鏡自照介）況添了這兩頰紅潮。

（旦掩泪介）官人解餉回來，纔得幾日，又遭孽病纏身，不必再想着心中苦恨了。（生嘆介）説起解餉途中光景，教我越發凄涼也呵。

【滿庭芳】我記得當日束裝就道，可憐人出門西望，行李蕭條，寧耐着山川勞頓風霜飽，終日怕鬧轟轟家室競喧囂，身被着官書遠調，心耽着同室的戈操。刮辣辣常如搗，又不識歸期何日，却教我望眼路遥遥。

【朝天子】眼巴巴路遥，急攘攘意焦。好容易得把歸鞍掉，實指望淄塵浣雨换征袍，潔滫瀡、共承歡笑。又誰知、短夢輕銷、大劫難逃，竟做三星[一]没下梢。霎時間，你將我抛，我將你抛。恨煞這斷頭香，前世無端造。

（隱几哭介）（旦）官人，你病已沉重，還要安心保養。休得如此悲傷，白白的損壞了身子。

[一] 三星：《詩·唐風·綢繆》：『三星在天。』毛傳：『三星，參也。』鄭玄箋：『三星，謂心星也。』均專指一宿而言。天空中明亮而接近的三星，有參宿三星，心宿三星，河鼓三星。據近人研究，《綢繆》首章『綢繆束薪，三星在天』，指參宿三星；二章『綢繆束芻，三星在隅』，指心宿三星；末章『綢繆束楚，三星在户』，指河鼓三星。

酸鼻。東塘

（生）娘子呵，

【耍孩兒】死生反覆誰能料，痛煞我魂魄俱銷。嘆今朝生在也無聊，倒不如向地下逍遥。祇恨無人奉養雙親老，牽我愁腸一弟嬌。（撫旦介）更慮你、方年少，做不得哀姜過市[一]，怕要學弄玉吹簫。

哎呀，我好傷心也。（哭介）

【五煞】嘆茫茫去路賒，恨漫漫後望遥。魂栖廢壟無人掃，黄昏獨卧狐塵冷，寒食誰將麥飯澆。祇有青蠅吊，誰不想生存華屋，竟教我零落山坳。

（旦）官人，我前日已吩咐養娘，叫他揀一個小人家端正女兒。等官人病體全愈，收做偏房。若生得一男半女，也不斷了後代香烟。（生嘆介）謝卿美意，祇怕等不得了。

【四煞】卜空亡、數已終，念兒孫恨怎消，嘆桐棺殯掩，誰服我三年孝？憑你腮敷紅粉、把仙娥買，奈我骨冷黄泉、被土伯招，想到此、心灰了，又何必黄錢那一陌漆炬也雙燒。

（内叫罵介）（生驚介）呀！這是何處吵嚷，養娘快快與我看來。（老旦作急下悄步上介）老爺，是老太爺與太安人在那裏生氣。（生）呀！是何緣故？（老旦）爲厨上午膳都不可口。（生嘆介）

【三煞】恨我因久病難嘗膳，做微官、缺美肴，偏又惹高年饑餓生煩惱。娘子呵，你這幾日呆呆的厮守著我，怎茶飯總不去檢點了？祇爲你奉甘奉旨無心管，直弄得

[一]《左傳·文公十八年》：『夫人姜氏歸于齊，大歸也。將行，哭而過市曰：「天乎，仲爲不道，殺適立庶。」市人皆哭，魯人謂之「哀姜」。』

奇警得未曾有。東塘

警透處得如此自然。東塘

絶妙好辭。東塘

此段科白，從無可着想處結換得如此精神，洵非等閑才人所有。東塘

心思微妙到此。東塘

奇想奇語。東塘

閲者亦要放聲大哭矣。東塘

閑是閑非把氣淘，心驚掉。養娘，你可吩咐厨上，從此要留心臭味，用意烹調。

娘子，這是甚麽時候了？（旦）有點燈時候了。（生）是甚麽響？（旦）風起了。（生）嗳哟，好冷呀！（作以袖抱肩介）

【二煞】一會假泠泠的隔牖風，飄飄的拽翠袍，吹得我肝腸欲戰，怕的要隨風倒。（自顧介。泪介）我好難掙扎也。娘子呵，你看我如杈瘦聳尻間骨。（掀臂介）哪又怎的似粟寒森臂上毛。（起抱旦哭介）好一似投林鳥，再不想、恩情當日，猛可的拆散今宵。

娘子，你可扶我起來小步一回，這身子總睡乏了。（旦、老旦扶生行介）（生嘆介）日殘窗紙昏，卧久羅衫皺。小立對孤燈，熒熒緑如豆。眼前一片鬼境，好怕人也。（頓足，恨介）祗是我李亦珊死的太不值了。

【一煞】似蝶夢蘧蘧醒，比鴻毛蕩蕩飄。祗是我死之後，爹娘怎生得回去哩？望故鄉三千里路，何時到！漫説我一生鬱悶成新鬼，祗索把八口顛連付舊交。（聽介）驀地裏鵂鶹叫，叫得我眼花欲眩、春污頻澆。

娘子，我與你五載夫妻，一朝人鬼。我死之後，你可小心服侍爹娘與那没出息的兄弟，將我旅櫬扶歸故土，我在九泉也可瞑目了。（抱旦哭介）

【煞足】熱恩情海漾深，死臨頭、一旦抛。（捧旦臉哭介）娘子，你牢牢記取我傷心貌。（旦哭。生抱旦，拭泪介）娘子，你且慢哭者，祗怕哭不盡的悲愁，從今後要放聲兒哭到老。

(生作嘔唾介。旦扶下)

第三齣　殉夫

(内扮一判一吏引四鬼卒上)孝子哀哀烈婦悲，雙魂飛去姓名垂。從今萬里南交路，到處流傳載口碑。我等乃廣東都城隍駕前判官是也。昨宵孝子辭世，今日烈婦升天。我等奉大王鈞旨，在此祇候，你看蔡安人早已哭出來了。(下。旦披髮哭上)

【黄鐘合套·北醉花陰】滿屋凄風，透心冷，隻身孤，没投没奔。想昨宵，昏慘慘燭光青，我伴你支枕呻吟，猶兀自影雙并，可怎的轉眼杳難尋，却教我恨填胸、説不盡。

起二句單刀直入，掃却無數浮烟浪墨，令全齣神理都到，是何等力量！東塘

官人，你往那裏去了？你可慢慢的走，等你妻子一同去罷。(繞場急走介)(立住四面望介)(昏跌介)(老旦扮養娘上)

【南畫眉序】一夜哭昏沉，賺得旁人泪珠滚。嘆伶仃夫婦斷絶恩情。呀，怎轉眼不見了安人，却到何處去了？并不聞哭守神床，也未見哀扶靈櫬。(見旦介)哎，原來昏倒在此。可憐難訴心中事，越難訴，越添悲哽。

第二齣屬之養娘，乃天然節奏，情真景真恰在個中。東塘

(扶旦介)安人蘇醒來，安人蘇醒來！(旦閉目唱介)

【北喜遷鶯】纔見我傷心人影，(睁目望介)怎不見我傷心人影？暗昏昏望不分明。(揉目介)疼也波疼，急得咱滿眶血迸。(起立聽介)忽聽這喑喑咳嗽聲，想必他肯降臨。(作雙手虛接介)你要與我未亡人行雙影并。(看介)呀呸，却則是鼠竄幡横，却則是鼠竄把那幡横。

奇想。却的真。一波未平，一波復起，直從幽微杳渺中鈎出來，閲之且驚且喜。東塘

警句。行文要有沉雄處，有頓挫處，此其兼之乎？東塘

（坐地伏哭介）（老旦）安人呵，

【南畫眉序】勸你强支撑，從此身單更孤另，便肝腸哭斷、誰與温存，想曾參父怒若雷行[二]，更鄭莊弟心如冰冷，你自家珍攝安心守，莫妄想、少年輕命。

（旦坐地嘆介）養娘，你説得也是，衹是我影隻形孤，又無兒女，便守到一百歲，也是空花哩！

【北出隊子】都則是生來孽命，到得個半途中把鴛翅分，我便代亡人，菽水奉雙親，還衹怕、還衹怕平地風波不暫寧。（起立介）噯，有了，倒不如白練黄泉、便了一生！

湊拍自然。東塘

（老旦）喲呀，安人，這是行不得的。自古道，螻蟻尚且貪生，爲人豈不惜命！況你年未三旬，將來承繼一位公子，便可慰你暮年，何苦便尋短見！

【南滴溜子】想你正芳年，豈容任性。倘輕生昧死，忍拋旅櫬，也須三思詳省，這雙棺怎樣歸？流離有誰問？請改換心腸，圖個正命。

（旦）噯，養娘，你那裏知道我的心事呀！

【北刮地風】想我典盡衣衫、囊橐貧，又没個小兒女依靠終身。倘若是晨昏的供養竟無人問，却怎生般着意調停，向老年人甘旨親承。況你那二老爺呵，他衹是慣嬌生，全不問厨中汲綆。一味假費纏頭，那管你釜裏銷金！養娘，你

[二]《説苑》卷三『建本』：『曾子芸瓜而誤斬其根，曾皙怒，援大杖擊之，曾子仆地，有頃蘇。』

好頓挫。東塘

無可奈何之語。東塘

作不得已之想，仍自大義煌煌，死者真含笑地下矣。東塘

試想一想，到了那個時候，祇弄得守不能、嫁不能，成何光景也。終歸饑寒戕此生，倒豈不累亡魂、玷辱清門！

（老旦泪介）安人，你說到這個地位，教老婢也没得勸了。祇是還望三思。（抱哭介）

【南滴滴金】勸安人，還要從頭省。慷慨捐軀，誰個肯？一任他，滿門骨肉都難信，便做苦含冤無路奔，還有這蒼天鑒憫，怎便忍心兒思自盡！聞此一言，教聽者慘情！

（旦）噯，養娘，你那裏知道我一定要死的緣故呀！

【北四門子】我非爲痴心地下雙交頸，我非爲痴心地下雙交頸！這其中煞費苦心，你看這桐棺冷落無人問，是何時返故園？把似斷了根，不如拼我身，還博個動人心同、分助·廾金！我想老爺許多同官，豈無一仗義君子！就是老太爺、老安人呵，也樂得借我名、遂彼情，斂餘貲，携兒歸閩。

（老旦）如此說來，安人你是真個要死的了？（旦）真個！（老旦）果然？（旦）果然！（老旦哭介）如此，安人請上，受老婢一拜。（推旦坐拜，哭介）

【南鮑老催】聞言乍驚，肝腸寸斷，雙泪傾，世間那有這貞烈人！好教我毛欲森、魂俱駭、心難忍！天生俠骨羞紅粉，不比那貪生怕死痴情性！（連拜介）便天神也肅然生敬。

（旦）養娘，你既知道我是一定該死的，可取我冠帔過來。（老旦拭泪捧冠帔，旦穿介，笑介）我蔡氏，今日得從夫地下，也不枉人生一世了！

【北古水仙子】俺、俺、俺，俺是個血性人！那、那、那，那更怕肌膚傷痛損！況、況、況，況傷心人先到陰曹！自、自、自，自有他一靈相等！免、免、免，免將來懊悔生！倒、倒、倒，倒落得及早捐身！養娘，老太爺、老安人却在何處？（老旦）還未起身。（旦）我衹得就此拜別了。（拜介）拜、拜、拜，拜辭了教誨矜憐堂上恩。（整衣介）把、把、把，把花冠翠舄從頭整！好、好、好，好向那泉室下訴衷情！

直到此，方明明白白說出主意。東塘

養娘，我死之後，你却何處安身哩？（老旦泪介）安人呵！

【南雙聲子】凄皇命、凄皇命，料快樂都無分。却自忖、却自忖，恩未報、空銜恨。把世上婦女問，誰似你這三貞九烈、萬古留名！

（旦起視介）呀，已是午牌時候了。（向老旦介）你聽老安人在那裏喚你，快去快去！（老旦急下）（旦掩門介）嗳，此時不死，更待何時！官人，官人，若不是你妻子轟轟烈烈做這一場，你這靈柩幾時得回去呀！

【北隨煞】好取白練繫香頸，走無常，了結今生。但願將來的野史稗官呵，須把這唱隨人新樣認！

（以白練套頸，判鬼引下）

此齣順理成章，義屬應有。妙在涉筆成趣，俚詞諺語皆被管弦，如打單、拜會、鴉片、械門、沙坦等稗官野史，《談藪》《説鈴》所不能悉者，于此足資考證，可以察時變，覘習俗，寓勸懲于搬演之中，不獨表彰節義，爲有關世道之作。東塘

第四齣　冥鑒

（雜扮四功曹、牛頭馬面、一判一吏，引净金面、長鬚、王冠服上）

【黄鐘宫引・西地錦】俎豆恩流南海，析楊威肅西臺，剖符管領閻浮界，千秋廟貌崔巍。

吾神乃廣東都城隍是也，司九府四州之社稷，掌三江五嶺之民人。崇德褒功，不計人間黜陟；勸忠教孝，獨操天上權衡。此地自趙佗、劉龑[一]割踞以來，人心不古，風俗日澆，各地獄鬼犯衆多，超生無日。今當下界中元之節，正值上蒼大赦之期。吾神欽奉上帝玉旨，將監候之犯，酌量年歲久遠，給與六道輪回。正是：欲知前世因，今生受者是；欲知來世因，今生作者是。（升座介）（判跪介）稟發鎖匙。（開門介）（吏捧文卷送閲介）啓大王，各案鬼犯均已提到，請發牌帶審。（净標牌介）先將這三起帶來。（雜扮四盜上）（報門介）第一起，洋盜鬼犯趙亞長等進。（吆喝介）鬼犯當面。

【黄鐘正曲・降黄龍】（净怒介）你這班賊子呵，劫殺商夷、嘯聚重洋、廣集朋儕、更打單拜會、抗拒官兵，肆毒椎埋！須將罪名折證，碎磔做臛羹精膾。鬼使們，可將這厮等打入猪群，教陽世間寸磔臠呑，以昭孽報！（雜抬大法輪置場上，内放松香，將各鬼輪回介）（令）好教你養成肌肉，供人一嘬。

[一] 劉龑（八八九—九四二），又名劉紵，初名劉岩、劉陟，五代十國時期南漢的建立者。廟號高祖，謚號天皇大帝。

（四雜扮聳肩露齒垂涕鬼上）（鬼卒持牌照前報門介）第二起，鴉片鬼犯錢亞二等進。（仍前稟當面介）（浄）你這愚鬼，好不可笑人也。

【前腔】奇哉！徹夜卧床，獨對銀燈，吮咀污穢，日上三竿，猶手把烟槍，東西翻睡。痴迷、若教稍緩，那引來時，催他出涕。也罷。這厮等喜食穢物，鬼使們，將他打入狗窩，讓他日食糞渣，以療積引。（場上照前輪回介）（合）省得你熬膏食果、百樣安排。

（雜）第三起，沙面鬼犯孫亞三等進。（雜扮四男四女，均照前報門介）（浄）爲甚麽有許多男婦？（判）啓大王，這是上年火燒沙面，燒死的嫖客娼婦，而今罪孽已滿，遵例輪回的。（浄）

【前腔】傷哉！男欲毁家，女欲失身，死而無悔，付諸一炬。可笑你都緣慕色貪財，祆廟昔年火起。爾也當知炯戒。鬼使們，可將這嫖客生做𨯓鷄，雖具雄姿，實無淫具；娼婦生做雌猫，一度成胎，百般苦楚。就此輪回去者！（照前介）（合）免得你男貪女愛、廉耻全乖。

鬼判們，還有幾起？（判）啓大王，一起主唆械閂，一起争控墳山，一起謀占沙坦。（浄）主唆械閂，情罪乘大，不准托生。墳山、沙坦，尚屬田地細故，仰交南、番二縣城隍照例發落去罷。

【前腔】垂戒，神道教人，總是群生自戕自害，把陰條細揣，準理通情，不過應該。但願得人人六順[二]無愆，又何用三千律誡！（合）這總是福緣善慶、禍自心來！

[二]《左傳・隱公三年》：『君義，臣行，父慈，子孝，兄愛，弟敬，所謂六順。』

（内吹打，扮金童玉女執長幡，雜扮長班，引生旦攜手上）

【中吕正曲・太平令】萬事拋開，撒手臨技亦快哉！逍遥地下無拘窒，喜夫婦永和諧！

（雜）老爺，來此已是都城隍廟了，請少待傳禀。向鬼卒遞手版。判轉禀介，啓大王，廣糧通判李亦珊與妻蔡氏禀到。禀見。（净）請進。（報門，行庭參禮介）（净離坐立受介。生、旦）

【前腔】頂禮崇階枉死，雙歸地府來。（净）男兒純孝猶無怪。（指旦介）難爲煞這裙釵。

（净入座，生旦旁坐介。净）李别駕積勞成疾，飲恨亡身。蔡安人義不獨生，情甘雙死，求之古人，已爲難得，質諸今世，更屬罕聞。不獨生嶺海之光，抑是壯陰曹之色矣。可敬，可敬！

【黄鐘正曲・黄龍衮】庭幃致變乖，庭帷致變乖，正氣鍾靈怪，却嘆纍伊每爲恩情、償盡前生債。看這訣别燈前、追魂天外。報劬勞，敦節義，賢哉蔡！

况你兩人呵！

【前腔】聲名動上臺，聲名動上臺，食報應須大，婦孺口碑傳。酸心齊喝聲聲采，要屏嶂三江、馨香千載。你二人且安心等待者，有個俠心腸、施恩義佳人在！

李别駕暫回館舍，待吾神將你二人心節，奏上天庭，候旨定奪。（净出座，生旦拜謝介）誠可格天留正氣，名能傳世是遐年！（照前長幡引下。判）啓大王，堂事已畢。（净）吩咐掩門。（鬼卒應介。净）

詞韵科白，無不自然，生面獨開，洵稱杰作。全齣奇情壯采，極是好看。東塘

【三句兒煞】這陰曹黜陟無旁貸，絶没個勢拘情窒，衹要保節完名，端爲四海魁！

自古誰將上壽臻，痴愚空想百年身。
須知天上神明宰，即是人間節義人！

第五齣　閨俠

（雜扛奉旨、特簡、廣州糧捕、監製府銜牌四面，紅黑帽，清道旗。副末扮吏員捧印、貼捧敕，引小生冠帶上。合唱介）

【中吕正曲・紅綉鞋】鳴鑼喝道，喧嘩、喧嘩；升堂拜印，排衙、排衙。玻璃轎羽幃遮人，盡説大老爺同鄭涣[一]、賽秦嘉[二]！

（小生）皇恩弱冠拜監州，需次珠江又五秋。今日分封居首郡，穗城人盡仰旌斿。下官盧江别駕是也。！初任分防嘉應，今又題補廣糧。現在亦珊兄眷口，均已搬出衙門，趁此吉日良辰，正好走馬到任去也。左右，打道。（衆吆喝，繞場走介）

【粉孩兒】匆匆的肅車塵、沿路灑，看威威武武，一行法駕。這盈街擁似

字字新，字字穩，捏手成花，拜服拜服！東塘

[一] 鄭涣，《（弘治）八閩通志》卷七十四「留佩亭」條：「宋通判鄭涣代去，郡人攀留，涣留佩以爲别。後人即其地建亭。」

[二] 秦嘉，字士會，東漢隴西郡平襄縣人。嘉爲郡上掾，其妻徐淑寢疾還家，不獲面别，遂作《留郡贈婦詩》三首。

蜂鬧，銜簇巡丁、竹帽鋼叉，老皂役各換鮮衣，小奚奴新騎大馬。

（到介）（場上設香案，雜扮二禮生立門外，跪介）稟請大老爺拜門。（唱就位，跪叩首，興介）（小生拜介）（入介）（禮生）稟請大老爺拜東。（移香案東向，副末、貼捧印敕分立案前）（雜仍唱就位，跪叩首，與介）（小生拜介）（雜）稟請大老爺拜印。（移香案在中）（仍唱就位云云介）（小生拜介）（雜）稟請大老爺高升公座。（小生上坐介）（禮生暗下）（副末開印匣，跪介）稟請大老爺開印。（用印介）上任大吉，用印四顆；禄位高升，用印三級。（將印敕置案上介）（副末取票送簽介）稟請大老爺簽硃。（小生）這是甚麼票？（副末）是十樣錦。（小生）怎麼説？（副末）新官到任，一切賭館花林，俱有陋規，是要憑票收取的。（小生怒介）唗，好大膽的奴才。（副末跪介）（小生）你還不知道本分府[二]麼？

一時典禮，此爲記載矣。東塘

【紅芍藥】清操自守矢無邪，若貪污，豈不羞殺？上憲的嚴明敢不怕？況堂翁耳目難遮。（顧内介）（雜扮家丁在後介）簽押。出示曉諭，他再狂言，定要革打。（顧副末介）今乃本分府上任吉期，姑且饒你一次。（副末叩謝介）（衆叩頭介）案下書差，叩賀大老爺。（小生）爾等聽者，記從今，莫更胡拿，守堂規，遵俺彈壓。

簇新字樣，用將來却極嫻雅。才力之大，殆未可量。東塘

（衆應下）（雜扮四巡攔、四爐頭、四木匠上）東滙關巡攔、錢局爐頭、軍工廠船匠，叩賀大老爺。（小生）爾等呵，

【會河陽】供役當差，要遵國法，好小心辦事，免查拿。須知購串私梟，羼鉛弄假，造米艇、難乘駕。查明，定把你役頭枷，至寬也難免當堂打。

擲地有聲，摸之有棱。東塘

[二] 分府：同知的别稱。

可謂恭謹。一笑。東塘

祇數語，傲弟之傲已面面寫到，致死主名良非苛枉。東塘

（衆應下）（皂隸）禀大老爺，安人進署。（暗下）（小旦帶老旦、丑冠帔上。旦）喜建牙居美缺，祇愁聽鼓負香情。（入介）（小生迎介）（揖介）安人拜揖。（小旦）官人少禮。（坐介）官人，堂事可曾完畢？（小生）完畢了。（老旦在小生後揾泪介）（小旦怒立介）今日是老爺上任吉期，你如何在此流泪？豈不可惱！（小生愁眉介）噯！這婆子又來多事了。（向小旦揖介）下官還要到各衙門禀知接印，去去就回。（小旦）官人請便。（小生）且行自己新儀注，不管他人閑是非。（下）（小旦正坐，老旦跪介）（小旦）你這婆子何方人氏？何事悲傷？須向我講個明白。（老旦泪介）安人容禀。

【縷縷金】纔開口，泪交加，原知新主貴，難捨舊恩賒，怎忍把烈腸人霎時抛下！（哭介）（小旦）呀！怎竟大哭起來？（老旦）告禀安人，老婢本是前任李老爺家的養娘。今日想起他們悲愁夭折、節烈殉夫。至今雙櫬尚寄尼庵，忍不住泪出痛腸。望安人恕罪。（叩頭介）想一雙靈櫬寄天涯，這傷心怎能罷？傷心怎能罷？

（小旦改容介）如此，你且起來。（老旦立侍介）我正要問你，那李老爺因何而死？（老旦）噯！那李老爺呵。

【攤破地錦花】并無差，日受高堂罵。（小旦）却是爲何？（老旦）總爲那二老爺搬是弄非，要錢浪費。俸禄些些，總變着到手，空花。那更又攢碗撕衣、嚷飯争茶，因此病交加，把一命隕黄沙。

（小旦嘆介）却也死得可憐。祇不知那蔡安人殉夫時是何光景？（老旦）安人提起來好不傷心也。

【越恁好】百般悲苦，百般悲苦，便滿腹向誰話？斷腸痛煞。這眷口怎回家？況桐棺抛在天一涯。他臨終更説得可憐哩，説若非自殺，這白骨怎得到黄泉

下？這白頭怎得到黃茅舍？

（小旦泪介）説來委是可憐。我且問你，他夫妻靈櫬何時纔得回去？（老旦）哎呀，安人呀！他兩人靈柩寄在尼庵，香火俱無，那個還肯把銀錢搬他回去？（哭介）哎呀，安人呀！我猶記得他臨死之時，曾説李老爺多少同官，豈無一仗義君子？那知到了今日，竟没一人過問，教我怎生是好？（哭介）（小旦作色介）婆子，哭也無益。等待老爺回來，我教他竭力張羅，送他兩人回去。（老旦）祇怕張羅不得許多。（小旦）這也不妨。倘若不穀，我便典當釵鐶，也斷不教他雙棺久厝。你可放心！（老旦叩頭介）多謝安人！（小旦）

【慶餘】賢夫烈婦同時化，今世今人怎及他？婆子呵，我要這無用釵鐶做甚麼？

抛磚落地，此等佳句，合黄金鑄之。東塘

觀場莫笑女兒身，俠士心腸賽古人。
今日千金成一諾，管教地下早回春。

第六齣　靈訴

前二齣或銅琵鐵板，或急響哀弦，必不可無此日遲風細、精緻艷冶之句，燕喃鶯轉之音。東塘

（丑上）小小丫頭，花面栲栳，腰肢輕遣。常時見他二人作對成雙可羡，我已著實難熬。他又十分會騙，那夜爬上床來，好似快刀切麵。奈他嬌嫩肩頭，扛不動這琵琶脚片，撲禿滑將下來，驚醒大王升殿，奴家跪在這邊，他在那邊打戰。每人打了二十，從此交情隔斷。（嘆介）他還有處打釘，我却没人放箭。（望内介）苦處尚未説了，早見大王出現。（小旦艷妝綉衣上）

【越調引子·祝英臺近】晝初長，人已倦，花影上窗暖。響拽檐牙，鐵馬弄風轉。憐他春膩人憨、春濃人軟，却剛被、鸚哥驚喚。

妍雅乃爾。東塘

好句。東塘

韻極。東塘

【江城子】海棠紅重壓欄低。裊晴絲，午風微。簾外寒輕，新換薄羅衣。閑解連環無個事。銀押下，燕雙飛。我自抵署以來，轉瞬已是暮春時候。今日官人耕耤[一]去了，内堂閑坐，頗覺無聊。（老旦上）酎酒珠江去，熏香綉户來。（見介）（小旦）婆子，你回來了？（老旦）安人，回來了。（小旦）那李老爺夫婦靈柩，可曾下船哩？（老旦）一家兒都動身了，老婢在蔡安人靈前哭了一場。囑咐他保佑安人百歲康寧，同偕到老。（小旦）罷了。（丑）媽媽，適間安人説閑得無聊，可有甚地方白相白相？（老旦）安人，這署内有一後園，池水湖山，花香鳥語，最是有趣。東邊一截空地，還蓋得許多房子，何不去游玩一回？（小旦）如此，可將衆侍兒喚出來，一同游玩去者。（丑向内喚四旦艷妝持扇上）内衙寂寞似長門[二]，衾裏爐香夜不温。最是惱人春欲去，一番紅雨一銷魂。（見介）安人萬福。（小旦）今日天氣晴和，爾等可隨我到後園游玩去。（行介）（扶丑介）

【越調正曲·祝英臺】把小鬟扶，回廊轉，人影一行偏。呀，怎風拽裙靫，苔滑鞋弓。驀地響觸連環，（入介）入得園來，軟軟濃濃，好一片春光也。延綿。軃花枝嬌婉，千叢。溜鶯聲玲瓏，一串。（合）更看那畫墻外，閃墮落英成片。

[一] 耕耤：亦作『耕籍』。古時每年春耕前，天子、諸侯舉行儀式，親耕藉田，種植供祭祀用的穀物，并以示勸農。歷代皆有此制，稱爲耕藉禮或籍田禮。據《禮記·月令》，其禮爲天子三推，三公五推，卿、諸侯九推。至清末始廢。此處指地方官員的勸農儀式。

[二] 長門：漢宫名。司馬相如《長門賦》序：『孝武皇帝陳皇后時得幸，頗妒，别在長門宫，愁悶悲思。聞蜀郡成都司馬相如天下工爲文，奉黄金百斤，爲相如、文君取酒，因于解悲愁之辭。而相如爲文以悟主上，陳皇后復得親幸。』後以『長門』借指失寵女子居住的寂寥凄清的宫院。

點綴得好。東塘

前就撲蝶點綴，尚易摹寫，此從無可裝點處，恰寫得如此韵細，春慵身段，神情活現紙上矣。東塘

慢慢引入栽縫，滅却針綫迹。東塘

此諢應有，是謂波折。東塘

逼真。東塘

（內辦大蝶繞場飛介）呀，這許多蝴蝶，從何處飛來？（衆旦持扇撲介）（小旦）

【前腔】偏反。綉衣新、金粉膩，花外影翩翩。（用袖拂介）你看小顫玉釵、斜拍羅衫。低蹴半彎紅蓮，輕便。弄晴風花版低回。散霏烟、衣香零亂。（衆旦住扇介）呀，怎忽地過墻去了？（合）這玉腰奴[一]，知他飛向誰邊。

（小旦）走得困了，就在湖山石上小坐一回。（衆旦拂石，小旦坐介）（衆旦代爲整妝拂衣，丑蹲地代捶腿介）

【前腔】春暖。行來珠汗香黏，小憩落花前。試看芳草上階，春水凝波，越地精神繾綣。幽偏。有誰得到芳叢？祇許探春鶯燕。（合）恁無聊，須得作個方兒消遣。

（丑起介）安人，婢子前日與姐姐們請紫姑娘娘，他們唧唧咕咕，説了幾句，便立起身來，有求有應，真個好耍。（小旦笑介）痴丫頭，你可曾求個甚麽來？（衆旦）安人，他問幾時得有老公。那紫姑説，現有一個老公，日日在他面前，祇是不得到手。（小旦）休胡説，你們就請來我看。（一旦卧地下，衆旦持短竹兩枝擊旦手介）赫赫光光，入陰出陽，犬兒不吠，鷄兒不鳴，急急如太上老君律令[二]。請紫姑娘娘轉身。（衆提竹枝，旦從地下躍起跳踴介）（丑諢介）（衆笑介）（魂旦掩上）

【中吕宫引・行香子】短夢如烟，長夜如年，嘆羈魂猶滯南天。其中心事，

[一] 玉腰奴：蝴蝶的別名。陶穀《清异録・花賊》：『温庭筠嘗得一句云：「蜜官金翼使。」遍示知識，無人可屬。久之，自聯其下曰：「花賊玉腰奴。」予以謂道盡蜂蝶。』

[二] 急急如律令：道教符咒用語。漢代公文常用『如律令』字樣，後來巫師和道士加以仿效，在『召神拘鬼』的符咒末句，加『急急如律令』一語表示同法律命令一樣須急急執行。太上老君：道家創始人老子。

誰與相傳？但感深恩，求血食，諦塵緣。

我蔡氏夫婦偕亡，倏經一載，幸得盧江安人典釵助葬，枯骨雙歸。祇是身已歸泉，鬼猶求食。昨日蒙都城隍傳諭，已奉敕旨，准我夫婦立廟受享。這樁義舉，總在盧江安人身上，好趁他請賽紫姑，借體相求，以延血食。（旦閃附紫姑掩下，紫姑唱介）

【中吕正曲・榴花好】經年不到，我這小園邊，嘆風景尚依然。（小旦衆驚介）哎呀！這神情好怕人也。（老旦）聽這説話，倒像蔡安人口聲。（衆旦相牽瞪視介）（紫姑拱手介）我受恩深重少猜嫌，祇須你終始成全，爲哀求見憐，撲琅生將一個游魂見。（小旦）你求着甚麽？（紫）求你半間兒浄室同棲，半甌兒凉漿同咽。

（老旦泪介）我那蔡氏安人，你一晌却在那裏？（紫）

【前腔】逍遥，携手游遍衆香天，把懊惱已全捐。（老旦）這般受用，怎又到此顯靈？（紫）祇蚤風鑾雨滿衣沾，有誰焚一陌黄錢？（再向小旦拜介）望你釵鐶再典，嘆骷髏夜草通明殿[一]。管教伊狐史[二]流芳，還再見麟兒天誕。

（小旦招老旦介）婆子，你可快替他説，件件我都依了。他可即速去罷！（小生上）盆水猶看四圍濕，爐香已覺半枝殘。聞説安人在後園游玩，祇得獨自尋來。（紫姑作撞生轉下）（老旦衆旦各潜下）（小旦）官人，險些兒嚇煞我也。（小生）誰個嚇你？（小旦）我與衆丫鬟在此請紫姑神頑耍。（小生四顧介）丫鬟在那裏？（小旦）咥，聽我往下説。那知道那蔡安人附在紫姑身上，求我立廟營齋。

急應一問，是謂展拓。東塘

全齣聲韵皆當作香天世界觀。東塘

[一] 通明殿：傳説中玉帝的宫殿。

[二] 狐史：春秋時晋國史官董狐，孔子稱：『董狐，古之良史也，書法不隱。』

我嚇得件件都允他，纔肯去了。官人，你可快些建造，莫放他再來嚇我。（小生）這個容易。（向丑介）可叫門上來。（小旦携小生手唱介）

活現。東塘

【越調正曲·祝英台】驚戰。驀然瞥見貞靈，風冷繞衣旋。（小生）安人受驚了。（代小旦整鬢拂衣介）早則鬆了鬢雲，皺了衫痕。（撫心介）撲鹿心兒摇顫。（小旦泪介）堪憐。一般恩愛夫妻，慘厮厮誰依誰戀？（小生）安人不要淘壞身子，這事都在下官身上。（合）早興修，要趕上中元答薦。

（副净扮司閽上）要賺鬼頭抄，忙丢鴉片槍。老爺呼喚，有何吩咐？（小生）你與我將這後園空地上搭蓋起三間祠宇來，侍奉李老爺與蔡安人神位。趕早建成，我要親臨奠祭的。（副净應下）（小生招介）轉來、轉來。（悄語介）這是安人教辦的，千萬小心。（副净一面應，一面指小生笑下）（小旦）官人，同到内堂晚膳去罷。正是：栖神特爲建新祠，俎豆千秋覽德輝。男子温柔天下有，婦人節烈世間希。（小旦先下）（丑拉小生衣介）老爺，你看李老爺夫妻恩愛，怎樣偏偏短折？（小生）便是。（丑笑介）像老爺時常挨打挨罵，這定是天長地久的了。（小生）討打。（丑轉身以兩手爬口眼向小生介）乇。（小生）哇哇哇，討打討打。（下）

此輩如繪。東塘

一般恩愛夫妻對面寫照，恰好餘波。東塘

第七齣　祠成

（場上預設神幔。雜扮隊子，二雜捧牲帛、二雜扮禮生，引小生冠帶上）

【雙調引子·秋蕊香】雲外鴟頭高聳，看棟宇氣象崇閎。桂酒三杯手雙奉，長拜靈前一慟。

亦珊夫婦新廟落成，下官備有牲牢，親臨祭奠。左右，祭禮可曾齊備？（衆）齊備多時。（小

此爲全部正面點題處，在此齣爲目中之睛。在此處于行文爲竪筆，在詩爲横空硬語。此老動手，故從無平直處。東塘

生）隨我入廟去者。（暫下）（生旦冠帶蓋紅帕，携手上）

【玉井蓮】俎豆千秋，虧煞故人義重。

我夫婦仰蒙上帝敕旨，授爲南海正神。今日祠宇告成，盧江兄親來奠祭，衹得享受他了。（入幔内同坐介）（小生引衆繞場上）

摹寫新祠内外光景，字字熨貼。東塘

【仙吕正曲·風入松】俺衹見繚垣一帶印泥紅，閃摇摇，六幅長幡飄動。更聲聲清磬、虚堂送香，撲地金爐烟重。把兩像虔誠供奉，雙聯影，交映燭花中。

祝文簡當之至，衹換落成二字，此後應永遠遵用。東塘

（禮生贊介）就位，跪。（小生拜介）（禮生）進爵，讀祝文。（讀介）維某年月日，同官某致祭于李公亦珊暨德配蔡安人之靈而言曰：惟君純孝，中道夭殤。安人節烈，日月爭光。雙棺聿歸，魂眷此鄉。靈爽來告，寢廟斯皇。兹届落成，報以馨香。尚饗。連進爵。三進爵。叩首。興。（小生起介）

【前腔】牲牢三獻禮初終，猶如見昔日音容。恍惚間、綷縩靈衣動，似冷冷步虚聲送。亦珊兄呵，你甚曰相招入夢，聯心友話。離衷。

此豈獨南海典史而已哉？東塘

（衆暗下）（丑冠帶上）爲了他人事，常花自己錢。下官南海縣典史是也，今日分府大老爺與李前任建祠致祭，適值奉到部覆，奉旨將蔡安人旌表節烈，不免就把牌匾扛赴前去。（雜捧紙匾，照式寫：聖旨、節烈，下横寫：旌表、故廣州府通判李亦珊妻安人蔡氏，上）

湊拍得緊。東塘

【急三槍】你們看，節烈婦，皇恩重。表宅里，挽民風。休得説、白吃苦，全無用。誰有這、御題紅？

（到入介）（皂）禀大老爺，南海縣典史禀知送到蔡安人旌表，禀見。（小生）請進來。（丑入打

千介）鄙職奉委，賫送李太太旌表到此。（小生）甚好，就此建立起來。（雜）這牌坊是石頭做的，我們如何扛得動、豎得起？（丑）啐，這是唱戲，怎麽認起真來？（内吹打竪坊介）（丑拜介）（小生）妙呀！

【風入松】果然孝烈受恩隆，手把鮮花虔供。尊同賢聖、把牲牢奉，他百世流芳，名高梁、孟[一]。看一紙書銜彩鳳，邀享祀，何啻禄千鍾？

（丑又向小生打千介）卑職稟退。（小生）好説，請到荒署吃茶。（小生携丑同行介）俠腸何用惜黄金，博得今朝共快心。兩字標題榮萬古，香閨同拜御題箴。（下）（生、旦）今日盧江如此多情，十分生受他也。

【前腔】夫妻俠誼古人風，愛我恩如山重。報恩須把麟兒送，占科名，早承天寵。（携手出幔行介）寸心赤、是當時俊雄，褒美報，天錫紫泥封。

安人，我與你可到都城隍駕前，懇求美報，愿他叠降麟兒。（行介）（老旦持雙燭上）

【急三槍】想當日，你待我、恩情重。今朝旌表到，受皇封。祇好把、雙紅燭、虔心奉。（作見生旦驚介）不好，有鬼！有鬼！（生旦下）（老旦跌介，起疾走介）老爺、安人呀，不想今世裏、又相逢。

（踉蹌跑下）（内扮朱幔，書『作善降祥』四字，麒麟三隻，朱盤高托。生旦引隊子上）我夫婦向都城隍駕前，求得彩額一張，石麟三座，頒賜盧江兄以彰美報。左右，打道前去。（内鼓樂介）

【風入松】成人之美是英雄，却最愛他一腔義勇。可知今朝誼感星辰動，

此後從李別駕夫婦心裏結撰出來，理屬應有，在此齣則爲背水陣法，極見力量。東塘

全部用養娘作綫，此處却能使人鬼見面作大收束，仍使人不覺措思奇幻，出人意表，可謂心細如髮，盛水不漏。東塘

[一]《後漢書·梁鴻傳》載梁鴻、孟光夫妻舉案齊眉，互敬互愛。

這盛舉、任黎[二]伯仲，纔信得、福田自種，看此後、世世大褒封。

（吹打下）

此與第一齣作照應，爲全部大收束，凡正面外一切點綴，復于此處，還他歸宿，中間迎神送神等曲，真可謂出雅入騷，挹《九歌》之奇麗，包《招魂》之瑰瑋，實爲曲家所未有。音節婉麗，結構奇創，即以爲定評可也。觀止之嘆，夫復何疑。末仍歸到木石老人，又曲終人不見，江上數峰青。略可方斯妙境。東塘

第八齣　歌賽

（外副末小生貼各穿便服，末同上。雜扮兩童子隨上。笑介）妙呀，妙呀。可謂『此曲祇應天上有，人間能得幾回聞』[三]矣。（坐介）（外）亦珊夫婦偕亡，接連二齣，句句慘動心目，而起筆攝起全部神情，尤爲奇突。其中時而幽抑凄涼，時而激昂慷慨。中間《冥鑒》一齣，神道設教，尤屬有關風化，真是好筆墨哩！（貼）小弟獨喜《靈訴》一齣，把盧江兄與嫂夫人在閨中情致，寫得逼真神肖，教閱者絶無間言。（小生笑介）這總是木石老人戲弄小弟，諸兄不要睬他。（副末）難道他説你爲善食報，將來叠誕麟兒，也是假的麽？（衆笑介）（外摇手介）諸兄且勿謔笑。閣下迎神送神之曲，可已做成？一并教他們演上來，看個飽滿。（末從袖中出稿介）稿已續成，仍希指誤。（衆）不必看。竟是一面唱，一面領教罷。（貼）叫管班的。（童）番禺，叫管班的。（小旦梳頭穿紅衫上，向衆打千介）諸位大老爺，有何吩咐？（末持稿介）可將這曲稿就教他們裝演上來。（衆）唱得好，（指小生介）分府大老爺重重有賞。（小旦應下）（外顧童子）你們可將菜都收去，讓我們散坐飲酒好看。（内奏十番，八旦扮巫女艷妝赤脚，内妝一二小脚，各執笙笛、檀板、琵琶、洋琴、八節鼓、二錢鞭，跳舞上）

【耍孩兒】聖明朝、風化端，老書生、暫乞閑，把紅牙鐵撥聊消遣。那夫妻、含冰茹蘗留佳話；這夫妻，解佩揮金集大觀。少年出色真稀罕。從此後，

[二] 任黎：唐代任公叔、黎逢的合稱。兩人交誼深厚。語出白居易《秦中吟·傷友》：『死生不變者，唯聞任與黎。』

[三] 語出杜甫《贈花卿》。

梨園演唱，管教他、芸閣流傳。

（内打十番一回，雜扮二伶工緑衣持緑幡立場中）樂奏迎神之章。

【其二】神之來、風暗吹，卷靈旗、拂畫衣，聽泠泠摇曳雲中佩。想着你、悲深賦鵩[一]人何在？血染啼鵑郎不歸，竟鴻毛一命甘同死。莫道是、鬼神都慘切，還祇怕、天地也傷凄。

（内奏十番一回，二雜朱衣朱幡立場中）樂奏初獻之章。

【其三】神之栖、兜率宫，紫檀香、玉炬紅，看犧尊碗俎尊前奉。可憐你、生前烈性存真氣，纔博得、死後靈魂享大封。真個是、山川變色風雲動。好看取宸題表宅，也虧你亮節維風。

（内奏十番一回，二雜黄衣黄幡立場中）樂奏亞獻之章。

【其四】神之餐、薦太羹，奠椒漿、桂醑斟，更露鷄耀雀當筵進。祇爲你、舍生取義遵三節，視死如歸矢一心。這班兒、痴兒憨女何人肯？今日個、輝生鳳管，霎時間、名滿羊城。

（内奏十番一回，二雜素衣素幡立場中）樂奏終獻之章。

【其五】神既醉、薦餕香，登菽粟、飽餦餭，佐落葅魚卵桑杯醬。今朝飲酒同偕老，從此恩情天地長。再不受、憂讒畏謗凄凉况。這纔教、同官增色，

[一]漢代賈誼謫居長沙，作《鵩鳥賦》抒發不平。

便那桑梓也生光。

（内奏十番一回，二雜皂衣皂幡立場中）樂奏送神之章。

【其六】神之歸、雲在霄，影離離、松樹梢，乍青鴛對舞文狸叫。雙來香篆同心結，雙去鸞驂并翅交。不覺的、魂歸忉利[二]衣聲杳。碧熒熒、山明夜火，嗚咽咽城打春潮。

（内打十番一回，十雜執五色幡繞場舞下。八旦各吹打一回）賽神已畢，我們各自回家罷。（行介）

【其七】闡幽光、非异書，表俠腸、可愈愚，好臨風快寫金荃句。這不是壯游攬勝蘇居士，也不是獨醒行吟屈大夫。單則爲、省風喚醒痴兒女。須鄭重、清燈檀板，莫猜疑、韵士名姝。

（跳舞下）（外、衆）此曲出雅入騷，可歌可泣，音節婉麗，結構奇創，令人有觀止之嘆。（外）左右，此刻有甚麽時候了？（童）三更了。（衆）我們且散。明日到盧江兄處，再演一回，想更嫻熟得神了。（貼）（指小生介）祇怕他那上任的威風，盧江嫂也要失笑。（衆笑介）明早要上衙門，且分手罷。（末送衆下）（轉身命童子閉門介）移宫换羽吊嬋娟，絳樹歌殘月滿天。聽鼓應官人盡去，閉門我自抱琴眠。（帶童子下）

[二] 忉利：忉利天，即三十三天。佛教謂須彌山頂四方各有八天城，合中央帝釋所居天城，共三十三處，故云。

《雙鴛祠傳奇》後序

麴塵走馬，絲柳情長。藥店飛龍[一]，香桃骨損。驥方展足，酸心賦鵩之詞；鳳未將雛，掣泪離鸞之曲。生則抱《小弁》[二]之戚，舐犢恩疏；没而增大暮[三]之悲，吊蠅客冷。瑟哀湘女，落遺響于秋風；樹認韓郎，結相思于暮雨。大抵青天碧海，不少蛾眉見嫉之傷；誰知華闕朱堂，亦多鼠思[四]難言之痛。此《雙鴛記》之傳奇所由作也。則有學窺大酉[五]、譜衍

[一] 藥店飛龍：喻人瘦骨嶙峋。語出南朝宋樂府《讀曲歌》：『自從别郎後，卧藳頭不舉。飛龍落藥店，骨出祗爲汝。』

[二] 《小弁》：《詩·小雅》篇名，共八章。《詩序》：『小弁，刺幽王也。太子之傅作焉。』

[三] 大暮：猶長夜。喻死。

[四] 鼠思：憂思。《詩·小雅·雨無正》：『鼠思泣血，無言不疾。』

[五] 大酉：山名，在湖南沅陵縣，道家三十六洞天之一。《雲笈七籤》卷二七：『第二十六大酉山洞，周回一百里，名曰大酉華妙天，去辰州七十里，尹真人治之。』

長庚，瑞兆銜鱣[一]，休占馴雉[二]。乘車入洛，其如叔寶多愁[三]；題柱游梁[四]，未免長卿善病。奉板輿于潘令[五]，夾道茵鋪；領油璧于沙哥，雙旌花映。衣披鶴氅，風漾晶簾；琴撫鵾弦，香縈鏡檻。龐士元豈羈百里[六]？却有別駕題輿；王夷甫自詡八騶[七]，已見右驂增

[一]《後漢書・楊震傳》：『後有冠雀銜三鱣魚，飛集講堂前，都講取魚進曰：「蛇鱣者，卿大夫服之象也。數三者，法三台也。先生自此升矣。」』

[二] 馴雉：馴順的雉。《晋書・孝友傳論》：『許孜少而敏學，禮備在三。馴雉栖其梁棟。』

[三] 陳叔寶（五五三—六〇四），即陳後主，字元秀，太建十四年（五八二）即帝位。在位期間大建宮室，荒于政事。禎明十年隋兵攻入建康，被俘，後病死于洛陽。陳叔寶亡國後寫有《隴頭水》等寄托故國哀思的詩篇。

[四] 題柱：參見《羊城候補曲》『司馬題橋』注。

[五] 晋潘岳《閑居賦》：『太夫人乃御板輿，升輕軒，遠覽王畿，近周家園。』後因以代指官吏在任迎養父母之詞。潘令，潘岳。

[六]《三國志・蜀志・龐統傳》：『先主領荆州，統以從事守耒陽令，在縣不治，免官。吴將魯肅遺先主書曰：「龐士元非百里才也，使處治中、別駕之任，始當展其驥足耳。」』龐統（一七九—二一四），字士元，襄陽人。初爲郡功曹，後任南郡太守。與諸葛亮齊名，號『鳳雛』。歸事劉備，歷爲耒陽令、治中從事、軍師中郎將，是主要謀士之一。隨備入蜀，建議攻成都，進至雒縣，中箭卒。謚靖侯。

[七] 王衍（二五六—三一一），字夷甫，初仕爲太子舍人，累官至司徒、司空。『八王之亂』時被殺。《南齊書・王融傳》：『融自恃人地，三十内望爲公輔。直中書省，……又嘆曰：「車前無八騶卒，何得稱爲丈夫！」』古代貴官出行，有八卒騎馬前導，稱『八騶』。此處或爲作者誤記。王融（四六七—四九三），南朝齊琅邪臨沂人，字元長。王僧達孫。博涉有文才。舉秀才，累遷太子舍人。

馬。然爲歡者不關于人爵也，而至樂者莫重于天倫也。君是超宗，略露一斑鳳羽[一]；弟如共叔，徒誇兩服雁行[二]。譬備集夫千羊，狐真有腋；想孤飛之一鶴，鷄豈爲群？燕雀處堂巢幕，何知霄漢？角騂列鼎，用牲詎舍？山川奇可傳者，此其一也。既乃暫輟循陔，載歌周道；輕裘快馬，霜嚴木峽。關前寒角清笳，月冷榆溪塞外。吊荒宮于靈武，禾黍高低；聆冷調于伊凉，筝琶慷慨。游子則衣披短後，壯心淬長劍之鋒；閨人則扇盼聚頭，遠意折大刀之唱[三]。調甘潔瀡，先遣小姑；薦藻湘蘋，有齋季女[四]。既代盡親庭之職，期稍紓子舍之心。玉體願珍望眼，平安竹信金錢。試卜關心，遲誤瓜期。乃報道先生鵑聲切切，而

[一]《南齊書》卷三十六：『超宗作誄奏之，帝大嗟賞。曰：「超宗殊有鳳毛，恐靈運復出。」』謝超宗（？—約四八三），南朝齊陳郡陽夏人。謝靈運孫。

[二]共叔，春秋時期鄭莊公弟，謀奪莊公之位而失敗。古代用四匹馬牽引的車駕，中間夾着車轅的兩馬稱爲兩服。雁行，形容有次序。《禮記·王制》：『父之齒隨行，兄之齒雁行，朋友不相逾。』陳澔集說：『父之齒，兄之齒，謂其人年與父等，或與兄等也。隨行，隨其後也；雁行，并行而稍後也。』後因以比喻兄弟。

[三]《漢書·李陵傳》：漢武帝時李陵敗降匈奴，昭帝即位，遣任立政等至匈奴招陵。單于置酒賜漢使者，『立政等見陵，未得私語，即目視陵，而數數自循其刀環，握其足，陰諭之，言可還歸漢也。』《玉臺新咏·古絶句》：『藁砧今何在？山上復有山。何當大刀頭？破鏡飛上天。』

[四]《詩·召南·采蘋》：『誰其尸之，有齊季女。』

歸來公子燕尾涎涎[一]。斯時也，苞桑釋鴇羽[二]之嗟，常棣篤鴒原之樂[三]。我征聿至，鹿場鸛垤之天[四]；予美偕臧，燕閣鶯閨之夜。詎料彩雲三素，忽散魚鱗；寶月一奩，旋虧蟾魄。蓋積勞所以致疾，而久鬱適以傷生。歷宦道之馳驅，風如牛馬；慨身宮之偃蹇，歲在龍蛇。病到膏肓，二豎子竟符噩夢[五]；醫雖盧扁[六]，三折肱難覓靈方。催長吉以修文，曇花偶現[七]；遏子雲之踵武，元草誰傳[八]？直使柳下人亡，無復展姬作誄[九]；則以樓中仙

[一]《漢書》卷二十七：『成帝時童謡曰：「燕燕尾涎涎，張公子，時相見。木門倉琅根，燕飛來，啄皇孫，皇孫死，燕啄矢。」』

[二]《詩・唐風・鴇羽》：『肅肅苞羽，集于苞桑。』《詩序》：『鴇羽，刺時也。』

[三]《詩・小雅・常棣》：『脊令在原，兄弟争難。』後以『鶺鴒在原』喻兄弟友愛。

[四]《詩・豳風・東山》：『町畽鹿場，熠耀宵行。』『鸛鳴于垤，婦嘆于室。灑掃穹窒，我征聿至。』

[五]《左傳・成公十年》：『公夢疾爲二豎子，曰：「彼良醫也，懼傷我，焉逃之？」其一曰：「居肓之上，膏之下，若我何？」醫至，曰：「疾不可爲也，在肓之上，膏之下，攻之不可，達之不及，藥不至焉，不可爲也。」』後以『二豎』或『二豎子』稱疾病。

[六]盧扁：扁鵲。扁鵲本爲黄帝時的名醫，戰國時齊國人秦越人因醫術高超，被譽爲『扁鵲』，因其爲盧邑人，故稱『盧扁』。

[七]長吉：唐代詩人李賀字長吉，年二十七而亡。李商隱《李賀小傳》載：李賀將死，白晝見緋衣人持書召之，云：『帝成白玉樓，立召君爲記。』

[八]西漢文學家揚雄字子雲。元草：即玄草，揚雄曾作《太玄》，後借指傳世之作。

[九]展姬，即柳下惠妻。柳下惠，春秋時期魯國大夫，姬姓，展氏。劉向《列女傳》卷二『賢明柳下惠妻』載柳下惠妻爲之作誄事。

去，并看嬴女隨夫[一]。奇可傳者，又其一也。夫高行名表梁媛[二]，懷清號垂巴婦[三]。或自投夫智井，或并挂于枯枝。蓋從一而終，芳意感女貞之木；而在三無憾，奇蕤揚旌節之花。安人生不逢辰，罹兹荼苦；死而後已，降此鞠訩。延殘喘于人間，偷生何益？殉微軀于地下，含笑同歸。春隴苔青，待築鴛鴦之冢；夜臺燈黑，雙栖蛺蝶之魂。三千數記里之牌，家山何處？百六感禁烟之節，野祭堪憐！忽疑倩女離魂[四]，聽珮聲之冉冉；却藉紫姑傳語，吐檀口以喃喃。于是盧江别駕，念攻玉之舊情，敦分金之古誼。黄腸遥返，悲風吹蒿里[五]之音；丹雘新塗，落日下桂旗之影。襯幡幢之綷縩，翠百蒼松；升俎豆之馨香，黄蕉丹荔。既已美輪美奂，旋復營奠營齋。棹楔輝煌，恩光有赫；堂基陟降，靈爽攸憑。是日也，關西榷使、譙郡司馬、平陽大令，雅集盧江别駕之官齋，新點木石老人之曲譜。梨園子弟，咸按節以當歌；菊部夫人，亦壓場而奏伎。薦罷椒漿桂醑，好唱傳芭[六]；結成燭

[一] 嬴女：即弄玉。

[二] 劉向《列女傳》卷四『貞順・梁寡高行』載梁國寡婦高行喪夫後爲拒絶梁國貴人及梁王求婚而持刀劓鼻事。

[三] 《史記・貨殖列傳》：『巴寡婦清，其先得丹穴，而擅其利數世。家亦不訾。清，寡婦也，能守其業，用財自衛，不見侵犯。秦皇帝以爲貞婦而客之，爲築女懷清臺。』

[四] 唐陳玄祐《離魂記》載：清河張鎰曾欲以幼女倩娘許配外甥王宙，後又悔約别許他人，至倩娘抑鬱成病。一日，王宙乘船離去，夜半時倩娘忽至，遂相偕赴蜀。居五年，生二子。後同歸寧，鎰大驚，以其女病卧閨中未嘗外出。病女得訊出迎，與宙妻合爲一體。

[五] 蒿里行，樂府曲名。崔豹《古今注》載：『《薤露》《蒿里》并喪歌也。』

[六] 《楚辭・九歌・禮魂》：『成禮兮會鼓，傳芭兮代舞。』祭祀時，舞者手執香草，相互傳遞。

蕊香烟，預占保艾[一]。積善之家有餘慶，則吉祥已兆石麟；説詩之旨在無邪[二]，故節義必書金管[三]。洵足奇焉，故可傳也。

亂曰：滚滚勞塵，不外至性至情之地；滔滔宦海，最難一生一死之交。白馬素車，猶是范張同氣；珠幡寶蓋，依然梁孟齊眉[四]。咽珠浦之波聲，凄凉節奏；洗花田之艷骨，凛冽冰霜。逝者如斯，竟成千古；聞來此曲，能得幾回？豹已全窺，盥露挹薔薇之氣；貂何敢續，臨風馳桑梓之思。

時嘉慶庚辰仲春中浣[五]，侯官心香劉士棻[六]拜序

[一] 保艾：養育。《詩·小雅·南山有臺》：『樂只君子，保艾爾後。』

[二] 《論語·爲政》：『《詩》三百，一言以蔽之，曰：「思無邪。」』

[三] 金管：飾金的毛筆管。

[四] 《後漢書·梁鴻傳》：梁鴻與其妻孟光相敬愛，『每歸，妻爲具食，不敢于鴻前仰視，舉案齊眉』。

[五] 中浣：官吏每月中旬的休沐日，泛指中旬。

[六] 劉士棻，字周有，又字心香，福建侯官人，嘉慶六年（一八〇一）進士，由庶吉士改調鎮平知縣，曾署四會縣知縣，歷任歸善、香山縣知縣。著有《緑滿齋詩鈔》（《自怡悦草堂詩鈔》）十卷。

《雙鴛祠〔一〕》書後

孝廉二字，我當之愧，已十五年；名教千秋，言念在茲，忽大半世。生死不計，得失何論？重泰山則輕鴻毛，全令名寧求壽考？長吏主持風化，豈徒微顯闡幽？詞家竊補《春秋》，往往言近指遠。嗟乎！紅顏卒歸黃土，抱節者何苦非甘？孤鸞仍化雙鴛，達道者無變不正。至情至性，乃爲絶大文章，可泣可歌，不是浪費子墨〔二〕。滿腔積血，願男子都無負十年讀書；一棒當頭，請看官勿以爲逢場作戲。

治番禺劉華東〔三〕拜題

〔一〕祠：原作「詞」，據本文及藕花館道光元年（一八二一）刊《文章游戲》四編卷六《書〈雙鴛祠〉傳奇》校改。

〔二〕子墨：《文選》揚雄《〈長楊賦〉序》：「聊因筆墨之成文章，故藉翰林以爲主人、子墨爲客卿以風。」子墨：漢揚雄作品中虛構的人名。後借指文章、文辭。

〔三〕劉華東，字子旭，又字三山，號三柳居士，廣東番禺人，嘉慶六年（一八〇一）舉人，後以參與反對富商盧文錦之父入祀鄉賢祠而被革。著有《拾翠軒詩鈔》。

北行日記

卷上

海陵仲振履柘庵甫著
婿夏荃退庵校

道光元年二月初六日，奉咨北上，作日記，以紀山川車馬之程、登眺歌吟之什，計里鼓，亦排悶懷也。余自戊辰捧檄東粵，庚午莅興寧，丙子調東莞，戊寅濫膺卓薦，以迭署南海、番禺。咨奏展限，己卯冬，卸署事，庚辰十年俸滿，并案請咨。是日辰刻登舟，同行宗誠夫少府（觀庭）[一]——老友牧崖子、沈丹書少府（濟川）[二]——僚友潤齋子、内□楊佩鳴（玉珂）、奴子四人，于日近亭[三]握別諸當路[四]，微雨放舟，巳刻抵花地三邑，僚屬士民暨胥吏迭赴舟中道珍重，不啻入山陰道中[五]。俄爾，唐潤南諸同好帳飲翠林園，花烟酒霧，劇飲暢談，離別之樂，得未曾有。時座有牡丹一株，香艷可掬，余指謂同好曰：『歸里時，當復見此。』席間口占四十字奉酬，并紀同人姓名于右，以志不忘。

[一] 宗觀庭，江蘇常熟人，監生，曾任台灣噶瑪蘭經歷。少府：縣尉的別稱。

[二] 沈濟川，直隸清苑人，曾任無錫、金山巡檢。

[三] 日近亭：雍正三年（一七二五）廣東布政使王士俊所修，供接官之用。

[四] 當路：掌握政權的人。

[五] 山陰道中：劉義慶《世說新語·言語》：『王子敬云：「從山陰道上行，山川自相映發，使人應接不暇。」』

將瞻雙鳳闕，暫出五羊城。海内無交際，尊前有弟兄。人隨帆影去，春向酒杯生。想到還家日，天香分外清。

唐司馬潤南文藻[一]　吴刺史香竺文照
徐司馬牧庵一麟[二]　吴司馬羲麓廷揚
陳刺史春亭鍌[三]　王大令履吉鳳坦[四]
沈大令玉泉德溥　宋大令吉甫揚光
温大令雙南恭[五]　孫大令可亭有恒[六]
徐大令秋岩香祖　祝大令藕香淮
許大令愚谷聯升[七]　何别駕沛雲玉池

[一] 唐文藻，字潤南，江西新建人，議叙，由廣東珠場司巡檢累升饒平、潮陽等縣知縣，并署徐聞、清遠等縣及南澳同知。

[二] 徐一麟，字牧庵，浙江平湖人。嘉慶七年（一八〇二）進士，歷署廣東萬川、南海等縣知縣，後任大埔、海陽、豐順等縣知縣。道光三年（一八二三）辭官，僑寓邗江。道光七年（一八二七）主講宿遷鍾吾書院。著有《五朵雲仙館詞》及《牧庵雜記》六卷。

[三] 陳鍌，即陳聞炳，字耀遠，號春亭，江西高安人，監生，例授州同，改授縣丞，升廣東開平、新寧、高要縣知縣，復升知州，委署揭陽，卒于官。

[四] 王鳳坦，江蘇無錫人，監生，世襲恩騎尉，曾任洋縣、長寧、新會等縣知縣。

[五] 温恭，江西南昌人，曾任封川、開建、新寧等縣知縣。

[六] 孫有恒，河南鄧州人，監生。曾任遂溪、茂名縣等縣知縣。

[七] 許聯升，陝西盩厔人，拔貢，曾任吴川、陸豐、高明、英德等縣知縣。

周大令花拈誥[一]　狄大令雲軒廷熊[二]
楊大令芸樵耀祖[三]　盧別駕寅谷殿楠
汪大令孟棠云任。以趙公未與，得十八人

席終團拜亭間，依依執手。諸君立雨中，送余解纜，惜别之意宛如也。時東風徐來，春潮初上，過大通，烟雨空濛，盡成水墨，而離離兩岸柳已垂青矣！風便舟輕，由佛山，歷黄鼎，出沙口，宿焉。計程百一十里。

初七日，黎明開船。行十餘里，舟人野泊蚤飯。北風微厲，負縴而行，未刻達三水。舊僕王升來謁，云連日多水賊，請假巡船護送。乃命持簡詣王大令[四]，泊舟襟江閣次以待，閣爲孟棠莅三水時所建，行客便之。己卯冬，余嘗與黄菊坡刺史[五]登樓把盞賦詩，不覺已兩度新年矣。申刻，王君親來作别，撥第一號巡船送清遠，乃解纜行。暮宿糯米村。計程一百三十里。

初八日，卯刻開行。宿雨新晴，春寒料峭。辰刻至蘆包。枯坐舟中，有懷連山戴東塘

[一] 周誥，浙江仁和人，舉人，曾任信宜、清遠等縣知縣。
[二] 狄廷熊，字瑞周，號雲軒，江蘇溧陽人，監生。曾任花縣、清遠、仁化等縣知縣。
[三] 楊耀祖，湖北潛江人，舉人。曾任龍川縣知縣。
[四] 王大令，或爲王履祥，直隸大興人，議叙，嘉慶二十四年（一八一九）署三水縣令。
[五] 黄錡，字鞠坡，江蘇如皋人，入其舅氏江西觀察張公溶幕，援例授廣東縣丞，以勸降艇匪郭學顯晋通判，補高州通判，升知州，署連州。有《半解集詩稿》。

司馬錫綸、連州黄菊坡刺史錡、陽山陸樹堂大令向榮[一]，成五言古詩一首，即以代柬，囑清遠蔡天石夢麟寄之。

握别魂易銷，遥别情尤摯。望望出門行，老大傷勞瘁。同人憫我老，離杯藉相慰。殷勤再三勸，頽然已將醉。笑語洽尊前，迢遥望天際。東塘前事師，文章見經濟。垂老滯瘴鄉，日短青雲氣。菊坡與樹堂，佳哉吾愛弟。上下協和衷，烝烝傳吏治。書來問我行，慮我腰纏匱。行李祇一肩，來回亦云易。居官矢清白，原不計美利。馳書道珍重，長言不盡意。惟期各努力，無負平生志。待我北行歸，平安再相寄。

再寄茂名張筱原大凱、吴川鄭子彦鑾

昨我將出門，道遠資斧慳。行色苦匆匆，未遑致一函。今在扁舟中，默坐誰與談？搔頭霜鬢禿，透骨春寒尖。念我同心人，黯然離緒添。筱原推老輩，勞勩久所諳。前寄冰懷書，當爲陳條纖書中言贅婿事，冰懷亦余戚也。子彦有雙親，一官萬里淹。年荒粟不飽，安問齏與鹽[二]時興化大荒。余歸當遣價，代爾備旨甘。努力守官箴，無爲涕泪沾。我行亦不久，往來如轉帆。兩弟若偕歸時皆攝篆，山水同幽探。

[一] 陸向榮，字欣本，號樹堂，直隸清苑人，原籍浙江仁和，舉人。曾任陽春、陽山等縣知縣。

[二] 齏與鹽：齏，鹹菜。鹽，鹽巴。齏鹽指人吃飯祇配鹹菜和鹽，形容非常窮困。

暮宿鎮岡，計程一百里。是夜見月。

初九日，黎明開行，二十里至清遠，命輿過天石，快談衷曲，留便飯。在坐劉□□爲布衣，三山弟，余舊交也。王孝廉、儀茂才與焉。王爲天石内弟。茂才山西人，叩其當爲儀封人[一]後，云潁考叔[二]其始祖，數傳乃爲封人。此説未見于書，録之以俟知者。閲所贈天石箑[三]，詩字畫皆佳，晋之秀也。飯畢回船，天石來送行，餽贐[四]七十，笑而受之。又行三十里，抵中宿峽，時日已將暮，蒼烟迷茫。入峽二里許，于林杪見飛來寺，今名峽山古寺，晤老僧曠原，年七十二，頗通文墨，出前清遠令何數峰青[五]選刻《國朝留題詩》兩卷以贈，曰自嘉慶元年至今又得詩若干矣，老僧素稔使君[六]名，歸舟過此，乞携至省垣，擇而付梓，以繼何侯之雅舉。余諾之。復出手卷索題。回船把酒燈前，成長歌一首，書遣送還，遂泊焉。計程五十里。中夜雨。

紫緑萬狀迷虚烟，烟中略見半壁天。忽聞上方響清磬，倒落石罅聲砰然。憶昔南

[一] 儀封人：《論語·八佾》：『儀封人請見，曰：「君子之至于斯也，吾未嘗不得見也。」從者見之。出曰：「二三子何患于喪乎？天下之無道也久矣，天將以夫子爲木鐸。」』

[二] 潁考叔，春秋時期鄭國大夫，其事迹見于《左傳》。曾爲潁谷封人。

[三] 箑：扇子。

[四] 贐：臨别時贈送給遠行人的路費、禮物。

[五] 何青，字數峰，晚號覺翁，安徽歙縣人，貢生，乾隆五十七年（一七九二）任清遠知縣，編有《國朝峽山寺留題詩合刻》。嘉慶六年（一八〇一）任澄海知縣。著有《味餘樓稿》。

[六] 使君：此處稱稱奉命出使的人。

來渡此峽，水急舟輕如弩發。望見飛來寺未登，十年怏怏如心缺。興來躡足上高峰，兩山合抱生陰風。大禹鑿石不到處，誰人手劈青芙蓉？穹然而外嶐，窅然而中通。寺門向暮雲濛濛，人隨歸鳥尋其踪。自頂至踵五千尺，山坳砉然地開闢。磵花着雨香霏霏，嶺樹含風青瀝瀝。山僧邀坐凝碧灣，座中飛翠相回環。上聽天風響震蕩，下聽流水鳴潺湲。茶餘示我前賢筆，摸紙吟觀十失七。屬我歸舟當復來，爲選留題勒貞石。籠燈出寺澗氣澄，一珪白月峽口升。[一]

初十日，舟人冒雨行二十餘里。曉起開窗，回望峽山，高峰出雲，石氣雲光滃然莫辨。蚤飯後，篷窗静坐，追憶昨游，惜時已昏黑，二禺祠、歸猿洞諸勝迹均未歷觀。乃展留題詩刻，反覆披閱，名作如林。學步前賢，復成五言古詩一首，即用東坡《次高要令劉湜〈峽山寺見寄〉》韵。

薄暮入寺門，輕衣卸裝束。暫作有緣人，來消無事福。澗底撼波臣，岩閒聚雲族。遠邏入林紅，細草沿山緑。分叢躑躅開，垂樹枇杷熟。幽泉響遠音，泠泠漱寒玉。嵐光互回抱，石氣森含蓄。躡足步盤陀，跫跫應空谷。直上氣喘吁，小坐山僧屋。歸鳥弄寒竿，殘霞漾晴縠。雨後隔林峰，爽如初出浴。山空有古今，心静無榮辱。雄駕百城王，高凌八州督。自喜烟霞痼，何虞瘴癘酷。撫松雲满衣，采茗香盈掬。飢鼠抱榕

[一] 此詩阮元編選《國朝峽山寺留題詩續刻》題作《辛巳仲春余將北上道過中宿登飛來寺》，文字略有不同。

鬚，靈蛇竄杉腹。元覽興未闌，黄昏忽相促。海月乍飛鏡，山日已淪轂。苔深石磴滑，未敢恣游躅。出寺下重級，陰森眩雙目。水蛾撲繁羽，岩蝠墮飛肉。拾步扶奚童，闌珊行促縮。二禺今得三，五壺不足六。勝概發靈奇，把筆燈前録。古迹未全搜，壯游殊不足。歸舟重過此，會當夜秉燭。

詩成，天復晴霽，所過無可寓目，惟三五遠村，叢筱蒙密，與江上諸峰相出没，于白雲幽石間得竹外山，猶影之致，差强人意耳。正如讀《離騷》、太史諸書後，閲時下文章，了無足异也。午後過拈坑，入英德界。復行二三十里，山坡平衍，忽于山外遥見數峰突兀插天，勢甚奇峻。惜問舟子莫知其名，意是曹溪諸山也。岸邊有黄菜花，粤東菜花皆白，此當爲外江種。是日行百四十里，宿連州江口。

十一日，辰刻入英德，峽山無木而多石，嶔崎磊落，或卧或立，若裂若崩，有埋于沙間者，有出于水面者，隱如伏虎之卧草，突如渴驥之奔泉，江水衝擊，縈回潺湲，亦巨觀也。舟人負縴行石罅間，須臾凱風南來，揚帆破浪，一路群山突兀，勢殊雄險。衝波奔流，撼摇欲動。午餘坐睡，醒見一塔聳于窗間，已抵英德矣。小住，假巡船于馬大令[一]，馬以公務赴府。巡船至，即開行。暮宿大羅都汛。計程百十五里。

十二日，黎明雨。曉起開窗，西岸諸山蒼翠欲滴，中一山奇峰突起，千仞如削，壁立江心。水面一洞形狹而長，上一小洞奉觀音龕，下洞高丈餘，甃以磚石，内有隱垣，廟祝

[一] 馬驌，直隸任邱人，監生，曾任乳源、英德等縣知縣。

居焉，額書『奇于三竺』四字，有白鳥一隻飛鳴于洞口。壁間鐘乳纍纍，致極奇古。舟人指謂觀音洞，云極深邃，人罕入之，意即碧落洞也。《志》稱懸石如霓，旌羽蓋狀，殆即石鐘乳耶？抑洞中别有似焉者耶？時以沙壅舟滯未登。過洞爲觀音汛，望樓後木棉一株，緑葉初生，紅跗已綴，綽約雨中，殊可人意。迤邐行十餘里，峭壁嶙峋，凸丹凹碧，石罅宿草離披，猶有寒意，而東岸諸峰，葱蘢天際，所謂『草色遥看』[一]也。向聞英德多佳山水，涵暉谷、晞陽島、飛霞嶺、凌烟嶂、夢弼崖、桃花洞皆勝境也，以問舟人，笑不能答。午後南風大作，挂帆行，甚駛。雲山滃蔚，乍雨乍晴，蒼茫烟霧中，突出一山，壁立萬仞。蒼鼯啾于石骨，飢鶻摩于峰腰。再上丹巒青嶂，兩岸交出，高峰矗天，奔湍蟠地，險絶奇絶，真佳山水矣。意所謂飛霞、凌烟諸山，即在是與？惜無指告者耳。未刻至大坑口，入曲江境。暮宿銅鼓石。計程百五十里。初更雷雨交作，枕上聽雨，口占一絶。

輕雷隱隱發山巔，急雨淙淙響畫船。明日又添新景致，推蓬支枕看飛泉。

十三日，蚤行，宿雨乍晴，曉山如沐。飯後作簡致孟棠并與徐姬書，付曲江陳勖齋春林[二]寄去。

[一] 韓愈《近試呈水部張十八員外》：『天街小雨潤如酥，草色遥看近却無。』

[二] 陳春林，待考。或即下文『陳春圃』。

孟棠仁弟：

閣下瀕行前，一夕騶從過我，暢談款洽，次早復捆五十緡送舟中。閑居年餘，相累正復不少，既豐其資斧，又具其糇糧，眷眷老兄之情，有加無已。長途載德，永矢弗諼。初六日辰刻，日近亭揖別後，已抵花地三邑，僚屬士民下暨胥吏皆來送客，沓至踵交，幾于應接不暇。甫泊岸，則潤南、香竺諸同好邀入翠林園帳飲，列座凡十八人，花烟酒霧，步盞飛觴，可謂極生平樂矣。解纜後，篷窗危坐，頓念今日遠行，當有離別之感，而津津自得，恬不介懷，是好名之一念誤之也。兄自卸南海篆後，富貴利達久已淡然于胸，惟此一念，每于不及覺處流出，是學問不到，亦是興致太豪故也。此去須下半年勉强工夫，不知能矯此一失否？初九日，舟次清遠，過蔡天石，留便飯，饋兼金七十。即解纜，擬爲飛來寺之游。入峽口，日已將落，陰岩森寒，紫緑萬狀。行二里許，于茂林叢筱中，遥見鴟吻聳露，暮靄空濛。迨泊岸，天已昏黑，亟攝衣入寺，示所謂二禺祠、歸猿洞諸勝迹，杳不可得，惟于岩壁間手捫苔蘚，得『海闊天空』四大字，此心豁然得大解脱。時脚痹氣喘，坐凝碧灣小憩，老僧曠原出迓客，持手卷索詩，并以《峽山留題詩》二卷贈，且曰：自嘉慶元年□，今又得若干首矣。使君歸舟過我，希携去，選而續之。留晚齋，余懼石滑難行，辭回舟，成七言古詩一首，書于卷送還。次日風便，午餘，閲所贈詩刻，前賢名作林立，詩興勃發，復成五言古詩一首，并録奉寄，希即黏廳事壁間，香竺、牧庵諸君見之，必謂此老正復興致勃勃。

書不盡言，伏惟台候萬福。

兄履頓首

附　與徐姬書

我初六日開行，花地帳飲，醺然成醉。布帆無恙，十三日已抵韶關矣。一路平安，惟兩跨間癬癢不可耐，殊悶人也。莞女、穗兒，無事勿令出街，勿食油麵。三月初早搭凉棚。屬屬。莒軒覽。

午刻抵韶州。計五十里。叩關泊東門外，走謁金謝堂太守蘭原[一]，促坐道契闊，并告知女婿上彤于初六日莅樂昌任，述相見時以諄諄教誨，并代籌交代事宜，可勝心感。再訪勖齋，方在告[二]。晤葉升階炘[三]于署中，同坐卧榻前，談省門時事。臨出，屬换小船。至南雄，并訪李贊府[四]輝如，未遇。道過風度樓，登焉。樓祀唐相張子壽，得七律一首：

[一] 金蘭原，字覺本，號謝堂，江蘇吴江人，附貢，曾署雲南安寧、晋寧州知州，澄江府知府，嘉慶二十四年（一八一九）署廣東肇慶府知府，二十五年任韶州府知府，道光七年（一八二七）任高州府知府，曾署肇羅道、南韶道等。著有《金蘭原遺詩》二卷。

[二] 在告：官吏在休假期中。

[三] 葉炘，順天宛平人，監生。二十四年五月署任陽江知縣。

[四] 贊府：縣丞的别稱。李輝如，曾任陽江縣丞，餘不詳。

客裏匆匆此一登，憑高吊古興彌增。鳥飛韶石晴霞斂（山在府北，舜南巡于此舞韶），樹鎖曹溪暮靄凝（六祖修道處）。[一]

尚有乞兒思向火[二]，已無公子再遺冰（二句用子壽事）[三]。昔人風度歸何處？潮長春江皓月升。

舟。太守來饋酒食，復以兼金七十鏞，拜登受。葉、李兩君皆繼至，談少頃去。勖齋遣弟駕二座船來，云夫價均已給發，復饋酒食、饋春粱。乃督奴子移舟，至更許，步置定，起視篷窗外，月涌江流，雲消山净，玩賞久之，乃就寢。

十四日，風微水急，負縴行三十里，兩岸皆山，東山平遠而荒，西山峻削而蒼。岩間野花紫白相間，婀娜生姿。至仁化江口，水益急，山勢益陡，或圓如甑，或突如杯，離者若裂，聚者若堆。飛者上聳，伏者下垂，以引以翼，亦高亦危。飯後午倦欲睡，命童子持養花螺，取溪水，灌文竹、月季，以娛清目。余住行館時，客持兩巨螺贈，云得之瓊南海中，徑可五六寸，作青緑色，命工人琢之，架以梅根，自然几致，殊奇古。余不善飲，命曰養花螺，持此歸贈雲浦，隨筆成七律一首：

[一] 慧能（六三八—七一三），或作惠能，俗姓盧，原籍范陽，生于南海新興。慧能得五祖弘忍傳衣鉢，爲禪宗南宗創始人，稱禪宗六祖。

[二] 五代王仁裕《開元天寶遺事·向火乞兒》：『張九齡見朝之文武僚屬趨附楊國忠，争求富貴，惟九齡未嘗及門，楊甚銜之。九齡嘗與識者議曰：「今時之朝彦，皆是向火乞兒，一旦火盡灰冷，暖氣何在？當凍尸裂體，弃骨于溝壑中，禍不遠矣。」果然因禄山之亂，附炎者皆罪累族滅，不可勝數。』

[三] 《開元天寶遺事·冰獸贈王公》：『楊國忠子弟，以奸媚結識朝士，每至伏日，取堅冰令工人鏤爲鳳獸之形，或飾以金環彩帶，置之雕盤中，送與王公大臣。惟張九齡不受此惠。』

拾得仙螺半尺長，重紋九曲護深房。珠光外裹石苔緑，花氣中涵海藻香。不壯軍聲鳴紫塞，却隨書卷伴青箱。歸家持贈稱園客，應作殊珍什襲藏稱園弟有。

過南石汛，急流下奔，風帆無力，灘聲澎湃，問舟子，不得其名，意即銀箸灘也。上灘勢殊險絶。成五律一首：

一片驚喧嚷，篙師聚艇争。跳波翻石角，匝地吼溪聲。没水千夫立，當衝一纜横。吾家忠信在，履險此心平。

晚泊平岡司，計程八十里。群山繞舟，一月在宇。氣象空闊，吟興頓增。成七律一首，却寄徐牧庵。

一舟行入萬山深，灘急風高水濺襟。忽地抬頭見明月，何殊窮困得知音。雲翻雨覆從前事，海闊天空此夜心。可惜徐陵老詩友，不能和我短長吟。

中夜雷雨交作。更許，復見月。

十五日，行二十里，至白馬廟。東岸叠石玲瓏，布置精雅，是爲鬼工。惜荒僻在夷世，無知者；若移長安豪貴家，身價豈祗百倍。岸上叢樹相倚，緑葉白華，皎潔若李蓋，柯樹也。俗書作『栭』，查字典作柯，云可爲舟楫。粤中之柯爲不材木，并無作舟楫者，世人不知其長，故得長養荒陬，以不材老耳。沿途多蜢，噬膚如螫。出東莞張茂才瑞國贈行岩露香焚之，勢稍減。過鷄籠汛，下有石洞若鷄籠然，再上奔流淙淙，舟益阻滯，縱觀兩岸沙石綉錯，峰巒穹回，綴新花于山坳，挂古藤于木末，窅窈晦冥，足資曠覽。行五十里，于叢樹間隱出數峰，返照射空，嵐光凝靄，已達始興江口矣。舟子告力乏，宿焉。亦八十里。

十六日，五鼓開船，行十里，北風驟起，沙石壅阻，舟行甚滯。過天子地，山峻而荒，水淺而急，爲晋盧循誕生處。盧循僭號，吴隱之[一]討滅之。其後亡入于海，居南亭竹没山，以蕉芋爲衣、魚藻爲食。近有香山人見蜑户海中網得一夷，言語不達，買歸，予以飲食，能供驅使。一日，令至海濱，復入水去，蓋其裔也。循爲僞朝，越今數千年，粤人或不知趙漢，雖婦孺未有不知盧王天子者，殊不可解。傍晚風益猛，强行六十五里，宿瑶潭。

十七日，夜雨寒甚，風厲水淺，舟行沙石間，俄而密雨如注，艙中昏黯，然燭披裘，坐以待霽，成《雨霖鈴》一闋，即用柳耆卿[二]韵寄汪孟棠，以博一粲。

瀟瀟切切，聽船頭響。徹夜難歇。推窗悵望，天外亂山缺處，朔風旋發。風急灘聲四吼，更驟雨凄咽。對一寸短燭，熒熒，凋氣森寒，瘴雲闊。　白頭人作天涯別，算昨宵纔過花朝節，那堪又被風雨孤負了。弄香吟月，冷透羊裘。任是爐香碗茗空設，

[一] 吴隱之，字處默，濮陽鄄城人。曾任廣州刺史，與盧循作戰百餘日而城陷，被執。後劉裕與盧循書討還。此處爲仲振履誤記。又，正史未見記盧循僭號事。

[二] 柳永，原名三變，字景莊，後改名柳永，字耆卿，因排行第七，又稱柳七，福建崇安人，北宋著名詞人，婉約派代表。《雨霖玲》爲柳永名作。

嘆此種，客裏幽懷，欲説無人説。

積雨交歇，春寒頓增。再成《江城子》一調，并寄徐姬。

鷓鴣裘敝悄寒生，雨零星，幾時晴。遥見晚山一角向船，青鏡裏銷魂，愁兩點，千里外，暮雲平。黄昏潮長一舟横，上灘聲，溜泠泠。春水緑波，無處不關情。殘醉薰人，纔欲倦，眠不穩，倦還醒。

西刻雨霽，飛泉瀉水，斷雲没山。石髮溪毛，青葱欲滴。入暮洞黑，舟不能行，宿古塘。計五十里。

十八日，冒雨行十五里，抵南雄。計自廣州至南雄共千二百五十里。時少府甘君維藩[一]擎蓋俟雨中，意殊真摯。邀坐寄梅館，雨亦霽。遂假輿過徐問渠司馬維清[二]，深談款洽。留飯

[一] 甘維藩，字錫朋，江西鄱陽縣人，由監生遵工賑例銓選未入流，任廣東始興縣典史，嘉慶二十四年（一八一九）、二十五年兩署南雄州吏目。

[二] 徐維清，山東臨清人，監生，嘉慶二十四年（一八一九）署任南雄州知州。

後，過州司馬吴曉峰（烶）[一]及山長嚴霽皋（暉吉）[二]，故豐順令也。歸館，遣護送兵役歸，并致書玉都督[三]，附垣及汪孟棠，發第二號家書。時寓楊義順官行，議行李每斤六文半，輿夫每名四百文，客行價銷減，問渠能便于民矣。晚復飲于問渠署，口占七律奉贈。

南來獨客叩關門，把臂尊前細與論。劇邑簿書凋鬢影，敝裘風雨漬塵痕。未逢知己有命在，能作傳人亦數存。明日銜泥騎馬去，一杯别酒有餘温。

至晚，復雨。成五律一首，題于驛壁。宿焉。

積雨满江城，郊原淅瀝聲。彼蒼流惠澤，到處起春耕。獨有征人慮，難爲遠道行。過山新漲發，穩送一舟輕。

十九日，夜雨傾盆，至晨未歇。役夫已去復返，仍住寄梅館。嚴、吴兩君來送行。蚤飯後，雨窗悶坐，撫今思昔，成五言古一首。

[一] 吴烶，或作吴炳，安徽休寧人，嘉慶二十五年（一八二〇）署任南雄州州同。

[二] 嚴暉吉，字君錫，號霽皋，江西奉新人，嘉慶六年進士，授内閣中書，改廣東豐順縣知縣，庚午分校粤闈，後權湖南道州，補巴陵縣。著有《小住山房詩文稿》二卷。

[三] 山長：本爲對山居講學者的敬稱。宋元時爲官立書院置山長，講學兼領院務；明清時改由地方聘請。玉都督，待考。應爲派士兵護送仲振履的軍官。

昔我向南來，全家骨肉聚。倏忽十四年，離別如烟霧。親屬僅半在，僮僕亦非故。碌碌滯宦場，蕭蕭華髮素。今來方戒旦，急雨傾如注。行潦已没脛，役夫那能渡？行客怨淫霖，田家慶甘澍。願望各有懷，陰晴本無誤。傾跌豫後艱，飲啄亦前數（是夕曉峰招飲）。不知及明晨，能否過山去？

雨中默坐，忽憶李鐵橋司馬（澐）因公赴閩、王靜圃大令（煒）尚在順德，臨行匆遽，未及函致，又成五律二首。

太白君前代，如來是後身。三年典大郡，窮海盡生春。落筆天花墜，銜杯海月陳（螺杯産潮州，故云）。相離憶遠道，久宦少閑人。

咄哉王大令，與我老鳴琴。不惜千金贈，相知一寸心。書回江樹晚，人隔嶺雲深。候館聽春雨，懷人自不禁。

是夕，曉峰招飲，與霽皋把酒暢談途中佳山水處，霽皋云曾探碧落洞，岩壁多留題詩，未遑紀姓氏。洞中陰邃，冷氣襲人，未敢入。亦可補此記之缺矣。見署前白花一株，形似玉簪，瓣厚而叢開，云可榨油。按宋趙希鵠《洞天清録》[一]云有花桐春來開花，似玉簪而微紅，可榨油，蓋琴材也。醉歸，仍宿館中。

[一] 趙希鵠（一一七〇—一二四二），袁州宜春人，宋宗室。《洞天清録》是最早專門論述古器物辨認的書籍之一。

二十日，雨霽。黎明屬宗誠夫率奴子先行買舟。問渠諸君皆遣役護送。雨後山行，更饒佳境。輿中雜成數章，即境言情，于此興復不淺，成五古一首。

肩輿出東門，石路經北轉。朔氣森朝寒，瑟瑟風吹面。雨過百泉鳴，雲銷萬山見。烽火静邊樓，松烟隱茅店。澗遠草色青，林净禽聲變。山花不知名，紅白間相炫。役夫輿行客，交錯道無算。負重沿若蟻，駕輕如去燕。大庾絶天險，南交古荒甸。借問往來人，營營亦何羨？

山坳乍轉，青翠襲人。見一樵子由叢簿間出，手持杜鵑花一枝，立于道側，覺天台、桃源不過是也。又成五絶一首。

澗蘚剥如皴，雨樹清于浴。樵子下山來，手持紅躑躅。

將登絶頂，從者請挂角寺小住。山僧出迎，頗能解事，歷指前人游覽之勝。寺中梅花甚繁，均已結子。僧云庾嶺梅花自八月至二月，萬樹遞開，幽香不斷。惜使君來遲，連日爲風雨所摧矣。黯然久之，成《倦尋芳》一闋。

山僧告我，庾嶺梅花，孤芳最久。桂子香中，已見幾株紅綯。北枝開，南枝謝，交花不斷，幽香凑。過秋分，便因循，開到春分時候。不由我頓增懊惱，如此風光，竟成孤負。我已來遲，偏又雨僝風僽也。怪花神孤負我，盼人不待春分後，却空留這青青幾枝梅豆。

過寺即上嶺頂，途間古碑數通，苔蘚剥蝕，題句已不可辨，惟『雁回人遠』四字，風骨遒勁，亦不知爲何人所書。頂上回望，全粤如握掌中。天南形勝，實爲第一，雄關也！成七律一首。

地脉直下群山奔，西南半壁勢欲吞。古松蟠澗作龍卧，怪石突岩如虎蹲。清流壁罅水泚泚，白迷樹杪雲昏昏。躡足長驅到絶頂，手攀北斗窺天門。

越嶺不數里許，盤陀曲折，已入南安境矣。又成七律一首。

四望蒼茫亦壯哉，雄奇氣象半天開。百二十里路起伏，萬八千年人往來。軒帝子皆荒誕語《志》稱黄帝子二禹開此山以通南海，老夫臣豈帝王才？太平不設重門險，惟聽嗚嗚畫角催。

中刻抵館舍，報船值甚昂，乃賃小舟，包程十二日至玉山。篷窗湫隘，促坐如猱然，較之長途泥濘，轉覺爽塏，遂移行李宿焉。燈下作書謝問渠諸君，并寄鐵橋、静圃柬，發第三號家書。

二十一日，舟人購薪米，巳刻開船，行山溪間，新漲暴發，順流直下，夾岸多水車，疊石蓄水，轉激車輪，衝流益急。忽一懸岩，蒼翠欲崩，直壓篷背，亦營邱[一]得意筆也。暮宿烏坑，計程百四十里。烟昏向暝，雲暗欲沈，山色空濛，凄然將雨。篷窗悶坐，成六言詩二首。

乍聽隔林鳩喚，雨晴行客關心。山外片雲滃起，明朝又釀春陰。
簾外愁聽夜雨，鏡中懶畫朝雲。怪底懷人夢短，昨宵已過春分。

是夜寒甚，披裘起坐，命童子煎茶未熟，成《虞美人》一闋。

生來不會雙蛾結，誰耐傷離别？紗窗一夜雨兼風，禁煞個人寒透緑衾中。　曉看鏡裏春山皺，風雨依然又落花，幾瓣打簾衣。獨對銜泥燕子一雙飛。

二十二日早，過南康。憶故開建令劉君敬熙[二]，南康人，與余一見如故，每集公所，

[一] 李成（約九一九—九六七），字咸熙，唐宗室，唐亡後流寓四方，五代時居青州營邱，世稱『李營邱』。李成爲著名山水畫家，在宋初極負盛名，被推爲『古今第一』。
[二] 劉敬熙，號止山，江西南康人，乾隆五十五年（一七九〇）進士，曾任連山、文昌、石城、開建等縣縣令。

必把臂論文，日月幾何，逝者已十年矣！可勝存没之感。申刻抵贛州，知同年汪竹素觀察全德[一]赴省攝方伯篆，余行甚速，不欲至南昌耽擱，乃上書問安，兼致費新橋觀察[二]函。遂往謁王□□太守澤[三]。太守吴曉焉[四]之戚也，亦有書致。及相見，即戊午科矮屋訂交人也。二十年來，皤然老矣。略談契闊，辭出。太守命持免單來，并免儲潭税。遂過關，宿諸潭。計程二百四十里。竹素年大人閣下：

履吴陵下士，粤省微員，依梓里之餘光，附苔岑[五]之末誼，兩世論交，未親芝宇，

[一] 汪全德，字竹素，號修甫，又號小竹，江蘇儀徵人，嘉慶九年（一八〇四）順天鄉試舉人，次年聯捷成進士，授翰林院庶吉士，改工部都水司主事，升員外郎。後授江西贛寧道，曾署江西布政使，卒于官。著有駢體文四卷、《竹如齋詩選》四卷、《崇睦山房詞》一卷，條議四卷。

[二] 費丙章，號新橋，浙江仁和人，嘉慶十三年（一八〇八）仲振履同榜進士，曾官御史、雷瓊道等，仕至河南布政使。

[三] 王澤，字潤生，號子卿，晚號觀齋，安徽蕪湖人。乾隆五十四年（一七八九）優貢，歷任懷寧、太湖、五河、六安等縣教官，主講敬敷、紫陽書院。嘉慶三年（一七九八）舉人，六年進士，任翰林院編修。歷任武英殿提調、實録館撰修、體仁閣直閣、國史館協修。十二年出任雲南鄉試正考官。後改任御史，出任徐州知府，後調江西贛州。著有《觀齋集》十六卷。

[四] 吴曉焉，待考。或爲『吴曉峰』之誤。

[五] 晋郭璞《贈温嶠》詩：『人亦有言，松竹有林。及爾臭味，异苔同岑。』後因以『苔岑』指志同道合的朋友。

廿年結想，企領蘭言。滿擬便道過從，假階前尺寸地，快識荊州[一]。

昨至南安，始知旌旆莅省，榮攝薇垣[二]。恭惟憲台尊膺八命，貴秉六條。方施郇伯之膏[三]，陰雨謳芃；復奏山甫之勛，清風誦穆[四]。快聆之下，慶幸奚如？分宜趨赴洪都，投銜潭署，載伸燕賀之私，藉遂鴻儀[五]之仰。猥以與寅好諸子弟偕行，渠得赴部掣簽，勢難延緩。在粵言明包程遄發，除贛州候關外，別無耽擱，嚮往之誠，竟爲同伴所窘。遥企節麾，實深惶悚，是否容俟京回再圖晋謁？高山在望，溯水遄征；疏略之愆，刻難自宥。謹此虔修蕪稟，藉述葵忱。所有不盡之私，惟恩鑒。

附上賁新橋觀察一函備覽。

振履謹呈

二十三日，不雨而陰。礀瀑松間，人家竹外，頗有雲林筆意。詢之舟人，已去天柱灘

[一] 唐李白《與韓荊州書》：『白聞天下談士相聚而言曰：「生不用封萬户侯，但願一識韓荊州。」何令人之景慕一至于此耶！』韓荊州，韓朝宗，當時爲荊州長史。後因以『識荊』爲初次識面的敬辭。此處指希望得到對方的賞識、提拔。

[二] 薇垣：唐開元元年（七一三）改稱中書省爲紫微省，簡稱微垣。清初也稱布政司曰薇垣或薇署。故明清時常以薇垣稱相當于中書省的中樞機構或布政司。

[三] 《詩·曹風·下泉》：『芃芃黍苗，陰雨膏之。四國有王，郇伯勞之。』郇伯，即郇侯，周文王之子，有治諸侯之功。

[四] 《詩·大雅·烝民》：『保兹天子，生仲山甫。』『吉甫作誦，穆如清風。』仲山甫爲魯獻公次子，周宣王時任卿士，後因用作贊美宰輔之臣的典故。

[五] 鴻儀：盛大的典儀。

二十餘里矣。以下山色葱蒨，水波瀠洄，忽焉路轉，江流開闊，山風拂衣。澗雲低樹，茅屋數家。又似黄鶴山樵矣。午後過惶恐灘，土人傳文信國公敗兵于此，却走興寧縣，從末帝泛海至官富山，此有宋存亡之一大關鍵也。心有所感，作《過惶恐灘論》以辨得失。

粤東庾嶺北阻，大海南陷，天險之國也。顧勢可偏安，不足以資遠駕長馭，故趙佗、劉龑終其身不能出三江五嶺間者，勢使然也。然論開創則勢不足，論恢復則勢有餘，得扼要之地以守之，徐俟天下勤王之師雲集響應，中原不難一鼓而復。文山先生計不出此，迂其途以求小安，卒至傾覆，惜哉！土人傳先生敗兵于惶恐灘，奉末帝走興寧，復敗。禱天誓師，血泪沾襟，乃趨惠州，航海至官富山，以待天下動静。嗚乎！誤□□□□□帝爲中興之天子耶，抑爲海外之天子耶？何其左也！今夫善制人者，據上游以逞其志，不善制人者弃上游以蹙其生。粤東之險，莫如庾嶺，而南安其扼要也。蓋庾嶺勢若建瓴，登絶頂以窺，全粤如握掌中。南安唇齒相屬，得南安則全粤固，失南安則全粤危，理固然矣。且其勢猶不祇固全粤也，南安至舟，僅二百餘里，陸有旭岫月岩之固，水有蓉江蕉溪之險。設當時統率義士，敗後直驅南安。民雖至愚，未有不戀其故主者。得南安，據庾嶺，乃下始興，入五羊城，號令天下，以圖恢復，此郭子儀[一]靈武收京之成效也。得則可以恢復，否亦不失爲偏安。奈何計不出此，而流離遷徙，亡于崖門，豈非天乎！然亦失勢之咎也。或曰：先生敗走粤時，末帝自閩

[一] 郭子儀（六九七—七八一），華州鄭縣人，唐代政治家、軍事家。對平定安史之亂、維護唐王朝統治作出過重大貢獻，被封爲汾陽郡王，死後追贈太師，謚忠武。

來，遇于零丁洋，故有惶恐零丁之嘆。又曰：末帝沈海，先生已陷于元。皆不具論。論當日得失之勢，爲宋君臣憾。

申刻達萬安縣，十八灘已過半矣。時春漲驟發，水高于石幾二尺許，雖勢極崚嶒，而舟行石上，灘師無所用矣。晚抵速口洲。計程三百三十五里。小泊。舟人縛同行三舟爲一舟，結伴夜行，舟中人來往若比鄰然。凡信國故里、六一墓皆夜渡，來時嘗有詩紀之，不復記矣。行百五十里。

二十四日曉，至吉水縣，開窗四望，朝旭初出。蒼蒼凉凉，厥山高而長，厥水瀠回曲折而流平，是爲文物之邦，繼誠齋[一]敬止而有光，將有望于後。英蓮峰、鑒湖以下，山峻水深，岩松澗草，蔚然深秀，西江詩派[二]其此源歟？何窅而深峻，削而秀也！行六十里，至釣魚臺，以詢舟子，指其地基址尚存，臺已傾圮。考昔晋陶侃[三]釣魚江中，得織梭挂壁上，化龍而去，後人作化梭亭于江岸。峽江爲臨江屬邑，意即此歟？俟求邑乘徵之。又十里，青山送客，如揖如拱。碉溪間躑躅飛紅，參差垂緑，回首瘴海蠻疆，漸入佳境矣。下視磯頭，一婦坐而垂釣，是又山水諸家所未之及也。酉刻過新淦縣，行十里，達河阜，北

[一] 楊萬里（一一二七—一二〇六），字廷秀，號誠齋，吉州吉水人，南宋著名詞人、詩人，『南宋四大家』之一。

[二] 西江詩派，即江西詩派，以北宋詩人黄庭堅爲首的詩歌派别。

[三] 陶侃（二五九—三三四），字士行，廬江尋陽人。初爲縣吏，後歷郡守，官至太尉。平亂有功，任荆州、江州刺史，都督八州諸軍事，封長沙郡公。死後追贈大司馬，謚恒。

風驟勁，拋錨宿焉。計百四十里。

二十五日，北風未息，舟人摇櫓趲行。忽見雙燕呢喃交飛江上，成《雙雙燕》一闋。

梅關過了，忽江上寒生，吹衣風乍卷篷。惟聽浪拍船頭，撞打。驀地掠船飛下。有玉翦一雙相亞，翩翩弄影波心。幾日正逢春社。　休訝。須知海上縱九九消殘，未離巢舍，兼旬不見，轉覺新奇。堪詫。想到綉簾妝罷香泥墮，涴污裙釵。鎮日雙去雙來，一樹梨花欲謝。

午後風微，過豐城縣。惜非夜渡，不知干將光芒尚貫牛斗間[一]否，恐埋没已久。此種蓬蓬勃勃之氣，亦日就銷磨耳。途間川原秀潤，花柳芳菲，獨不見杏。聞前人云，南梅過淮爲杏，北杏過嶺爲梅，故粵無杏。豈南昌以西地猶近粵，亦無杏耶？殊不可解。成《祝英臺近》一闋。

澗花紅，堤柳碧。綽約弄春色。忽憶墻頭燕子舊相識，奈何問遍途人，話紅談碧，總難訪杏花消息。　榜人説，連日風雨生寒，一枝未曾綴。縱裹紅綃，蕊小那堪折。勸君舟過桐廬，紅橋雨歇，向賣酒人家尋覓。

[一]《晉書·張華傳》：『初，吴之未滅也，斗牛之間常有紫氣。孫吴平後，（張）華使（雷）焕宰豫章豐城，拙得寶劍二柄，一曰干將，一曰莫邪，二人分藏之。後二劍俱化爲龍。』干將、莫邪，古代名劍。

晚復雨，抛錨野宿，去河泊所尚五里許。計程百八十五里。

二十六日，石尤風厲，舟不能前。作七律一首，用抒積悶。

黑霧漫漫没遠天，荒灘舟阻力難前。長堤拍浪過三尺，老樹横江經百年。一鷁倒翻隨雨墮，群龍潛伏入淵眠。不知誰賦滕王閣，如此狂飆送客船。

午後風益大，舟中危坐，摇摇如懸旌。成七絶一首。

雲合雲開雨復晴，調調萬竅怒號聲。孤舟鎮日摇摇坐，雪浪滿船何處行？

是夕睡方熟，夢聘妻楊非卿遣婢來迎，告墓已湮没，屬歸而修之，欻然而寤，殊爲駭异。卿没已四十六年矣，余囊以不知卿墓，屢屬其侄佩鳴求之，卒不可得。兹客次匆匆，復感斯夢，愈難爲情。次日，堅問之，乃云憶似在覺正寺側，不能悉也。爰命奴子崔琨協訪，務得其處。俸錢雖薄，當爲卿營一齋以志吾憾，并記其顛末，示我子孫。

非卿氏楊，名無儀，余鄉明經心壺先生繩組[一]女。今同行楊佩鳴，其嫡侄也。余有姨母王，與卿爲姻婭。余兒時從先太恭人至姨母家，必與卿遇，時皆六歲，革絲嬉戲，

[一] 楊繩祖，字心壺，江蘇泰州人，貢生，乾隆五十五年（一七九〇）官溧陽訓導。著有《禮經彙編》《儀禮周禮本末説》《心壺詩鈔》。

兩小無猜。次年，余隨宦蜀中。及歸，已十四歲。間至姨母處，卿已長成，不復相見矣。越年餘，聞先生館于鄉，家日窘。卿佐其母，篝火寒針，以供薪水。暇則從其兄讀唐人《叩彈集》[一]，孜孜不倦。適有老嫗携石榴香囊求售，花葉鮮明，太恭人知出卿手，遂過姨母家，召見之。裙布釵荆，意態修潔，愛其莊雅而慧，爲余聘焉，時年十六。卿家益寒，綉床金翦，昕夕靡寧，遂構弱疾，咯血滿窗，與唾絨相間。病已篤，風雪寒甚，猶强坐終宵，爲先生成敝裘一襲。太恭人聞而憫之，延醫往治，云入春不可救矣。明年乙未春正月十八日卒。先孟雲礀適往問疾，趨入視之，猶若聞長嘆聲。是夕，先瑶泉三姊燈下見一女子青衣縞裳立余床下，以告家孟，則卿斂服也，秘不復言。嗣後先生司鐸溧陽，余侍先大夫讀書雉水書院[二]，閱數年矣。忽一夕，夢至一處，矮屋數椽，有青衣女子倚户長吟，意殊愁慘，猶記其詩曰：『棠梨花落墓門寒，寒食纔過春又殘。燕子自來還自去，更無人倚斷闌干。』余驚寤，异之，書于册，亦不解是何讖也。是夕，復夢至其處，見前女立小樹間，縞裳闌珊，手撚蠟梅，對花零涕，口吟一絶，聲愈凄苦，云：『萋萋蔓草没幽居，荒野無人月上初。欲問石榴囊在否，倩誰封寄一丸書？』余聞之酸鼻，凄然而醒，知石榴囊爲聘時物。蓋卿召我也。起告三姊，乃云卿卒之夕已于燈下見之，斂裝如是，未告弟耳。太恭人亦出石榴香囊以示，細爲玩展，榴未結子，花未抱蒂，已先爲之兆矣。時先生未歸，求其墳而不可得，莫可如何，惟顧影欷歔而已。家孟作《香囊夢傳奇》以解余意。家孟歸道山，不知尚在舊時

[一]《叩彈集》：《唐詩叩彈集》，清代杜詔、杜庭珠編選的唐詩選集，正集十二卷、續集三卷。

[二]雉水書院：在江蘇省如皋縣，乾隆十二年（一七四七）創立。仲振履之父仲鶴慶曾兩次主講雉水書院。

書篋中否？閱今四十六年，卿家凋謝殆盡，惟侄佩鳴相依署中，屢問卿墓處，皆云時尚未生，不復憶也。辛巳二月，余以計典北上，將便道先過里門。舟近南昌，夜夢携童子登岸小步。忽一婢蹩躠至前，恍惚認是姨母家婢，久已不知存没，亦忘其名，向予嘆曰：『六少君老矣，十二姑命來相迓，佳城久湮，幽魂無托，歸時幸一過存。』寤後憶卿行十二，知必卿也。何没已四十餘年，尚念我遠歸，遣婢來迓我耶？荒墳湮没，久縈余心，恨不得其處耳！卿亦諒我求之不得而又欲修而築之，以妥爾幽魂耶，前則兩夢見卿，今則遣婢將意，見與不見，其果有意耶否耶？殊令我思昔撫今，凄然欲絶也！隨召佩鳴堅問，云似在覺正寺側，屬其歸即訪諸寺側老人，務求而得之，修其墓，奠其靈，非卿庶無憾于九泉耳。

道光元年二月二十七日，生仲振履記于滕王閣舟次

二十七日，風力稍緩，行十餘里，舟人野泊早飯。見岸上垂柳一株，披拂可人，率成一絶。

踠地垂垂七尺長，嫩條初綴柳花黄。惱他不絆行人住，却絆歸人滯异鄉。

午後抵南昌城，風亦漸息。奴子請登滕王閣，閣次有貴人舟泊焉，意頓疏懶，成七律一首以代登眺。

長江漲滿雨初晴，高閣舟維浪亦平。春草已荒徐孺[一]墓，夕陽遥没灌嬰[二]城。心隨塞雁先傳信，髮與沙鷗欲結盟。不是登臨幽興懶，緑波南浦最關情（南浦即泊舟處。）

小泊開行，達鐵心港，入支江。沙堤平衍，茅屋數家，依依竹樹，掩映遥峰，景殊清雅。舟人祭江飲福酒，泊焉。計程四十里。中夜雨，舟復開行，約百數十里。

二十八日，微風南來，小雨如霧，推篷遠望，烟樹微茫。雲影波光，迷離掩映。舟人披蓑笠，摇櫓持帆，洵江行之妙景也。途次菜花盛開，香覆千村，黄鋪兩岸，雨窗弄筆，成《菜花賦》，以『一路菜花黄殺人』爲韵。

披拂東風，徘徊南陌，一望分成，略彴小徑。三三數弓，占得町畦芳塍；一一靈雨，既零土膏匀注。杏始白而麴鋪，麥纔青而金布。低襯花驄之勒，客到江村；遠沾芒屩之塵，人來官路。則見夫水拖藍、山染黛，澤鳩鳴、土蛤吠。時方薦鞠已，看曲薄、求桑節、過燒燈。回憶故園挑菜，疏疏漠漠，密密斜斜，或依山麓，或傍水涯。拄杖行來，黄沁村翁，弁服携筐；歸去香簪，餉婦蓬鬢。自堪點綴鋤犁之景，何藉芳菲桃李之花。若夫夜雨過、春田香，栩栩看飛，頻來蝶拍。嗚嗚聽響，知有蜂狂。陸

[一] 徐孺，名稚，字孺子，豫章南昌人，東漢高士，屢徵不仕，受太守陳蕃及桓帝的禮遇。

[二] 灌嬰，睢陽人，原爲布商，投劉邦爲將，以力戰驍勇聞名，以功封潁陰侯。灌嬰城即南昌故城，漢高祖六年（前二〇一）灌嬰定豫章時所築。

賈[一]祠前，已見千畦浮白；灌嬰城外，又看十里鋪黄。爰往蘭橈，載携筠札；踏青正好泥酥，看雨不嫌莎滑。美兼六利，植之隨地能生；寒抱孤根，愛爾隕霜不殺。襯籬邊之紅槿，映江上之白蘋。香生寒士千家飯，綉出田間二月春。茹苦如飴，聊作燕臺行客；看花滿眼，竟成祇樹歸人。

巳刻達瑞洪鎮，去南昌百八十里，溪間多水蟲，似蜻蜓而小，兩翅兩尾。尾游水中，翅飛水面，拍拍不已，翅沾水即死。問之舟子，是名魚糧，一歲再生，以供魚食。魚糧二字甚新，可備詩料。午後雨益積，山樹人家，空濛一片，如在鴛湖烟雨樓中。時入支江，逆流負縴，然水勢較平，不復作鴉呼上灘聲矣。縴路亦復坦夷，惟遠山數點，出没于雲樹間耳。晚宿龍窟，去瑞洪鎮七十里，爲餘干縣境。

二十九日，雨歇雲留，五更開行。辰刻過大樹埠，奴子報岸上茅屋人家，有紅杏一株，綽約檐外，推篷遥望，如見故人。惜舟去匆匆，未能登岸徘徊，暫消春緒。憶宋徽宗[二]有見杏之作，雖境遇不同，情致則一，亦用《燕山亭》調倚聲和之。

是處尋探，今日纔看，紅粉一枝，香注回頭。細數十四年來，又見曲江游女，榕

[一] 陸賈，漢初楚人，初從漢高祖定天下，常充説客出使各諸侯國。後官至太中大夫。政論家、辭賦家。

[二] 趙佶（一〇八二—？），神宗第十一子、哲宗之弟。先後被封爲遂寧王、端王。哲宗于元符三年（一一〇〇）病逝時無子，趙佶被立爲帝，廟號徽宗。靖康元年（一一二六），金軍兵臨城下，禪位太子趙桓。靖康二年（一一二七），東京城破，徽宗與欽宗趙桓被擄北上，幽居五國城，作有《燕山亭·北行見杏花》。

几椰瓢，空盼煞江南春雨。凝伫。問寒食清樽，爲誰遲暮？却看笑意盈盈，似無限關情，向人欲語，料應問我，如此春光，又將浪游何處？茅店生寒。還祇怕被風吹去，孤負竟難把去舟維住。

午後過黄金□，又見絳桃一樹，紅出墻頭，節近清明，春將盡矣。念歸小園花事大半闌珊，再成《雨中花幔》一闋。

岸上誰家？一樹桃花，墻頭淺露紅綃，對青袍掩映。白髮飄蕭，淡粉愁零，夜雨扁舟，聽打春潮。算春將暮矣，遠客歸時，花事都消。布帆無恙，便是歸遲何妨。緑暗紅凋樽有酒，故人携手，清興猶豪。閑坐小園月露醉，談瘴海波濤，任花花草草、風風雨雨、暮暮朝朝。

酉刻抵安仁縣，去餘干七十里。又行十里至石港，宿焉。

三月初一日，五鼓開行，曉達東溪，入貴溪縣境。天色將霽，岸上一帶石山，山根巨孔簇如蜂窠，意即千百年篙眼所成也。遥望藐姑、雲臺之山，兩峰高并，岧嶤天外，亦羅浮之亞也。成七律一首。

烟鬟高并倚江濆，江上諸峰覺冠群。千丈翠微千尺瀑，一溪花樹一□雲。石排硊礧參差見，鳥弄竽簧隱約聞。風雨連朝枯坐久，推窗聊與挹清氛。

過英澤，旭日晴煦，惠風和暢，較細雨春帆，别有一番景況，此心不覺活潑潑地有沂水春風[一]之想，走筆成《暮春者》七句制義一首，歸示宫濤、夏荃兩婿。

即所遇以抒懷，悠然無可待矣。夫暮春，亦維其時也，服既成而偕我童冠風浴咏歸，點豈沾沾于所知耶？若曰人生貴適情耳。情之所以適而境生焉，未來之境不必豫也，當前之境不容失也。俯仰乎鳶飛魚躍之天，徘徊乎縵瑟歌風之地，點之志可即見于此。暮春者，撫玉序之遷，流古今代謝矣。祈寒暑雨，莫泯怨咨，惟此化日之舒，長温如挾纊也。今何幸及杏花菖葉之辰，律中姑洗際木行之鬯茂，萬物之光輝矣。秘處垂蓬寂寥□和，曷若天機之陶淑，暢叙幽情也。尤竊願假流水高山之想樂我同人，方春和□□□□服喜裘葛之適中，亦曳婁之甚便。顧春風中人必有偶也，惟彼冠者五爲數之中，六則過乎半矣。執袪與子偕行，亦有童子六者，中之合，七則維其多矣。牽衣逝將安適？沂水清且漣猗，凍解，被以東風，冰泮歌乎旭旦，春水生矣。褰裳就之，浴乎可舞雩，蔚然秀也。崇壇森其爽塏，緑葉發乎華滋，春氣煦矣。披襟當之風乎，可游既倦矣，盍歸乎？然乘興而來，興未盡也，乍行吟于澤畔，亦寄嘯于林皋，聯袂中塗，且咏且歸，以畢春事。今古無絶，而不續之機任天而行，預以期則已滯，春何時而不莫服？何候而不成？何人不可作童冠與也？何地不可作風浴觀也？何時不可作咏歸想也？與時俯仰，純任自然，不必于暮春滯其機，亦不必于暮春爽其遇。毋

[一] 沂水春風：語出《論語》『子路、冉有、曾皙、公西華侍坐』章。

意毋必，我夫子時行物生之，妙有如是！夫萬物無偏而不備之數，相時而動，專以求之，則又拘春。適然而欲莫服，適然□□□□冠不期有其人也，風浴不期有其地也，咏歸不期有其時也，即境流連，倏然自得，暮春于我無所期，我于暮春無所繫，時行時止，吾黨中簞瓢陋巷之風有如是夫！非然者，鼓雍門之琴，躁也；弃潁水之瓢，陋也。適緇林疏水之宜，盡韋布弦歌之素，點志此耳。夫子以爲何如？

學六朝筆致、摹狂士心胸，淺矣。然于朱注中即其現在之位，樂其日用之常，亦頗有得。柘庵自記于西江舟中

申刻過石鼓汎。有巨石一圍，架以數石，倚于水次，若鼓然。上爲九鳥灘，水勢稍急，然漲高石下無足慮也。薄暮達貴溪縣，城郭不完而人烟輻湊，不知夏文愍言[一]之靈尚依栖于桑梓間否？連日舟甚濡滯，力催舟子趲行，十二日之限恐未能如約也。夜泊頭巾灘，計程九十里。

初二日，五更開行。曉起推窗，風日晴煦，達桃花灘，水亦平，路亦坦，船行較速。嫩寒側側，春氣倦人，成《風流子》二闋。

青山行不盡，回頭望、搔禿鬢毵毵。想畫舫、燭摇櫓揉，春浪鈿車衣，皴鞭梟晴嵐。而今剩、別情山鳥弄，離恨柳枝含。一曲懊儂，魂銷天北。數聲蜀魂，夢老江南。

[一] 夏言（一四八二—一五四八），字公謹，號桂洲，江西貴溪人。正德十二年（一五一七）進士，曾任內閣首輔。嘉靖時因嚴嵩進讒言而被殺。隆慶初平反，謚文愍。著有《桂洲集》。

宦游吾倦矣，紅窗下、閑看搦管雙纖。那又出門草草，去路厭厭，南浦鴨頭[一]，天涯波渺，灞陵驢背，雪後寒尖。況是明朝上巳，月又初三。

自君之出矣[二]，登高望、腸斷木蘭舟。記宵半醉歸，燈前問字，晝長綉倦，花裏藏鈎。而今祇一鳩啼午寂，雙燕説春愁。柳絮入簾，烏絲在匣。梨花滿地，蛛網成綢。起來春又去，凝眸望對鏡，慵自梳頭，又被雨摧花瓣、風拽香篝。恨客裏、信來草草，夢中夜短，長路悠悠。記得歸期約定，過了中秋。

午刻達舒家港，大風驟發，激水揚沙，勢殊猛烈。成古詩一首爲風解。

北風勁疾而壹，東風虛囂而狂，南風飄忽而猛，西風尖利而長。四方之風本乎五行，木浮金堅水直火炎，東西南北各飆舉，春秋冬夏相回旋。居人安處那及覺，江上客子心怦然。順流揚帆皆色喜，逆流息脅坐長嘆。逆亦不必嘆，順亦無可歡，一來一往，轉如循環。古人十日灘頭坐，一日過九灘。甚哉，風爲天地之噫氣，非有意于其間。

[一] 鴨頭色緑，形容水色。李賀《同沈駙馬賦得御溝水》：『繞堤龍骨冷，拂岸鴨頭香。』蘇軾《送別》：『鴨頭春水濃如染，水面桃花弄春臉。』

[二] 《樂府詩集》卷六十九《雜曲歌辭・自君之出矣》：『漢徐幹有《室思詩》五章，其第三章云：「自君之出矣，明鏡暗不治。思君如流水，無有窮已時。」《自君之出矣》蓋起于此。』

酉刻過弋陽縣，叠山先生[一]故里在焉。遥見兩山對峙，一仰而插雲，一俯而踞壑。俯者凹處抱一小山，形若浮圖，舟人指爲蠟燭山，蓋土名也，殆亦龜山之脉歟？暮宿連珠灘上約五里，舟人以風大求歇，宿焉。計九十五里。

初三日五更開行，日出後風略歇。行四十里至松樹灘。北岸數峰崒嵂，高聳雲表；南岸烟火數家，柴門臨水，竹叢花樹，致頗清幽。是日上巳，成七古一首。

蓮峰雨霽清無塵，弋陽溪水波粼粼。三月三日好時節，垂柳垂楊到處新。楊柳依依一鶯曉，麰麥芃芃九扈春。春風吹入春江上，江上晴莎展緑茵。誰家岸畔湔裙女，何處舟中賣藥人？扁舟一葉澹容與，岸上舟中互延佇。掃眉嵐色倚晴空，入耳灘聲鳴驟雨。秦客傳言劍捧金，周京高會觴飛羽。杏花菖葉自三春，吉日辰良足千古。去年上巳越王臺，今年上巳玉山隈。明年上巳知何處，隨意流連一酒杯。

未刻抵河口鎮，石山如削，矗立水濱。有茅屋數椽，夾居兩峰之間，致殊幽絶。停泊後，行主争來投簡，同人定羅良玉行，即雲浦前年來粤所寓處也。舟子以水淺雇駁船分載

[一] 謝枋得（一二二六—一二八九），字君直，號叠山，信州弋陽人。寶祐四年文天祥同科進士。曾爲建康考官，以賈似道政事命題，被謫居興國軍。德祐元年（一二七五）起爲江東提刑、江西招諭使等職，率兵抗元。宋亡後，流寓福建一帶，以賣卜教書度日。元朝屢徵其出仕，福建行省參政魏天祐强行送往大都，乃絶食而死。門人私謚文節。其著作散佚，後人輯有《叠山集》。

箱物，碌碌至申刻復行。是晚見月兩頭纖纖，遥貼天際。久雨之後，光景逾新，乃促舟人持火炬行十五里，至老虎灘宿焉。計七十五里。

初四日，黎明開行，曉起推篷，天朗氣清，嫩寒翦翦。是日清明，俗以天氣晴朗爲豐年之兆。途間澤雉交啼，鳴鳩拂羽，落花飛絮，春氣襲人。邱遲《與彭寵書》[一]云：『暮春三月，江南草長，雜花生樹，群鶯亂飛。』故鄉風景，殊令人戀戀耳。再成七古一首。

昨日上巳春風多，今日清明天氣和。遥峰與雲相揖讓，小樹得露何婀娜！長堤一碧春靄靄，久雨初晴嫩寒在。梨雲夢醒畫船中，榆羹人哭青山外。澤雉飛，麥秀齊；鵓鳩鳴，桑陰低。落花似雪糁牛背，芳草如烟没馬蹄。兩日肩輿過山去，蘭溪女兒歌白紵。玲瓏飛絮送春帆，緑楊直接揚州路。

晚過廣信府，人家多開門祀先，卜晝卜夜，亦風俗之异也。行二更許，至龍溪，宿焉。計程八十里。

初五日，五更開行，日出至效石塘。兩岸花樹參差，炊烟濃淡，間以溪溜喧豗、水車旋轉，殊足娱目。惟東風過厲，舟行甚遲。問玉山尚在數十里之外，殊悶悶耳。薄暮抵縣，

[一] 此處仲振履誤記，當爲《與陳伯之書》。邱遲（四六四—五〇八），字希範，吴興烏程人，梁時仕至永嘉太守、司徒從事中郎。陳伯之，梁江州刺史，後叛降北魏。天監四年（五〇五），臨川王蕭宏率軍北伐，陳伯之領軍抗拒，邱遲奉命作書與陳伯之。東漢時，幽州牧朱浮《與彭寵書》，中有『無爲親厚者所痛，而爲見仇者所快』語。彭寵，時任漁陽太守。

移行李入行，宿焉。計程八十里，自南安至此共計一千九百五十里。夜雨，五更止。行李每斤四文半，轎夫每名三百八十文，雖比南雄稍減，然寓官行殊多費也。

初六日，黎明夫役齊集，乃登輿行。入西門，出東門，途間無險峻可紀之處，惟于連山層疊外一峰玲瓏秀削，若軒然大波起，殊雋甚。又數里，道旁老樹空心腹可容五六人，倒地盤曲，矯若游龍。過桐梓巷，有紫藤一株横繞枯木間，若與卧樹相掩映。白石街次，青山如屏，襯以茂林修竹，茅屋數家，往來行客，恍在北苑畫中。不數武，又有紫藤繚繞松巔，紫翠欲滴，正如讀秦少游[一]小令，設色不多而處處豁人心目。草坪中尖，見壁上書『静坐自不妄爲，讀書即是立德』，不知前輩何人語，眼前平易事，一經道出，便可書紳。兩縣交界處，一關屹立，亘于當道，勢甚扼要。惜已傾圮，若因而葺之，所費無幾，可壯疆圉之觀。途間長短亭相間，行人憩息啜茗，可稱樂土。惟乞丐滿路，刺刺哀呼，行者宜置百文輿中，散給之，以免聒耳。成七律一首。

乍舟乍陸吾將倦，半雨半晴天亦慵。古樹不葉有寒意，白雲抱石生春容。溪頭夜漲四五尺，籬外夕陽三兩峰。客路頓添新畫稿，長亭駐馬寫游踪。

申刻至常山縣，入西門，至東門徐仁和行宿焉。誠夫仍先行，買江山船，大小二隻，

[一] 秦觀（一〇四九—一一〇〇），字少游、太虚，號淮海居士，揚州高郵人。元豐八年（一〇八五）進士，仕至秘書省正、國史院編修官。北宋詞人，『蘇門四學士』之一。有《淮海集》。

議明早駁行李上船開行，并議包供飲食，每人百文，憶鄉前輩宮丈坦庵應乾[一]任常山令，先大夫過之，邀署痛飲，留主常山講席，先大夫辭去。回首當年，可勝風木[二]之感。西江道中，屢經風雨，小舟枯坐，長晝困人，途間聞感于耳，見動于目，或間綴一章，或偶成數韵，過山後，越舟明净，弄筆窗間，檢零稿訂成附録于記，俟同好擇焉。

大禹之山有二泉，一清而苦，一濁而甘。甘者萬家共引汲，陰濕泥沙日沈積，君子飲之，是生心腹之疾，厥名曰貪，君子慎焉。苦泉之水清漪，漪中有至味，甘如飴，達者漱其齒，清白如瓠犀。甘苦兩俱陳，君子自取之。掘泥揚其波，仰禺山兮，噫！

有客散步于崇山之嶅、横江之皋，方春和時氣象寂寥，雀啾啾兮哀鳴，烏啞啞兮長號，鶯歌燕舞復何有？蟪蛄抱土吟嘈嘈，我問津吏何若是之蕭條，吏云此山昔有大樹，樹上不合巢鴟鴞，鴟鴞嗜殺性殘忍，下捕羽族無遺毛。大者破其卵，小亦毁其巢。鴟鴞飽食久揚去，今歸之鳥存餘噍。微物亦知念其類，鵂鶹夜哭風蕭蕭。

春蠶成繭作繭窩，汲水煮蠶水滿鍋。小婦厨下呼阿婆，水熱炙手可奈何？阿婆未言，大婦變色：爾夫無錢助兄貿易，爾又懶惰不用力，我令阿婆逐爾出。大聲叱詈，達于户外。鄰姥聞之，好言相勸解。小婦斂衽言：自慚醜拙囊無錢，蠶□在鍋，敢不濯手重治搓。鄰姥爲我心惻，大婦申申詈未息。

[一] 宮履基，字應乾，號坦庵，一字素軒，江蘇泰州人，乾隆二十五年（一七六〇）舉人，乾隆四十年（一七七五）任常山縣縣令。著有《素軒集》。

[二] 風木：比喻父母亡故，不及奉養。典出《韓詩外傳》。

路見老叟，手牽一牛。毛稀骨竦，帖耳垂頭。問叟此牛何太瘠，老叟慨然向我説：牛之主翁，東南富室，千畝耕耘賴牛力。西村牧童小而黠，朝夕鞭牛竭牛力。愛騎黄犢山前劇，主翁知之禁不得。此牛去年我曾牧，今一見我，依依我側。飲于池，恤其疾。聞之長太息，泪下如汍瀾：物猶如此，人何以堪？牛兮牛兮强加飯，長夜漫漫何時旦？

銅堤女兒年十七，手弄琵琶逞顔色。纖腰善舞小垂手，瑟瑟部中推第一。善才老後且東歸，嫁與浮梁賣茶客。茶客家住弋陽江，少小愛聽弋陽腔。大婦烏烏拍手唱，小婦擊竹聲幫幫。霓裳羽衣盡掩耳，村歌牧笛相紛龐。我欲學之悦我客，喉中格格吐不出。

岸上有亂墳，相連二里許。清明掃墓人，各持飯與楮。以頭觸墳無一言，哭聲震天泪如雨。哭者無丈夫，寡婦小兒女。中一老婦，哭聲尤苦。我問老婦，哭何以故？云生四子，皆入此土。此土入者三千人，餘孽今存，百不四五。我老填溝壑，望誰來反哺。我欲再問，哽咽不復語。白日茫茫，悲風瀧瀧。薄暮哭人歸，墳上迷漫起昏霧。鬼哭啾啾滿路歧，鬼火熒熒遍江渚。

初七日早，移行李入舟，舟中女兒妝裹奉茗。是爲九姓漁户，其人不准岸居，惟以輕舠接客爲生，亦粤中蜑户類也，猶言人子。而童而習之，恬不爲怪，可憎亦復可憫。巳刻開行，兩山對出，一水中流，秀而不峻，瀠洄而不急，地勢然也。偶得一聯云：『開門人住青山下，歸寺僧行緑樹中。』却是眼前光景。日將夕，成七律一首。

徐徐風送木蘭航，畫槳輕摇趁夕陽。山浸波心千樹碧，花飛牛背一犁香。越娥新試芙蓉粉，朔客同飛翡翠觴。如此風光成錦片，句人争怪夢荒唐。

晚泊衢州府，計程一百里。是夕盤餐送酒，弦索徵歌，東舫西船，聲連數里，名都之佳話，亦勝地之頹風也。

初八日，催促舟子，辰刻始行。蓋賺錢多術，不似他處能耐辛苦也。成越溪詞十首，删去其一，存九首。

篷窗矮釘厰輕紗，郎到儂船勝到家。知是遠來郎口渴，一杯香送雨前茶。

開船神福討銀錢，福酒邀郎也入筵。儂唱柳枝郎拍手，枕肩和醉試猜拳。

灣灣船外月如鈎，學得新腔唱馬頭。弦語暗從眉語送，歌聲遥趁水聲流。

西安東去是龍游，一路春光送客舟。拼我醉憨三白酒，買郎消受一春愁。

桐廬過雨漲新添，江底磊磊石子尖。浪又不平風又大，賺儂摇損玉纖纖。

入瀧昨夜喜無風，小夢玲瓏蠟炬紅。蚤起梳頭對流水，衣香人影緑波中。

問郎底事便須歸，如此風光到處稀。岸上桃花床上妾，卷篷同看落紅飛。

春宵端的因郎短，春晝何曾爲妾長。宵晝遞杯還打槳，不知何事十分忙。

武林江口停橈住，滿岸飛花餞暮春。郎酒莫思前夜醉，妾茶又送後來人。

申刻抵龍游縣，漢龍邱萇[一]游釣處也。途間秀石綺錯，晴樹雲横，鵝鴨浴溪，畫眉争樹，越中佳境略見一斑矣。過猫子澤，多飛蟲群聚水面，形類魚糧，惟飛而不泳，差异耳。晚宿伍家營，計程百四十五里。是夕同行王秀筠世兄[二]招佩鳴飲，舟女歌，佩鳴亦歌，淫哇狂噱，竟成老白相矣。王世兄酒酣耳熱，情不自勝，忽書『月圓分手去』五字，請予題咏。時余已睡熟，奴子留置案頭，佩鳴四鼓乃歸卧。

初九日，黎明開行，余起視案上五字，知爲秀筠所請，率成《風流子》一闋諷之。

月圓分手去，銷魂處，底事太匆匆？算茗碗遞香，温生豆蔻，筠筒送火，嫩翦芙蓉。原知是鏡中花隱約，水裏月朦朧。小雨打窗，尚知留客；微雲到枕，那不愁儂？　樂游吾老矣，尋芳倦，好事到眼成慵，況又不勝酒力，怕對脂容看。低唱倚肩，波紋凝碧。濃情蘸夢，花瓣飛紅。多少離愁别恨，總付東風。

辰刻抵蘭溪，緑鬢紅衫，持橈唤渡。越女招人，較勝珠娘送客也。自蘭溪以下，江接建德、桐廬。高山障日，遠水生雲。拳石踞波，雜花生樹。依藻之魚，兩兩并游。藏葉之鳥，嚶嚶相和。惜東風太厲，窗間寒氣襲人。披裘小坐，憶粤中時已换厠。舟行一月，氣候迥不侔矣。舟人忽指岸有巨鼋，倚窗審視，形似鱉而方，其頭黄色如鱔，大丈餘，方以爪踞岸，張目四顧，略不畏人，意連日必大風雨也。申刻避風小住，去建德二十餘里。野

[一] 龍邱萇，西漢末年隱士。

[二] 世兄：明清時稱座師、房師的兒子爲世兄。後亦爲有世交的平輩間之互稱。

天低樹，江月近人，此種風景，今夕恐不能領略矣。須臾風益大，泊焉。計程九十五里。秀筠復以岩渚野泊請成一律應之。

垂釣高踪不可招，扁舟小泊路迢迢。帆銜去水波皆立，樹裹長風石欲摇（時風大）。山外有天迷野望，樽前無月照清宵。客心正自愁孤迴，何處吹來送客簫。

初十日早開行。風力漸微，斷雲含雨，山氣溟濛。過嚴州，又十里至烏石灘，即七里瀨也。兩山對峙如峽，今謂之入瀧。瀧間山勢巉岩，堤柳抱翠，澗花飛紅。懸崖之石上聳，崩流之水下注。窅窈奥窔，澒洞冲融，有一瀉千里之勢。越中山水之最奇者也。土人云瀧内水勢極深，下有龍宫，没水者曾見之。惟鰣魚、鯉魚最肥，惜未登諸俎匕，一飽老饕。過瀧爲胥口，相傳伍大夫[一]奔吴過此。子胥楚人，何得由于越奔吴？少時至六合，見儀徵西門外有『伍大夫伏劍渡江處』。六合即古棠邑，伍尚之封地，近是，此爲訛傳。下即桐廬江，川原清麗，俯仰抒懷，忽有幽香從柁後吹出，心脾靈快。訊有蘭花一盆，蕊已半開，舟女買供朝插，亟命移置座右，雖相伴衹一二日，而溷溷于脂膏粉澤中得一人清賞，庶不負此幽芳。成五律一首。

滿盎茁青莖，葳蕤春意生。蕊含朝雨净，香沁緑波清。且伴詩人老，毋牽越女情。

[一] 伍員，字子胥，春秋楚國人，其父伍奢、兄伍尚爲楚平王所殺，他逃至吴國，後帶吴兵攻入楚國。其事迹見《史記·伍子胥列傳》。

手澆溪上水，客裏結幽盟。

午後過釣臺，山形幽峻，兩峰相連，峰頂各築一臺，存古迹也。下爲嚴先生祠[一]，蒼岩懸壁之間，荒祠零落，而數千年後生氣尤存。先生之風，山高水長，殊深人嚮慕耳。成五律一首。

昔人偶垂釣，後世築成臺。今日臺將圮，斯人安在哉？雲痕籠樹遠，帆影帶潮來。汲得清泉水，相澆茗一杯。

考《志》稱十九泉在臺下，命奴子汲泉水，出雨前茶，對幽蘭瀹清茗，仰埋雲之絶巘，瞰漩石之清流，忽憶顧蘅沚司馬承遠[二]嘗相過從，余每暢談風月，必傾耳稱快。今終日悶坐不一語，安得蘅沚把臂舟中，持竹如意指揮山水，咳唾落九天耶。乃拂箋疾書四五紙，以代晤談，存俟過蘇時屬冰懷親家寄去。

蘅沚仁弟司馬閣下：

兄于二月六日長行北上，諸同好帳飲翠林園，花烟酒霧，步盞飛觴，熏然成醉，

[一] 嚴子陵，漢代餘姚人，他與漢光武帝劉秀同學，却無意仕途，隱居富春江，耕釣爲生。

[二] 顧遠承，字蘅沚，江蘇長洲人，監生，曾任順德縣丞、仁化知縣、連州知州、廣州海防同知、澳門同知，善畫山水。

已于前寄孟棠書中詳言之矣。途間游飛來寺、登風度樓、度大庾嶺，高峰插天，急流匝地，日月渾茫，鬼神出没，嶺南山水，險絶奇絶。過嶺後，駕小舟直達滕王閣下，怪石壓巾，衝波灑袖，朝嵐上騰，夕流下注。覽豐城之劍氣，聽石潭之琴聲，較粤中景況，生面别開矣。過洪都，逆流而上，風雨延綿，連十數晝夜，坐卧一舟，山溜林霏而外，惟日與管城子[一]相晤語。

三月初六度常玉山，暮春之初，天氣清朗，西安、龍游之交，漸入佳境。岩壁流丹，澗溪畜翠，畫眉争樹，白小跳波，景殊雋甚。惟泊舟後東船西舫，歌聲聒耳。越溪女兒，篘火遞香，碗茗送客，雲鬟紅袖，蕩槳弄篙，名都之佳話，亦勝地之頹風也。昔昭明太子[二]游後湖，番禺侯軌請奏女樂，太子不答，咏左司[三]《招隱詩》云：『何必絲與竹，山水有清音。』若輩淫哇之音，雜縈于高山流水間，何异微雲點綴、滓穢太清。

初十日過七里瀨，達桐廬江，望嚴子陵釣臺，汲十九泉瀹清茗，坐對千山競秀、萬壑争流，交花之樹綿綿生香，求友之鳥嚶嚶成韵，陶隱居所，所謂欲界之仙都，康樂以來、未有能與其奇者也。過此至杭州金堂，玉室仙人芝草在焉。又必有爽氣朝來，窺谷忘返之趣。容再奉聞。兄此行作日記簿，雜録詩古文詞及游覽之勝概，回粤時當

[一] 唐代文學家韓愈作寓言《毛穎傳》，稱筆爲管城子。後因以『管城子』爲筆的别稱。

[二] 蕭統（五〇一—五三一），字德施，梁武帝蕭衍長子，被立爲太子，早夭，謚昭明，世稱昭明太子。蕭統主持編選的《文選》（《昭明文選》）是有很大影響的詩文總集。此處所述之事見《梁書·昭明太子傳》。

[三] 左司：當作『左思』。左思，字太冲，西晋著名文學家，齊國臨淄人，官至秘書郎。

作十日飲，與閣下把酒快談。舟次匆匆，伏惟台侯萬福。

兄履頓首上于桐廬舟中

申刻至桐廬，小泊。命輿過孫魯山同年岩[一]。魯山與余皆榜下即用，後聞以憂去官，再赴京師，抱病卧逆旅，訛傳無的耗，殊深馳系。前歲閲邸抄，知授桐廬令，便道過存，稍紓渴抱，相見欣快，促膝暢談，并□□□□□健，見其二子亦能恂恂侍左右，慰甚。留飲，余告以量僅一杯，頃酌十九泉水尚可一盂。魯山云十九泉今存其名，無購之者。署側有稱心泉，水極清潤，閩中貢鮮荔支船過此，必停舟載百餘斛，備途中澆灌，則葉不黄萎。今日暮矣，來時當汲以奉贈。此事亦可作咏荔支詩料。余辭出，魯山來送行，小坐。談及前任周似堂同年榮祖[二]在署自經事，頗怪誕，似堂性謹飭而迂執，有檢人媒孽之者，時鬱鬱不能釋，其弟又間預公事，禁之不可，而署内復貧無可措。時内外交迫，幾不容己，遂自經死。攝篆者不敢居署中。魯山至，入署部置甫定，召胥吏問似堂之死及公事所以掣肘之故，胥吏備以告。魯山憤甚，和衣卧床上，恍惚見似堂來，執手詰之曰：『三兄，丈夫何遽短見？』似堂曰：『吾亦悔之，然命也。吾今爲本縣城隍邀入署，暫襄庶務。二弟諸事必妥爲默佑。構我者一年内當必報之。弟可目擊也。』驚寤，不覺汗出。次早，赴城隍廟默禱，昨夢果真，當再以靈异示。回署祭似堂于自經室中。初，似堂死，俗于死所去其瓦以受天陽，

[一] 孫岩，江蘇上元人，嘉慶十三年（一八〇八）仲振履同榜進士，曾任桐廬、海鹽等縣知縣。

[二] 周榮祖，原名繩祖，號似堂，江蘇蕭縣人，嘉慶十三年（一八〇八）仲振履同榜進士。

後任未入居，瓦揭如故。及焚楮帛，旋風驟起，紙灰皆從揭瓦處飛卷屋上，見者毛髮皆森。魯山泪下。不一年，構之者某死、某病、某某逐，皆窮苦顛連，無一漏網，可謂怪矣。鬼神之事，杳渺不可知，然以迂執無罪之人，群相媒孽，迫而置之于死，即律所謂謀殺加功者也。謀者抵死，加功者以次病逐。王法之與冥誅豈有二理耶？相對太息久之。魯山去，復開行。至三鼓，風雨交作，宿長山壟。共程百九十里。時魯山饋酒肉以犒，故行甚駛。

十一日，曉雨霏微，行三十里至富陽，山水佳處，皆在烟雨中。憶余家舊有黄瘿瓢老人慎[一]所畫《江村烟雨圖》，用水墨寫成山樹，復以大排筆抹之，烟暝雨晦，一片空濛，可爲今日春江寫照。岸旁叢篠中，畫眉刺刺不休，若有所訴。空山啼鳥，忽動遐思。成五絶一首。

白眉本良鳥，何以亦弄舌？朝夕向春風，玲瓏巧相給。

復成五古一首，即寄孫魯山。

昔聞君去官，飢軀在道路。又聞客京師，卧病羈流寓。屢欲寄君書，不知在何處。今復莅桐廬，江山最佳處。左接嚴陵臺，右矚錢塘渡。我來問途人，云我孫慈父：官清案牘稀，抱膝居荒署。叩門喜相見，鬚鬢已垂素。掃席見二子，殺鷄留我住。把酒

[一] 黄慎（一六八七—一七六八），字恭懋，又字恭壽，號瘿瓢子、東海布衣等，福建寧化人。清代著名畫家，『揚州八怪』之一。

共歡言，殷殷話離緒。間隔十四年，不盡燈前訴。昨慮君多艱，便道相存顧。堂上親體健，邑中民氣固。落落守一官，不過貧如故。今君既無恙，我亦挂帆去。

午後東風又起，舟人負縴行，過虎爪山，遥指汊江，即往紹興路。會稽禹穴惜未一探。翹首山陰道上，不勝神往。過文家堰，石堤堅固，堰上人烟稠密，亦小都會也。亥刻抵杭州。計百三十里。是夜見月。

十二日早，遣奴子先赴章雨薌[一]處議討關事。時浙撫關務初歸織造，一切稽查行客章程已盡改舊章矣。隨即乘輿入城，行二十餘里，始至雨薌家。雨薌云今日討關發免單，明日始能過關，且市河船隻擁擠，恐後日方得開行，不如下榻于此，俟部置定後，上船即開，較爲爽快，遂宿焉。午後訪諸漁溪榷使（夢熊）[二]，未遇。過雨薌九令弟，亦未遇。回晤孫伯□□譜山伯相之孫也，人甚慷爽，聚飲至三鼓别去，并知雨薌已授觀察。

十三日，偕雨薌過其八令弟處，遂謁桐門相公[三]。入門植叢桂爲籬，旁有紫藤一株，

[一] 章埏，浙江錢塘人，監生，章煦之子，嘉慶十四年（一八〇九）任山東濟南府同知，曾署泰安府；道光三年（一八二三）以候補同知署南海縣，後任廣東南澳同知。

[二] 儲夢熊，字漁溪，江蘇泰州人，乾隆五十二年（一七八七）入學，附貢生，曾署兩浙杭寧紹温臺鹽運分司運副，著有《餘栖書屋詞稿》。

[三] 章煦（一七四五—一八二四），字曜青，號桐門，浙江錢塘人，乾隆三十七年（一七七二）進士，嘉慶十四年（一八〇九）任江蘇巡撫，二十一年調禮部尚書，授軍機大臣。調刑部，管理禮部。二十二年病免。尋授兵部尚書、協辦大學士，兼管順天府尹事。二十三年拜東閣大學士，管理刑部。萬壽慶典，晉太子太保。二十五年以足疾累疏乞休，道光四年（一八二四）卒，謚文簡。

花葉鮮翠，較玉山途次所見尤覺可人。相見談言温粹，宛然一老諸生，真古大臣風也。雨薌邀游怡園，牡丹盛開，湖山側綉球五六樹，紅白相映，綽約風前，皆粤東所未有也。園中臺榭不多，而活水旋繞曲折，從山樹間流去。假山玲瓏俯仰，有古桂數株連蜷池上，下種并蒂蓮。惜時尚蚤，青錢猶未貼水。坐山石上，快談良久，辭出。雨薌家亦有牡丹，昨猶結蕊，午後栩栩欲放矣。復出訪聞竹川昆季，余薦卷師在東夫子之子也。乾隆壬子，在東師閲余卷，薦鐵冶亭主試保置解首，副考李雲門中允[一]以『三矣三乎』致猜。夫子招至署中，課瀚、深兩世弟，及桂庭、上林諸侄，師母相待如家人，竹川昆弟及楊連六諸同好朝夕聚處，酒盞詩瓢，極一時之盛。今復相見，故人已不半在。唐人詩云：『乍見翻疑夢，相看各問年。』[二]可勝悲悼。而連六以病不能出户，竟未一見。麗川之子上林爲諸生，甚好學。麗川雖憔悴，得佳兒，暮年之福也。

十四日，雨薌邀游西湖，同行姚君玉波，人亦風雅，且于湖上甚熟。辰刻肩輿出錢塘門，駕木蘭艇。對岸矗立，山腰即雷峰塔也。依大蘇堤至東坡祠看牡丹，小憩。讀芸臺宮保題壁七言古詩[三]。過孤山寺，亭下有仙禽三，二白一灰，陳香谷[四]中丞今日甫送至，士

[一] 李潢，字雲門，湖北鍾祥人。乾隆三十六年（一七七一）進士，由翰林官至工部左侍郎。著《九章算術細草圖説》九卷。中允，官名，爲庶子副貳，正六品。

[二] 司空曙《雲陽館與韓紳宿别》：『乍見翻疑夢，相悲各問年。』

[三] 阮元《嘉慶三年（一七九八）西湖始建蘇公祠志事》，見《揅經室詩録》卷二。

[四] 陳桂生（一七六七—一八四〇），字香谷（一作薌谷），號雲柯，浙江錢塘人。乾隆五十四年（一七八九）優貢，仕至江蘇巡撫，署總督。

女觀者如堵。回舟五柳居早飯，館人奉醋魚，西湖之佳味也。復游花神廟，廟已傾圮，後殿各花神或坐或立，相間于湖山石間，部署極雅，惜皆露處矣。廟中四時之花皆備，獨綉球一樹亭亭斜日中，與紅袖雲鬟相掩映，殊覺春色惱人。再謁忠武墓，荒祠樹鎖，古墓苔封，石像猶存，鐵人長跪。徘徊久之，出見木瓦堆積，將重興祠宇。門側有碑文，夏文愍吊忠武《滿堂紅》一闋。文愍雖不逮忠武，而同死于奸佞之手，誦其詞，有後人復哀後人之嘆[一]。將登望湖樓，樓上多紅袖，皆良家女也。回舟欲游靈隱寺，玉波云大殿去冬不戒于火，今方興作，不可往也。《西湖佳話》[二]載大殿爲道濟募木從井中出，今尚一木在井中。道濟有靈，何不使井中木復相續而出，以免購料之艱耶？再游聖因寺，寺僧送茗，味甚清腴，時士女往來擾擾，足亦痹矣。回舟湖波似鏡，歌聲入雲。連日香市，故畫船簫鼓相續不絶也。入城日已將夕，湖上山水清佳，大略與桐廬、富陽相似，惟間以臺殿參差，笙歌繚繞，遂稱名勝之地。今則山川猶是，而紅墻紺宇，大半傾頽。畫舫麗人，無非裝飾，獨于扁舟枯坐三四十日之久，得雨薌叙别懷、談往事，憑眺今昔，議論興衰，逍遥湖上，何快如之。晚仍宿雨薌家。

十五日，早起，雨薌未出，庭前牡丹已開，乃移繩床坐花下，吟賞久之，成五律一首。

久别喜聯歡，相携對牡丹。倚風千瓣暖，濯露一枝寒。未遣佳期誤，渾忘行路難。天香滿征袖，何必鏡中看。

[一]　杜牧《阿房宫賦》：『後人哀之而不鑒之，亦使後人復哀後人也。』

[二]　《西湖佳話》，短篇小説集，清代古吴墨浪子輯。此處所述故事，見于其中的『南屏醉迹』。

辰刻别主人登舟，仍過竹川，云昨晚杯酒相待，遲久不至，乃徹去。餘盆中牡丹一枝，花大如盂，作碧桃紅色，佳種也，東坡祠遠不及矣。□舟，雨薌已坐候，上林諸生亦至。奴子告仁和何大令太青[一]饋酒食，大令廣東順德人，余未往晤而珍物先施，情意良厚，屬雨薌寄聲，容回時再圖把晤也。遂揖别開行。飯後回憶昨游，成南吕調套曲十闋。

【南吕宫引·步蟾宫】東風已緑湖邊草[二]，近穀雨，春光漸老。兩三人同上木蘭橈，却好蘇堤春曉。

【南吕集曲·梁州新郎】晴波風皺，垂楊烟裊，樹頭新緑含梢。早見雷峰塔影，倚平林乍聳山坳。且自縱談前古閑話，來今共把興亡吊。欲將當日事問春潮，十里香塵舊夢消。祇剩梅豆嫩、荷錢小，更海棠着雨胭脂掉，收拾做鬥詩料。

【朝天懶】看放鶴亭新人已遥坐，對孤山寺、聳樹梢。過東坡祠畔小平橋。滿徑花飄。何時却借珠宫粉手撚天香、染緑袍[三]。

[一] 何太青，字樂俞，又字藜閣，廣東順德人，乾隆五十四年（一七八九）拔貢，選陵水教諭。嘉慶九年（一八〇四）舉人，十四年進士，改庶常。散館後，出爲潛縣知縣，調德清，再調仁和，擢嘉興海防同知。後丁外艱歸，主講郡邑。著有《古照堂詩文集》《春暉堂集》。

[二] 李白《侍從宜春苑奉詔賦龍池柳色初青聽新鶯百囀歌》：『東風已緑瀛洲草，紫殿紅樓覺春好。』

[三] 緑袍：古時低級官員的袍服。

【梧桐樹集】雲封岳墓高，松柏南枝罩。鑄鐵屠奸[一]，追不轉和親表。城崩五穀[二]降王老，燕子冬青[三]空自年年歲歲朝。倒不如閑退的蘄王[四]妙，他驢背彎腰，醉裏興亡看飽。

【正曲・浣紗溪】我興致豪，風塵老，些個事，一筆都句了。那更問，西泠渡下蘇小小[五]，向油壁同心嘆寂寥。却不道、硬寫下高唐照，看那拂柳拈花，引人紅袖香招。

【劉潑帽】涌金門接錢塘道，老錢鏐説怒射潮[六]，潮頭風雨天吴[七]叫。嘆兒女英

[一] 明正德八年（一五一三），杭州府都指揮使以銅鑄秦檜、王氏等跪像于岳飛墓前。萬曆二十二年（一五九四），浙江按察副使范淶以鐵重鑄，并增張俊。清嘉慶七年（一八〇二），浙江巡撫阮元剿滅海盜蔡牽，以鐵炮兵器改鑄四人跪像。

[二] 五穀城：五穀城位于武漢市漢夏區，建于東漢。岳飛任荆襄潭州制置使，移師鄂州時曾在此屯兵，故又名爲武穆城。

[三] 冬青：陶宗儀《輟耕録》卷四載，楊璉真珈發南宋諸帝陵寢，『至斷殘支體，攫珠襦玉柙，焚其胔，弃骨草莽間』。唐玨集少年葬其骨，『又于宋常朝殿掘冬青樹，植于所函土堆上』。清代詩人包彬《錢塘咏古》：『南國無家歸燕子，西臺有泪哭冬青。』可與參看。

[四] 韓世忠（一〇八九—一一五一），字良臣，綏德人。南宋抗金名將。孝宗時追封蘄王，謚忠武。周密《齊東野語》：『韓忠武王以元樞就第，絶口不言兵，自號清凉居士，時乘小騾放浪西湖泉石間。』

[五] 《玉臺新咏》卷十『錢唐蘇小歌』：『妾乘油壁車，郎騎青驄馬。何處結同心，西陵松柏下。』

[六] 錢儼《吴越備史・武肅王》：錢鏐築捍海堤，『因江潮衝擊，命强弩以射濤頭』。

[七] 天吴：水神名。《山海經・海外東經》：『朝陽之谷，神曰天吴，是爲水伯。』《山海經・大荒東經》：『有神人，八首人面，虎身十尾，名曰天吴。』

雄轉瞬消，問石上三生杳[一]。

【秋夜月】算此生，不過封侯了。瘴海樓船白登道[二]，何如把酒逢人笑。看些山也好，看些花也好。

【東甌令】留青榭，牡丹巢，手掏銀球滿路抛。鶯兒作惱蜂兒笑，信步兒行到了花神廟。看玉人纖手弄晴梢，乍滿地紅飄。

【金蓮子】石火敲、黄粱煮熟、衹夢一覺。嘆禿盡春風鬢毛。問何似破工夫，衹時時茗碗與椰瓢。

【尚按節拍煞】正逍遥，早暮雲落日横空照，要整頓明朝歸棹，怎能彀把殘醉重

[一] 三生石：唐袁郊《甘澤謡·圓觀》載，唐李源與僧圓觀友善，同游三峽，見婦人引汲，觀曰：『其中孕婦姓王者，是某托身之所。』更約十二年後中秋月夜，相會于杭州天竺寺外。是夕觀果歿，而孕婦産。及期，源赴約，聞牧童歌《竹枝詞》：『三生石上舊精魂，賞月吟風不要論。慚愧情人遠相訪，此身雖异性長存。』源因知牧童即圓觀之後身。後人附會謂杭州天竺寺後山的三生石，即李源和圓觀相會之處。詩文中常用爲前因宿緣的典實。

[二] 白登道：《漢書·匈奴傳》載，漢高祖劉邦曾被匈奴圍困于白登山達七日。後因以用白登道（白登圍）作邊地戰爭的典實。

扶？學于國寶[二]。

申刻過塘西，一臺立于中流，勢甚雄麗，惜已日就傾頹矣。是晚舟未住泊。

十六日早，至石門鎮，去杭州已百四十里，兩岸新緑陰翳，宛似初夏清和風景。日夕抵嘉興府。因舟子昨已通行一夜，代雇短縴三名，復行徹夜。是夜月甚佳。

十七日黎明，問舟子，已過平望。午刻抵吴江。余故里也。余家從宋高宗南渡居吴江，明初再遷如皋，國初始遷泰，詳載家乘。飯後戲擬《春江花月夜》一章。

姑蘇山頭明月輝，姑胥臺下落花飛。月明歲歲春常在，花落年年人不歸。歲歲年年春水漲，估客扁舟滿江上。日夜檣烏上下馳，春秋萍梗來回漾。馳來漾去大江濱，月白花紅最可人。波心月到翻金綫，水面花飄糝玉塵。獨我歸來春事了，江上離離浸春草。月圓月闕江花寒，花落花開江月老。花寒月老夜潮平，帆影摇摇緲碧生。回時

[二] 周密《武林舊事》卷三『西湖游幸』：『一日，御舟經斷橋，橋旁有小酒肆，頗雅潔，中飾素屏，書《風入松》一詞于上，光堯駐目稱賞久之，宣問何人所作，乃太學生俞國寶醉筆也。其詞云：「一春長費買花錢，日日醉湖邊。玉驄慣識西湖路，驕嘶過，沽酒樓前。紅杏香中歌舞，緑楊影裏鞦韆。暖風十里麗人天，花壓鬢雲偏。畫船載取春歸去，餘情付，湖水湖烟。明日重携殘酒，來尋陌上花鈿。」上笑曰：「此詞甚好，但末句未免儒酸。」因爲改定云「明日重扶殘醉」，則迴不同矣。即日命解褐云。』蔣一葵《堯山堂外紀》卷五十九『于國寶』條與此略同，惟『俞國寶』作『于國寶』。徐石麒《買花錢》雜劇亦作『于國寶』。馮夢龍《警世通言》第六卷『俞仲舉題詩遇上皇』亦寫此事。

再倚姑蘇棹，秋月秋花萬景清。

過寶帶橋，一橋凡五十三闕，長及里許，惜因糧艘來往，爲纜繂摧傾，然石俱在水，若興而修之，尚易爲力，久則必就傾頹，是行路之艱也。過橋，見洞庭山浮林外，黛色横空，艷冶如笑。于平疇茂林間，睹此崱屴嶔崎之態，倍覺動目。未刻抵蘇州，船泊胥門，謁魏愛軒中丞[一]，已赴江寧。招司閽，將各州縣安稟交訖。往謁房師謝仲蘭夫子[二]。久不晋見，丰采尚復如故。侍談良久回舟，已泊閶門。成《姑蘇懷古》一律。

姑蘇屈指幾興亡，喜遇昇平氣象昌。千里帆檣通練瀆，萬家烟火繞金閶。琴臺香徑春風杳，錦帶吴鈎墓草荒。祗有况鍾[三]祠未圮，年年士女尚燒香。

[一] 魏元煜，字升之，號愛軒，直隸昌黎人，乾隆五十七年（一七九二）舉人，五十八年聯捷中進士，改庶吉士，散館授檢討，後改吏部稽勛司主事，升文選司員外郎、考功司郎中。後任監察御史，歷任江蘇江安糧道、浙江杭嘉湖道、浙江按察使、廣東布政使、江蘇巡撫等，官至漕運總督。

[二] 謝學崇（一七八三—一八四〇？），字仲蘭，號椒石，一號崇之，别號蕉南舊史，江西南康人，嘉慶七年（一八〇二）進士，選翰林院庶吉士，散館授編修，歷官河南歸德、開封知府，開歸陳許道兼署河南按察使等。嘉慶二十五年（一八二〇）因河堤潰被降爲候補道員。道光元年（一八二一），謝學崇解組閑居。嘗充嘉慶十三年（一八〇八）會試同考官。晚年僑寓揚州。著有《小蘇潭詞》。

[三] 况鍾（一三八三—一四四三），字伯律，號龍岡、如愚，江西靖安人，由吏員仕至蘇州知府，有政聲。著有《况太守集》。

是晚泊山堂，命奴子買叢蘭、海棠、綉球以供小園之玩。時歌船酒舫絡繹往來，成竹枝詞四首。

厭厭春酒泛鵝兒，醉倚紅裝遮口脂。滿座少年顔似玉，不知誰個解吟詩？

叫娘蚕唤江花挑，多買幽蘭帶露澆。席上枕邊香莫斷，阿儂初試可憐宵。

燭花影裏小娉婷，揹綯裙腰幾葉青？雲髻半鬆宮粉淡，臉紅欲退酒初醒。

真娘墓畔起笙歌，白骨紅顔兩不磨。到底山川鍾秀氣，姑蘇城外美人多。

十八日早，園丁送花至，花價皆賤，惟林檎甚昂，因吾鄉少此種，亦不與較，悉買之。辰刻開行，午餘寂坐，煮茗弄花，扶摇風日，栩栩對人，各贈七絶一首，咏人咏物，介在有意無意之間，蓋天籟自成，非借題抒抱也。

阿娘朝插鏡中看，纔上雲鬟又摘殘。不是不知香味好，嫌他顔色太清寒。蘭花

春陰漠漠護新妝，細颭心絲寸許長。一樣軟紅偏没骨，惜花肯説不生香。垂絲海棠

面面玲瓏簇水紋，層層繚繞疊朝雲。若教罷得青苗法，衣錦將軍斷屬君。綉球

綉出香囊綴嫩梢，小名新借牡丹巢。個中解識無他物，凝碧池頭恨一包。荷包牡丹

種自孤山處士家，月寒江上幾枝斜？時妝都插心紅草，誰問春風素柰花。林檎

恒春仙種態苗條，一度春風一度嬌。最是多情消不得，月圓紅泛美人潮。月季

薄暮風順夜行，仍添短縴二名。

十九日辰刻抵常州，已去蘇百八十五里矣。時糧艘充塞滿河，舟不能進。姑命輿過冰懷親家處，適他往，晤其五令弟保厚茂才也。圃相見，即以科場秘籥諄問。喜其好學，約爲剖陳。適七女偕婿出見，外孫女淑兒尤伶俐可愛。談少刻，冰懷歸，執手道契闊，即以河路擁擠與商，冰懷云陽湖張大令作楠乃兄同年友，命奴子持兩名簡丐河快趲船至西門馬頭，諾而未遣，飯後往拜，亦不晤。訪同年周伯恬儀□[一]，已往揚州，乃仍回冰懷家，晤同譜[二]周又伯紹蕙子榮國，號雲岫，冰懷之婿也，云去歲甫入學。恬靜温雅，書味盎然，可愛之至。出制義請質，體段已具而氣欠精足，有天資而學問未充也，允携至舟中改訂寄還。晚留飲，用燕窩、魚皮。余曰：『是以廣東官待我也。』冰懷大噱。雲岫與五親家復以『敬事而信』[三]三句文送閱。余謂此題分疏則氣散，總做則皮厚，處處截斷，上句將三句一氣串成，全在筆妙。閱之，各有佳處，拔幟登壇未便輕許。時二親家□□明經保燮[四]亦在坐，快談至二更許，奴子來云舟已達新橋口，將次至馬頭。乃作别回舟，仍在橋次。詢舟子，云糧船水手毆斃難民，縣官緝凶，舉船逃避，置舟塞橋闕間，滿河舟不能行，同往告運弁，未准開讓也。冰懷偕七婿來談，頃之去。姑坐以待。將四更，運弁來，亦覺甚不便于行人，乃持杖

[一] 周儀暐（一七七七—一八四六），字伯恬，江蘇陽湖人，嘉慶九年（一八〇四）仲振履同年舉人，官安徽宣城訓導，陝西山陽、鳳翔知縣。著有《芙椒山館詩集》。

[二] 同譜：謂盟兄弟。

[三] 語出《論語》。

[四] 余保燮，江蘇陽湖人，余保純之弟，道光元年（一八二一）舉人。

逐凶船開行，民船尾其後，至五更，始出口，余亦就寢。

二十日早，至奔牛，去城三十里，東風大作，復添短縴三名。午後至吕城，深夜未寢，覺倦甚，乃復對花瀹茗，成七律二首。

金粟如來是後身，蕊珠[二]仙子締前因。不知此外有何物，但覺眼前都是春。凡艷得時皆化育，孤芳到老愈精神。愛他終日舟中對，以水爲家不染塵。

清波一勺注靈根，聊代芳林雨露恩。何必有人皆見賞，且于無佛處稱尊。自饒春意浮杯茗，不讓寒花掩蓽門。儷白駢青盡佳種，携歸親手植邱園。

酉刻過丹陽，東風愈大，再添三名夜行。

二十一日，黎明至鎮江府，風微，辰正渡江，逾二刻即抵瓜洲，風又大作，實天恤遠人也。匆匆未及一登金山，作五律一首，以補其闕。

梯雲登絶頂，下瞰大江深。江上挂帆客，往來成古今。憑虚一俯仰，萬里動遐心。拂袖下山去，微聞清磬音。

申刻抵揚州，爲糧艘所阻，戌刻始渡關。

[二] 蕊珠：蕊珠宫，道教經典中所説的仙宫。

卷下

海陵仲振履柘庵甫著
婿夏荃退庵校

二十二日早，至東關，命輿訪親舊，并謁都轉楊剛亭[一]先生，前廣州太守也。相見若生平歡，留飯。適有饋鰣魚者，江鄉風味，與櫻笋并珍。余去歲作《八憶詩》，有『張翰[二]鱸魚味不如』之句，惜勞人草草，殊愧季鷹耳。飯後回舟，糧艘愈阻，乃命輿携小童夜行。途中成七言排律一首。

[一] 楊健，湖南清泉人，乾隆五十九年（一七九四）舉人，嘉慶十一年（一八〇六）進士，歷任户部主事、監察御史，廣東廉州、廣州知府、山東布政使、湖北巡撫等職。都轉：即都轉運使，都轉鹽運使司鹽運使的省稱。

[二] 張翰，字季鷹，西晋吴郡人，生卒年不詳。雅有清才，善屬文，縱任不拘，時稱爲『江東步兵』。齊王冏辟爲大司馬東曹掾，知冏將敗，遂歸吴。《晋書·張翰傳》：『翰因見秋風起，乃思吴中菰菜、蒓羹、鱸魚膾，曰：「人生貴得適志，何能羈宦數千里以要名爵乎！」遂命駕而歸。』

春雷震後辭羊石[一]，穀雨乾時到鳳城[二]。三考[三]依然黄綬[四]在，十年贏得白髭生。春帆細雨看飛瀑，畫槳晴風聽賣錫（清明到越溪）。南浦石榴傷舊夢，西湖堤柳結今盟（初游西湖）。滿山桐樹互開謝，一路菜花相送迎。惜少論心當日友，喜來滿耳故鄉聲。兒童見我都無語，鷄犬依人亦有情。太息勞人留不住，暫歸幾日又遄征。

四鼓抵里門，時家人先得信，七弟及老妻俱未寢，率女媳及婿輩候門相迎。貽敏[五]侄雖啞啞不能言，而瞻依左右，情殊可憐。是夕聚談燈下，達旦不寐，精神甚王。

二十三日，黎明携女媳至雲浦稱園。園無亭榭，惟老屋數椽，圍以槿籬榴障。几净窗明，致殊幽敞。團坐繩床上，對修竹拂風，名花濯露，階次牡丹、綉球知主人遠歸，囅然含笑，不獨較西湖佳景倍可人意，直與花地翠林園中一枝遥相競秀矣。昔人云『月是故鄉明』[六]，花之艷麗何獨不然？須臾，婢媪挈諸侄暨外孫輩，手而携者，背而負者，懷而乳

[一] 羊石：即羊城，廣州。《羊城古鈔》卷七『古迹』：『《寰宇記》：周時南海有五仙人，衣五色衣，騎五色羊來集楚庭，各以穀穗一莖六出留與州人，且祝曰：「願此闤闠永無荒飢。」言畢，騰空而去，羊化爲石，城因以名，故又曰仙城，曰穗城，皆以此也。』

[二] 鳳城：指泰州。《（崇禎）泰州志》卷一『花園頭塔』：『郡號鳳城。』

[三] 三考：古代官吏考績之制。指經三次考核，决定升降賞罰。

[四] 黄綬：古代官員繫官印的黄色絲帶。借指官吏或官位。

[五] 仲貽敏，仲振猷子，仲振履侄。

[六] 杜甫《月夜憶舍弟》：『露從今夜白，月是故鄉明。』

者，呼伯呼翁，嘈刺雜沓，啼笑滿前。余謂雲浦曰：『眼前兒女，「盡是劉郎去後栽」也。』[一]相顧大笑。日出，從兄雲門[二]來，鬚髮皓然，而精神健甚，相見且慰且悲。俄而，親舊聞遠人歸，皆來相賀。或面目如故而鬢鬚增白，或老態龍鍾，略可相識。惟諸少年恂恂晋謁，執禮甚恭，非詢其祖若父，不能辨也。客散，老妻告先人墓已修整，明日可拜掃，并命楊佩鳴覓非卿墓。奴子亦載行李歸。晚遣力至興化，代備菽水之費，問子彦二老安。是夜雨。

二十四日，雨未霽，田間泥淖甚深，不克往。午後見日，過雲浦宅，余兄弟舊居也。今卜新宅，雖分門户而内室相通。坐書室，憶當日事，歷歷俱在目前。余手植槐已大逾拱矣。口占七絶一首示雲浦。

緑槐陰細日初斜，十四年前客到家。矮屋紙窗都似舊，庭前落盡海棠花。

申刻，步行過高紫嵐舍人（鎬）。紫嵐與兄絢堂封君（垂藻）[三]、若廷學博（垂綬）皆余執友也。余少時貧不自聊，其尊人鶴山大令松軒先生[四]獨深嘉許，招與絢堂昆季友，往來無虚日。昆季衣我

[一] 劉禹錫《元和十年（八一五）自朗州至京戲贈看花諸君子》：『紫陌紅塵拂面來，無人不道看花回。玄都觀裏桃千樹，盡是劉郎去後栽。』

[二] 仲洽，江蘇泰州人，乾隆四十七年（一七八二）入學，貢生。

[三] 封君：因子孫顯貴而受封典者。

[四] 高榮祚，字禮耕，號綏之，號松軒，江蘇泰州人，貢生，官廣東臨高縣知縣，兩署鶴山縣事。

食我，未嘗厭倦。乃相别甫十餘年，若廷、絢堂相繼歸道山。紫嵐雙瞽，余嘗作詩志感，存《弃餘稿》中。至其家，徑户宛然，而門庭冷落。回憶舊游，情殊凄惻。及室桂[一]侄扶紫嵐出，撫摩余手，相持痛哭，言不盡意，聲與泪俱。紫嵐雖不見我之老，我猶及見紫嵐之病。回憶若廷、絢堂，一葬于野，一殯于室，悲悼更何如也！須臾，諸侄輩來，時菱船[二]夫婦偕亡，金雨猶滯淇泉，瀛洲[三]以下趨侍左右，意態温文，不失故家風範，猶足慰也。復至絢堂家，拜其靈，不覺泪涔涔下矣。過族兄正淳、以新，家人皆如故，惟去日兒童不復相識矣。再過程星泉學博應韶[四]，先孟之執友也，年七十二矣，精神矍鑠如四十歲人，子紹芸舉孝廉，孫祥芝補上舍，蓽門[五]老屋，弦誦滿堂，吾輩中大福人也。遂至從兄家，三嫂髮已垂白，侄孫永壽甫八齡而氣象光昌，吾家之千里駒也，不勝欣慰。歸已就夕矣，出途次文稿示兩婿，并嚴勖其勵志讀書。

二十五日，敬謁先人墓。墓前流水東回，平疇西廠，麥秀田間，柳垂橋外，風景尚皆如故。惟十四年來不克親奉榆羹，躬奠墓下，風木之感，倍難爲懷。西次即勤兒墳，憶亡

[一] 室桂，不詳。高筠二子：高籛行一，字小竹，號掌綸；高籙行二，字稚竹，號少存。

[二] 高鑕，字菱舠，江蘇泰州人，垂藻長子。監生，候選主簿。

[三] 高鑾，字瀛洲，江蘇泰州人，垂藻第三子，附貢生，道光元年（一八二一）舉孝廉方正，候選通判。

[四] 程應韶，字星泉，江蘇泰州人，廪生，候選教職。其子紹芸爲嘉慶十五年舉人，大挑知縣，改教職。其孫祥芝字小香，道光五年（一八二五）優貢，有《待問集》。上舍，宋代太學分外舍、内舍和上舍，學生可按一定的年限和條件依次而升。見《宋史·選舉志三》。明清因以『上舍』爲監生的别稱。

[五] 蓽門：用竹荆編織的門。常指房屋簡陋破舊。

于興寧署中，時甫年十七，今十年矣。去歲徐姬復舉穗兒，堪慰先人于泉下。午後馳書報余冰懷，并寄還乃弟乃婿文。

二十六日，趨謁當路暨諸親舊，時王菊泉大令頫[一]卸署事、趙雩門刺史鉞[二]甫下車。大令循吏，民間置酒焚香，俯餞送者不下數千人，刺史以庶常改縣令，新遷泰州牧，温雅明煉，本色書生，皆吾邑之福也。復謁鄉先生徐禮華丈步雲[三]，時年八十九矣，飲食步履一切如常，作小楷瘦硬姿媚，雖少壯人莫能逮，熙朝人瑞，眉壽正未有艾也。而令嗣竹湘三兄鬚髮皆白，頹然一老夫矣。是日遍歷舊時游釣之所，或甲第已更新主，或屋宇盡成瓦礫，離鄉未久而氣象頓殊，可勝興廢之感。及夕，如皋朱柏梁學博駒[四]來。柏梁與余交廿餘年矣，其子滄艇少府章達[五]需次粤東，托寄竹報，昨遣力送去，聞予歸里，遠來問慰，館緑林野屋中。年亦七十二，藜杖朱屨，不啻神仙中人。

二十七日，雲浦邀食八鮮，鰣魚、蠶豆、櫻桃、春笋、麥仁、蛤蜊、女兒紅、蘿蔔、玫瑰花，皆吾鄉之所珍也。回憶去夏僑寓穗城，作《八憶詩》，并志小序，仿東坡『想係風

[一] 王頫，字同甫，號菊泉，浙江歸安人，附生。曾任江浦縣知縣，嘉慶二十三年（一八一八）署泰州知州。後任吴江知縣，卒于官。

[二] 趙鉞，字雩門，浙江仁和人，進士，由翰林院庶吉士出爲溧水知縣，道光元年（一八二一）任泰州知州。

[三] 徐步雲，字蒸遠，號禮華，江蘇興化人。乾隆二十七年（一七六二）南巡召試一等，欽賜舉人，授内閣中書。二十九年進軍機行走，是冬丁父憂。服除入都，因事謫戍伊犁，三年期滿釋還。四十一年復以事落職，遂絶意仕進，移家泰州。年九十二卒。著有《爨餘詩文鈔》。

[四] 朱駒，字柏梁，號伯良，江蘇如皋人，廩膳生，曾任上元訓導。

[五] 朱章達，字滄艇，江蘇如皋人，曾任廣東東莞中堂司巡檢，改任南雄州吏目，卒于官。

味，以慰寂寥』之意。今忽羅列滿前，不禁據案大嚼。食次，復以油麵裹牡丹瓣進，味殊香脆鮮，得其九，可補八憶之缺。

二十八日，同人紛紛邀飲，余行期甚迫，不能遍及也，乃約咸過余舍，作竟夕之歡。是日，賓主得二十三人，座惟宫時圃、潘碧江兩茂才年未五十，餘皆皓齒尨眉，精神矍鑠，較洛下耆英會[一]，雖齒猶未逮，而人數過之。余在粤中，頗自挾長，有『白鬚四海半爲兄』[二]之意，兹則耆宿滿前，不覺爽然自失。謹記諸子姓名，并注年齒，以表鄉里之盛。

高明經庸庵岳。七十六　朱學博柏粱駒。七十二

程學博星泉應韶。七十二　許茂才東序嘉耆。六十六[三]

儲茂才擷芳士秀。六十六　宫明經春岩錫齡。六十五[四]

李上舍渭江杜光。六十四　金茂才序堂鏞。六十三

高國學廷表元塤。六十二　馬茂才墨初呈圖。六十一

陳上舍築野商說。六十　黃上舍冬嶼鍾。五十八

[一] 洛下耆英會：宋代文彦博留守西都洛陽，集士大夫老而賢者十一人，聚會作樂，當時謂之『洛陽耆英會』。司馬光爲之作《洛陽耆英會序》。

[二] 白居易《贈楊秘書巨源》：『清句三朝誰是知？白鬚四海半爲兄。』

[三] 許嘉耆，江蘇泰州人，諸生，乾隆四十三年（一七七八）入學。

[四] 宫錫齡，江蘇泰州人，諸生，乾隆四十二年（一七七七）入學，捐納吏目。

徐國學竹湘鳴珂。五十四[一]　宮孝廉彤九庭。五十四

俞學博澄夫國鑒。五十一　宮茂才時圃騏。四十九[二]

潘茂才碧江厚坤。四十六[三]　家明經正淳耀。六十八[四]

從兄雲門洽。六十六　家上舍以新炯。六十五[五]

家茂才碧城焯。六十二[六]　余六十三

雲浦六十一

列座論心，觥籌交錯，豪興勃發，不減少年。酒闌各贈以粵洋土物，盡歡而散。即席成四十字。

握手驚相見，回頭十四年。諸君皆老矣，故我尚依然。聚散原無定，窮通各聽天。相逢又相別，痛飲落花前。

[一] 徐鳴珂，字竹薌，步雲子，江蘇興化人，世居泰州，監生。著有《松壽閣文集》二卷、《硯北花南吟草》十二卷。

[二] 宮騏，江蘇泰州人，諸生，乾隆六十年（一七九五）入學。

[三] 潘厚坤，江蘇泰州人，嘉慶元年（一七九六）入學，貢生。

[四] 仲耀，江蘇泰州人，乾隆四十七年（一七八二）入學，貢生。

[五] 仲炯，江蘇泰州人，乾隆四十二年（一七七七）入學，貢生。

[六] 仲焯，江蘇泰州人，諸生，乾隆五十五年（一七九〇）入學。

二十九日。

三十日，料理家事，雨，未出户。

四月初一日，辰刻日月合璧，五星連珠。唐虞以來，罕有之盛也。余于《天官》諸書未能精核，俟至都中訪吴巢松太史[一]考之。

初二日，諸同好邀過清節堂奉陪新刺史查閲節孝諸媛。是堂創始于故刺史方公恩承[二]，雲浦暨諸同好贊成之。凡孀居之符于例、貧不能自存者養之，有子者延師課之，規條井井，實仁政之大端也。新刺史援向例，月助米十石，親臨查閲，余亦薄有所將，以志欽佩。

初三日，佩鳴及崔琨來，告非卿墓地覓不可得，殊悶甚。因念前夢姨母家婢來迎，訪諸王氏，或得其耗。適姨母之侄王上舍次三（煥台）來，因告之，許代爲查訪。是日柏梁歸，托問朱明經章雲（麗雯）、陳茂才春圃（啓）[三]及二姊丈崔紫書（爾封），皆薄有所將。

初四日，凌晨至稱園老屋中，牡丹將謝，芍藥、鶯粟盛開。獨據繩床，坐亂花中，誦

[一] 吴慈鶴，字韵皋，號巢松，别號岑華居士，又號鳳巢山樵，江蘇吴縣人。嘉慶十四年（一八〇九）進士，選庶吉士，散館授編修。曾任河南學政，國子監司業、翰林院侍講、山東學政，翰林院侍讀。著有《岑華居士蘭鯨録》《鳳巢山樵求是録》《岑華館詞》等。

[二] 方恩承，號雯濤，漢軍鑲黄旗人，監生。曾任南滙縣知縣，嘉慶十八年（一八一三）知泰州。

[三] 陳啓，江蘇泰州人，諸生，乾隆五十八年（一七九三）入學。

玉溪生『高閣小園』[一]之句，興致飄然，有凌雲之意。俄而女媳尋至，雲浦亦起，乃飯于園中，菟裘[二]之志，勃不容遏矣。

初五日，午後次三來云，訪諸楊氏舊姻許君存謨之妻，備述非卿之葬係其前夫及非卿族侄某共經理之，葬于覺正寺東行步山之側。楊某現存，年七十餘矣。往南門外問之，當得其處，乃囑佩鳴亟訪之。

初六日，邑中士大夫餞王大令于光孝寺，邀余從，禮華先生主賓。席終隨喜僧寮，余謂宮春岩曰：『此乙丑、丙寅兩年放賑處也。日月幾何，同事已不半在，山僧亦復他往。若再十數年，又不知作何光景矣。』相對嗟嘆久之。

初七日，佩鳴來白，得非卿墓。族人某親爲指授也，抔土已平，僅有其迹，乃傭工築之，約兩日成。仍封碑以表其墓，題曰『原聘宜人楊非卿十二姑之墓』，志不忘也。

初八初九兩日，皆坐稱園與雲浦商家事。

初十日早，誠夫、丹書偕來。是日非卿墓告成，余偕老妻親臨其穴，召寺僧誦經。仍自撰文祭之，以告其靈曰：

嗚乎！非卿十六受聘，十七上仙，寒針冷尺，孽命以捐。兩夢見之，偏其姍姍，

[一] 李商隱《落花》：『高閣客竟去，小園花亂飛。』李商隱（約八一三—約八五八），字義山，號玉溪生，又號樊南生，唐代著名詩人。

[二] 菟裘：地名，在今山東省泗水縣。《左傳·隱公十一年》：『羽父請殺桓公，以求大宰。公曰：「爲其少故也，吾將授之矣。」使營菟裘，吾將老焉。』後因以稱告老退隱的居處。

倚樹哀吟，香囊載傳，迄今相睽四十六年，幽明久間，人天杳然。滕王閣下，遣婢致言，爾墳雖圮，爾靈未湮。爰築佳城，貞珉載鎸。魂兮歸來，非雲非烟。爰召僧伽，梵唄聿宣。爾其享此，榆羹麥饘。

午後料理行裝，爲北上計。

十一日早，賃二舟，一自載，一載兩少府。午後禮華丈及星泉來送行，行步輕便，不自知其老，人亦不覺其老也。申刻再過紫嵐，談少頃。戌刻下船，雲浦率諸子侄送于岸次，遂開行。宿沈家渡，去城十五里。

十二日早開行。夜過邵伯埭，欲訪同年徐竹初玉立[一]并問毛秋伯夢蘭[二]消息。秋伯攝湘潭令，以江西人械鬥事長流夜郎[三]。秋伯有老母，堂上倚門，天涯陟屺[四]，念之殊難爲情。竟以夜渡，不克一過其家，意甚悵悵。姑俟至高郵，詢之賈午亭孝廉[五]。四鼓宿腰鋪。計

[一] 徐玉立，字竹初，江蘇甘泉人。嘉慶九年（一八〇四）仲振履同年舉人，聯捷成進士，即用知縣，改中書，以母年邁，不就官。

[二] 毛夢蘭，字絨齋，號秋伯，江蘇甘泉人，嘉慶九年（一八〇四）仲振履同年舉人，十四年進士。歷任湖南邵陽、沅江、武陵、湘鄉、湘潭知縣。因嘉慶二十四年（一八一九）湘潭人與江西人土客械鬥案被議遣戍。道光元年（一八二一）奉詔釋回，主講淮安奎文書院三十五年。著有《荆花書屋詩文集》十六卷。

[三] 夜郎：漢時我國西南地區古國名。在今貴州省西北部及雲南、四川二省部分地區。

[四] 《詩·魏風·陟岵》：『陟彼屺兮，瞻望母兮。』後因以『陟屺』爲思念父親之典。

[五] 賈槐，字星昉，號午亭，江蘇高郵人。嘉慶三年（一七九八）舉人，二十二年大挑二等，選望江訓導。道光十二年（一八三二）以年届七旬加大理寺評事銜。著有《愛吾廬文集》。

百二十里。

十三日，午後抵高郵，冒雨過賈午亭（槐），時自望江學博告歸甫三日。歡然出迎，面目一如舊時，惟齒微脱耳。次君□□孝廉（秉沖）[一]亦出。見詢秋伯事，知猶在新疆，太夫人尚康健。竹初安泰如故，意稍慰。少頃，雨益積。回船，衣履盡濕。午亭來送行，開行後不十里，大雨如注，野泊小住。暮宿清水潭。計七十六里。

十四日，北風微厲，負縴行。二更抵寶應，擬過朱武曹[二]先生，少宗伯咏齋之尊人也，聞已偕令孫赴揚州府試，遂泊焉。計八十里。是夕月色如銀，鬧聲似瀑，乃移皮床坐船頭，獨對江城，遐心遠引。憶乾隆壬子年胡文恪公督學江蘇，試揚州，得士十人：史學士問山（致儼）[三]、朱少宗伯咏齋（士彥）[四]、徐舍人竹初（玉立）、吳孝廉□□（鑲）[五]、史孝廉壽莊（椿齡）[六]、宋孝廉□□（茂初）[七]、

[一] 賈秉沖，賈槐次子，字受人，號森甫。嘉慶二十四年（一八一九）舉人。主講珠湖書院。

[二] 朱彬，字武曹，號郁甫，江蘇寶應人。乾隆六十年（一七九五）順天舉人。朱士彥、朱士達之父。

[三] 史致儼，字望之，江蘇江都人，乾隆五十七年（一七九二）舉人，嘉慶四年（一七九九）會試第一，改庶吉士，散館授編修。歷官内閣學士、左都御史，禮工刑諸部尚書，先後任四川、河南學政，多次主持湖北、順天鄉試。道光十八年（一八三八）卒，贈太子太保。著有《榕莊詩文集》。

[四] 朱士彥（一七七一—一八三八），字休承，號咏齋，江蘇寶應人。嘉慶七年（一八〇二）壬戌科探花。官至吏部尚書，贈太子太保，謚文定。著有《朱文定公集》。

[五] 吳鑲，字念劬，江蘇高郵人，乾隆五十七年（一七九二）舉人。

[六] 史椿齡，字壽莊，江蘇江都人，嘉慶九年（一八〇四）仲振履同年舉人。

[七] 宋茂初，字實甫，號濯蓮，江蘇高郵人，乾隆五十九年（一七九四）舉人，曾任宿州訓導，晚年主講珠湖書院。著有《碧虛齋吟草》。

焦孝廉理堂循[一]、黄學博□□文暘[二]、王上舍東山文泗[三]，履亦與焉。發案後傳入再試，奬以手臨《曹娥碑》，士林傳爲盛事，有『揚州十哲』之目。迄今三十餘年，惟問山、咏齋置身青雲，得傳文恪衣鉢，竹初成進士，授縣令，改中書舍人，黄、王、吴、焦諸君皆相繼歸道山，餘子落落無起色。而咏齋與余尤至契，時余每場必患瘧，皆咏齋與興化顧芝衫麟瑞[四]上舍扶送至家。回首當初，不勝今昔之感。顧窮達各有命存，知遇不容幸得。口占五言古詩一首，以志鄙懷。

水流任高下，花放有後先。萬事隨物化，大造本自然。惟士感知己，愈久不能諼。憶昔胡文恪，選士得十人。藝林擬十哲，里巷相驚傳。問山既鳳舉，咏齋亦鴻軒。餘子半淪落，或逝或邱園。履也宦南粤，落落羈一官。史朱何可希，竹初亦難攀。較之吴與王，尚克終餘年。頗節三載俸，得置二頃田。拂袖賦歸來，名山供粥饘。日焚一瓣香，山斗祝大賢。

[一] 焦循（一七六三—一八二〇），字理堂（一作里堂），江蘇甘泉人。嘉慶六年（一八〇一）舉人。焦循是著名學者，著述甚豐，有《易學三書》《孟子正義》《雕菰樓文集》《劇説》《花部農譚》等。

[二] 黄文暘（一七三六—？），字時若，號秋平，又號焕亭，江蘇甘泉人。貢生。乾隆年間巡鹽御史在揚州設局審查戲曲，被聘爲總校。編有《曲海》，已佚，僅存總目。另著有《掃垢山房詩鈔》《魯游詩草》《吴越游草》《古泉考》《葫蘆譜》《闕里金石志》《通史發凡》等。

[三] 王文泗，字伯魯，號東山，江蘇儀徵人。著有《東山遺詩》一卷。

[四] 顧麟瑞，字仲嘉，一字芝衫，江蘇興化人，嘉慶六年（一八〇一）拔貢。著有《樂府定霸記》《蛾眉研傳奇》及《篔簹館詩全鈔》《無聲詩館詞集》。

詩成，復憶吴荆帆[一]明經。每歲科試制義出，人不能辨誰是荆帆文、誰是柘庵文。嘉慶戊午，與咏齋三人訂交矮屋。咏齋大貴矣，余尚博得一第，荆帆竟以明經終焉。文章自古無憑據，不其然乎？顧漏已三下，又迫于行，爰馳書報之。

荆帆仁弟師席：

高旻寺前一别，越今十四年矣。昨晤午亭，知吾弟清泰如常，慰甚。愚碌碌海疆，鬚已盡白。不知書城中人，近亦漸增老態否？滿擬過弟快談别況，奈到城漏已三下，昏暮叩門，未免驚擾。謹馳書奉存，并具不腆，用伴燕函，希莞存之。五更風便，挂帆去矣。

愚兄仲振履頓首

十五日，東風大作，泝流揚帆，將抵淮安。雷電交作，大雨如注。更許至湖嘴，過淮陰釣臺。舊作久經遺弃，亦不復作矣。遣奴子問舊好程靄人太史[二]、戟門[三]榷使暨星泉令似香岩孝廉，告以雨後昏黑，不能往也。皆遣使來。戟門復親至。戟門先孟門下士，需次

[一] 吴湘珠，字楚江，號荆帆，江蘇寶應人，府學貢生。著有《惜陰齋詩文集》。

[二] 程元吉，字文中，號藹人，江蘇安東人，世居山陽。嘉慶十年（一八〇五）進士，授編修。靄人，當作『藹人』。

[三] 戟門，或爲程菊人。程菊人，江蘇安東人，世居山陽，鹽運司運同。

廣東，交最深也。談良久去。遂泊焉。計八十里。

十六日，北風寒甚，行二十四里，至清江浦。謁制軍孫繼圃協揆[一]。細談粤東以沙坦、賦補、屯欠，及與蔣宫保投契事。復問足下官聲甚好，何以十年不遷？履答以性情迂魯，難勝重任。公曰：『難做者繁缺州縣耳，由州縣□上，何難之有？』出晤文巡捕賞贊府，名綬，人甚俊爽。問得姓所自，云本姓周，乃先朝賜姓也，紹興人。又晤安東杜大令[二]，粤東候補從九品杜懋[三]之叔也，嘗托予致家言。相見各道欽慕，并索《作吏九規》。别後渡黄，復大雨，投俞震東行，當日計偕之舊館人也。扣車每套價十二兩零。

十七日，巳刻開車，成五律一首。

連日雨初晴，登車逐去程。日輝新霽色，河漲亂流聲。麥隴垂黄密，槐堤蔭碧清。良時好風景，直接五雲城。

晚宿衆興。計程七十里。大車燈後始到，余行速也。

[一] 孫玉庭（一七五三—一八三四），字佳樹，號寄圃，山東濟寧人。乾隆四十年（一七七五）進士，授翰林院庶吉士，歷官翰林院檢討，山西河東道、廣西鹽法道，廣西按察使，湖南、安徽、湖北布政使，廣西、廣東、雲南、浙江巡撫，湖廣、兩江總督。道光元年（一八二一）授協辦大學士，道光四年（一八二四）拜體仁閣大學士。後以事被免。

[二] 杜禮，四川人，拔貢，嘉慶二十三年（一八一八）任江蘇安東縣令。

[三] 杜懋，四川萬縣人，監生，道光元年（一八二一）曾署高要縣巡檢。

十八日，黎明開行，寒甚。裹裘臥輿中。仰化中尖，驟暖。申刻抵順河集，當駕者議行山路，恐水潦降也。時落日紅如胭脂，知必風雨矣。

十九日，丑正開行，寒更甚，黎明東北風作，飛沙撲面。辰正峒峿中尖。兩日沿路皆乞丐，曼聲哀呼，若歌若泣。擾人詩興，較催租人尤惡。未正抵紅花阜，入山東境，宿焉。計百二十里。成五律一首。

小聚幾家村？遺風太古存。露田栽黍稷，晴野散鷄豚。蠶起燈懸壁，驢鳴客到門。年荒蓋藏少，辛苦度朝昏。

二十日，丑正開行，辰正至郯城十里鋪中尖。店中茅屋數椽，環以土墻，槐影風微，榴花露泫。新笋出檐，小桃結子。風塵僕僕中，得此清幽之致，何啻在山陰道上。午後有郯城令自府回縣，從者擁後檔車于樹陰下，令乘轎來，下轎入車。年甫三十餘，意氣甚盛，儀從亦都。道途相遇，儼然望見齊王之子[一]矣。晚宿李家莊。計百二十里。時方未正，憶同年王雲程翥鵬同官于粵，朝夕相聚。授陽春令，以病謝歸，消息久疏。遣奴子訪之，有莊姓者，其姻婭家也。云住王家樓，去此八十里，非大道也。雲程歸，仍以授徒爲業，門下中雋者多人，可小康矣。匆匆作數字，屬莊姓寄之。復成七律一首。

[一] 齊王之子：語見《孟子·盡心上》：『孟子自范之齊，望見齊王之子，喟然嘆曰：「居移氣，養移體，大哉居乎！夫非盡人之子與？」』

駐馬津亭訪舊盟，八年遥隔五羊城。春風沂水君談道，落日河梁我還行。離别可憐傷夙契，功名幾個到書生。留書一紙匆匆去，屬付洪喬[一]早寄聲。

二十一日，丑正開行，渡沂。辰初至府城中尖。復渡沂水。甚淺，匪民據河口索大價抬車，亦行人之累也。未初至平城，宿焉。計九十里。是夕以山路勞頓，議破站行，每一站每車加千五百文。

二十二日，子初開行，未明過青駝寺。辰正抵埰莊中尖。行一站。午後車中倦甚，見小車滿途，成七律一首。

縛駕何須藉鐵嵌？劃沙全仗隻輪鑱。嗚嗚貼地如蜂鬧，簇簇沿山若蟻銜。兩索交縈驢作縴，一竿中豎席爲帆。當途莫羡高軒過，穩步康莊勝馬帆。

入蒙陰界，東蒙山在望，巉岩峻削，顓臾氏之主山也，俗呼爲雲蒙，亦成五律一首。

秀削本天成，中無一桁平。欻如大波起，横向九霄撑。突兀自今古，蒼茫變雨晴。棧車來往日，應見聖人情。

[一] 劉義慶《世説新語·任誕》：『殷洪喬作豫章郡，臨去，都下人因附百許函書。既至石頭，悉擲水中，因祝曰：「沈者自沈，浮者自浮，殷洪喬不能作致書郵。」』後因稱不可信托的寄信人爲『洪喬』。

未正至龔家城，宿焉。是日破半站，計程百四十五里。申刻大雷電以雹，須臾息。詢之館人，麥無傷也。成五古一首。

四月念二日，客至蒙陰縣。適館甫脱驂，忽焉大雷電。急雨夾飛雹，滿地豆珠濺。敢怨行路難，惟憂二麥歉。山東少粳稻，但恃來麰賤。須臾雷雨止，雲消紅日見。方今聖天子，新政布奄甸。遇雹不爲灾，四野歡聲遍。客子亦色喜，長路倍輕便。明日坐車中，可免塵撲面。

二十三日，子正開行，黎明西北風大作，車中奇冷。從者皆瑟縮有寒色。驟馬逆風揚鑣，帆帆急走，意氣甚得，所謂『胡馬依北風』[一]也。辰初鰲陽中央。午刻過翟家莊，未住。再行四十里，未正抵羊流店，宿焉。計百四十里，又破半。壁間有題句云：『月落羊流店，晨光動紙窗。客游誰是伴，顧影却成雙。』此未慣出門人語也，和韵以廣其意。

壁上新留句，看題向晚窗。何須傷獨客，國士本無雙。

二十四日，子初開行，卯正抵崔家莊尖後西風驟起，飛沙撲面，兼以山路崎嶇，轣轆

[一]《文選·古詩十九首·行行重行行》：『胡馬依北風，越鳥巢南枝。』

坎壈，筋骨皆酸，惟仰瞻岱宗，青插天半。誦杜少陵『蕩胸生層雲，决眦入飛鳥』[一]之句，不覺詩興勃發，成七言古詩一首。凝望深思，逾兩時始成。成後耳鼻皆沙，拂拭不能去矣。

紛紛嵐氣飛車中，舉頭仰見青芙蓉。重岩下壓地撼折，高峰上托天穹窿。鬼神出没勢窅杳，瑶光散作蒼精龍。槃礴元氣四貫注，空桐以北扶桑東。云云亭亭互拱揖，倒凌梟繹臣龜蒙。行半天下覽奇勝，巴巫羅浮皆嵱嵷。此山上與帝極合，四瀆之鎮山之宗。七十二代遞封禪，燎柴瘞玉相欽崇。軒轅明堂左右個，泰□之水潛相通。神茅三脊紀功德，朱符緑字金泥封。迷茫惝恍神已往，滿身但覺烟雲籠。青城丈人騎白鹿，招我上游兜律宫。耳邊琅琅奏天樂，噴薄紫霧嘶花驄。參宵十丈玉樹碧，嵌岩六出琪花紅。上飛來儀之鸑鳳，下走吐珠之煮狪。飛廉鞭石聲叱叱，羲和躍海光熊熊。此身于世忽睽隔，一心與古爲豪雄。手攬北斗叩閶闔，下瞰齊州九點開心胸。

午刻過泰安府，依山建城，氣象雄寬，一大都會也。再三十里，至新莊，輿人告力乏，宿焉。計百三十里。是日破不及半站。薄暮，密雲欲雨，化而爲風，萬竅怒號，有拔木卷茅之勢。四更，雨微息。

二十五日，議兩少府先行，余黎明始開車。卯刻過佃台，風復起。巳刻，至章夏早尖。

[一] 杜甫《望岳》：『蕩胸生層雲，决眦入歸鳥。』杜甫（七一二—七七〇），字子美，京兆杜陵人。唐代偉大詩人。

奴子崔琨以火腿湯□豆腐進，風味佳甚。申初宿杜家廟。計百二十里，山路風猛難行也。是日破二十里。

二十六日，子正開行，黎明過長清縣。巳刻至禹城之十里汪早尖。申刻至平原之二十里鋪，宿焉。又并半站，連前合一站。每連站夜行，滋味甚惡。車中成七律一首，歸時博同好一粲。

城更纔聽第三敲，當駕催人轡轡梢。燈照野田紅影淡，輪翻沙路白痕交。乍平乍側身難穩，時睡時醒夢亦淆。山站早尖剛日出，飽餐不托豆芽包。

二十七日，丑正開行，巳初至曲鹿店早尖。是日大風，屋湫隘而人叢雜，飛沙滿衣，匆匆一飯，復行二十里，見雉堞崔巍，至德州南門矣。是爲山湖合道處，遥望風林塵壒中，帆檣相屬，則運河也。未正宿劉智廟。計百二十里。當駕者請仍按站行，從之。夜間久不成寐，枕上得五律一首。

支枕難成寐，長征夢不牢。驚鴉啼缺月，飢馬嚼空槽。挂壁燈光短，巡車柝響高。荒鷄催客去，塵□滿青袍。

二十八日，子正開行，風仍大，黎明過景州，聳立車前，又見巋然一塔矣。卯正抵孟河莊，遲，兩少府不至。辰刻把集早尖，復行。風稍息。未初至富莊驛，宿焉。計百三十里。連日多小婦唱山歌乞錢，與當駕者稔熟戲謔，歌聲、笑聲與驢鳴馬嘶相嘈雜，令人作惡。是日沈丹書云有姑母適張氏，渠生于粵東，未一見也。表兄某以南宫[一]需次縣令，流寓任邱，欲往謁之，遂賃小□另行。

二十九日，子正開行，黎明過獻縣，途次風起，楊花撲簌滿車，洵佳況也。成七絶一首。

平沙淺印馬蹄圓，緑樹陰濃快着鞭。林外忽看風乍起，滿車飛絮白于綿。

商家林早尖，復遇丹書，匆匆數語而去。未初抵河間二十里鋪，宿焉，計百二十里。

五月初一日，子正開行，卯初至任邱縣，以漢任光[二]之墓得名也。時少府聞藻川[三]，在東師之第七子，嘗受業于余，知余至，來館相款洽。伺余登車始去，口占五律以贈。

任邱聞少府，與我舊相依。一自師門別，同心兩地違。今朝重見面，鬚鬢已全非。握手匆匆去，楊花滿路飛。

丹書亦來挈行李去。午刻過趙北口，通保定、天津之水程也。薰風南來，飛沙滿衣。未初至雄縣，宿焉。計百二十里。有以鯽魚進者，價百二十文，得大鯽七尾，今夕美味與

[一] 南宫：指禮部會試，即進士考試。

[二] 任光（？—二九），字伯卿，漢代南陽宛城人。光武帝劉秀的重要將領，雲臺二十八將之一，封阿陵侯。

[三] 聞瀚，浙江仁和人，聞鏞之子，監生，嘉慶二十三年（一八一八）任任邱典史。

誠夫享之，惜丹書不得與矣。是夜雨。

初二日，寅正雨息，開行。望田間來牟將熟，一碧萬頃，麥已有秋，豐年得半矣。過白溝河，村間以蘆席包裹如甑者不下千百堆，當駕者曰皆糧食也。人家屋宇齊整，烟火輻湊。利莫大于積穀，不其然乎？巳刻早尖，復雨。少待，過新城。雨後塵壒不起，田疇沾潤，頗覺快意。擬作五律一首，甫成四句，忽銜斷馬驚，車墮地而未傷，從車齊赴，結繩而行，詩興亦阻，附録以志其缺。

塵氛都浣盡，雨後釀輕寒。出土高粱潤，垂金大麥乾。

申刻小坐輿中，西山爽氣，已到目前矣。南家店宿焉。計百二十里。

初三日，夜雨，寅正微息，開行。過涿州，雨又大。行六十五里，豆店早尖。雨霽，遣奴子先行覓寓，見瓶中芍藥，成七絶一首。

看完芍藥出門來，又見金臺芍藥開。幾日榴紅萱草緑，依然一路看花回。

午初復行，未里許，誠夫少府翻車于淖中，幸未受傷，而與其僕人并立車槽，竟成泥腿矣。整車復行，申正抵長興店，是夕奴子議并車入城。

初四日早，奴子未來，乃賃小車，徑至咏齋宗伯第。時在告，相見促膝暢談。適阮小雲比部長生[一]與陳孝廉續至。飯後，復坐談竟日。因及日月合璧、五星連珠事，小雲比部云，每朔日，日月必合，無足异也。今年四月朔日，四星聚于璧，惟金星在婁，相隔尚□度。本朝凡四星聚者四，一雍正某年，一乾隆某年，一嘉慶四年，今元年復聚，太平之象也。小雲可謂不愧家學矣。晚至寓，仍戊辰會試舊館也。而館人已非舊矣。入室，紫藤已萎，緑槐尚存，大有『同來玩月』[二]之感。

初五日，早赴部投文，隨謁可亭師相[三]，温言問慰，意極款洽，師弟之誼諄然也。再

[一] 阮常生（一七八八—一八三三），阮元嗣子，一作長生，字彬甫、壽昌，號小雲。蔭生，任户部主事、員外郎、郎中，直隸永平知府，升清河道，兼署直隸按察使司，卒于官。著有《團雲書屋詩鈔》。比部：明清時對刑部及其司官的習稱。

[二] 趙嘏《江樓感舊》：『同來玩月人何處？風景依稀似去年。』趙嘏（約八〇六—約八五三），字承佑，楚州山陽（今江蘇省淮安市淮安區）人，唐代詩人。

[三] 戴均元（一七四六—一八四九），字修原，號可亭，江西大庾人。乾隆四十年（一七七五）進士，選庶吉士，授翰林院編修，遷御史，任江南、湖北等省鄉試主考，後任四川、安徽等省學政。嘉慶三年（一七九八）任兵部員外郎、鴻臚寺少卿，遷光禄寺少卿、工部侍郎。後升内閣學士兼禮部侍郎。十一年任南河道總督，拜太子太保。後以事降職。十八年任東河總督。二十年爲協辦大學士，次年爲軍機大臣，充上書房總師傅。二十三年，拜文淵閣大學士，晋太子太保，理刑部。道光四年（一八二四）乞歸。七年加太子太師。次年因所監修寶華峪皇陵漫水，被逮治罪，褫職抄家，因念其耄老，免罪釋歸。嘉慶九年（一八〇四），戴均可任江南鄉試正考官，仲振履于是科中舉。

晤同年楊桂堂比部[一]。時汪同年□□[二]亦寓其家，留早飯，快談別緒。復往訪同鄉朱埜雲[三]，新屋精潔，相見面目如故。且晚年得子大樹，已七歲矣。出見，呼伯父，甚可愛也。庭間一樹似榆而小，問之，云梅至北方次年不花，接以榆本，花而不香，謂之榆梅。志之以備格物之證。

初六日早，赴吏部驗到，隨往謁總憲顧雲岩[四]夫子，深談良久，復至秀逸舟[五]夫子家，晤其世兄，知蒙録用，充喀什噶爾協辦大臣。出過吴巢松太史鶴慈，談及蔣礪堂宫保知遇眷注之恩，不覺搔首蒼茫，百端交集矣。復詢以日月五星之事，説□阮小雲□。申刻回寓，

[一] 楊煊，字煦亭，號桂堂，江蘇上元人，嘉慶十三年（一八〇八）仲振履同榜進士，由吏部員外郎考選山西道御史，掌刑科給事中。

[二] 仲振履同榜進士中，汪姓者僅汪桂葆一人。汪桂葆，直隸大興人，曾任獲嘉、河津等縣知縣。

[三] 朱鶴年，字埜雲，號野堂、野雲山人，江蘇泰州人，幼工書畫，及壯，入都鬻畫，名噪一時，與陽湖朱昂之、江都朱本齊名，號『三朱』。

[四] 顧德慶，字厚齋，號雲岩。山西陽曲人，乾隆五十四年（一七八九）進士，授編修，官工部右侍郎，遷左都御史。顧德慶曾充嘉慶十三年（一八〇八）會試副考官，是科仲振履成進士。總憲：明清都察院左都御史的別稱。御史臺古稱憲臺，故稱。

[五] 秀堃（一七七五—？），原名秀寧，字琪原（又作其原），號楚翹、松坪，別號鋤月山人，晚年又改號鋤月老人，他塔喇氏，滿洲正藍旗（後抬爲正黄旗）人，嘉慶六年（一八〇一）進士，歷官編修、刑部左侍郎。其間于道光二年（一八二二）任喀什噶爾參贊大臣，十一月調和闐辦事大臣，次年十一月因病解職，卒年不詳。嘉慶十三年（一八〇八）戊辰科秀寧曾以閣學任會試副考官，是科仲振履成進士。

鄉人埜雲與彭石夫孝廉壽山[一]坐候良久，乃促膝快談，朱咏齋亦遣其世兄來。别去，日已曛矣。

初七日早，謁韓桂舲大司寇，相見甚歡，詢及同年三泰客游京邸，近况頗窘，屬便中來寓一晤。復往晤鐵冶亭夫子，時以三品卿銜休致家居，年七十，頗有老態，非復任兩江制府時矣。入謁師母[二]，賞書畫各件，書法蒼勁，墨蘭作筆不多，而丰致生動，無閨秀氣，亦不似七十老人筆墨也。再過咏齋宗伯處，談少時回寓。雲溪來，薄有所將，暢叙而去。晚成七律二首，即呈咏齋宗伯。

十人同事胡文恪，惟有明公獨擅場。進位春官少宗伯，出身金殿探花郎。散朝玉笋盈門列，歸院金蓮滿路光。自愧巨源鬚盡白，一官潦倒滯蠻方。

手捧官書萬里來，又携襆被到燕臺。闊疏猶似春明態，老拙真成爨下材。落筆頗思凌五岳，登梯敢望近三台。匆匆幾日騎驢去，醉我旗亭酒一杯。

[一] 彭壽山，字石夫，江蘇泰州人，嘉慶十二年（一八〇七）舉人，官安徽潁上縣教諭，遷江西鄱陽、都昌、樂平等縣知縣。著有《留雲閣詩文稿》等。

[二] 瑩川，寧古塔氏，字如亭，滿洲正白旗人，學士巴克棠阿女，鐵保妻。詩書畫皆精，有《如亭詩草》。

初八日早，謁程鶴樵[一]先生。丰采如故，嚴正之氣亦如故也。再晤沈飴原[二]同年，共道契闊。午後宮星楣[三]、曾□□[四]兩同年談良久去，阮小雲亦來。晚飲于史問山學士家，高談雄辨，狂態猶少時也。晚得汪孟棠書及徐姬家信。

初九日，咏齋宗伯邀早飯，同坐史問山學士、陳□□舍人、朱埜雲山人，皆同鄉也。清談竟日，晚有以酒食饋者，遂移至咏齋處盡歡而散。晚發孟棠書并第四號家信。

初十日，在寓未出。

十一日，黎明桂堂來，偕赴乾清宮引見，瞻仰聖顏，較戊辰大挑時，發氣盈容矣。事

[一] 程國仁（一七六四—一八二四），字濟堂，號鶴樵，河南商城人。嘉慶四年（一七九九）進士，授編修，典試四川、陝西，擢福建道監督御史。後升山東按察使、甘肅布政使，浙江、山東、陝西巡撫，官至刑部侍郎、貴州巡撫。嘉慶十五年（一八一〇），程國仁曾督學廣東。

[二] 沈岐（一七七三—一八六二），字鳴周，號飴原，別號五冊樵叟，江蘇如皋人，嘉慶五年（一八〇〇）恩科舉人，十三年仲振履同榜進士。歷官翰林院編修、侍讀學士、侍講學士、國子監祭酒、內閣學士兼禮部侍郎、都察院左都御史等。道光二十年（一八四〇）乞養歸。主講揚州梅花、安定書院。著有《左右修竹居詩集》十四卷、《味蔗存草》十二卷。

[三] 宮煥（一七七三—一八二五），字星楣，號魯齋，安徽懷遠人。嘉慶九年（一八〇四）舉人，十三年仲振履同榜進士，選翰林院庶吉士，散館授編修。嘉慶二十一年（一八一六）任四川鄉試正考官，二十四年任恩科會試同考官、山東鄉試副考官，道光元年（一八二一）任順天鄉試主考，三年任會試同考。歷任國子監司業、日講起居注官、右春坊中允，司經局洗馬，翰林院侍讀等職。

[四] 仲振履同榜進士中曾姓者二人，一爲曾冠英，一爲曾錫齡。曾冠英，字覲軒，號雲峰，廣東和平人，翰林院庶吉士，改知山東肥城縣，後主講惠州豐湖書院，著有《溯泗齋稿》四卷。曾錫齡，河南固始人，曾任江西上饒、江蘇無錫縣令。

竣，即至桂堂處早飯，隨往拜諸同年，遂過埜雲家，見所畫《秋林覓句圖》古雅淡遠，得雲林之遺，索以相贈。乃同至揚州新館，路過任芝田[一]先生故居，登車流覽，情致惘然，成五律一首。

往哲今何處？惟餘故宅存。花飛空滿地，風到自關門。蛛網窗間滿，駒塵座上昏。同來共搔首，誰與賦招魂。

至新館，與埜雲坐廊下，暢談良久。白頭兄弟，見面維艱難言之，况款洽細談。再成七律一章。

孤館門關緑陰深，弟兄同話曲廊陰。行踪潦倒騷人况，慮事周詳久客心。霜雪有緣催白髮，指頭無術點黄金。重來相見知何日，搔首蒼茫思不禁。

十二日，碌碌酬應，抵暮回寓。與桂堂談，更許始寢。雇車定十五日起行，包十四日至王家營。

十三日，赴鴻臚寺謝恩。遂過巢松早飯，并携去奉懷蔣宫保詩册，屬寄四川。附録七

[一] 任大椿（一七三八—一七八九），字幼植，號芝田，江蘇興化人。乾隆三十四年（一七六九）進士，授禮部主事，後轉郎中，遷陝西道監察御史。任爲著名學者，著有《小學鈎沈》十九卷、《字林考逸》八卷、《釋繒》一卷、《深衣釋例》一卷、《弁服釋例》一卷、《列子釋文考异》一卷、《吴越備史注》三十卷等。

言律詩五首。

玉壘雲飛棧道深，珠江潮落海門陰。驚時已是三年別，望遠常懷萬里心。北户地偏蠻瘴闊，西陲天與福星臨。已裁織女機中錦，可聽成連島上琴。

不夜珠光掌上明，六年持照五羊城。得人自寫黄金篋，屬吏都修白水盟。剖竹用完諸太守，抱關老剩一侯嬴[一]。白頭吟望滄波外，劍閣山高暮靄横。

抖擻青袍未遂初，焚香終日閉門居。心銘琬壁遵前訓，手盥薔薇讀賜書。老去名心原冷淡，静來客氣亦消除。舊時同志存無幾，翹首西園意宛如。

當頭白月共長天，孤館清蕭夜不眠。攬祛虚煩常熟牒，輕裝難買鬱林船。桃花千尺汪倫情（謂番禺汪令），心迹雙清魏相憐（謂愛軒中丞）。感激舊恩嗟异地，餘光應亦照幽偏。

穗城翹首望京華，聞説恩綸促鈿車。温室新攀仁壽樹，公門都種吉祥花。唐虞氣象開黄屋，韓范勛名紀白麻。遲我官書羈累月，不能親捧御堤沙。

晚飲于同年錢侍讀東生[二]家，同坐宫星楣中允、沈飴原編修□□□□。是夜大雨。

[一] 侯嬴，戰國時魏人。家貧，年七十爲大梁夷門看門小吏，受信陵君禮遇，後秦兵圍趙邯鄲，魏國救兵不前，他向信陵君獻計竊符救趙，自到而死。

[二] 錢林（一七六二—一八二八），原名福林，字東父、叔雅，號東生、志枚、金粟，室名玉山草堂，浙江仁和人，嘉慶十三年（一八〇八）仲振履同榜進士，累官内閣侍讀學士。著有《玉山草堂集》三十卷、《續集》六卷。

十四日，過問山、咏齋辭行，埜雲、石夫招飲。復大雨。晚歸燈下，擬寫□□《帝京篇》。

十五日早，雨益劇，乃移行李至埜雲家，與石夫清話。午刻小息。未刻，奴子來云當駕者催動身，遂辭野雲行。申刻出南西門，見圍垣亘二十餘里，問當駕者，云係海子，天子養禽獸處也。途中時雨時息。行三十里，宿黄村。復大雨。

十六日，雨霽，行六十里，至桑乾河，今謂之渾河。時雨後山漲暴發，覓渡船不可得。蓋奸民因水大藉以居奇，必飽所欲，然後渡也。議至未正始渡，而中流汹涌之勢，亦可駭也。成五律一首。

勒馬斜陽裏，長流滚滚渾。河聲連岸吼，沙氣入雲昏。蒼莽時將冥，奔騰勢欲吞。手持忠信坐，履險仗天恩。

過河即固安縣，宿焉。計六十里。

十七日，天氣沈陰，子初開行。八十里孔家馬頭早尖。午後細雨溟濛，過雄縣，至趙北口，見水邊亭樹，天子水獵處也。多蜀葵，如錦如雲，頗足娛目。宿鄭州。計百五十里。入夜大雨，五鼓始息。

十八日，黎明開行，辰刻任邱縣早尖，復招藻川談少頃。登車行五十里，宿河間二十五里鋪。計九十里，是日晴。

十九日，子正開行，沿路新篁出籜，緑玉參天，小麥登場，黄金布地，野田逸蝶，黄白交飛，籬落野花，青紅并放，實田家之樂境也。巳刻龔家城早尖，午後見人家夜合一株，葳蕤墻外，誠盛夏園林不可少之物也，歸時當屬雲浦覓種之。長途困頓，并成七律一章。

兩月來回路屈盤，陸行更較水行難。山行滃蔚三更熱，海日蒼涼五月寒。夜尚未央侵早起，天將向午未朝餐。勞勞却問因何事，儘可謀安不自安。

未刻宿富莊驛，計百二十里。大風雨以雹，食頃止。

二十日，丑正開行，沿途時雨時止，過阜城無雨矣。景州早尖，越劉智廟，宿德州。計百五十里，是夕定議行湖路。

二十一日，子初開行，過恩縣腰站早尖。晤王大令崇本[一]，字初庵，壬戌進士，蔣宮保薦卓异，以憂去官，今起服北上，徐牧庵之同年友也。曾見余所撰《作吏九規》，甚道欽慕。談良久，分馳去。酉初，宿新店，計百六十里，沿途熱甚，旱象也。

二十二日，子初開行，黎明過茌平三十里鋪早尖。午後風大熱甚，吹面如火。野市茶尖，田間塵遠，柳下風來，聽二三父老話時事，雖傳聞异詞，而侃侃可聽，成七律一首，登輿去。

熱風吹起滿車塵，小市依回覺曠神。一碧竟成楊柳海，四鄰都是耦耕人。閑談六

[一] 王崇本（一七六五—一八二三），字復，又字初庵，號驪泉、初庵，浙江仁和人，嘉慶七年（一八〇二）進士，官四川黔江、珙縣，山西崞縣知縣。

代太平日，坐老百年無事身。飲罷拂衣前路去，可知慚煞道旁人。

酉刻宿舊縣，計百七十五里，是夕甚矣憊。

二十三日，子正開行，是第一大站也。黎明過東平州二十里鋪早尖。復行。通和橋小息喂騾。急行四十里，酉刻至高吴橋，宿焉。從車燈後始至，當駕者用命也。計百八十里。

二十四日，丑初開行，越兖州府至中山店早尖。過鄒縣望繹山謁孟廟，亦勞人之逸致也。申初宿界河驛。計百四十里。是日站大未破，入室見周又伯《曉行》五律一首，又伯近在廣西，宦況甚清苦。見之如對故人，因依韵和之。

近午雲光熱，凌晨石氣凉。顏衰經日紫，衣敝漬沙黄。却愛長途客，偏饒逸興長。對詩傷别久，掻首思蒼茫。

附又伯元唱：

僕睡呼難醒，驅車趁曉凉。遠沙涵水白，殘月帶烟黄。歲旱畦蔬瘦，時清野柝長。亦知行役苦，塵夢總茫茫。

二十五日，天色沈晦，子初開行。臨城驛早尖。申刻宿陰平。入市微雨。憶乙丑年落第，與俞東序、高紫嵐同行。予雇小車，行不數日，車價索盡，惟日酗酒滋事，不得已遣之去，騎驢而行。至此大雨傾盆，積潦幾尺許，時又昏黑，故僕吴江墮水中，捧予驢行。忽岸有磷火二炬閃爍，照見驢頭已及大樹上不寸許，急帶轉。磷導以行，至街口而没。余自頂至踵，莫不沾濕，同人共相慰藉。予竊私喜，謂有神助。戊辰雖博一第，今將以縣令終矣。殆神之誤耶？抑別有故耶？今適遇雨，故附記之，以志寒畯[一]計偕之苦。

二十六日，雨霽，丑正開行，岔河早尖。入江蘇境。申刻過邳州，宿官湖。計百四十里。寓館小樹滿庭，緑陰茂密，盆中洋綉球盛開。連日風沙滚滚，見此頓覺心地一清。

二十七日，子正開行。黎明過壩頭，至新店七十里。湖底平沙漫衍，闃無人行。至巳刻方到，早尖。復行不二十里許，後駕鈎斷，幸從車隨至，群扶而起，視其鈎，以生皮三層釘成，行十二日而皮皆寸斷。物猶如此，人何以堪？將抵順河，見新修大橋長逾百丈，橋次積石如山，真無量功德也。計百五十里。

二十八日，當駕者乞重賞，一日至王營。時天勢欲雨，許之。亥正開行，未明過仰化，辰刻衆興早尖。微雨。申刻魚溝小息喂騾。酉刻抵王營，計百八十里。仍宿舊館人。滿街泥濘，午後大雨也。

二十九日，黎明遣奴子渡河買舟，擬再謁繼圃中堂[二]，聞已回江寧。少頃雷鳴，大雨如注。稍息渡河入舟，過板閘，至湖嘴街。復遣奴子告程星泉，以病不能踐約也。香岩喬梓來云，星泉亦病，談少頃去。申刻復行。雨霽風順，與舟子約夜行。三鼓過寶應，知武

[一] 寒畯：出身寒微而才能杰出的人。
[二] 中堂，唐于中書省設政事堂，以宰相領其事，後因稱宰相爲中堂。明清大學士亦沿用此稱。

曹太翁已赴次君士達[一]霍山任。時咏齋有老僕附車歸里，因憶在部與咏齋談及荆帆近況，云舉明經後復赴順天鄉試，仍不第，今館于鄉，不復作場屋想矣。因口占七律一首付朱紀寄之。

立志何須分貴賤，讀書所忌在庸凡。貴無勛業仍虛度，賤有文章自不劖。十上君成窮學博，一官我亦舊頭銜。相期努力名山事，藉使殷勤寄一函。

六月初一日，早過界首，巳正至高郵。薄暮抵邵伯。復雇縴夜行，二更達仙女廟。過關東南風起，猛烈异常。

初二日，黎明始及宜陵。卯刻微雨，風稍息。巳刻抵里門。

初六日，余誕辰也，親友賀者踵至。余以足疾避居雲浦學圃山房園中。榆柳成圍，蟬聲四接。軒窗高廠，清風徐來。竟不知此身在第幾洞天也。

初十日，薦亡友于光孝寺。蓋余去粵後所繼逝者也。計得十八人。自爲文以祭之。其辭曰：

嗚乎！樸人先生，文壇耇宿。鄴堂曉嵐，余同門友。江郎副車，少年英秀。相勵青雲，相期白首。先後同歸，吾將焉偶！嗚乎！理堂南阿，昔夢見之。檐雨燈花，相

[一] 朱士達，字公孚，號恕齋，江蘇寶應人，朱士彥弟。嘉慶二十二年（一八一七）進士，曾任安徽黟縣、霍山、南陵、懷寧知縣，擢壽州知州、鳳陽知府，徽寧池太廣道，廣西左江道，雲南迤東道，四川、陝西按察使，官至湖北布政使。著有《知足知不足齋詩文集》。

對泪滋。金陵客死，牖下長辭。喪我老成，吾將安師？嗚乎，我衣爾衣，我食爾食，絢堂若廷，與我莫逆。聞爾偕亡，手足如失。遺我紫嵐，倀倀焉適？死者茫茫，生也墨墨。嗚乎！嵇亭暴亡，春明毷氉，猶憶荒年，寒燈冷竈。風雪閉門，不營一飽。爾友薌林，英英年少。湘水招魂，蘭號芷嘯。嗚乎！綉阡能事，馥堂苦吟。蓮舫豪放，廠軒不競。授徒里巷，終老一衿。倬雲素封，殀後日淩。同歸于盡，情何以任。嗚乎！春舟考終，母志克伸。希宇不禄，傷于病貧。嗟嗟兩婿，毋替爾親。維宮揆一，蜀道殞身。一棺萬里，家無成人。嗚乎！先孟鬱鬱，生無一得。一曲《紅樓》，詞壇生色。魂兮歸來，主我賓客。携我愛子，令侍筵側。左右爾伯，敬爾父執。嗚乎！我勞如何，皤然老矣。蜚海風濤，巒山瘴癘。今過里門，薄陳一祭。魂兮偕來，飲我醇醴。毋哀毋號，式燕以喜。尚饗！

樸人俞至，甲子科欽賜副榜　　鄴堂金源，甲子舉人

曉嵐吳會，甲子舉人　　江郎德懋，號晴洲。甲子副榜

理堂陳燮，丁酉拔貢，戊午舉人，州學正。有《憶園詩鈔》行世

南阿李亨衢，歲貢生　　絢堂高垂藻，候選縣丞，誥封湛縣知縣

若廷高垂綬，廩貢生，贛榆訓導　　嵇亭程應佐，丁卯解元

薌林萬榮，丁卯舉人　　綉阡葛縉，廩膳生

馥堂張馨，歲貢生　　蓮舫繆聯芳，廩貢生[一]

[一] 繆聯芳，江蘇泰州人，乾隆五十年（一七八五）入學。貢生。

廠軒（胡觀揚，生員）　倬雲（程章，候選州吏目）
春舟（夏震，監生）　希宇（宮開，歲貢生）[一]
揆一（宮雲翥，監生）[二]

十六日，高庸庵諸君招飲于光孝寺。賓主共十五人。清談揮麈，歡洽生平。同人戲紀年齒，得九百四十歲。并戲謂余曰，再四年，當歸來作千歲會也。

十七日，從兄雲門病。與雲浦急往視之。醫家云手足發冷，危證也。以後日往問視，喜已就痊可矣。

二十日，余將長行，與内子及雲浦議家事。

二十一二等日，大雨。子彦尊人遣顔紀來，乞附舟至廣，許之。

二十五日，卯刻登舟，雲浦及兩婿議送至揚州，力却之。至沈家渡分手。是夕宿仙女廟。計九十里。

二十六日，申刻抵揚州，命輿謁剛亭先生。先生留飯，暢談鹽務利弊。出，訪胡榷使心田（開墅）[三]及執友陳立三（綱）。回船，云有鄉人來傳雲門三兄于二十五日午後歸道山。余駭甚，急覓其人問之，確耗也。乃遣奴子馬元歸問殯殮事。因憶二十四日余往辭行，猶坐談良久，

[一] 宮開，江蘇泰州人，乾隆四十九年（一七八四）入學。貢生。

[二] 宮雲翥（一七五〇—一八一六），字揆一，江蘇泰州人。監生。長子宮淮甫爲宮振奎之婿、仲貽鑾之夫。

[三] 胡開墅，浙江會稽人，監生，嘉慶十七年（一八一二）任泰州吏目，捐升運判，道光五年（一八二五）再任，道光六年（一八二六）任寧鄉司巡檢，九年再任。

屬余早歸踐千歲會之約，且笑曰：『此盛會也，若前日病革，會不能行矣。』相送出門，依依之狀如在目前，可勝悲感。

二十七日，赴宮保第，謁介第[一]梅叔[二]及小阮[三]鳳儀。遂冒雨至湖上訪舊友吳山尊學士鼒[四]，談良久，辭去。復飲于都轉署。回舟，家中遣力至，以三兄凶問告。白頭兄弟，從此永訣。自顧鬢髮，爲之泫然。

二十八日，立三招午飯，同座趙夢吉飛熊[五]，先孟之内弟也，黄冬嶼、程文伯亦在焉。晚飲于胡心田第，梅叔同坐，向假第一號紅船名滄江虹者送江西。二鼓回船。

二十九日早，滄江虹至，視家人運行李過舟。梅叔及鳳儀來。梅叔并作詩相贈。立三、夢吉來，都轉、榷使亦至。午後山尊遣使贈詩畫。復命輿過同年史壽莊椿齡、同門李冠山周南[六]、

[一] 介弟：對他人之弟的敬稱，或對自己弟弟的愛稱。

[二] 阮亨（一七八三—一八五九），字仲嘉，號梅叔，阮元從弟。嘉慶二十三年（一八一八）副貢。所撰駢體文、古近體詩、詞録、詩話、傳奇、隨筆、雜記等十一種三十六卷，彙爲《春草堂叢書》刊行，還有《珠湖草堂詩鈔》《琴言集》《珠湖草堂筆記》等。輯校有《七經孟子考文并補遺》二百卷、《廣陵名勝圖》《皋亭唱和集》《淮海英靈續集》十二卷、《廣陵詩事補》等。

[三] 小阮：阮咸與叔父籍同列『竹林七賢』，世因稱咸爲小阮。後藉以稱侄兒。鳳儀當爲阮元侄輩，待考。

[四] 吳鼒，字山尊，安徽全椒人，嘉慶四年（一七九九）進士，入翰林，升侍讀學士。主講揚州梅花、安定書院。著有《夕葵書屋集》。

[五] 趙飛熊，江蘇甘泉人，監生，曾任南昌巡檢、主簿。

[六] 李周南，字冠三，號静齋，甘泉人，嘉慶六年（一八〇一）拔貢，十二年舉人，十九年進士，以主事簽分發刑部，到部方浹旬，以母老乞養，居家教授生徒。著有《洗桐軒文集詩集》。

陳象山景賢[一]。戌刻開行。宿由關。計四十里。

三十日早，開行，繞金山而西涉虎涇，渡龍潭，過黃泥港，望栖霞山在篷窗間，皆我舊游地也。晚宿燕子磯。計百八十里。

七月初一日，行二十里至下關，西南風作，泊焉。

初二日，買小舟入城，至家德滋二侄處，見荆南大嫂年六十六矣，老健如舊，歷訴十餘年親丁死亡過半。留午飯。舊友汪副車晴峰聞余至，亦來問慰。并挈同年孫魯山之子來，蓋自桐廬歸赴試也。予告以不復由浙河行之故，命歸告若翁，午後往謁故本府龔北海先生鯤，并晤其令嗣。歸舟日將曛矣。

初三日，風阻未行。

初四日，酉刻東風大作，榜人疾解纜挂帆，行二十里至龍江關，詘然而止，遂宿焉。

初五日，牽纜行十餘里，西南風起，野泊蘆洲。申刻風轉，復行三十餘里，至芝麻河下口，宿焉。共計四十五里。

初六日早，牽纜行不十里，西南風大，野泊江邊。申刻，東北風轉，勢甚猛烈，挂帆行二十餘里，悠然而息。至罾魚嘴宿焉，約三里。

初七日早行五里，風阻不能前。采石磯小泊，懷古成七律一首。

　西南風緊阻征航，懷古偏憐驛路長。詩伯騎鯨江月白，將軍驅虎陣雲黃。荒祠樹

[一] 陳景賢，甘泉人，乾隆五十四年（一七八九）拔貢。

鎖山禽語，故壘人稀野草香。想是石尤知愛我，怕教遠客滯他鄉。

未刻，負縴行十餘里。風又將轉，乃挂帆以待。須臾凉飆瑟瑟，北來水聲，汩没相續。薄暮過東西梁山，即天門山，太白所謂『孤帆一片日邊來』也。晚泊四合山，共計六十里。是夜大雷雨，鵲橋之度未遑坐看也。

初八日早，舟人負縴，行十里，過蟂磯廟，爲後漢照烈后[一]沈江處。昔有人寓廟中，忽得一聯云『思親泪落吴江冷』，苦不能屬。偶落水死，每月下必聞其吟咏。忽一夕，感夢寺僧云：『明日揚州吴園次[二]來，當邀其爲我屬之。』次日，園次果至，僧出前句以告，并請書之。吴對以『望帝魂歸蜀道難』，懸于祠柱，至今猶存。其鬼亦絶。至蕪湖小住。過關後，東風大作，行六十五里至繁昌舊縣，風息，泊焉。計九十五里。

初九日，早負縴行，過板磯，前明黄得功[三]殉主處也。再至荻港，西風大。泊焉。計二十五里。成五律一首。

[一] 照：原文如此，當作『昭』。後漢昭烈帝即劉備，昭烈后即孫權之妹孫夫人，沈江事當爲後人演義。

[二] 吴綺（一六一九—一六九四），字薗次，號聽翁，一號豐南，江都人，順治十一年（一六五四）拔貢，授中書，遷兵部主事，歷郎中，知湖州。著有《林蕙堂集》二十卷、《蘭香詞鈔》四卷及傳奇《忠愍記》《嘯秋風》《綉平原》。

[三] 黄得功（？—一六四五），號虎山，開原衛人，出身行伍，以軍功累升至廬州總兵，封靖南伯。清兵南下時，他率部决戰，中箭犧牲。

野泊空江外，蒼茫夜氣澄。夾潮洲荻響，拍浪岸沙崩。樹暗烏啼月，村荒犬吠燈。
五更挂帆去，風勢欲飛騰。

初十日，五鼓風順，挂帆行不數里，復負縴行。辰刻烈風暴雨，逾時始息。午後復負縴行。晚泊老虎嘴。約四十里。

十一日早，負縴行，日出後東風大作，挂帆迅駛。望九華山在烟霧中，如來送客。午後日朗風清，片帆飛渡。口占五律一首。

雨過日將西，風生水拍堤。一鷗眠浪穩，雙燕掠船低。白髮羞彭澤，青山似剡溪。
何時返歸棹？閉户卸輪蹄。

未刻過大通。酉刻過中陽。行站半矣。晚未泊船。

十二日早，抵安慶，去老虎嘴已二百三十里。擬入城謁鹿坪[一]中丞，聞已任漕帥[二]，初六日離省矣。挂帆復行，越東流縣，過馬當山，兩山并峙，壁立千仞，勢如削成。危石

[一] 李鴻賓（一七六七—一八四六），字象山，號鹿坪（一作陸平），江西德化人。嘉慶六年（一八〇一）進士，由庶吉士授檢討，歷官學政、御史、給事中。嘉慶十八年（一八一三）遷河東河道總督，二十三年任禮部、兵部侍郎，二十四年任廣東巡撫，調山東、安徽。道光元年（一八二一）任漕運總督，調湖廣、兩廣總督。十年升協辦大學士。十三年因事遣戍烏魯木齊，十四年赦回。

[二] 漕帥，漕運總督。

上聳，奔流下湍，勢殊險峻。時風力甚猛，舟行若飛。倚窗成五律一首。

一棹過蒼茫，滔滔過馬當。江光浮岸闊，石氣入雲涼。日射陰岩紫，風凋老樹黄。忽聞清磬響，古寺隱重岡。

薄暮度彭澤縣，至小孤山。成七律一首。

一峰突兀聳江心，下壓滄波萬仞深。遥與金焦通氣脉，直將風浪變晴陰。岩坳無月藏靈怪，石罅生雲倍鬱森。夜久上方鐘磬寂，蕭蕭絡緯動清音。

須臾，明月滿江，東風益大，舟行震蕩。二婢子惴惴幾不可支。四鼓風息野泊，不知其名。

十三日，黎明負縴行，日出轉西南風，勉行十餘里，至湖口縣。計安慶至此共二百七十里。舟人乃折搶行，一舟掀簸傾側，如在沸鼎中。歷四十餘里，過大孤山，泊女兒港。少息。成七言古一首。

逆風折搶殊險甚，船側帆横風力勁。愈折愈勁船側褪，砉然忽見江面寬。大風焚輪飛鶩湍，風聲水聲争潺湲。浪頭擊船聲格格，浪花入窗濺衣濕。響如沸湯船戰栗，水天一氣接混茫。噴薄日月昏無光，一舟直與天低昂。低昂上下無可泊，打船陣陣西風惡。怒濤逞風若相攖，再轉却對大孤山。江心突立垂烟鬟，似欲濯髮臨狂瀾。忽聽收帆衆喧嚷，輕舟已入女兒港，回望江天氣清朗。

午後風稍順，仍折搶至青山頭，廬山面目已在窗間矣。過南康府，度鄱陽湖，吴城小息。晚復開行，徹夜未泊。

十四日，黎明抵滕王閣，計自湖口至此共四百五十里。通計瓜州四站至蕪湖，每站百二十里，計四百八十里。蕪湖十一站至南昌，每站九十里，計九百九十里。兩共十五站一千四百七十里。十四日而至，可謂速矣。即日雇官板一隻、鹽駁一隻送南安。午後入城，謁攝方伯汪竹素觀察，未遇。見貴州中丞，曾賓谷[二]師時守制家居也，侍談少頃出，回新舟。申刻開行。晚宿河泊所。計三十里。

十五日，四鼓開行，北風微厲，挂帆迅駛，過樟樹鎮，日已將落。一更許，抵臨江河口，泊焉。計百六十五里。是夜月明如晝。成七律一首。

北風送客向南征，野泊江干對月明。白鷺栖邊雙槳下，亂蛩聲裏一舟横。半年畫鷁頻來往，兩岸青山互送迎。却笑隨陽沙上鳥，孤飛不到五羊城。

[二] 曾燠（一七六〇—一八三一），字庶蕃，一字賓谷，江西南城人。乾隆四十六年（一七八一）進士，選庶吉士，散館授户部主事，歷官員外郎，兩淮鹽運使，湖南、湖北按察使，廣東布政使，貴州巡撫。嘉慶二十一年（一八一六）以母老乞養歸，丁母憂後于道光二年（一八二二）還京，授兩淮鹽政，准用二品頂戴。有《賞雨茅屋詩集》。

十六日，風息舟人負縴行，過太陽洲，人烟輻湊，亦小都會也。晚泊新淦縣。計八十里。是夕雷電交作而未雨，艙中熱甚。

十七日，黎明開行，風頂水急，舟人又慵惰不力，至未刻始抵仁和。僅三十里。柁師酒醉坐睡，行入亂石中。舟人及奴子輩皆下水抬船，良久始出。晚泊峽江縣。舟人堅稱行七十里，實五十里也。

十八日，黎明開行，午後風順，行八十里，宿吉水縣。

十九日，黎明開行，過羅紫山，文信國公故里也，功臣廟在焉。再十里至吉安府，風逆水溜，已逾未刻，忽暴風揚沙，繼以雷雨，風息日已暮矣，遂泊焉。計三十五里，連日舟行遲滯，殊覺悶人，偶成《哨遍》一闋，聊以遣懷。

吉字流成，東逝滔滔，又到春前路，新雨過江岸。入秋初，乍泠泠，晚凉歸樹，驀地回波縈曲岸，魚罾斜挂，江蓼垂官渡。奈吹到南薰，欲留北客，摇摇一舟延伫。見紫燕雙翦掠平蕪，更小槳扁舟賣鱸魚。篙影横波，溪響圍船，别饒幽趣。到黄昏，青山缺處，雲破凉蟾吐绿莎。凝露山根，絮絮秋蛩語。愛浪影空濛，燭光明滅。晚風凉曳輕衫苧。往事閑談，舊游重到。艤舟小泊烟渚。任白頭催老，朱顔非故，但老去豪情似從前，又何妨暫作羇旅。笑他來往匆匆，去住渾難主。問衹百里區區有幾，賺我光陰虚度。蠻山瘴海久經行，趁東風，且挂帆去。

二十日，黎明開行，張家渡小泊。午後奴子輩協力負縴弄篙，逆風行甚駛。申正抵老河口，西南風又大作，泊焉。計七十里，有小舟賣鱠魚，即以江水煮之，味甚肥美。成七古一首。

扁舟竟日空江裏，日挽椰瓢飲江水。淡食原甘滋味清，長齋未免精神瘁。忽見漁人駕短篷，舉網得魚躍水中。巨口細鱗跳潑刺，狀與淞江之鱸同。喜極旋呼舟暫住，舟泊漁人得魚處。漁人居奇索高價，一尾需錢三百數。急命奴子揮霜刀，刀過猶在砧上跳。江魚仍取江水煮，□湯香護青霞膏。煮成薄暮開樽俎，略殺腥涎蘸鹽醋。娛滑如沾樊素唇，肥甘似飫西施乳。餕餘臧獲杯同斟，沾牙染指皆歡心。笑拋剩骨饔刷釜，饞戀餘腥狗舐砧。近日府供多淡泊，今過屠門忽大嚼。飽來酣卧小匡床，日出東方猶未覺。

二十一日，早行，過圓基渡，再十里至太和縣。舟人托言買薪，故遲其行，以是日酷暑也。悶坐舟中，見雙塔對聳雲表，勢殊雄俊，成五律一首。

兩塔東西峙，扁舟次第過。擎天互撐拄，聳日共摩挲。劃破雲歸岫，衝開水滿渦。雙鋒高并處，常此鎮岩阿。

午刻復行，水湍風逆，路復阻長。薄暮達武溪鎮，共四十五里。

二十二日，早行，未數武，南風大作，舟不能前。申刻風勢暫息，促舟子開行，有難色，乃强令奴子助之。及晚宿周公塘，計二十里。

二十三日，未刻抵百家村，僅行三十五里。小泊。强令再行，深黑始至龍泉口，宿焉。共計五十五里。

二十四日，早開行，西岸一帶，丹崖重叠如屏，有雲龍山廟，部置亦甚精雅，惜多傾圮矣。巳刻抵萬安，聞康蘭皋[一]中丞清晨過縣，舟行甚駛，并未攏岸，城中文武均未及迎送。履自卸署南海篆後，中丞相待甚優，今奉詔入都，竟以覿面相左，未獲晋謁，殊深悚仄。舟人小泊，請雇夫相助過灘，許之。座船二名，小船一名，每名價八百文。須臾，北風徐來，張帆負縴，兩岸青山對出，或蒼翠而如滴，或明凈而如妝。夏秋之交，氣候不齊也。行三十五里，至大蓼，舟人貪飲福酒，泊焉。計五十五里。

二十五日，風稍順，舟子亦用命，薄暮過良口灘，去贛去萬皆百二十里，中站也。晚泊錫洲灘，計九十五里。是夕有水賊近舟，舟中覺而追之。奴子輩徹夜未寢，以野泊故也。

二十六日，行不數里，柁工馳舟陷沙中。鄰舟皆來相助，逾時始出，以卯酒醉也。酒之誤事，豈淺鮮哉。過三足灘，有巨石相屬于江心，波流洶涌，勢頗雄壯。去時下水，所不覺也。至攸鎮，屋宇參差，人烟稠密，宛然一小都會。再十里，爲天子地，上有盧王廟。

[一] 康紹鏞，字蘭皋，山西興縣人。嘉慶四年（一七九九）進士，授兵部主事，升郎中，鴻臚寺少卿，通政使司參議、大理寺少卿。嘉慶十九年（一八一四），調任安徽布政使。二十三年升巡撫，二十四年調廣東。道光二年（一八二二），召回京城代理禮部侍郎。後丁母憂，回家守制，期滿授廣西巡撫，調湖南。十年，授光禄寺卿。不久因任湘撫期間整治廢弛降四品頂戴，致仕。

相傳盧循誕生處，與始興之天子地未知孰是。過楊梅磯，小泊。憶□辰來粤時夜泊于此，聞絡緯聲，先孟作詩，余與勤兒屬和，可勝存殁之感。再上一灘，巨石滿江，勢甚汹涌，舟子不能指名，意即小湖、金石等灘也。晚泊大姑灘下五里，岸有廟，未知其名。計五十里。時方向夕，落日滿山，成五律一首。

落日滿秋山。山山紫翠斑。水邊撑一柱，雲外聳雙鬟。松柏難垂蔭，藤蘿無路攀。倚篷閒眺望，不語對孱顔。

二十七日，辰刻過天柱灘，灘之最險處也。驚湍奔瀉，聲如沸湯。復雇夫六名協力負縴，仍用小舟牽水縴，行五里許。水勢稍平。口占五律一首。

巨石滿江心，嶔崎數仞深。衝波濺山濕，飛浪入雲陰。萬竅風初勁，千夫力不任。滔滔溯流去，直過贛江潯。

午後過儲潭，西北風力甚猛，舟行震蕩。酉刻抵贛州。計七十里。叩關而南，復雇夫至南安，大船三名，小船一名，價仍八百文。

二十八日，舟人備薪米，辰刻開行。一路水清沙淺，依藻之魚頭頭可數，亦佳致也。惟閣淺抬舟甚多，□□耳。薄暮有放河燈者，以紙爲蓮花，然以洋蠟，滿江閃爍，載沈載浮，頗足娱目。晚泊處去三江口五里，未及一站，以江口有灘，不便夜行也。計五十五里。

二十九日，過三江口，水勢漸淺，□舟而行，午後水車益多，舟行阻滯。內有三埧頭，勢尤險極。同行拼損一舟，爲害甚矣。蓋水車之設，乃爲富不仁之輩利其便而已。設于一處，則上下受其害；設于此岸，則對岸受其害。若口門留寬，往來之舟雖阻滯，猶無大害。而奸民復壘以巨石，口門寬不及丈，溯流者往往倒褪而觸于石，順流者又以勢不能遏而觸于石。觸則舟損。伊等環坐岸側，俟舟既損，代爲搬運貨物，强索高價。且乘便搶竊，勢必然也。余任興寧時，深悉其害，曾一日拆水車三十四座，豪族無敢抗者，理服之也。余曾作《拆水車議》[一]以示衆。邑人至今頌之。濟弱族、便行人，是所望于當路者。第去其車，則弱族行人皆便矣。晚泊處，野店數家，去陽江口十里。亦計五十五里，共兩站短十里矣。

八月初一日，辰刻過陽江口，午刻抵南康縣，議覓駁船分載趕行，不可得，乃復開行。晚宿賢女鋪。計七十里，得三站矣。是夜大雨，枕上成五古一首。

扁舟泊空江，溟溟日云□。仰觀遠近山，滃然雲四吐。驚雷乍擊蕩，閃電互流注。呼奴謹蓋藏，久旱天將雨。須臾雲氣合，瀟瀟瀉甘澍。萬物得沾潤，欣欣以暢茂。暑退枕簟清，凉生煩熱祛。曉起推篷窗，空濛鎖烟霧。淙淙山溜瀉，冥冥陰霾布。雲起失青山，塵消森緑樹。流急沙無滯，灘漲石不露。風高帆力飽，送我過山去。

[一] 此文收録于《興寧縣志》，題作《主拆陂頭議》，見本書『集外』。

初二日，東北風作，雨漲水深，舟行甚駛。一路斷雲埋石，飛瀑瀉岩。巳刻已抵新城司，行一站矣。午後天霽，北風益厲。雲光蓊蔚于山巔，帆影扶摇于水面。數日以來，不多得之境也。晚泊二下塘，又一站矣。據云一百二十里，實九十里也。

初三日，未明開行，初霽春風，復加短縴。不凋之樹，鬱鬱滿山；再插之秧，油油盈畝。午後復雨。兩山對峙，一水中流。芳草拖青，亂松叠翠。山風乍起，松花藤子吹落船頭。雄封之扼要，亦欲界之仙都也。成七絶一首。

四面青山繞一舟，濕雲濃抹樹梢頭。天然一幅雲林畫，秋水澄鮮帶雨流。

午倦，睡起見雙塔聳出，已抵南安矣。計六十里。仍住郭萬順行，發家書，托寄揚州。夫價較來時尤貴，雖行李無多，而過山後，舟資已告罄矣。

初四日，黎明微雨，由梅關塘登嶺頂，山風吹雨，灑入輿中，冷砭肌骨。下嶺即挂角寺，梅花猶未着蕊，蓋甫交處暑，未到秋分也。中站匆匆，一飯登車。雨霽。山無瀑而滴瀝，水不漲而澄鮮。抱葉之蟬遠近互吟，栖草之蛤高下争吠。仲秋雨中山行，與春時迥不侔矣。晚抵南雄，知問渠司馬已赴佛山，朱香谷[一]刺史甫攝篆務。香谷余舊好也，將過之，入城遇經□□于途，下馬道契闊，亦甫攝協鎮[二]篆也。復過州司馬吴□□，告知行館中兒

[一] 朱庭桂，廣西臨桂人，監生，道光元年（一八二一）七月署任南雄州知州。

[二] 經文泰，滿洲正白旗人，承襲輕車都尉，道光元年署任南雄副將。協鎮：清代對副將的敬稱。

女皆無恙，并述州吏目[一]甘君維藩出差，朱侄滄艇攝贊府，以七月二十一日歿于署，陳刺史春亭歿于揭陽。回憶去時，春亭偕同人帳飲于翠林園，滄艇奉委潮州公幹前一日至行館,托寄銀信與伊尊人柏梁學博,景況歷歷在目,而半年之別,邈若山河矣。再過香谷,相見歡極。云來時曾在行館親見兒女輩皆好。詢滄艇事，云已專力訃于其家矣。柏梁聞之，何以爲情也！又告知老友徐春帆[二]現署三水篆，約歸時務相過一晤。隨命從者代雇船二隻，費八十元。晚三君皆來寓館，皆饋酒食。香谷復見二百金來，云甫至省中，必有所費，存此以備支應。香谷之情，有加無已，受之且感且愧。别後開行，出馬頭，宿焉。途中悲悼春亭，成七律一首。

如此奇才五十亡，老兄驚説泪沾裳。已灰空嘆名心冷，不朽猶留俠骨香。寒士共思姚少監[三]，後人誰繼蔡中郎？牡丹花裏論心日，回首春風幾斷腸。

初五日，五更開行，沙阻舟滯。天明過白營閣。途間風景不復記憶，蓋來時雨中夜渡

[一] 吏目：官名。元于儒學提舉司及各州設吏目爲參佐官。州置。明之翰林院、太常寺、太醫院，留守、安撫、招討、市舶、鹽課諸司及都指揮司、各長官司、各千户所、各州均有設置。清唯太醫院、五城兵馬司及各州置之。其職除太醫院吏目與醫士類似外，其餘或掌文書，或佐理刑獄及官署事務。

[二] 即徐一麟，字（或號）春帆。

[三] 姚合，唐代詩人，陝州硤石人，元和十一年（八一六）進士，官至秘書少監。詩與賈島齊名，稱爲『姚賈』。

處也。晚宿始興江口。計百三十里。

初六日，睡醒聞櫓聲，知過江口，水已深矣。午後遇吴司馬羲麓于仁化江口，聞赴部掣簽，以奏留之議也。維舟水次，暢談良久，分手去。薄暮抵韶關，走謁德觀察[一]及謝堂太尊，知女婿上彤未卸樂昌事。時周桐溪國泰[二]與陳春圃新舊交易，并過訪之。春圃復遣家丁督差護送。桐溪云前在省，莞女、穗兒常赴伊寓嬉戲，慰甚。回舟已二鼓矣，宿焉。計百四十里。是夕新月將落，溯雲盡斂。銀河清淺，横亘船頭。雖炎洲天氣尚暑，而孤舟深夜，亦覺秋氣襲人矣。擬《明月篇》以遣興。

珠江日落天無雲，白榆歷歷輝星文。夜色初澄玉宇净，明河一綫中央分。案户纔看光，隱約見昭回。將絡角可憐，牛女别離星。橋成歲歲填烏鵲，凉秋八月萬景清。雲漢迢迢徹夜明，何必帶雲籠上苑，何須伴月到邊城。鳷鵲樓頭垂練影，擣衣石上秋風冷。銀燭屏開夜漏遲，水晶簾卷天街近。離離清極亘天長，灼灼明生耿夜光。經雨自同星潔白，不雲豈比月昏黃。月落星疏光處露，海上横斜天欲曙。過嶺應無白雁飛，

[一] 德寧額，更名德豐，蒙古正藍旗，監生。嘉慶二十三年（一八一八）任分巡南韶連兵備道。

[二] 周國泰，順天人，吏員，曾署封川知縣，嘉慶二十四年（一八一九）任石城知縣。道光元年（一八二一）任曲江縣知縣，六年任四會知縣。

爲霖又見烏豨渡。乘輿遨游兜律天[一]，浮槎來往似張騫。袖中不載支機石[二]，何必君平證宿緣。

初七日，五鼓開行，辰刻已過白土，行七十里矣。薄暮至碧落洞，舟近洞口，擬細探之，而烟暝向晚，望不分明矣。過洞于叢竹下小住。成五律一首。

向暮虚烟合，竹陰生薄凉。雨餘山影浄，風過粉痕香。丹鳳幾時至，靈蛇暗裏藏。中流回望處，暝色正蒼蒼。

中夜抵英德縣，計二百八十里。

初八日，五鼓開行，舟滯于沙，日出始抵牛矢灣。西南風作，行益遲滯，及峽山，日已將落，到寺幾更許矣。擬踐老僧曠原之約，時山門深閉，不復作昏暮之叩。姑俟到省後寄書天石，取而付梓可也。時月初上弦，倚窗坐對，翠屏峻削，玉宇澄鮮，影覆青林，光

[一] 兜律天：當作「兜率天」，梵語音譯。佛教謂天分許多層，第四層叫兜率天。它的内院是彌勒菩薩的浄土，外院是天上衆生所居之處。

[二] 支機石：傳説爲天上織女用以支撑織布機的石頭。《太平御覽》卷八引南朝宋劉義慶《集林》：「昔有一人尋河源，見婦人浣紗，以問之，曰：『此天河也。』乃與一石而歸。後至蜀，問嚴君平，云：『此織女支機石也。』」漢代嚴遵，字君平，隱居不仕，曾賣卜于成都。《漢書·王貢兩龔鮑傳序》：「君平卜筮于成都市……裁日閲數人，得百錢足自養，則閉肆下帘而授《老子》。」

摇白露，蛩吟岩下，鳥鳴澗中，□來時風景迥不侔矣。抵清遠已近三更，留書謝天石，遂宿焉。計二百二十里。

集外

詩

仲振奎《紅樓夢傳奇》題辭

十二金釵半折磨，生生死死奈情何。却憐情海波千尺，不抵顰卿泪點多。

絳珠宫裏春空老，青埂峰前月易斜。祇有芙蓉情種子，年年開作斷腸花。

公子佳人總太痴，痴情何必仗仙慈。一聲玉笛高吹起，即是紅樓夢醒時。

（仲振奎《紅樓夢傳奇》卷首，緑雲紅雨山房嘉慶四年刻本）

題仲振猷畫蝶詩

蘧蘧栩栩復翩翩，粉拍香鬚逐隊連。恰好江南寒食後，落花芳草午晴天。

（夏兆麟《春紅晚白軒雜綴》，泰州圖書館藏民國稿本）

己巳早春試筆

珠江風味异他鄉，放我消閑取次嘗。天本無寒争覺暖，日原不短那知長（粤中日出入皆以卯酉）。吱嗻籠鳥當檐語，馡馥盆花繞座香。打點授經官舍裏，依然南面百城王。

（《芸香詩鈔》卷五，嘉慶十六年刻本）

七都河夜泊

孤艇泊孤村，村間盡閉門。灘風吹面冷，山月向人昏。睡小無全夢，悲多有斷魂。重搔雙短鬢，坐對曉霜繁。

（夏荃《海陵詩徵》卷五，南京圖書館藏泰州古舊書店抄本）

兩婿入贅詩以示之

相望已經秋，相看泪欲流。青衿才子目，白髮老人頭。伉儷今偕矣，奩箱太薄不？堂前有翁姥，何敢苦相留。

孤栖予亦慣，覊滯爾差安。野菜知能咬，殘書尚可攤。三春蠻雨天，六月瘴烟寒。好待清秋節，偕歸理綉鞍。

（夏荃《海陵詩徵》卷五，南京圖書館藏泰州古舊書店抄本）

送貽簪[一]貽笄[二]兩女于歸[三]

去去勿予戀，宜家爾日長。同心偕姊妹，努力事姑嫜。女子重柔色，儒門忌艷妝。殷勤安布素，慰我遠相望。

[一] 仲貽簪，字紫華，仲振履長女，適諸生宫濤。

[二] 仲貽笄，字玉華，仲振履次女，適諸生夏荃。

[三] 于歸：語出《詩·周南·桃夭》：『之子于歸，宜其室家。』指女子出嫁。

況有乘龍婿，英英皆妙齡。花晨同覓句，雪夜伴横經。燕婉歌南國，鵬摶盼北溟。可人紅燭下，衿已一雙青。

我本孤伶命，何容誤爾曹。别離傷白髮，身世老青袍。荆布差堪守，梯航漫恤勞。嶺梅花放日，爲爾寄江皋。

臨歧更諄屬，片語抵黄金。勿倚嬌痴性，常懷夙夜心。厨中供旨蓄，燈下理寒針。尤望堂前老，毋辭訓誨深。

（夏荃《海陵詩徵》卷五，南京圖書館藏泰州古舊書店抄本）

藍關謁昌黎廟

傳昔昌黎向此行，我來謁廟不勝情。鰐魚竄海妖氛静，羸馬嘶霜朔吹横。性道敢期承八代[一]，文章或可正諸生。却憐無與收吾骨[二]，搔首蒼茫瘴日明。

（夏荃《海陵詩徵》卷五，南京圖書館藏泰州古舊書店抄本）

惠州西湖

山城横枕瘴江頭，一曲寒塘滯不流。鵜鴨浴波聲拍拍，蒲菰颭雨響飕飕。尚無酒市嘶

[一] 蘇軾《潮州韓文公廟碑》：『文起八代之衰。』八代：東漢、魏、晋、宋、齊、梁、陳、隋。

[二] 韓愈《左遷至藍關示侄孫湘》：『知汝遠來應有意，好收吾骨瘴江邊。』

金勒，那有歌船送玉喉。但把朝雲[一]比蘇小，惠州亦自勝杭州。

（夏荃《海陵詩徵》卷五，南京圖書館藏泰州古舊書店抄本）

寓羊城與李鐵橋夜話

銜杯坐對一燈青，此聚渾如海上萍。千里夢魂頻碌碌，兩人鬚鬢各星星。訟衰盜息君加勉（鐵橋新調順德），死別生離我遍經。傾盡生平不知倦，相交真個到忘形。

（夏荃《海陵詩徵》卷五，南京圖書館藏泰州古舊書店抄本）

宋吉甫歌筵口占

貼地氍毹照夜光，熏人佳氣刺柔腸。金戈鐵馬心猶壯，紅粉香奩夢亦荒。老泪已乾河滿子，新聲争唱杜韋娘[二]。明朝打槳東歸去，啼鳥飛花驛路長。

（夏荃《海陵詩徵》卷五，南京圖書館藏泰州古舊書店抄本）

野市茶尖

小駐藍輿次水濆，青山雨過尚含雲。水添野渡二三尺，春到山家八九分。飛鳥下空歸

[一] 朝雲，蘇軾之妾。本爲錢塘妓，姓王，蘇軾官錢塘時納爲妾。初不識字，後從軾學書，并略通佛理。軾貶官惠州，數妾散去，獨朝雲相隨。

[二] 杜韋娘：唐歌女名。崔令欽《教坊記》有《杜韋娘》曲，劉禹錫《贈李司空妓》：『春風一曲杜韋娘。』

遠樹，落花滿地送斜曛。明朝打鼓回衙候，更復何人喚卯君[一]（予每遠歸，家孟必出堂問慰。）

（夏荃《海陵詩徵》卷五，南京圖書館藏泰州古舊書店抄本）

青溪道中

清絶嵐光一望深，頓思高寄洞門陰。松花石乳隨時飽，紅樹青山自在吟。盡享十分無事福，不留半點未忘心。衹愁句引神仙侶，又復曉曉説點金。

（夏荃《海陵詩徵》卷五，南京圖書館藏泰州古舊書店抄本）

秦嶺

秦嶺流泉咽向西，邊嶺遺廟祀昌黎。藍輿行到峰高處，無數鷓鴣嗔客啼。

（夏荃《海陵詩徵》卷五，南京圖書館藏泰州古舊書店抄本）

舟中

行盡青山又白沙，白沙盡處是人家。却看點水蜻蜓外，紅放幾枝山奈花。

（夏荃《海陵詩徵》卷五，南京圖書館藏泰州古舊書店抄本）

[一] 卯君：卯年出生的人。仲振履生于乾隆二十四年（一七五九），干支紀年爲己卯年，故云。

韋清姑

清姑舊住禪山口，凄凉况味煢煢守。凶年母女難兩存，鬻向韋家奉箕帚。幽嫻博得主人憐，嬌養深閨比麗娟。擎來掌上明珠質，留締屏間射雀[一]緣。十五十六好顔色，灼灼桃花染春碧。冶容豈肯博人歡，香名底事遭天厄！少年輕薄爾爲誰？强使黄蜂作證媒。道遠不知家有婦，依依一舸相偕歸。入門乍見心神沮，縱雠薄幸將何補！命不猶人可奈何，抱衾忍受宵征[二]苦。忍苦誰知孽未清，少年家計日飄零。方含綉被薰香恨，又結歌裙送酒盟。擲雉呼盧日尋樂，百金那足供揮霍！賺人催上木蘭舟，青蚨到眼紅顔薄。山溪雨過波滔滔，一舟滉漾薄幸逃。鴇母肆虐下捶楚，咽喉哭斷青天高。含泪低頭思變計，蠢蠢何能解其意？喜邀鄰女教箜篌，唱徹鷓鴣人盡醉。溪聲汩没喧長堤，山烏叫月月乍低。聳身一躍入澗底，鬼神吒叱鵂鶹啼。二十年來人事换，父老言之有餘憾。紅泪幽魂載簡編，白頭薄幸傷貧賤。更訪遺骸今尚存，一抔荒冢寄孤村。書丹好立碑三尺，釃酒同招月下魂。

（仲振履、張鶴齡《興寧縣志》卷十一『藝文志』，興寧縣署咸豐六年刻本）

[一] 射雀：即射屏。《舊唐書·后妃傳上·高祖竇皇后》：『毅聞之，謂長公主曰：「此女才貌如此，不可妄以許人，當爲求賢夫。」乃于門屏畫二孔雀，諸公子有求婚者，輒與兩箭射之，潛約中目者許之。前後數十輩莫能中，高祖後至，兩發各中一目。毅大悦，遂歸我帝。』後因以『射屏』喻擇佳婿。

[二] 宵征：《詩·召南·小星》：『肅肅宵征，夙夜在公。』《序》：『小星，惠及下也。夫人無妒忌之行，惠及賤妾。』後因以『小星』爲妾的代稱。

消寒吟

秀才風味又依然，自剔燈花手一編。字欲成妖兼本校，語能被褫細心研。安眠却冷鋪蘆絮，淡味忘飢煮芋錢（邑人切芋爲錢亦可口）。若比山中高隱者，輸他寒盡不知年。

胡曦《湛此心齋詩話》卷一，興寧先賢叢書校印處一九六〇年版）

久不得舍弟家書

茫茫經萬里，忽忽又三秋。老病兄黄土，悲勞我白頭。不知相見日，還是此生不？十月無消息，憑高兩泪流。

（曹月湖《海陵詩録》，復旦大學圖書館藏稿本）

憶同舍諸子

多君日相聚，獨我悵相離。病久豪情減，悲多詩思遲。白頭催短日，黄綬負良時。回首少年事，潸然老泪滋。

（曹月湖《海陵詩録》，復旦大學圖書館藏稿本）

獨酌

一杯獨酌不成歡，老命孤煢付浩嘆。長大女將隨婿去，未亡婦且當兒看。病中瘦損肌膚易，愁裏銷磨歲月難。也識百年歸轉瞬，眼前身事太無端。

（曹月湖《海陵詩録》，復旦大學圖書館藏稿本）

高紫嵐目瞽

前書正訝非親筆，此日驚聞爾喪明。天意不容留一目，世人何必有雙睛。叩槃捫燭悲才子，續史傳詩了畢生。寄與緬茄頻剔抉，回光或可助元英。

（曹月湖《海陵詩録》，復旦大學圖書館藏稿本）

述夢詩

嘉慶辛未春正，予子蓉賓夭，是冬家孟又逝。余病幾不能起。壬申花朝，夢與理堂、南阿、紫嵐飲。理堂述奔走之苦，南阿述場屋之困，悲凉欷歔，泣數行下。紫嵐據几支頤，嘿不一語。已而簽響闃寂，酒盡杯寒，檐雨吹燈，沾衣欲濕。余悸然誦『檐前細雨燈花落』[一]之句，遂寤。意其不祥，曾作四韵以紀。後七日便回，則理堂、南阿皆相繼下世。嘗述以告余弟雲浦，時紫嵐固無恙，竊諱之。今閲紫嵐書，知又瞽矣。乃恍然前夕理堂、南阿之泣下者，已蜕然化也。紫嵐與余病未及死，故默相對耳。來書又云，他日覿面，恐不復相見。紫嵐殆亦不死而鄰于死矣。至余以悲勞成疾，骨恒寸寸作楚，夜非童子折枝不能寐。意彼蒼留此殘喘以償夙負，一旦孽滿，便當撒手去也，則夢中之兆焉知非已死與將死者精神

[一] 語出杜甫《醉時歌》，一作『燈前細雨檐花落』。

于久不相見之日訢合而聚焉者耶？不然，何三子之偕入吾夢也？爰重述之，各係生平，以志梗概。

陳學博燮

行九，號理堂，長予九歲，少以明經貢京師，名滿公卿間，司碭山鐸。以父憂去官，奔走楚、豫、京、洛二十餘年。制府畢秋帆[一]、今方伯曾賓谷兩先生尤亟賞之。戊午舉于鄉，司邳州鐸，不得志，托病免。辛未江寧守吕仲篤夫子聘修通省志，未卒業，殁于館舍。著有詩集二卷。理堂之詩，師古而不泥于古，楷字瘦硬，得《黄庭》[二]之遺。乙丑同寓都中，恒教予與紫嵐臨試策，凡筆畫潦草，必諄諄勸説，不作一世情語。余與紫嵐皆兄事之。

志士悲坎坷，才人苦鞅掌。名山大川間，舟車日來往。天欲勖爾才，何容事安享？天欲永爾名，何容伏草莽？僕僕終餘年，栖栖嗟道長。朋友恣爛漫，岳瀆供吟賞。鬢影拂星霜，聲華愛鄉相。垂老博一官，苜蓿酬清况。解組賦歸來，飢驅苦放浪。秣陵佳麗地，一抔可以葬。弄月大江濱，吟露鍾山上。後來覽勝者，庶幾見靈爽。

[一] 畢沅（一七三〇—一七九七），字纕蘅，一字秋帆，小字潮生，自號靈岩山人，江蘇鎮洋人。乾隆二十五年（一七六〇）一甲一名進士，授修撰，官至湖廣總督。

[二] 《黄庭》：道家經典《黄庭經》。晋代大書法家王羲之寫有小楷《黄庭經》。

李明經亨衢

行二，號南阿，長余七歲。少穎异，試輒冠軍，文章佶屈有奇氣，書法樸老似褚河南[一]。爲人清峻，若不與世合，恒終日無一言，及得一二良友，把酒燈前，縱談往昔，漏三下猶不知倦。余嘗謂其氣冷腸熱，蓋確評也。而屢試不售，亦此之故。去冬得其書，云老病心悸，乞醫方于家孟，以勉爲良吏見勖。余爲焚其書，以告家孟之靈，而不意書到之日，南阿已與家孟相晤于泉室間矣。南阿困場屋四十餘年，老于明經，辛未冬十一月卒。

讀書在古人，原不求膴仕[二]。今以仕而學，科名須早置。天仙化南阿，少有淩雲志。文芒劃靈犀，筆陣奔濁驥。冰雪含清光，詩書吐奇氣。胡弗陵而升，竟以垤而躓。少日鸞鳳姿，老大傷憔悴。頭禿一氈青，眼穿雙綬紫。零涕哭秋風，日月忽交逝。生平毷氉心，銷滅重泉裏。所幸有佳兒，文行兩相似。頟誦[三]寄我書，欣然君不死。

[一] 褚遂良，字登善，錢塘人。唐代著名書法家。太宗時，歷起居郎、諫議大夫，累官至中書令。貞觀二十三年（六四九），受遺詔輔政。高宗即位，封河南郡公，任尚書右僕射，世稱『褚河南』。因反對高宗立武則天爲后，屢貶愛州刺史，以憂卒。

[二] 膴仕：高官厚禄。

[三] 頟誦：或爲『雒誦』之誤，雒誦，即洛誦，即反復誦讀。

高舍人筠

行四，號紫嵐，少余九歲。乙卯孝廉，授内閣中書。年十五六即與其兄若庭以能文名于鄉。尊人松軒先生爲紫嵐擇友，命以兄事余。故紫嵐與余詩文必相質也，出入必相偕也，患難必相急也。宫雲舸夫子謂其文如臨風舒錦，宜乎投無不利矣。壯歲屢困禮闈，乃于暇時學詩，得意句酷似其家季迪[一]。余之粤，登舟泣别，若不自持。續以隸書聯句見寄，殊莊雅有古致，方日望置身水天粉署中，爲吾輩一吐鬱勃氣，書來告以目疾將瞽，天若竟瞽紫嵐，去死亦一間耳。理堂與南阿及余皆老矣，他無望矣，死可，病亦可，紫嵐甫逾四十，後來正未可量，獨膺痼疾，冥然不見天日，設終不愈，是普天下慧業文人一大恨事也，冤哉！

妖壽世所有，最苦惟廢疾。之子盲于目，殘形此爲極。行則恒悵悵，坐則苦兀兀。雷雨徒有聲，天地杳無色。玉笈賞心書，依稀舊相識。錦囊嘔血句，檢點空相憶。悠悠涉長夜，茫茫馳白日。冥冥游幻化，四顧氣皆墨。願子祛百念，安神日冥息。元英聚其靈，虚室可生白。予亦勉加餐，澄心保筋力。他日或歸來，對面庶相覿。

（曹月湖《海陵詩録》，復旦大學圖書館藏稿本）

[一] 高啓（一三三六—一三七四），字季迪，長洲人。明代著名詩人。元末隱居吴淞青丘，自號青丘子。洪武初，與修《元史》，授翰林院國史編修官，升户部右侍郎，固辭歸。後被誅。

送宫濤夏荃兩婿挈女歸里

已是深秋矣，相看泪滿巾。送完兒女累，剩我病愁身。白髮縈歸夢，青山隔去塵。從今老夫婦，日望海東濱。

路隔三千外，人皆二十餘。飢寒曾慣否，風雪可何如？客裏毋貪睡，歸時早寄書。堂前如問我，憔悴過當初。

（曹月湖《海陵詩録》，復旦大學圖書館藏稿本）

惠州道中寄程稽亭

東坡八載嘆闊絶，我已六年羈嶺南。心血嘔乾思兀兀，鬢毛搔禿影毿毿。腥飛蜑雨江光赤，毒裹蠻烟瘴色藍。幾度懷人行不得，刺桐花下小停驂。

（曹月湖《海陵詩録》，復旦大學圖書館藏稿本）

馬墨初寄銀魚詩以謝之并索畫山水及柘庵圖

墨初今之倪雲林，參以大痴[一]氣鬱沈。揮霍道子[二]霹靂手，不假曹霸經營心。十載丹

[一] 黄公望，本姓陸，名堅，出繼于永嘉黄氏，字子久，號一峰，又號大痴、井西老人。常熟人。一作富陽人。元代著名畫家，與王蒙、倪瓚、吴鎮并稱元四家。

[二] 吴道子，又名道玄，唐代著名畫家。所繪人物，時號『吴家樣』。善畫衣褶，有飄舉之勢，時稱『吴帶當風』，又有『吴裝』之稱。兼工山水，自成一家。後被尊爲『畫聖』。

青共拂閲，一朝嶺海嗟闊絶。折臂難描紫邏雲，愁心空對黄茅月。伻來寄我小白魚，冰條縷切何紛如。香分鑾署杯羹暖，想煞江鄉風味殊。魚兮魚兮味雖美，鄙人之志在山水。墨初爲我握大筆，濡染淋漓盡百紙。鯽魚湖裏幾家村，燕子磯頭古寺門。桃花流水弄春色，老樹寒鴉帶雪痕。更拾剩墨繪柘庵，畫我枯坐如瞿曇。山銜瘴日石氣紫，水飛蜑雨波光藍。紫嵐澄夫與雲浦，幀首各題長短百。青尊白髮兩相看，訴與孤忬百年苦。

（曹月湖《海陵詩録》，復旦大學圖書館藏稿本）

寄雲門三兄

手把來函不忍開，莫年失意語多哀。憂貧憂老兄休矣，勞力勞心我痛哉。書債已從吾輩了（書云預侄將廢學），墓門專待次孫來（約以次孫承嗣蓉兒）。不知白髮寒燈下，可共今生酒一杯。

（曹月湖《海陵詩録》，復旦大學圖書館藏稿本）

題植都尉[一]

定西都尉騎白馬，合圍夜戰桑礀下。張拳四射羽鏃盡，短刀殺敵血飛灑，截腸酣戰不知痛，賊敗始覺傷痍重。病卧韋韝不能起，部曲悲歌虞殯送。嗚呼都尉好男兒，壯哉馬革裹爾尸。奮勇身亡鄂克什，褒忠名列昭忠祠。永永蔭恤世無替，騎尉當承都尉志。

[一] 植璋，字綱四，號榕南，廣東東莞人，乾隆二十二年（一七五七）武進士，充御前二等侍衛，二十八年授浙江處州鎮標中軍游擊，三十五年升湖北均房營參將，隨定西將軍阿桂討金川，三十九年戰死。五十九年賞恩騎尉世職。

（《民國東莞縣志》卷六十八，民國十年鉛印本）

《鰲洲詩草》[一] 題詞

羅浮之陽，溟海之陰，清淑磅礴，蔚薈鬱森，誕降哲士，外朗中深，虹霓其氣，金石其心，六籍鼓吹，百軸浸淫，摛藻木天，蜚聲詞林。飛雲興懷，愛日著忱，式遄其歸，孝養厥親，忠以華國，殄疾孔壬，括文正規，進大寶箴。正色立朝，四海咸欽。昊天不吊，倏然上賓。于呼先生，其來有因。發越正氣，山海輪囷。勵忠孝節，振雅頌音。炎炎大儒，冠古軼今。

賜進士出身充庚午科鄉試同考試官東莞縣知縣調署番禺縣事後學仲振履頓首并撰

（林蒲封《鰲洲詩草》卷首，道光刻本）

題徐驤[二]《小紅雪樓圖卷》

凍雪初晴處，南枝冰坼紅香吐。展卷低徊，猶想見先生風度。記得兒時，問字揚州路。

[一]《鰲洲詩草》，林蒲封著。林蒲封，字恒次，號鰲洲，廣東東莞人，雍正八年（一七三〇）進士，選庶吉士，授編修，以養親歸。父歿後，于乾隆八年（一七四三）入都，充國史館纂修官及文穎館纂修官，擢侍讀，授侍讀學士。著有《讀史録》十四卷，《文稿》十卷，《鰲洲詩草》十二卷，《詩餘》一卷。

[二]徐驤，一名湘，字兼程，號春帆，一號藥生。江西高要人。嘉慶七年（一八〇二）進士，選庶吉士，散館改知縣，簽掣廣西融縣，調臨桂，以事落職，客游粤東西者十數年。

曾學誦，東閣新詩句，嘆息短夢無復。

燈前聽雨、今日珠江晤，白頭老我人非故。漂泊天涯，更憐爾少年羈旅，見説年來不向花間住。問紅樓春老誰爲主，縱交情爛漫，争得故園歸去。

戊寅夏月，禺山暑中，喜小榭世講[二]過訪，出《小紅雪樓圖》見示，蓋其曾大父星朕先生[三]之居室也。先生爲先君子同門年友，余兒時屢謁于邗上，于今已四十餘年矣！披圖悵望，章成安上？奉一闋以志感喟。

柘庵仲振履題

（保利香港拍賣有限公司二〇一四年春季拍賣會）

[二] 蔣志伊，字小榭，蔣士銓曾孫。

[三] 蔣士銓（一七二五—一七八五），字心餘，一字苕生，江西鉛山人。乾隆二十二年（一七五七）進士，改庶吉士，授編修。後辭官，主講紹興蕺山、上海崇文、揚州安定等書院。著有《忠雅堂文集》《忠雅堂詩集》等。蔣士銓是乾隆年間著名文人，與袁枚、趙翼并稱『江左三大家』，同時也是著名戲曲作家，創作有雜劇、傳奇十六種。《紅雪樓九種傳奇》在戲曲史上占有較爲重要的地位。

題《黎齋圖》[一]

少時曾過丹稜縣，大雅堂前驚創見。杜老[二]詩源卷怒濤，渚翁[三]筆陣排飛電。又曾北到夕陽寺，四壁蒼松饒古致。妙手疑傳顧虎頭[四]，滿室森寒落山翠。今來作吏風塵中，應官聽鼓何匆匆。絶無沆瀣灌耳目，但見渣滓填心胸。白沙甘泉[五]不復睹，羅山浮山阻風雨。擊鉢空令海鬼愁，剪藤欲共山靈語。長鬣三山老布衣（謂劉三山孝廉），訂交去歲新相知。忽來示我《黎齋圖》，屬我暇日贈以詩。云有山人二樵子[六]，至老不遇窮困死。知己空期五百年，世

[一]《黎齋圖》：謝蘭生繪。謝蘭生，字佩士，號澧浦，又號裏甫，別號理道人，廣東南海人。嘉慶七年（一八〇二）進士，選翰林院庶吉士，以父年老未赴散館。著有《常惺惺齋文集》四卷、《詩集》四卷。黎齋，潘正衡書齋號，以收藏黎簡作品命名。潘正衡，字仲平，又字鈞石，廣東番禺人，貢生，因報效治河工程，授同知銜，任鹽運副使。

[二]杜老，杜甫。

[三]渚翁，待考。

[四]顧愷之，字長康，小字虎頭，東晋著名畫家。

[五]明代著名思想家陳獻章因居新會縣白沙里，稱『白沙先生』（見《弁餘稿》卷三《新會舟中》注）。湛若水，字元明，號甘泉，廣東增城甘泉都人。陳獻章弟子。弘治十八年（一五〇五）進士第二名，授編修，歷官南京禮、吏、兵三部尚書，謚文簡。

[六]黎簡，號二樵。見《〈巢南詩鈔〉序》注。

人舍目徒尚耳。潘生釣石真解人，寶之不啻蕭子雲[一]。零箋剩墨重拂拭，先生奕奕如有神。精構草堂三五架，遍貼二樵詩字畫。匣裹全空市骨金，壁間陡長連城價。良日剛逢花揆覽，海舟石壘親臨勘。榜人遥指西樵山，倦容如笑烟鬟斂。半臂横撑大海邊，七十二峰高插天。紫雲翠雲互摩蕩，大珠小珠如鈎連。東樵之秀吾未見，此山如識樵夫面。僻陋難齊五岳名，神奇未藉三壺[二]顯。嶺樹嚴[三]花競翹秀，蠻烟瘴雨空孱愁。正如豪杰在草莽，那比金張[四]生世冑。卓哉釣石具深情，列册徵詩乞品評。惜我官非太史氏，留詩不足傳其名。伸紙淋漓乍揮筆，篷窗忽變風雲色。卷圖卒悉走且驚，鏗然非金亦非石。嗟乎二樵如有靈，展卷呼之應欲出。

（潘飛聲《在山泉詩話》卷三，《清詩話三編》，上海古籍出版社二〇一四年版）

[一] 蕭子雲，字景喬，東海蘭陵人。齊高帝蕭道成之孫，豫章王蕭嶷第九子。南朝梁史學家、書法家、文學家。

[二] 三壺：傳説中的海上三神山方丈、蓬萊、瀛洲的合稱。

[三] 嚴，原文如此。

[四] 金張：漢代金日磾與張安世的合稱。二人并爲顯宦，子孫榮顯，後以『金張』指權貴世家。

己卯羊城上巳

九九消寒春潮殘，湔裙何暇問江干。裝綿空設姜肱被[一]舍弟屢約不來，易罽新彈貢禹冠[二]朔日换戴凉帽。
榆莢夢回朝雨小，杏花人遠晚風寒粵無榆杏，故及之。吟鬚撚斷星星白，搓手階前看牡丹。

（曹月湖《海陵詩録》，復旦大學圖書館藏稿本）

題《泛槎圖》

我聞君家博望侯[三]，乘槎直上犯斗牛。
白榆歷歷耿長夜，銀漢泚泚涵清秋。
多君更擅丹青手，嫡派衣鉢傳僧繇[四]。

[一] 姜肱（九七—一七三），字伯淮，東漢彭城人。以孝行著稱，求學者多至三千人。屢有徵辟，皆不應。姜肱兄弟三人形影不離，縫了一床大棉被，每天都睡在一起。各自婚後，仍然常常同蓋一床被子共寢。事見《後漢書・姜肱傳》。

[二] 貢禹，西漢琅琊人，字少翁。以明經潔行徵爲博士，復舉賢良，爲河南令。終御史大夫。《漢書・王吉傳》：王吉字子陽，『與貢禹爲友，世稱「王陽在位，貢禹彈冠」。』

[三] 張騫，字子文，西漢成固人。武帝時以軍功封博望侯，旋拜中郎將，出使烏孫，分遣副使至大宛、康居、大夏等，自此西域諸國方與漢交通。周密《癸辛雜識》引宗懔《荊楚歲時記》載：武帝使張騫，使大夏，尋河源，乘槎見所謂織女牽牛。

[四] 張僧繇，南朝梁畫家。官至右軍將軍、吳興太守。善畫佛道人物，亦畫山水，創『没骨法』。其『畫龍點睛』故事，後世傳爲美談。

名山大川貯胸臆，揮毫落紙成林邱。
家住金陵古名勝，秦淮烟水相句留。
樓船夜火向瓜步，梅花臘雪通邗溝。
茅屋春色麗于錦，碧桃紅杏枝相繆。
玲瓏花樣鬥奇捷，惜君長髯不見收。
歸來聊學水仙子，買棹五岳恣遨游。
北行已然度鐵嶺，南來更欲登瀛洲。
嚼墨噴薄寫檳櫃，擊鼓慘淡驅蛟虬。
連蜷古桂天香滿，遇君獨坐沙棠舟。
清風落柁自鼓蕩，明河瀉水隨波流。
仙乎仙乎不可及，徒令假吏增牢愁。

己卯閏四月題奉仙槎先生大雅之教，柘庵仲振履初稿

（張寶[二]《泛槎圖》，道光刻本）

[二] 張寶（一七六三—?），字仙槎，一字梅痴，江蘇上元人。

八憶

余鄉長淮以南、大江以北，城籍水圍，地同山静。每當初夏之時，鰣魚出網，蠶豆堆盤。新笋穿籬，脆如劚玉；含桃入市，璨若聯珠。膩市兒之手黄，劈蛤蜊；染村女之腮紅，鋤蘿蔔。刈來麰麥，碾成粒粒青仁；買得玫瑰，摘下離離紫瓣。蘇東坡曰：『想係風味，以慰寂寥。』作八憶詩，藉消長晝。

憶得江村四月初，罟船絲網薦鰣魚。銀鱗白燉肥于乳，張翰鱸魚味不如。

憶得垂垂豆角鮮，田家剛到飼蠶天。連苞爛煮香生釜，翡翠分開顆顆圓。

憶得籬間笋脱尖，籜龍包裹玉纖纖。缺牙快啖清香脆，饞口頻咀至味甜。

憶得櫻桃綴彈丸，筠籃紅點露團團。此身不到芙蓉闕，飽食何須赤玉盤。

憶得江干賣蛤蜊，并刀劈出膩子脂。粤人祇愛西施舌[一]，争似黄堆雪滿匙。

憶得城西地數弓，趕鮮人劚女兒紅。剥開白脂清而嫩，味勝紫花秋末菘。

憶得田家大麥仁，但逢小滿便嘗新。飽餐高卧北窗下，不識膏粱仕宦人。

憶得筠筐入市香，玫瑰新助美人妝。一樽濃浸醍醐汁，入口芬芳紫露凉。

（曹月湖《海陵詩録》，復旦大學圖書館藏稿本）

[一] 西施舌：貝類動物名。肉白，形似舌，味極鮮美。

嘉慶己卯立春後五日卸南海縣事口占

紫泥封到許朝天，向百忙中卸此肩。收拾琴書歸舊館（館在司後街），品題花鳥入新年。應官暫免聽衙鼓，坐歲居弦剩俸錢。寄與汪倫須羨我（謂番禺汪孟棠弟），今宵高枕得安眠。

諸君漫説好官聲，官好何嘗僅一清。縱有烏巢留官迹，不如牛耳主詩盟（時約諸同好新歲聯吟）。水流花放參消息，魚躍鳶飛適性情。樂煞太平閑世界，梅花香雪滿春城。

（曹月湖《海陵詩録》，復旦大學圖書館藏稿本）

戊寅重六日六十自述

問年初試一枝藤，待謝塵氛愧未能。短髮幾時離皂帽，缺牙空説啖紅綾。拙于曲薄[一]絲抽繭，忙似靈堂挂衲僧。差喜炙人炎氣減，案頭清净欲生冰。

自笑官聲太不虞，交連上下欠工夫。難酬知己侯嬴[二]老（屢承各大憲相待過優），欲學安民范史迂。小部徵歌場爛漫（北海、東塘諸先生招飲敦五司馬署中[三]），扁舟載酒意縈紆（興寧、東莞諸耆舊多遠來爲壽）。曾經滄海今都會，添畫珠江吏隱圖（屢有海天一覽小照，賜題甚多）。

小酌葡萄酒半酣，醉餘搔禿鬢毿毿。青雲羨鳥都成妄，白首爲郎未免貪。喜少舊文留印閣，偶成新句貯詩函。潁濱何日征帆到（雲浦七弟云將來粵），二虎風光好共探（時將查勘大虎炮台）。

[一] 曲薄：養蠶的器具。多用萑葦、細竹等編成，呈圓形或長方形。

[二] 侯嬴，戰國時魏人，家貧，年七十爲大梁夷門監者，信陵君迎爲上客，後獻計竊符救趙。

[三] 敦五司馬：或爲盧殿楠。

（曹月湖《海陵詩録》，復旦大學圖書館藏稿本）

衙齋静坐

小雨星星濕畫軒，垂簾暫息馬蹄煩。時偕父老話今昔，日與古人同晤言。烏吻露根墻粉落，猫頭茁笋地翻磚。閑中俯仰增心悟，此是人生清净源。

坐深添得静工夫，星礙全消一念無。古壁挂琴蝸殼墮，小池滌硯鴨翎污。吹竽東郭先生倦，剖瓠《南華》道者迂。甘苦備嘗都寡味，不如歸去注《陰符》[一]。

（曹月湖《海陵詩録》，復旦大學圖書館藏稿本）

珠江泊舟

珠江潮退泊輕航，一幀琉璃净碧光。香稻入炊秋欲老，布衾裝絮夜初凉。蚝墻過雨藤蘿翠，蜑市回風橘柚香。忙裏却饒閑趣味，臨深我欲咏滄浪[二]。

（曹月湖《海陵詩録》，復旦大學圖書館藏稿本）

[一]《陰符》：即《陰符經》。相傳爲黄帝所撰，故稱《麻木黄帝陰符經》，道家著作。

[二]《孟子·離婁上》：『有孺子歌曰：「滄浪之水清兮，可以濯我纓；滄浪之水濁兮，可以濯我足。」孔子曰：「小子聽之！清斯濯纓，濁斯濯足矣。自取之也。」』

《嘯竹詩鈔（澤鴻吟）》[一]序

嘯竹仁兄自淘上來，袖《澤鴻吟》示余。淘上介淮南湖海之衝，乙丑、丙寅受水最酷，村市慘境皆其身經□繫，故所爲詩歌得古人遺意。一篇之中，或質樸如民謡，或凄惋如樂府，諷諭莊言，流連反復，則又得變風變雅[二]之遺。余與嘯竹同庚，爲莫逆交。每見其詩，則擊節稱快。于斯篇，誦三日甫卒業。始則氣哽咽而不能讀，繼則泪汍瀾而不忍視。曩使余有詩，必不能如是之核而實也。然受者之慘境，皆聽者之奇聞。嘯竹奉母家居，飢驅負米，將爲鴻雁飛矣！于其臨行，慫恿付梓，俾四方之人誦其詩、知其慘，且冀借其哀鳴達諸當路，知連年淮南之民死喪流離，并魚鱉之不若也。

時嘉慶十一年仲冬朔，吴陵愚弟仲振履拜題于文昭書院之種蕉别館

（袁承福《嘯竹詩鈔（澤鴻吟）》，嘉慶十一年刻本）

[一] 袁承福，字成之，號嘯竹。江蘇東臺人，諸生。著有《嘯竹詩鈔》。

[二] 變風變雅：《毛詩序》：『至于王道衰，禮義廢，政教失，國异政，家殊俗，而變風變雅作矣。』『變風變雅』是『政教尤衰，周室大壞』的産物，『刺怨相尋』是其顯著特點。

《蓉賓遺草》略言

貽勤字受之，蓉賓其小字也。歲乙卯冬十二月，内子夢梓潼神出童子十餘人，命擇一爲爾子，乃擇雲巾緑衣者，負以歸。初三日庚辰，兒生，生而畢肖其夢，四歲能誦詩，太孺人鐘愛之。乙丑歲荒，鄉人設私賑，屬予司其事，有以僞照冒領者，兒指其弊而仍以好言相慰，時年十一，同人皆奇其才。丙寅，嫂氏卒，家孟無子，兒承嗣，盡哀盡禮，鄉黨咸謂仲氏有子矣。戊辰，隨宦來粵，從家孟授書，詩文多可采者。己巳十二月，以熱濕病危，夢太孺人飲以藥而愈。庚午夏，忽吐血數口，時予以公事赴郡，屬家人秘勿以告。及冬，將赴齊昌，挈眷至省垣，兒時病嗽，然猶談笑賦詩，意灑如也。途次舟車歷碌將半月，病態漸不可支。除夕前一日入縣署，猶衣冠拜賀，并呈七律一首，閱其詞意穩成，尚不慮變在旦夕也。辛未元旦日，將暮，忽解衣投予懷，執内子手曰：『太孺人至矣。』遂趺坐誦《文昌化書》[二]數十言，乃呼嗣父暨兩姊，相視無一語，復長號季父而厥。是夕，長女紫華泣坐榻前，恍惚見童子十餘人立雲中，兒雲巾緑衣執芙蓉相視而笑。及驚寤，兒殁矣。時已交次日丑正。計年十七，實生十六年耳。兒神秀而寒，氣清而弱，性明斷而淳厚。予未嘗加以詞色，而不敢稍自放縱，與兩姊處無詬言，凡親友貧約者，必私爲佽助，僕隸有小過，必寬解而婉訓之。以予喜儉樸，布衣淡飯，晏然自怡。年已成立，于男女之私毫無所

[二] 文昌即文昌帝君，亦稱『文昌帝』『文昌君』，即梓潼帝君。《明史·禮志四》：『梓潼帝君者，記云：「神姓張名亞子，居蜀七曲山，仕晉戰没，人爲立廟。唐宋屢封至英顯王。道家謂帝命梓潼掌文昌府事及人間禄籍，故元加號爲帝君，而天下學校亦有祠祀者。」』《文昌化書》是以第一人稱記載文昌帝君事迹的著作。

動，故瀕死聲音猶宏朗如常。歿之前後三日，上下哭泣之聲達于署外，况爲父母者耶！嗚呼！予生兩女一子，今年五十有三矣，他無所望，惟望此子克承世業，爲娛老計耳。而今已矣！不敢爲卜氏之過于傷[一]，亦不能爲澹臺氏之過于忍[二]。爰命兩女檢其詩文，存若干首，訂正付梓。四方之大人先生倘憫此子之聰慧而夭折也，或加以品題，或附諸紀載，雖隔萬里，苟承郵寄，敢不北面泥首敬鳴感激。

時嘉慶十六年辛未春二月朔後二日，泰州仲振履柘庵氏自記于粵東之興寧官署

（《蓉賓遺草》卷首，嘉慶十六年興寧官署刻本）

[一] 卜商，字子夏，孔子弟子。《史記·仲尼弟子列傳》載『其子死，哭之失明』。

[二] 澹臺滅明，字子羽，孔子弟子。《水經注》卷五：『昔澹臺子羽賫千金之璧渡河，陽侯波起，兩蛟挾舟。子羽曰：「吾可以義求，不可以威劫。」操劍斬蛟。蛟死波休，乃投璧于河，三投而輒躍出，乃毁璧而去，示無吝意。』

《與竹居弃稿》[一] 序

乾隆五十一年冬十一月，台匪林爽文[二]等作亂，聞武進湯公諱緯堂[三]宰鳳山，與其嗣君俱死難，忠孝一門，嘖嘖于大江南北。洎二十年，又聞有湯都尉雨生者，工詩善書，兼擅潑墨，官于淮揚間，與邑人唱和之作甚多。予友陳理堂、儲玉琴[四]暨僧煥然[五]嘗稱述之。戊辰、己巳，予宦于粵，與同人劇談詩畫，皆首推雨生。予每欲圖快晤，顧以公私録録，未克締交。亦不知其即官于淮揚之雨生也。辛未，予宰齊昌，雨生亦以春二月來攝都閫篆，傳以難蔭世襲雲騎尉，意其先能扞社稷、死封疆者，亦并不知其即忠孝一門鳳山湯公之令裔也。翼日枉顧來署，晤談之頃，述其與陳、儲諸君相唱和，乃知雨生即官于淮揚者矣；述其祖若父死林爽文之難，邀恤典襲雲騎尉，乃知雨生即忠孝一門鳳山湯公之令裔

[一]《與竹居弃稿》，湯荀業著。

[二] 湯荀業，江蘇武進人，湯大奎子，湯貽汾父，年三十二侍父宦台殉難。

林爽文，原籍福建平和縣，乾隆三十八年（一七七三）隨父渡台，遷居彰化縣，三十九年加入天地會。乾隆五十一年（一七八六）因同黨被捕而率衆劫獄，發動叛亂，一時聲勢頗大。至乾隆五十三年（一七八八）被福康安平定，前後歷時一年零三個月。

[三] 湯大奎，字曾輅，號緯堂，江蘇武進人。乾隆二十八年（一七六三）進士，乾隆四十八年（一七八三）任福建省台灣府鳳山縣知縣。乾隆五十一年（一七八六）冬死于林爽文之亂。

[四] 儲潤書，字玉琴，江蘇宜興人，諸生，乾隆五十四年（一七八九）優貢，著有《秋蘭館燼餘剩稿》。

[五] 煥然，字暠亭，泰州光孝寺僧。

矣！不禁握手歡洽，相見恨晚，遂數相過從。一日，雨生于悒流涕，出詩五十首以示，蓋其先人與竹先生弃餘之稿，而太夫人藏以相授者。雨生以先人所弃，存之重違先人心，商之于予。予捧而讀之，真氣直達，不屑屑于規仿前人，而本諸性情，隨處流露，誠山谷所謂實『挾以文章妙天下、忠義貫日月之氣』[一]者也。先生之詩傳諸後世，俾讀之者忠孝之志油然而生，何啻合《東山》《南陔》[二]之遺韵以洋溢于旂常[三]俎豆之間耶？不然，如虞山[四]、孟津[五]輩，非不卓然名家，迄今雖五尺童子無取而誦之者，是詩之傳不傳不繫乎其詞之工與否，亦問其人之賢不肖何如耳。况以忠孝之性發爲詩歌，亦斷無有不工者也。時予方爲先人鐫《迨遐全集》，謹付諸梓以壽後世，而爲人臣子能懷忠孝者諷云。

[一] 黄庭堅《跋東坡墨迹》：『至于筆圓而韵勝，挾以文章妙天下、忠義貫日月之氣，本朝善書，自當推爲第一。』黄庭堅（一〇四五—一一〇五），字魯直，號山谷道人，晚號涪翁，洪州分寧人，北宋著名文學家、書法家，爲盛極一時的江西詩派開山之祖。

[二] 《東山》：《詩·豳風》篇名；《南陔》：《詩·小雅》篇名。

[三] 旂畫交龍，常畫日月，乃王侯之旗幟。語本《周禮·春官·司常》：『日月爲常，交龍爲旂……王建大常，諸侯建旂。』

[四] 錢謙益（一五八二—一六六四），字受之，號牧齋，晚號蒙叟，又號東澗遺老，常熟人（常熟西北有虞山），明末清初詩壇盟主。崇禎初官禮部侍郎，後降清，以禮部侍郎兼管秘書省事，旋歸鄉里。

[五] 王鐸（一五九二—一六五二），字覺斯、覺之，號十樵、嵩樵，河南孟津人，著名畫家、書法家。明末任禮部尚書，後降清，任禮部尚書。

時嘉慶十六年歲次辛未閏上巳日，賜進士出身庚午科同考試官知興寧縣事鄉愚侄仲振履頓首拜撰

（湯荀業《與竹居弃稿》卷首，嘉慶十八年刻本）

重建書院記

學宫之西，舊有韓蘇書院，蘗齋施君因義學之遺址而建也。凡三棟，前爲大門，中講堂，後二公祠。祠東二間西向爲山長寢室，講堂下左右廂十間爲諸生號舍，院之東爲忠義祠，即史侯祠故址，西爲汪公祠、爲武帝三代廟。予下車後過其地，皆傾圮，詢之僚友，則以地勢窪下，屢經大水，卑濕頹塌，不可復居，乃暫移生徒于常平倉[一]肄業。夫倉廒非肄業之所，而諸祠雖就傾圮，其磚瓦木石猶有存者，失此不修，將蕩爲荒壤，後人有作，藉手尤難。爰集紳士捐貲重建，合四祠爲一，基築高四尺，移二公祠于院後隙地，構山長之寢室南向，并院之左右厢與忠義、汪公、三代諸祠，厢房假爲諸生肄業所。且考韓、蘇二公謫居潮、惠，實未嘗一至興邑，惟文文山一再過此，而前志遺漏未載，爰會設神位于二公之列。其忠義祠本史侯祠故址，前人之祀不可絶，亦重建神位而合祀于汪公祠，改其額曰『汪史二公祠』。祠以祀神，書院以造士，牽合非所宜也，遂别諸祠另爲一室，而更其

[一] 常平倉：漢以後歷代政府爲貯糧備荒、調節糧價而設置的倉庫。

名曰『墨池書院』。墨池者，邑人羅孟郊[一]之故迹也。孟郊生宋景德間，登天聖八年第三名進士，善書，嘗臨池滌硯，池水盡黑，邑人皆艷稱之，即假以爲諸生風。書院成矣，膏火之資猶未能設也。計向之産業無幾，山長脩脯[二]且恐不敷，何能復資膏火以贍諸生？顧興邑紳耆不乏好義之士，容當設法勸輸以計久遠。先即建造之顛末、改創之位置，并襄事捐輸諸君之姓名銀數，勒石以垂後世，而膏火之設猶不能不于諸君有後望焉。

（仲振履、張鶴齡《興寧縣志》卷十一『藝文志』，興寧縣署咸豐六年刻本）

禁止争訟墳山田宅告示

爲剴切曉諭以厚人心、以正風俗事。照得興邑沃壤平疇、民居稠密，本縣自下車以來，歷驗民情，士皆知禮而能文，農盡習勤而務樸，工商居肆，各安其所，良屬可嘉。惟是能文之士間習刀筆，不自重其身，農商無知，時或蹈于法網。推原其故，良由爲貧所逼，而所以致其貧者，則好訟之一念偕之也。夫人雖至愚，莫不知身家之爲重。至于訟則不能自保。無論大小事故，一入訟師之門，百端蠱惑，賄買干證，謀合保家，批票甫行，書差需索兩造，尚未對質，而動用亦已不貲。至勢成騎虎，悔之無及。小者廢業荒功，需延時日，大者傾家蕩産，無所不至。而爾等錮蔽已深，率不知悟。或因山墳田宅争尺寸而不能讓人，

[一] 據宋紹興三十六年豫章張文舉《故翰林學士贈禮部尚書羅公神道碑》，羅孟郊（一〇九一—一一五三），字耕甫，號休休，循州興寧人。宣和五年（一一二三）舉人，次年進士第三人，累官諫議大夫、翰林學士。因反對秦檜和議，被貶至興國軍，後追贈禮部尚書。據此，則本文所載羅孟郊生平不確。

[二] 脩脯：本爲乾肉，後用來稱致送老師的薪金。

或因口角微嫌架空詞而肆其誣揑。一經鏡訊，鞭楚是從。輸固不免于剥膚，贏亦何殊于剜肉。身受其災，訟師何嘗過問？本縣雖屢拿訟棍，分别輕重示懲，而每逢告期，以小事瀆控者正不乏人。是固本縣德不足以相感，亦一邑之舊染使然也。爲此示諭紳士農商人等知悉，自今以往，士務力圖上進，勿恃衿而干法紀；農務力耕爾地，勿荒業而陷網羅；工商早作夜休，勿希非分。凡買賣田房，必書明活絶、四至，以杜抗揑隱占之弊；墳山必自問陰騭心田應昌，厥後與否，勿聽堪輿瞽説，致暴露骨骸。至拐案之多，半由溺女之過。果悉遵本縣前此示禁所云，則婦女戀其骨肉，何致無故潛逃？即如近日清釐積案，庭訊時刁健之徒亦漸知畏法。倘再能深鑒争訟利害之故，痛改前非，各安本分，餘三餘九，自有家給人足之樂，將見衣食足而禮義興，以之復敦龐之治不難矣。本縣有一邑父母之責，于爾等不無厚望焉，尚其凛之毋違。特示。

（仲振履、張鶴齡《興寧縣志》卷十一『藝文志』，興寧縣署咸豐六年刻本）

禁止挖骸溺女停棺告示

爲嚴切示禁以挽澆風事。照得孝慈爲立身之本，亦即爲成教之經。而道之大者，送死尤重于養生。查粤中惡俗，惑于風水瞽談，于父母没後，挖掘骸骨，毁棺用磁。甚或皮肉未消，竟暴露山間，俟其化盡，檢入磁内。由來既久，雖仁孝之子，亦皆習爲固然。按子孫暴露先人骸骨，例有明條，爾等愚氓，縱未知厲禁而毁父母之棺、暴其尸骨以求合乎杳渺無憑之風水，稍有人心，何以自問？不孝之罪，莫大于此。天之生人，有男有女，陰陽之義也。近聞邑人生女以溺死爲得計，姑無論天地好生，爲父母者何忍出此！試問人人溺女，則爾之母、爾之妻從何而得？而爾又從何而有？尤可笑者，俗于八月初一日爲大清明，凡一切夭折子女，皆挖掘付火。爾等生不居于身毒[一]，死不類于伽藍。子女已死，猶必焚其骸骨，居心險惡，實駭聽聞。古人以孝慈爲根本，粵中以不孝不慈爲風俗，雖相沿久遠，爾等亦習焉不察，而沐聖朝之教化，當知夷俗之澆漓。力挽澆風，本縣亦難辭其咎。爲此嚴切曉諭紳士軍民人等，務宜革除舊俗，大發天良，逐堪輿而用棺椁，禁溺女而廣孳生，永絶火化以厚居心。庶地處邊隅，風同中國。孝以事上，不求風水，而家道自昌；慈以畜下，不惑流言，而生齒日盛。蕞爾之地，何難追三代之隆。爾等其凜遵，毋違毋忽。特示。

（仲振履、張鶴齡《興寧縣志》卷十一『藝文志』，興寧縣署咸豐六年刻本）

戒争墳洗骸文

堪輿之術，三代以上無其説也。自晉郭璞[二]撰《葬書》、作《錦囊經》，而地理[三]之説起，無論其言之克當，于聖經賢傳與否，即以休咎推之，郭璞死以非命，葬楊子江焦山下，未聞其後爲何人。是始作堪輿者，其吉凶之驗瞭如也。後之術士又變地理之説爲風水，蓋地下有風有水，或遇風而傾側，或漬水而潰爛，説頗近是。然低窪之地有之，而山墳無是

[一] 身毒：印度的古譯名之一。

[二] 郭璞長于卜筮，傳説著有《葬書》《錦囊經》等。參見《弇餘稿·郭璞游仙》注。

[三] 地理：風水。指宅基地或墳地周圍的風向、水流、山脉等形勢。就生者之屋宅而言，謂之陽宅；就死者之墳地而言，謂之陰宅。迷信者認爲『風水』的好壞能决定宅主或葬者一家的禍福。郭璞《葬書》：『經曰：氣乘風則散，界水則止。古人聚之使不散，行之使有止，故謂之風水。』

患也。又程子[二]云：『惟五患不可不慎，須令异日不爲城郭，不爲道路，不爲溝池，不爲耕犁所及，不爲貴豪所奪。』貴豪之奪，非奪爲墳，奪爲園囿耳。而山墳亦無是患也。粤人俗本尚鬼，興邑于風水之説尤膠執而不通，往往因争一穴之地，小則廢時失業，累月經年，大則釀成命案，家破人亡，事變已成，猶不知悔，于是貧者借墳以索詐，富者貪穴以冒侵，愚懦者誤聽術士而産蕩家傾，狡黠者串同訟師而架詞捏控。試思昔之争此穴者，惟其吉也，吉不可得而罹于凶者，且不一而足，是風水實求自害其身家矣，亦何樂而爲此！且死者之慘莫過于檢驗，謂將已葬之尸復剖棺剔骨而顛倒其遺骸也。故爲民父母者，非至不得已不忍發檢，奈何土俗之陋至，爲父母所不忍爲者，子孫竟忍而爲之！俗于父母死一二年後，必毁其棺，暴其骨，置諸甌中。其血肉未盡，復弃于澗壑，速其消化，甚有迫不及待者，竟用指剔括，以火炮炙，雅其名曰『洗骸』，實則子孫檢驗父母耳。邑俗于争墳，必控滅骸，謂其父母之骸骨爲人所滅，是罪大惡極，子孫所不共戴天者也。夫他人滅骸則當罪，爲子孫者毁其父母之棺，剔其父母之肉，顛倒其父母之骨，而反安之若素耶！查例載子孫殘毁祖父母、父母骸骨者，絞立决。粤東洗骸已成結習，原不能盡人而誅之，然刀鋸所不必加者，笞杖豈不可及！凡爲民父母者，亦盡人之子也，而忍人子之殘毁其父母而不置于法乎？即不置于法，而清夜捫心，以杳渺不可憑之風水，而使父母已朽之骸骨暴露、顛倒于一甌之中，死而有知，居然入瓮，死者安乎不安？生者忍乎不忍？前已出示，剴切曉諭，

[二] 程頤（一〇三三—一一〇七），字正叔，號伊川先生，洛陽人。與兄程顥合稱『二程』，開創洛派理學，著有《易傳》《春秋傳》等。程頤原文爲：『惟五患者不得不慎，須使异日不爲道路，不爲城郭，不爲溝池，不爲貴勢所奪，不爲耕犁所及。』（《河南程氏文集》卷十）

誠恐風水瞽説深中人心而不可藥也，特推廣其説，刊爲印章，家喻曉户。俾知唐呂才[一]、宋司馬温公[二]斥爲妖妄，請禁絶天下葬書者，謂上天之命反制于一抔之土，是有地理而無天理也！若喪心昧良，至于因風水而暴露父母之骸骨，當不獨呂才、温公所痛恨切齒，而亦郭璞諸人所意想不及者矣！爾有衆其憬然否？

（仲振履、張鶴齡《興寧縣志》卷十一『藝文志』，興寧縣署咸豐六年刻本）

禁私販碑文

爲勒石曉諭永禁私販以裕民食事。照得興邑山多田少，生齒浩繁，所産之米計口授食，多有不敷。兼之西北皆山，不通商賈。近有不法棍徒，串商私販，米價騰貴，以致飢口嗷嗷，奸邪竊發。查例載地方所産之米，僅敷民食者，不准流通。興邑地廣二百餘里，丁糧不足八千，食少人衆，較然可稽。設遇凶歲，民何以堪？現據紳士耆老呈請，通詳上憲，勒石入志，永遠禁止。本縣業已據實通詳，并設立埠頭，編查船隻，兼于水口議設浮橋，俾奸商無從潛出。桓念節流不若清源，防外尤宜治内。查興邑舊例，在東街設鏈子升，便民糴糴。升無米行名色，後經奸商移于西城脚浮橋等處，僻在水次，設立米行，便于私販。除將西門外私設米行一例革除，押令更换字號，另賃開張，不准再行私設外，自今以後，

[一] 呂才（六〇六—六六五），博州清平人，貞觀時曾任太常博士、太常丞。呂才反對陰陽迷信，《舊唐書》本傳録其《叙宅經》《叙禄命》《叙葬書》等。

[二] 司馬光（一〇一九—一〇八六），字君實，陜西夏州人。司馬光爲宋代名臣，他反對王安石變法。卒後贈太師温國公，謚文正。司馬光曾著《葬論》，反對風水之説。

仍復鏈子升斗移置老街，一則奸商不敢私販出城，一則民間糴糶平易，不致價有低昂。永禁私販之策，莫善于此。爲此，示諭闔邑諸色人等，嗣後米擔不許擺設西城脚下，務于黎明同赴老街，用鏈子升公平買賣。倘私販運米出城，准居民拿送究辦。爾等其永遠遵行。毋忽。

（仲振履、張鶴齡《興寧縣志》卷十一『藝文志』，興寧縣署咸豐六年刻本）

永禁私販文

興大利，除大害，司牧之職也。興邑民之所利，已賴都人士協心襄贊，漸次舉行；而害之最大者，則莫如私販。蓋以邑内山多田少，生齒浩繁，雖地稱産米之鄉，而以口計食，尚屬不敷。迨近年以來，奸商惟利是鶩，囤户爲富不仁，始則舞弊而設立米行，繼則串匪而水陸雇載，甚至賄買不肖紳士控請流通，以致米價騰踴，日增一日。邑有菜色之憂，野興餓莩之嘆。立視其死，心何以安？且民貧則奸邪生，商富謀利而奪其食，民不得食必瀕于死，知其必死，復何事而不可爲？小則攔路紊搶，大則入室尋搜。縱置之法，家已滅亡。亦爲利爲害，盍早圖之。或曰：『農民多借貸培田，設不流通，則農必受病。』此一説也，亦近于理。君子不以人廢言，父老亦當相與告戒，輕其利息，俾春貸秋償，子母相權，可以久而無缺，是借貸之通例，亦奇權之良法也。至于私販病民，實國法所不宥，萬姓所切齒。通以窮黎生死之源，爲奸商賈利之藪，爲民牧者稍有天良，何忍出此！余業據父老之請，通詳示禁，勒石入志，以垂永遠。誠恐遠處山僻，未克周知，特約舉大旨，家喻户曉，庶僻處者不致誤羅于法網，而後之君子亦可觀感而興也。

（仲振履、張鶴齡《興寧縣志》卷十一『藝文志』，興寧縣署咸豐六年刻本）

戒溺女焚殤文

天之生人，有男有女，乾坤之定位也。興邑俗多溺女，或謂生男可資奉養，生女終適他姓，因而溺之。或又謂興俗最計妝奩，薄則遺笑鄉鄰，厚又中人難辦，因而溺之。二説何大謬也！人有男女，必有配合，爾之母，爾之妻，皆他人女也。他人女可適于爾，爾之女獨不可適他人乎？天不生女，將一代已絶，爾又何自而生乎？至于嫁資之厚薄，視家道之貧富。昔後漢戴叔鸞[一]嫁五女，皆以木屐竹笥遺之；宋蘇子由[二]嫁六女，皆以荊布裹之。以戴、蘇之賢且貴，而女之妝資菲薄如此。可見奩贈乃外觀之耀，六禮[三]之所不詳；子女乃骨肉之遺，五倫之所最切。今乃因奩而殺女，何异因噎廢食？而使之瀕于死也！且養女亦未嘗無益也，古人有死而無子，賴七女負土葬者[四]；有父死九子不能葬，賴一女編荊爲棺以葬者[五]。即縣志所載：何大姑、二姑父歿不嫁，相約撫孤，卒延其父血食。是皆

[一] 戴良，字叔鸞，後漢汝南慎陽人。《後漢書·逸民列傳》：『初，良五女并賢，每有求姻，輒便許嫁，篋裳布被、竹笥木屐以遺之。五女能遵其訓，皆有隱者之風焉。』

[二] 蘇軾《初別子由》：『森然有六女，包裹布與荊。』

[三] 六禮：古代在確立婚姻過程中的六種禮儀，即納采、問名、納吉、納徵、請期、親迎。

[四] 《太平御覽》卷六十七：『昔有人無男而養七女，父亡，七女負土葬父，取土之處，今成一池，號曰七女池。』

[五] 《全唐詩·諺謎·荊棺峽諺》：『峽壁有棺，以荊爲之。相傳人有九子，不能葬，女編荊爲棺，庋之此。土人諺云：「九子不葬父，一女打荊棺。」』

内利親親者也。况興邑婦女類能紡綿削篾爲生。女生七八歲，即不能如健婦把鋤，而紡綿削篾，尚能供養甘旨。又俗尚童婚，齔齒未生，鳴雁〔二〕已奠。是有女者而得釋其三載恩勤之苦，無婦者得省百兩聘問之資。待至成人往來，婣誼綢繆款洽，不亦休乎？由此言之，女何負于父母，而父母必溺之死也？獨何心哉！至溺女過多，人間之昏配益空。比年來邑貧民求婚于富家婢者，往往百六七十金以上，視昔年價過二倍矣。而奸民覬覦重利，拐帶良家妻女以誑愚民，不知者誤墜術中，遂致夫婦未成，訟端已作，釀成巨案，無歲無之。若使育女盡養，雖難，必其人各有耦；而貧家之鰥曠，奸人之拐騙，庶幾少息。然則溺女之害，不獨天性之傷，抑亦世道之憂也！至以子女壽夭，天爲之也。古人葬上殤、中殤、下殤，皆有定制。興俗于八月初一日謂之大清明，往往掘其夭折子女，列薪焚之，其焚而未盡者皆弃諸山麓，以爲必如是，其輪回始速。嗟乎！輪回之説，渺不可憑。而以親生之子女，業已不幸死矣，猶必挖其棺，出其尸，焚其骨，弃其餘，父母愛子之心無所不至，而爾等爲父母者，夫何至于此極耶？文王澤及枯骨〔三〕，後世稱其仁。爾等殃及亡息，其將何以自解？余前戒争墳洗骸，邑人雖未盡翕從，然頗不以予言爲河漢，故復率成此文，并相告誡。爾等果能廣爲勸諭，力革前非，化狷薄之俗，入禮義之鄉，孝以事親，慈以育子，

〔二〕鳴雁：《詩·邶風·匏有苦葉》：『雍雍鳴雁，旭日始旦，士如歸妻，迨冰未泮。』毛傳：『雍雍，雁聲和也。納采用雁，旭日始出，謂大昕之時。』鄭玄箋：『雁者，隨陽而處，似婦人從夫，故昏禮用焉。』後用『鳴雁』指嫁娶之事。

〔三〕澤及枯骨：恩澤施及死去的人，形容恩情深厚。典出《吕氏春秋·异用》：『周文王使人抇池，得死人之骸，吏以聞于文王……令吏以衣棺更葬之。天下聞之，曰：「文王賢矣，澤及髊骨，又况于人乎？」』

生以恩相接，死以義相守，長官庶不虚此一行。而爾等亦不難上追三代矣。勉旃！慎旃！

（仲振履、張鶴齡《興寧縣志》卷十一『藝文志』，興寧縣署咸豐六年刻本）

主拆陂頭議

興寧水利不修久矣！大率山水驟發，則城郭廬畝盡就淹没。及其涸也，涓滴俱無，皆水車之害所致也。蓋水車之設，必截流釘竹木填土，壘而高之以爲陂，使激其流，而水車得以旋轉。興寧居山溪間，河身深不數丈。現存之陂三十有三，每陂但高一尺，則三丈三尺矣，况倍蓰于此耶！河身日高，河岸益日下。臨河强族，恃其人衆，斷水以據其利，築壆以捍其患，而其人工又不自己出也，每田一畝科錢三百，水旱無所增減，三年復斂費修葺，以圖中飽。而實則澇既無所用之，旱亦無能爲力。需水之時，則又霸以利己，而後及人。故争水之獄，無歲無之。然此猶同陂之害也，至于河身既擁，其壆又高，洪水猝至，直冲彼岸，室廬坍倒，田疇胥成澤國，貧民日號泣于波中，而强族自誇其得計。甚至下流之陂叠擁，近城數堡浸爲魚鱉，祁寒暑雨，汩處污淤，即使對岸代籌堤壆，彼懼束水刷波，陂頭易朽，則必加釘竹木，不數年，仍與堤平。是利在强族而害在貧民，利在數十百人而害在數千萬人也。且强族數十百人之中，漁其利者又不過數人而已。以數人之强横而害及一邑，害及屢亡。愈填愈高，將必城郭匯爲洿池，而縣非所有矣。吾力能去，則去之便。或曰：『是民利之所係也，烏乎去之？』夫天下利之所在，皆害之所在也。利大而害小則存之，害大而利小則去之。况利在豪强，害在良善，利在一家，而害則四境，是烏可以不去？爰親巡河道，諭令拆毁，計三日，陂頭之害以除。今而後，築堤以束水，藉水以刷沙，河流暢達，日浚日深，城郭可以無恙矣，民人可以即安矣。而改水而人車之用不廢，豪强之家亦未嘗不利也。謹付貞珉[一]，以垂永遠。後來者其慎旃，毋忽。

（仲振履、張鶴齡《興寧縣志》卷十一『藝文志』，興寧縣署咸豐六年刻本）

訓諸生崇正黜异文

恭讀《聖諭》[二]第七條『黜异端而崇正學』訓云：『聖功王道，皆本正學。至于非聖之書、不經之典，皆爲异端，所宜屏絶。』制義，末藝也，而朝廷爲取士之則；聖賢有立言之旨，吾輩闡發聖賢義藴，上備朝廷遴選。苟詭道求幸，無論必不可幸也，即幸而弋獲，將何以致君澤民，爲當世士大夫之望？是制義一道，尤不可不崇其正而黜其异矣。本朝慮正學之不昌、士子趨向之各异也，頒《欽定十三經》以惠士林。鉅製鴻章，彪炳宇内。又慮士子循誦習傳，狃于舊染，頒《欽定四書文》[三]以示程式。凡所刊訂，務以清真雅正爲宗。所以誘掖後進，分布遐荒，俾一道而同風者至詳且備。粤東爲文物之藪，代産偉人，而嘉應地連閩贛，文風尤甲于通省。兹蕞爾邑，又嘉屬一都會也。余自莅任以來，簿書之暇，

[一] 貞珉：稱石刻碑文、書法作品。

[二] 康熙九年（一六七〇），清聖祖頒布《聖諭十六條》。雍正二年（一七二四），世宗推衍其文，作《聖諭廣訓》，頒行于世。

[三] 《欽定四書文》：清代官定之八股文選本，方苞于乾隆元年奉敕編。方苞，字靈皋、鳳九，晚年號望溪、南山牧叟，江南桐城人。清代著名散文家。康熙三十八年江南鄉試解元，康熙四十五年進士，著有《方望溪先生全集》。

日與諸生商酌古今，考課德藝，悉知邑俗。授受相承，自四子詩書外，餘經皆置弗問，窗稿試卷外，凡他省家弦户誦之文，皆動色相戒，以爲深而難學，非應試所宜。紛紛舉小題、秘訣、文法、入門等書更相授受，即有一二有志宏富者，亦不過剿説典制、文琳、崇雅諸選，餖飣剽竊，僥幸科名，所以然者，皆由前輩不可復作學者，既失其傳，而師心自用，愈趨愈下，兼之好爲人師，甫解操觚，便思設帳。師長既昧于正學，弟子必趨于异端。察其授受之法，不獨通經致用非所敢知，即以僥幸科名，亦豈有毫無根柢之學可以置身青雲者耶？若云以之掇芹，間亦有效者，不知録取新進文童，學有常額，文風雖極鄙陋，亦不能不照額定數。且區區一芹，遂欲以授受心法，傳于無窮，何其見之謬也！余以邑之好學而無所師承，已集門下士編《制義貫串》二册，發其矇瞶，而誦讀之功，固不僅此也。爾小子其必講貫《十三經》以正其始，揣摹秦漢唐宋古文以正其趨，温習天、崇、國初諸名文，及王、方小品，以正其體。學試帖則宗法《庚辰集》[一]，玩其詞氣莊雅，層次井然，熟讀之，并可去平仄不調之弊；備策學則旁采『三通』《玉海》諸書，歷朝因革興廢，開卷瞭然，博科名，亦以資學問。凡此數者，余言之，爾小子信之，舉平日所授受者，一炬而空之，以從事于正學，則齊昌之地雖隘，不難上追曲江、瓊山之盛，表于三江五嶺間矣。不然，以父母有用之身，甘與草木同腐，老死于牖下，自貽伊戚，余何尤焉。若夫懷挾倩代傳遞諸弊，實則有三尺法在，又所不屑教誨者也。用刊布，爲二三子告。

（仲振履、張鶴齡《興寧縣志》卷十一『藝文志』，興寧縣署咸豐六年刻本）

[一]《庚辰集》：紀昀編選排律選本。

嘉慶仲志自序

庚午除夕前一日，予莅斯土。候吏進縣志，檢其編，爲乾隆三年施君蘖齋[一]所纂。蓋七十餘年矣！分十類八十二則，前弁言，後卮言，元元本本，至詳且備。顧以去今閱久，雖封疆猶是，而建置之興廢、人事之變更，與舊志所紀載者已多不相符。况科名則日盛，職官則日增，孝義節烈，尤代有偉人。七十年中，已不免湮没弗彰之懼，倘再數十年，故老皆無在者，遺編廢缺，將何以紹前緒而啓後聞？爰及簿書之暇，集僚友、召紳士，詳加采訪，于舊志之闕者補之，繁者删之，混合者分而列之，訛誤者改而正之。選及門士陳生一峰[二]、傅生畹[三]、黄生澄[四]分爲編次，而予董其成，共得若干卷，急付諸梓，以存七十年之梗概。惟職監一則過于遝冗，以邑人循爲向例，未便删除，亦從宜從俗之義耳。若夫彰善癉惡、同風一道之談，前志言之夥矣，不贅贅也。

（仲振履、張鶴齡《興寧縣志》卷十一『藝文志』，興寧縣署咸豐六年刻本）

[一] 施念曾，字得仍、得齋，號蘖齋，安徽宣城人。康熙年間生，乾隆年間卒。乾隆拔貢，知廣東興寧，移浙江，升禹州知州。著有《蘖心集》，又嘗輯《宛雅三編》。

[二] 陳一峰，廣東興寧人，嘉慶二十一年（一八一六）舉人。

[三] 傅畹，廣東興寧人，嘉慶十八年（一八一三）選貢。

[四] 黄澄，廣東興寧人，嘉慶十八年（一八一三）舉人，初任會同縣教諭，調任昌化縣教諭。

《興寧縣志》跋

辛未春，予輯修縣志已告成矣。續以邑中廢馳已久，如四門地勢低窪，每大雨驟至，則城中水深四五尺，恒經旬日不退。于是復集紳士捐修四門，高其基址，而銅鐘湖堡尤爲上山水灌城之扼要，亦捐廉築堤護之，水口司衙署爲洪水所冲，寄寓縣城，復設法重建，以資巡緝。并查施志，亦多與王劉舊志不相符合，爰復取而正之，兼以近所興復者補入志中，庶後有作者不致失所依據爾。

嘉慶壬申秋七月中元日柘庵再記

（仲振履、張鶴齡《興寧縣志》卷末，興寧縣署咸豐六年刻本）

《困學紀聞集證》[一]序

香海胡司馬[二]嘗客揚州，與家孟雲碉暨陳灃塘、劉芙初[三]交最久，時予以授徒里巷，

[一] 《困學紀聞》，宋王應麟撰。王應麟（一二二三—一二九六），字伯厚，號深寧居士，學者又稱厚齋先生，鄞縣人。南宋著名的學者、教育家、政治家。《困學紀聞集證》，清萬希槐輯。萬希槐，字蔚亭，黄岡人。以廩膳生官南漳訓導。著有《惜分陰齋集》。

[二] 胡森，號香海，江西南城人，乾隆五十四年（一七八九）進士，官廣東羅源縣知縣。後托疾乞休，主講粤華、鶴山、端溪等書院。著有《三木居山集》《香海詩集》。

[三] 劉嗣綰（一七六二—一八二〇），字簡之，號芙初，江蘇陽湖人，嘉慶十三年（一八〇八）仲振履同榜進士，會試第一，殿試二甲第四十八名，授編修。後主講東林書院。有《尚褧堂集》。

耳其名，讀其詩，而未獲一睹其面，迄今十餘年，恒悵悵也。今春晋省垣，晤鄧灼亭，談及香海，始知方流寓穗城，又以聽鼓應官，匆匆無暇日。臨行過其寓，則藏書滿几榻間，促坐書次，十餘年之渴懷快得一罄。既乃出《困學紀聞》見贈，并屬序于予，蓋板藏香海處也。香海有書癖，嘗挾卷篋歷游名勝，所至輒以書壯行色。一試羅源令，尋自乞免，訪衡湘，叩韶石，寄迹珠江，而五車之富皆嶺南人所未經目睹也。每得异書，不惜傾囊以購及快，晤良友又必出其所藏舉而相贈，故與香海交者常以不得其書爲憾。予讀書不及數尺，且甫一面交，顧獲其贈，且屬爲之序，亦何相愛之深也！蓋香海客揚州久，若故鄉然，時家孟與澧塘皆相繼逝，芙初又遠在毗陵，欲得揚州故人而序之，舍予其誰屬耶？至是，書之淵源義藴，皆略而弗序，則又重序之所以作，而厚齋先生之博雅精核，固無庸贅序也。香海以爲何如？

時嘉慶十八年歲次癸酉中和節後二日，柘庵仲振履題于惠州舟中

（《校訂困學紀聞集證》卷首，山壽齋胡氏嘉慶二十四年刊本）

重修演武亭記

興寧，澤國也，城之西南，内外窪下尤甚。余莅興之明年，築長堤于銅鐘湖以捍外水，升四門浚水關以出内水，邑中之患稍靖。而演武亭北連水關，南枕大河，每洪水驟至，悉當其衝，棟宇日就朽爛，且泥濘亦深尺許，人馬無駐足之所，士卒苦之。歲癸酉，雨生都尉復攝篆兹土，訓練之暇，議所以新之者，商于余，余亦樂與從事。乃以屯田之法部勒卒

伍，凡木石之費，雨生與余市之；畚挶之勞，士卒任之。而古校尉[一]容光實司其事，省費用，任勞苦，蚤作夜休，不匝月而亭以告成。基高三尺，砌以灰石，至堅也；宇舍兩棟，回以繚垣，至敞也；棟之上爲樓，右爲閣，下爲回廊，可以遠眺望，可以避風雨，至精且邃也。雨生顔其樓曰『晴雲』。天晴莎軟，千騎雲屯，鼓角之聲殷于城闕，誠一邑之偉觀、四方之雄鎮也。匪雨生爲之倡，古校尉司其事，曷克臻此？顧雨生之記，歸功于余，謙而失其實矣。夫惟雨生[二]倡之，邑宰因以助其理；古[三]校尉司之，士卒莫不用其命。營伍振興，制度宏敞[四]。邑宰之幸，非邑宰之功也。爰復記之，且與諸君子落之。

歲嘉慶十八年秋九月吉旦，興寧長蒲濤仲振履柘庵氏撰并書

（《興寧縣志》卷四『文化·碑刻』，廣東人民出版社一九九二年版）

[一] 校尉：軍職名。隋唐以後迄清爲武散官之號，地位逐漸降低。古容光，鎮平人，曾任興寧營把總。

[二] 雨生：《海陵文徵》作『都尉』。

[三] 古：原文作『左』，《海陵文徵》無。

[四] 營伍振興，制度宏敞：《海陵文徵》作『軍民輯和，廢墜具舉』。

《畫筌析覽》[一] 序

乙丑，余鄉馬墨初自邗上歸，出《畫筌》見示。所論諸法精當簡要，畫家秘籥也。第爲問業者，隨事指陳，法雖兼備，而論未條分，私擬劃成段落，每段仍加以注釋，庶初學瞭然，不致迷于所向。時遭北水驟至，流離滿野，邑侯[二]屬主賑事。戊辰，復捧檄南來，此事久廢。越癸酉，雨生攝齊昌都尉事，與余同官。偶與談及是篇。雨生笑曰：『君九年之願，僕已代償之矣。』蓋雨生任三江[三]時，曾分其目爲十則，每則爲之注，篇所未及，引申之，篇所迭見，鋤去之，雖神明之妙存乎其人，而析北苑之傳爲南車[四]之示。俾《畫筌》一篇與過庭《書譜》[五]永垂于後者，雨生力也，豈特嘗予素志已乎！

[一]《畫筌析覽》：畫論，清代湯貽汾編曲著。《畫筌》，清代笪重光著，畫論。笪重光（一六二三—一六九二），字在辛，號君宜，又號蟾光、逸叟、江上外史、鬱岡掃葉道人，晚年居茅山學道，改名傳光、蟾光，亦署逸光，號奉真、始青道人，江蘇句容人。順治九年（一六五二）進士，官御史，巡按江西，以劾明珠去官。罷官歸鄉，隱居茅山之麓，學導引，讀丹書，潛心于道教。卒年七十。笪重光工書善畫，與姜宸英、汪士鋐、何焯稱四大家。精古文辭。有《書筏》《畫筌》傳世。

[二] 邑侯：縣令的別稱。漢制，諸王封國相當郡，侯國相當縣，故縣令有邑侯之稱。這裏指知州。

[三] 三江營，在江都縣東大東北岸，臨江與圌山遥對。湯貽汾曾任三江營守備。

[四] 南車：指南車，喻正確方向的指引者。

[五] 孫過庭，名虔禮，生卒年不詳，唐代陳留人。官右衛胄曹參軍，以擅草書著名。嘗著《書譜》六篇，今僅存《序》一篇。

嘉慶癸酉重九日，蒲濤仲振履柘庵氏序
（《畫筌析覽》卷首，嘉慶十九年刻本）

重修恩平縣金坑橋碑記

歲己巳秋九月，余攝恩平篆。下車訪求利病，知邑之西南鄉有金坑橋，上通省會，下接雷、瓊，爲商賈往來之孔道，顧以橋駕于山側，每山水驟發，橋當其衝，波濤震撼，木石傾頹，往來皆跣足而渡，行客病焉。夫邑宰所以利民也，民病于涉，又將戒寒，何以堪此？雖暫司牧，其忍恝而置乎？爰捐廉倡之，擇耆庶之老成者分任之，西南諸鄉莫不踴躍從事，斫木爲杙，燔石爲灰，因材于山以節繁費，植基于壑以禦衝突。閲數月，將蕆事而工需尚乏百金，無可措也。余時已及瓜，適有新寧民以田事來訟者，余以非所部，謝之，兩造固以請。鞫之，得其平。兩造皆允服，曰：『某之訟十餘年矣，本縣屢訊而未結，公以數言決之，某、某不復訟矣。雖然，聞公修金坑橋費不足，慮無所措，某、某願代公任之。』各捐數十金以給司事者。余亦去，閲今六年矣。司事梁夢聯等復走千里，請記于余，且改名其橋曰永頌。噫嘻，梁生過矣！夫去民之病、因民之利，宰之職也。『做一日官，辦一日事』，古人之訓也。橋當往來之衝，風雨崎嶇，民病甚矣。雖余不修，後必有興之者。且余宰恩平未及期月，凡利民而未暇爲者多矣。區區一橋，何足以頌修矣？頌矣，諸生亦自爲記，以述辛苦可耳，而猶必于六年之後、千里之遠請記于余，何邑之人竟忘其久且遠而猶父母我邪？余滋愧矣。生歸而鎸是記于石，其并捐金者之名與夫新寧之訟者，余忘其名，皆訪而勒諸碑陰，以永著官民相協之意，是所願也，頌則吾不敢當。是爲記。

（夏荃《海陵文徵》卷二十，光緒九年補刻本）

弭盜説

弭盜無定法，爲牧令者必先使民有畏心，不敢妄肆其志，而復因時因地以制宜，防之于未然，禁之于將然，剿之于已然，則前之良化爲盜者，亦可化盜而爲良。粤之盜有三，曰洋盜，曰土盜，曰竊盜，實則一而已矣。奸民拜會以聚衆，乘時竊發，快其剽奪，在城邑而人少則爲竊盜，在村鄉而人衆則爲土盜，查拿急迫，亡命海濱，則又與貧蜑結盟而爲洋盜。復有刁紳劣監引爲羽翼，使之自衛其鄉，名曰更練，搭寮巡邏，實則豢養匪類，數十成群，或明火執杖，擄掠鄰里，搶割田禾；或駕紅單船出海貿易，遇有商舶渡船，乘潮劫掠，駛至空闊洋島，分贜逃竄，官爲查捕，則紳監聯名出保，而實以盜保盜也。牧令明知其爲盜，而無實據可執，又恐揑詞上控，致干嚴飭，不得不忍而置之。以求弭盜，烏乎能弭！且昔日之盜大約盤聚于清、英諸山及外洋偏僻處所，圍而捕之，不難指顧而定。今則結盟拜把，無地無之，今日聚于此，或十人，或十數人，起意以劫某姓；明日聚于彼，或二十人，或三十人，起意以劫某村，時慮人數不足，又可轉相糾約，允以分贜，雖耕農老稚，莫不樂于隨行。蓋粤人貪利，古而然矣，况地又遼廓，最易藏奸，陸則南海之九江、四會之古勞，上連三、清、連、陽，皆盜族也；水則順德之陳村，東、香之南沙、石笪，以及廣、海、碣石，皆盜淵也。牧令之善爲弭者，惟防之于未然爲急務。保甲之法，今已行之矣，而行之不嚴，無濟也。宜擇各鄉之公正紳士，立爲黨正[一]，命其隨同核查，其離城窵遠之所，或令巡檢代查，而牧令復便道抽查之。均給以紙筆飯食之費，而屬其將每村匪名暗列于後，蓋公正黨正亦未嘗不惡其人也，一爲告訐，官不迅拘則轉瞬禍發，故忍而不敢言耳。屬具暗爲號記，無不樂從。此法履嘗于興邑行之，間傳一暗記之人詳加訊問，十不失一。凡犯法而有暗記者，置之重典，不爲少宥。粤人不畏殺而畏笞，治以所畏，盜必斂迹。而又不可僅恃保甲已也。隆冬之時，飢寒既迫，盜賊易生，尤宜于山徑扼要處所，製立卡房，兵差各半，給以飯食，嚴爲查察。而人烟輻凑[二]之地，則令黨正仿十家牌[三]之遺意，挨户各出丁壯，給以燈火之資，使之互爲守望，其空闊之所，一切空寮廢屋皆拆而去之，晝則兵差以禁搶奪，夜則丁壯以稽宵小。拆寮屋以免藏奸，責巡檢以察勤惰。至濱江沿海，則移會水師各營，代其修葺巡船，量給弁兵飯食，每半月一查功過。履于東莞、南海屢行之，時盜風稍弭，是亦著有明效者也。若事出不虞，奸匪竊發，事主報呈，迅即多差幹役，給與資斧，慎選綫目，懸設重賞，粤東之民惟利是圖，婦可以首其夫，兄可以

[一] 黨正：周時地方組織的長官。《周禮·地官·黨正》：『黨正，各掌其黨之政令教治。』鄭玄注引鄭司農曰：『五百家爲黨正，其長也。』

[二] 輻凑：即輻輳，集中；聚集。

[三] 十家牌法：民鄉里民户編製辦法之一。正德十一年（一五一六），王陽明行于江西南部。各家門面置一小牌，寫明人丁、姓名、年貌、職業、户籍、田糧等。十户置一『十家牌』。縣造底册，爲差調依據。十家之内，互相糾察偷盜、緝拿奸僞、調解争訟，并互勸修睦。各家如遇面生可疑者，須立即報官究理，否則事發十家同罪。

指其弟，懸賞重，斷無不破之案。惟綫人貪賞，妄拿無辜，是不可不虚心訊鞫耳。凡此諸條，牧令莫不知之，而于未然將然者，防禁之不力，盗案既成，又復吝惜小費，致案久懸，或能剿矣，而不知使盗先有畏心，及陷于罪而刑之，盗之源終不可弭。而徒欣欣然以捕盗爲能事，甚且籍捕盗爲升階，不警其心而殺其身，又因之以爲利，其去古人弭盗之意，倜乎遠矣，于呼！

（夏荃《海陵文徵》卷二十，光緒九年補刻本）

《點蒼山人詩鈔》[一] 序

余家居時，聞皖江有沙明府，循吏也，嘗以無妄之灾，將北戍軍台，舊所莅懷遠之民老幼驚惶，奔走相告，集鍰金數千兩，迎赴大中丞初公[二]于臨淮途次，代爲籲求免罪，號哭聲不絶于道。所曾署懷寧諸縣士民亦醵數千金，遠近奔皖城，哀請納鍰贖罪，曰：『明府

[一]《點蒼山人詩鈔》：沙琛撰。沙琛，字獻如，號雪湖，雲南太和人，乾隆四十五年（一七八〇）舉人，歷任安徽懷遠、懷寧、建德、霍邱等縣知縣。

[二] 初彭齡（一七四九—一八二五），字紹祖，一字頤園，山東萊陽人，乾隆四十五年（一七八〇）進士，授編修，擢江西道監察御史，遷兵科給事中，再遷光禄寺少卿，督學湖北。嘉慶元年（一七九六）轉通政司參議，四年擢兵部右侍郎，旋授雲南巡撫。調署吏部右侍郎，補刑部右侍郎，調户部右侍郎。後因事革職，一年後以右庶子起用，累升内閣學士兼禮部侍郎。授安徽巡撫。丁父憂，服闋署山西巡撫，調陝西，署河道總督，擢兵部尚書，署江蘇巡撫。嘉慶二十年（一八一五）因故免官。道光元年（一八二一）再任兵部尚書。編有《遂初堂書目》。

之親老矣，家又貧，設遠戍軍臺，居者有懸磬[一]之嘆，行者深屺岵之悲，四邑之民其何以忍此？』中丞感其意，據情入奏，天子憐而赦之，飭還鍰金。四邑之民復聚而請，願以飭還之金，助明府清夙累，奉親歸里。時沙明府之名膾炙大江上下。余嘗聞而羨曰：『爲民牧者，不當如是耶？』而惜未之見也。洎余仕于粤，調任東莞，每侍太守高青書[二]夫子，談及明府事。夫子曰：『沙君號雪湖，余僚友也。其人篤于孝友，而即以孝友之道治百姓。性介介，不苟取，所得之金，歸里後，分潤親族，餘千數金奉老親以終天年，今已蕭然無餘蓄矣。且工于詩，凡舟中、馬上偶有所得，援筆立成，别已數年，想行笥中佳句必又裒然成集也。』余聞之，益慕雪湖之爲人，而迫欲晤其面、讀其詩，以快十數年之向慕，而未知其能遂所欲否也。戊寅夏，余過青書夫子寓館，聞雪湖來，欣然謁之，惜以公冗叢雜，立談片刻而散，而卓犖不群之概亦略得一斑矣。暇日，雪湖携詩稿來，詳加披讀，其五言古詩冲淡高遠，得淵明《飲酒》之遺意；七言淋漓頓挫，公孫大娘舞劍器、渾脱[三]當如是爾；近體律細思深，或爽如蒼鷹脱臂，或清如銀瓶瀉水；其雄渾則天風海山，其秀削則遠

[一] 懸磬：形容空無所有，極貧。

[二] 高廷瑶，字青書，貴州貴筑人。乾隆五十一年（一七八六）舉人，歷官安徽廬州、鳳陽通判，擢鳳陽同知、平樂知府，調廣東，任肇慶、廣州知府，署肇羅道。

[三] 杜甫《觀公孫大娘弟子舞劍器行》：『昔有佳人公孫氏，一舞劍器動四方。』公孫大娘，唐代舞蹈家。劍器：古武舞曲名。渾脱：戴渾脱帽的人所表演的一種舞蹈或其組成的舞隊。

春流水；其沈鬱幽折之氣、激昂慷慨之音，有觸則鳴發于楮表，殆所謂『窮而后工』[一]者耶！斯亦情之不能自已者耳夫。乃嘆雪湖循吏亦才人也，惜把晤未久，匆匆將去，高青書夫子亟爲付梓，屬序于余。余久荒筆墨，且叢冗無一刻暇，謹臚所聞見，草率成篇，工拙所不計也。

時嘉慶戊寅八月朔後二日，江左愚弟仲振履柘庵[二]甫頓首拜撰

（沙琛《點蒼山人詩鈔》卷首，雲南叢書本）

督師祠碑記

袁督師，諱崇焕[三]，字元素，莞之水南人也。萬曆己未進士，授邵武知縣。天啓二年入覲，都御史侯恂[四]請破格用之，擢兵部職方司主事。廣寧師潰，督師具言關内形勢，廷臣稱其才，超擢僉事，監關外軍，題『寧前兵備僉事』，以守寧遠功，擢右僉都御史。崇禎

[一] 歐陽修《梅聖俞詩集序》：『凡士之藴其所有，而不得施于世者，多喜自放于山巔水涯之外，見蟲魚草木、風雲鳥獸之狀類，往往探其奇怪；内有憂思感憤之鬱積，其興于怨刺，以道羈臣寡婦之所嘆，而寫人情之難言；蓋愈窮則愈工。然則非詩之能窮人，殆窮者而後工也。』

[二] 柘庵，原文作『石庵』。

[三] 袁崇焕，字元素，東莞人，萬曆四十七年（一六一九）進士，初授福建邵武知縣，後官至兵部尚書兼右都御史，督師薊遼，兼督登萊、天津軍務，多次擊敗後金的進犯，取得寧遠大捷、寧錦大捷，但因爲受排擠而辭官。崇禎即位後，重新起用，擊退皇太極，解京師之圍。後皇太極施反間計，崇禎三年（一六三〇）八月，被認爲與後金有密約而遭凌遲處死，至乾隆時纔真相大白。有《袁督師遺集》。

[四] 侯恂，字若谷，號六真，河南商丘人。萬曆四十四年（一六一六）進士，崇禎時官御史。

元年，命以兵部尚書兼右副都御史督師薊遼兼督登萊天津軍務。哈剌慎〔一〕三十六家有叛志，督師親爲撫慰，皆聽命。加太子太保，賜蟒衣銀幣。追殺毛文龍〔二〕，帝驟聞，意駭。及龍井兵入，趙率教〔三〕戰歿，督師引兵護京師，宦官以密有成約告帝，温體仁〔四〕交陷之，遂下獄。三年八月，磔于市。督師無子，復流其七旬之母、八齡之女及兄弟妻孥于閩黔之地，天下莫不冤之。大清乾隆四十八年奉上諭：『朕披閱《明史》，袁崇焕督師薊遼，忠于所事，而其時主闇政昏，不能罄其忱悃，以致身罹重辟，深可憫惻。其現在有無子孫，曾否出仕，該撫查明具奏。』時查有胞弟崇煜之後還居粤西，蔭縣丞。嘉慶元年，廣東巡撫陳大文〔五〕以翰林院檢討梁朝錫〔六〕等之請，題請予以恤蔭，入祀鄉賢。奉旨：『依議。欽此。』顧以近支久居粤西，雖邀從祀而未建專祠。二十一年二月履承乏東莞，適其族人有以墳山訟者，既斷其獄，乃進而問曰：『袁督師至爾幾世矣？』對曰：『叔高祖也。』履曰：『爾所

〔一〕哈剌慎：蒙古部落。亦譯作哈喇真、哈剌嗔、阿剌嗔、哈剌慶、喀喇沁等。

〔二〕毛文龍，字振南，浙江錢塘人。東江鎮副總兵，天啓六年（一六二六）加授平遼總兵官，加左都督。崇禎二年（一六二九）爲袁崇焕所誅。

〔三〕趙率教，陝西人，萬曆中官延綏參將，後任副總兵，累遷左都督。崇禎初援遵化，中流矢死。

〔四〕温體仁，字長卿，號園嶠，浙江烏程人。萬曆二十六年（一五九八）進士，崇禎初爲首輔，十年被劾去官，逾年卒。

〔五〕陳大文，河南杞縣人，原籍浙江會稽，乾隆三十七年（一七七二）進士，仕至兵部尚書。嘉慶二年（一七九七），陳大文由廣東布政使擢任廣東巡撫。『陳大文』原作『陳太文』，據《清史稿》等校改。

〔六〕梁朝錫，字秋尚，廣東東莞人，乾隆五十三年（一七八八）舉人，乾隆五十四年（一七八九）賜翰林院檢討。

争者，祖墳耳。如爾族之督師者，余十二三歲時讀其列傳，即爲之嘆息流涕，謂其爲忠武[一]後之一人。爾等皆其後裔，乃靳一祠而不使之崇祀耶？』其人頓首謝歸，聚邑之四大房議，得貲約萬金，卜縣署西南之隙地，舉孝廉大任[二]等董其事，創始于丁丑八月，閲十有四月而蕆事。時履已調任南海，孝廉與其族人來告落成，請記于履。履召而慰之曰：『督師忠于所事，捐頂踵以報其君，諸紳士勇于爲義，不惜重貲，美輪奂以享其祖，一門忠義，允可爲粵東人士風矣。』斯舉也，履實玉成之，惜繫于一官，不克親執杯酒拜奠于兩楹之間，殊悵悵耳。謹記。

嘉慶二十三年戊寅冬十一月穀旦

（《民國東莞縣志》卷十八『建置略』，民國十年鉛印本）

縣憲條議告示

調署南海縣事東莞縣正堂加十級紀録十次、記大功三次、卓异候升仲，爲剴切曉喻歲修堤工事，照得桑園一圍，乃南、順兩邑各堡民田廬墓之保障，前年夏間土名三丫基等處决口，經照甲寅年事例，勸令附堤業户減以五成派捐銀兩，公舉紳士羅思瑾[三]、何毓

[一] 岳飛，字鵬舉，相州湯陰人。宋朝名將，屢破金兵，累官至太尉，授少保兼河南北諸路招討使。後爲宋高宗指使宰相秦檜殺害。孝宗時詔復官，謚穆，寧宗時追封爲鄂王，改謚忠武。

[二] 袁大任，字丞佐，廣東東莞人，嘉慶十三年（一八〇八）舉人，歷餘姚、長興、臨海、武康知縣。

[三] 羅思瑾，廣東南海人，乾隆五十三年（一七八八）舉人。

齡[一]、潘澄江[二]等董理，通圍一律修竣，幸慶安瀾。惟是九千餘丈之長堤，歲一不修，即多坍卸滲漏。當蒙大憲思患預防，軫念民力維艱，奏奉聖恩，借給帑項生息，以資歲修經費。議于遞年十月，責成首事查明應修基段，估計工料若干，請領息銀，督率興修，造册報銷。迄今歲已更新，各堡選擇首事，互相推諉，以致逾期尚未定妥，工程懸宕。茲本縣訪選得候補訓導何毓齡、舉人潘澄江端方富厚，前年通修全圍，不避嫌怨，頗費辛勤，且于堤工情形熟悉，素爲鄉鄰推重，并據九江堡舉人明秉璋[三]等聯名舉充前來，除給發歲修首事戳記以爲憑信，囑令何毓齡、潘澄江設立基局辦理，并移行九江廳江浦司就近督催外，所有應行緊要事宜，合先列款出示曉諭。爲此，示諭桑園圍紳民業户人等知悉，即便遵照後開條款，聽從該首事公議查辦，逐一舉行，趕緊興工，倘有不遵，固違條議阻撓生事者，本縣鐵面無私，不論衿監軍民，立拿究治，照河工條例究辦，決不姑寬。各宜猛省毋違。特示。

計開：

一、此次歲修諸事辦理伊始，桑園一圍，地分南海之九江、江浦屬十一堡，順德之龍山、龍江、甘竹三堡，向歸十四段業户經理，今每堡責成紳士議定曉事者兩人幫查其事，凡應興動一切應聽基局商議，如遇基局有傳帖到段飭查，或該段内有應修之工，或應議事件，或聯名具呈，即同會商以昭公慎，如藉稱傳帖不到，故爲疲玩者，實屬心忘桑梓，均

[一] 何毓齡，廣東南海人，候補訓導。
[二] 潘澄江，廣東南海人，嘉慶十二年（一八〇七）舉人。
[三] 明秉璋，字憲朝，號琢如，乾隆五十四年（一七八九）舉人，國子監監丞。

干重咎。其每堡所定幫查之紳士名單，由九江、江浦彙交基局登簿總理，務于正月十五日以前勘明基段何處應修，沾需修費若干，一同禀覆本縣查核。

一、各處險要基段，隨地補築，從前修圍舊志俱就近取土，由近及遠，不論桑田芋地，即便改挖爲塘，塘仍可收租，無礙税業。其有墳塋不得取挖。此次培修，俱照舊例。倘以鄉紳勢宦，恃符措阻，致誤要工，查出革究。

一、向來各堡竇穴，各有經管，爲水利灌溉者修葺，上年派捐通修，三丫基等處竇穴均分輕重估修，餘皆完好。嗣後各鄉堡積有坦鋪渡額等租，應仍自行修理，毋許混銷公項，更不得先爲挖破，然後請勘，倘有此等情弊，許總理基局指名禀究。

一、大堤之外居民，另有圈築子基，係開塘成基者，與大堤有別，准于海旁患處動用公項落石以捍衝激。若用土工，則歸塘頭業户自辦。其大堤内外基裙，查核舊志，兩邊俱有餘地，現被民間占爲私業，相沿已久，似難復還原址，惟貼近堤基均屬魚塘，多有企勘未培。爾等業户，如有占基爲業者，限于正月内，一律培築肥厚，知會基局查明，再以公項加高拷砌堅實，以免後患。

一、上年通圍大修，係照甲寅年舊例，按税減以五成起科，經總理、首事出心出力督修完竣。所有各堡應捐銀兩，自應及早繳齊，乃工竣已久，尚有欠繳銀二千餘兩，殊屬玩誤，除飭差并移順德縣查唤欠繳之首事勒追外，爾等務于十日内各按欠數備足繳赴基局收還歸款。倘敢藉端推擋，影射瞞混，或藉稱扣留，各修自分畛域，定即嚴拿究比。

以上各條，本縣爲念切民瘼，亦爾等自衛身家起見，各宜寓目遵辦，毋稍玩違延誤。切切。

嘉慶二十三年十一月

（明之綱《桑園圍總志》卷四，同治九年河神廟公所刻本）

遵照條款辦理諭

調署南海縣事東莞縣正堂加十級紀録十次、記大功三次、卓异候升仲，諭桑園圍歲修總理何毓齡、潘澄江知悉：案照桑園圍歲修事宜，先經舉定該紳士等設局總理，仍令各堡另選曉事紳士兩人，分按所管基段幫同會商勘辦，并將應行緊要事宜列款出示曉諭各在案。兹據該紳等勘明，該圍全堤分别基段險易次第，應歸公項修築及應由業户培築，列册稟覆前來。經本縣覆核無异，除應由業户培補各基另行出示曉諭趕修外，查該紳士等雖于堤工情形熟悉，但此次歲修事宜辦理伊始，誠慮辦理無綜，反多束手，所有應行事宜合諭飭遵諭到該紳等，即便遵照後開條款，悉心妥辦，務宜矢公矢慎。本縣實有厚望焉。此諭。

計開：

一、查桑園圍東西沿海各堤，原例分段經管，遞年歲修，向歸各業户自行辦理，由巡司取結備查。兹因前年三丫基被沖修復，當奉大憲體恤，奏蒙皇恩賞以帑項生息，以爲歲修之資，每年可得四千六百金，此稍補民力之不足，助不給之意，必須分别頂險、次險，稟勘估計施工，其餘基面低矮破損，仍應責成經管之業户捐辦，毋得全靠官項，致誤要工，倘有占基爲業，即指名，着令趕緊培厚，毋得延緩。萬一不虞，復有開口，應照向例，或責成經管，或合衆科派，依甲寅年志書分别辦理，不得執部文爲詞，致首事賠累。

一、查全圍惟海舟堡、九江堡基段爲最險，沙頭堡爲次險，所有應修，經本縣查勘明確，除一面諭飭首事辦理外，其餘各基，皆宜自衛身家，稍有修葺，即自行粘補，毋得爭執應修，致滋議論。

一、查九江堡大洛口外基頂沖險要，緣古潭沙頭水射，以致沖坍割脚，應即用公項落石，惟沿海地段坍陷數百丈，現銀實不敷支，所有前修三丫基各堡尾欠銀兩，務令剋日繳出，以應鉅工，更能于各堡捐派，或向殷實挪借，將來分年領息，然後墊還。本年歲修伊始，必藉厚力辦理，乃見成效，倘銀兩足用，更于大洛口外，坦築石壩二個，阻慢水勢，乃可留淤以成鰲裙，修防永賴其外基，土工統歸外基業户科派趕緊培築，毋任觀望。

一、查外基所以護衛大基，倘坍卸可虞，則經管之責愈重，現在大洛口外所存無幾，若連築兩壩，每壩約築八九丈，便可保全餘坦，而内圍益更安堵，然連年息項皆由九江堡開銷，通圍亦不輸服，今應飭着九江堡東西南北紳士趕緊勸助，務令題助二千金，庶挂借略少，易于措辦，次年別堡有險，亦得彌補，乃昭公當。

一、查向例本堡動工修基，即請鄰堡督理最爲公允，乃聞近來人情散慢，不肯向前急公，所有傳帖，并不到公所會商，甚屬不成事體。現經本縣諭飭，每堡舉出曉事兩人，不時到局叙議公事公辦，在總理首事亦可以表白無他，即將來接理需人，各皆熟悉，有條議可循，不致紊亂。

以上各條，該紳士務即實心實力，倘有各堡中不遵議辦，存私阻撓者，許該總理指名禀究可也。

（明之綱《桑園圍總志》卷四，同治九年河神廟公所刻本）

縣奉督憲札

調署南海縣事東莞縣正堂、卓异候升仲，諭桑園圍歲修首事何毓齡、潘澄江知悉：現奉督憲札，『開嘉慶二十四年二月初四日，據該署縣具禀，選舉桑園圍歲修首事及支給息銀設局辦理緣由到本部堂，據此當批：「據禀足見急于民事。此等人心不齊，事權不一，總在地方官倡率體貼，嚴辦撓諉之人，自可集事見功。仰東布政司即速核明飭遵。仍飭諭令首事何毓齡等先將該圍基分別險要，確估工料，上緊修築，頂冲處所加培碎石，務其高厚堅固，勒限于西水未到以前竣事，毋稍稽延遲誤，仍嚴禁各衙門書吏因造册等事查駁需索，其未繳息銀，一面勒催各商照數繳足備支。并候撫部院批示繳禀抄發等因，挂發東藩司外，合先録批飭知備札仰縣即便遵照辦理，毋違。」等因奉此。』查本案先奉各憲檄行，業經轉飭遵照在案。兹奉前因合行諭知諭到，該首事等即便查照各段基工，上緊修築，仍將修築情形隨時禀報，統俟大工告竣，該首事始終出力，本縣另當禀請各憲優加奬勵也。務期盡心妥辦毋違。特諭。

（明之綱《桑園圍總志》卷四，同治九年河神廟公所刻本）

縣奉督憲諭

調署南海縣正堂、卓异候升仲，爲飭遵事。現奉藩憲札：開奉太子少保兩廣總督部堂阮憲札：嘉慶二十四年二月十六日，據署南海縣仲振履禀稱：竊照卑職縣九江桑園圍基上接三水、旁通高要，當北江、西江之衝，基内十四堡咸受其害。去歲仰蒙奉撥藩庫帑銀八萬兩存南、順兩縣當典，按月一分行息，計得息銀九千六百兩，以五千兩還庫，分作十六年清完，餘四千六百兩以作修基之費。憲慮精詳，至周且備，實通圍紳士托命之源也。茲經酌定，候補訓導何毓齡、舉人潘澄江總理基務，刻日興工。卑職當于本月初八日由省起程，初十日抵九江堡，約會署主簿吕衡璣[一]，督同何毓齡、潘澄江及各堡紳耆人等，詳加查勘。勘得基圍一道，自先登堡起，至甘竹灘止，約計四十餘里，内除河清外基，漫生沙坦，水不能溢，及先登、甘竹上下皆山，無患崩缺，外圍之緊要者約二十里，其海舟堡之天后廟經二十二年大水冲坍，基後小溝刷深三丈，匯而成潴，議基身必加寬五尺，外用巨石培壘，以護基脚，而基上土力較鬆，仍需加土堅築，以備不虞。此一要也。已于本月初五日興工。南下三四里爲三丫基，外圍于二十二年冲決六十二丈，溷爲深潭，缺口兩頭舊壘石。雖内基堅固，足資捍衛，仍恐壩頭一坍，水勢下注防堵維艱。議再加添巨石以捍激流，亦于本月初五日興工。此二要也。再南一二里，爲禾叉基，當日築基之人拙于相度，横置一角于水次，往來冲激已不可支，而基又甚薄，并無樹木、池沼兩相撑柱。議外用石壘，内築堅土，内外加闊，以防冲突。此三要也。而尤要者則莫如九江之大洛口，即所謂西方外基也。蓋西北兩江之水匯于思賢滘，合流而注于先登堡，使江面廣闊無所窒礙也，則奔騰而下，瀉數百里，直由新會崖門入海，原無所害。顧近年以來，江中陡生沙坦，三區相次，而南皆近西岸，西江之水至沙而阻激泛濫，北江阻泛濫之水，搏而横流，歷天后、三丫、禾叉三基，怒奔而至河清堡，又爲沙坦所阻，至大洛口兩沙相阻，以夾流之形成，

[一] 吕衡璣，歷城人，曾任文昌縣青藍司巡檢、南海縣主簿等。

在山之害勢則然也。然幸下此即爲甘竹山，而江又廣闊可無阻矣。議靠基用四石壩以轉水，而基外水深二丈許，工料所不能施。卑職檮昧之見，與首事等酌買麻陽舊船四隻，滿貯巨石，可高丈餘，駛至基邊，約離四五丈，相度厄要處所，鑿而沉之，再用竹簍裝載碎石，繞船圍護，上添巨石壘高，迤邐而南，與甘竹相接，庶十四堡可免巨浸之患，而下年修補亦可由舊迹而愈培愈固矣。惟是亘延二十里之基，兼大洛口之四壩用石甚多，查巨石取自新安九龍山，由海艘裝運，每艘十餘萬斤，連運脚計銀二十一兩有零。小石取自肇慶羚羊諸山，連船價約銀十一兩，加以挑土、築土、堆石監修人工飯食之費，息銀四千六百兩斷不敷用。卑職復與呂主簿及九江紳士陳書[一]、明秉璋等議加捐助民。九江墟各姓已約捐銀一千兩，其龍山兩墟據云亦可捐銀一千兩。望即飭順德縣王署令[二]督同該處紳士上緊題捐，倘有不敷，容再會同籌議，務使料實工堅，所有查勘該園實在情形，理合先行馳稟申聞。餘容面稟，一切不敢贅陳等由，附呈基圍圖一紙到本部堂，據此查桑園圍堆石禦衝最爲善策。修基息銀既不敷用，自應令圍內士民捐助以濟要工。據稟前由除圖存案并批回南海縣，將應修各基督飭首事刻日趕緊修築完固具報，無稍遲誤。及札順德縣遵照，飭令龍山、龍江兩墟紳士將工費銀兩趕緊踴躍捐輸，務足每墟一千之數，寧多毋少，并諭以此係未雨綢繆，較之洪水破堤仍須捐銀補築大爲便益，斷不可觀望自誤。如捐足後仍不敷用，再由該縣會同仲令另行籌辦外，合并札遵札司即便一體轉行遵照毋違。等因奉此。」查本案

[一] 陳書，字宗紹，號洛川，廣東南海人。乾隆三十四年（一七六九）武進士，曾任江南江陰營游擊，調任鹽城營游擊，擢吴淞營參將，加副將銜。

[二] 王署令，或爲王勛臣。王勛臣，字麟閣，河南汜水人，舉人，嘉慶二十五年（一八二〇）署任順德縣令。

先奉撫憲批行，業經轉飭遵照。茲奉行前因，除札順德縣遵照外，合就札飭到該縣即便遵照先奉院憲批行外情節辦理，速即勸諭九江墟紳士業户人家及有力之家勉力題捐，并即催令當商刻日完繳息銀批解以應要工。該縣仍不時會同主簿及江浦司巡檢督同總理紳士人等，將該圍堤基應行培築處所趕緊修完固，務期工堅料實，永保無虞。仍俟紳士簽題，事竣將銀兩數目并能否足用情形通稟察核，以憑分別詳請咨部報銷，均毋有違。等因奉此。查本案先奉督撫二院憲批行，當經先後諭飭遵照去後，茲奉前因，除備移順德縣轉飭遵照外，合諭飭遵諭到該首事等立即查照奉行情節，上緊趕修完固，并將辦理情形隨時稟覆核辦，均毋遲違。速速須諭。

（明之綱《桑園圍總志》卷四，同治九年河神廟公所刻本）

段西崖[一]《歷代疆域表》序

西崖段君，名長基，綏猺司馬戴東塘先生之鄉人也，以明經授州別駕，需次于粵。歲戊辰，余亦捧檄南來，晤于公廨，閑談古今都邑之變更、華夏封疆之遷徙，西崖亹亹備陳，瞭如指掌，竊心訝之。顧時以洋匪充斥，委莅讞局，日與孫恩、徐海輩爲伍，碌碌于申、

[一] 段長基，號西崖，河南偃師人，拔貢，任南雄州通判，新寧、海康等縣知縣。段長基著有《歷代統紀表》十三卷、《歷代疆域表》三卷、《歷代沿革表》三卷，合稱『二十四史三表』，收録整理了自三皇五帝到明代的中國各政權的傳承世系、疆域區劃變革、官職沿革等，是研究中國古代史的重要工具書。

韓之學[一]，考訂舊章無暇及也。迨晤東塘先生，述其嗜古成癖，而疆域之學尤所深究，著有歷代圖表，誠巨觀也。惜西崖方攝篆海康，未獲一覽。未幾，東塘先生以内艱歸里，余亦補授興寧長，相間千有餘里，音問莫通。甲戌因公晋省，聞西崖先生卒于旅次。竊嘆其殫述經史，該洽古今，不克展布于玉堂金馬之間，與名公卿相頡頏，徒以區區俗吏終焉。顧其書之元元本本，詳諸家之所未及者，究未窺其奥也。戊寅之冬，承乏南海，東塘先生適留省鞫讞，暇時相過從，乃出西崖先生《疆域表》見示，且謂履曰：『余購是書良不易也。西崖先生死，無子，兩孫幼孤，寄食于親串家，余憫其書不傳，百計購得其板，將醵金印刷，公諸同好。西崖有知，當亦無恨矣。子盍列而序之？』而簿書繁劇，亦未暇也。嘉平[二]祀竈日，新方伯莅粤，將迎于境上，乃取其書，載舟中，詳加披閲。上自三代，下迄元明，凡郡國之因革，幅幁之損益，莫不畢載。邵二雲[三]學士之《序》謂其較顧祖禹[四]之《方域紀要》尤爲博洽，信不誣也。顧是書之本末，邵序與自記已詳言之，不必贅矣。

[一] 申、韓之學：申，申不害。韓，韓非。申不害與韓非都是戰國時精通刑名法術的學者，同爲法家代表人物，故後世以申韓代表法家及其學説。此處指法律條文。

[二] 嘉平：陰曆十二月。

[三] 邵晋涵（一七四三—一七九六），字與桐，又字二雲，號南江，浙江餘姚人。乾隆三十六年（一七七一）進士，歷任翰林院庶吉士、編修、侍講學士等。博通經史，參與編纂《四庫全書》，與紀昀等著《四庫全書總目提要》。

[四] 顧祖禹（一六三一—一六九二），字景范，别號宛溪，南直隸無錫人，著名地理學家，著有《讀史方輿紀要》。

余獨幸其歿已五年，兩孫流離寄食，煢煢不克自保，鏤版雖存，其不至與辛鼓之爲臼[一]、昌穀[二]詩之入溷者幾希矣。得東塘先生購其版，而布諸同好，不啻起西崖而骨肉之；且聞有爭其孫以訟者，先生言于番禺章雨薌司馬而定其獄，其書存其孫亦存。《詩》曰：『洽比其鄰，婚姻孔云。』[三] 先生其云之矣。先生之于西崖，不以聚散异，不以死生易也，不良厚乎！同好之得是書者，景西崖之博洽，尤願景先生之古道以敦相保相助之義焉。庶文字之誼明而桑梓之情篤爾。

時嘉慶二十三年歲次戊寅嘉平月，泰州仲振履柘庵甫序于紫洞舟中

（段長基《歷代二十四史統紀全表》卷首，嘉慶二十三年重印本）

[一] 石鼓是唐代初年在陝西鳳翔發現的十隻鼓形石，刻有古代文字，是我國發現的最早的刻石文字。後因戰亂而散失，辛鼓流落民間，改作舂臼。

[二] 昌穀即唐代詩人李賀。唐張固《幽閑鼓吹》：『李藩侍郎嘗綴李賀歌詩，爲之集序未成。知賀有表兄與賀筆硯之舊者，召之見，托以搜訪所遺。其人敬謝，且請曰：「某盡記其所爲，亦見其多點竄者，請得所葺者視之，當爲改正。」李公喜，并付之，彌年絶迹。李公怒，復召詰之。其人曰：「某與賀中外自小同處，恨其傲忽，常思報之。所得兼舊有者，一時投于溷中矣！」李公大怒，叱出之，嗟恨良久。故賀篇什流傳者少。』

[三] 語出《詩・小雅・正月》。

《巢南詩鈔》[一]序

歲戊辰，余捧檄來粵，間與僚友談嶺南三子[二]遺集，而求當代之能嗣其音者，僉以先生名及黎二樵[三]告，惜未得一相見也。今年卸南海篆[四]，寓居行館，衡宇在望，時相過從。乃出《巢南詩鈔》如[五]干卷，屬序于余。余受而讀之，如先生，蓋老于行矣。先生浙人，僑寓于粵。初游滇，渡洱海，望點蒼山，乃東過衡岳，溯洞庭，歷朱仙鎮，入京師，遨游公卿間，詩名益藉甚。乃下揚州，歸故里，觀濤于錢塘江，復游于粵，年已七十矣。其間擷山川靈淑之奇，攬都邑聲名之盛，快壯游之遠抱，攄吊古之幽情，發爲詩歌，淋漓慷慨，以自舒其鬱鬱勃勃之氣。昔李太白游江淮，入吴，至長安，復轉金陵，上巫峽；劉

[一]《巢南詩鈔》：詩文集，清代葉仁厚撰。葉仁厚，廣東番禺人。

[二]嶺南三子：清廣東詩人張錦芳、馮敏昌與胡亦常的并稱。《清史稿・文苑傳》：『錦芳……與欽州馮敏昌、同邑胡亦常稱「嶺南三子」。』或以爲清初詩人屈大均、梁佩蘭、陳恭尹，世稱嶺南三大家。

[三]黎簡（一七四七—一七九九），字簡民、未裁，號二樵，詩人、書畫家，廣東順德人。著有《五百四峰草堂詩文鈔》《藥烟閣詞鈔》及傳奇《芙蓉亭》等。

[四]篆：印章多用篆文，故爲官印的代稱。

[五]如：原文如此。

訏嘗著穀皮巾，披衲衣[一]，每游山澤林谷之間，意氣彌遠。先生搜攬山水佳處，被之詩歌，其胸次之曠、筆墨之靈，亦復去古人何遠？以視二樵，足不出三江五嶺[二]之區者，詎可同日語耶？非獨二樵，即視嶺南三子之繚戾寒瘦，亦迥不侔矣！

（《民國番禺縣續志》卷三十一『藝文·集部』，民國二十年刻本）

程太淑人傳

程太淑人，州同知程公心宜之四女、京兆尹程公盛修[三]之從妹也，幼與吾母爲比鄰

[一] 劉訏，字彥度，南北朝時平原人，隱士。《南史·劉訏傳》：『訏嘗著穀皮巾，披衲衣，每游山澤，輒留連忘返。』穀皮巾：即『穀皮綃頭』，一種束髮之巾，形制較一般冠帽簡便，多用于貧者。一説爲麻布製成的頭巾。衲衣：亦作『納衣』，梵文Pamsukulica的意譯，僧衣的一種，指利用破弊的布片縫綴而成的僧衣，表示行者不著好衣。

[二] 三江五嶺：指廣東地區。三江，今廣東西江、北江、東江之總稱。《明史·地理志》：『三江者，一曰西江，上流合黔、鬱、桂三水，自廣西梧州府流入；一曰北江，即湞水；一曰東江，即龍川水，俱與西江會，經番禺縣南，入于南海。』五嶺：越城嶺、都龐嶺、萌渚嶺、騎田嶺、大庾嶺。地處廣東、廣西、湖南、江西、福建五省區交界處，是長江和珠江二大流域的分水嶺。

[三] 程盛修，字風沂，江蘇泰州人。雍正八年（一七三〇）進士，改庶吉士，授翰林院編修，擢御史，後任順天府知府。著有《夕陽書屋初編》四卷、《南陔松菊集》一卷。

女，勝同胞，朝夕不能離。及笄，歸儲公掖垣[一]，生子士雄[二]昆玉，與吾交最深、誼至篤，吾不時趨庭，故闔儀吾能言之。淑人性仁厚、量寬宏，歸儲係繼配，前配侯淑人遺一子三女，煢煢在室。淑人以名門弱女，仔肩一切，見者難之，而淑人自若也。來歸之初，床頭垢衣幾滿，淑人慨然興，略無新婦態，浣補改制，視其所乏，子女欣就之如故母。事姑尤孝謹，先意承志，色笑得其歡心，遂獲享高年，九十有三乃終。相夫重大義，如修坊祠、復祭田、助婚喪、活遺孩、睦姻收族、矜寡恤孤諸義舉，罄簪珥佐之無所吝。于歸十八載，連生四子二女，暨前淑人出，共十人，婚五子、嫁五女，針縷鉅細，取辦十指，拮据以修姻好，殫竭心力。兼以諸子應文武試，前後十餘年，經數十試，每場夜親檢考具，焚香念佛，達旦不輟。時予方共賢昆玉握筆場屋，試畢輒匆匆去，問之，則曰：『吾母尚未食，俟兒歸也。』迨諸子均列膠庠，而淑人辛劬備嘗矣。乾隆五十一二年，歲薦饑，親鄰告乏者，或錢米應之恐後。斯時婚嫁既畢，家業日裕，子已作宦矣，孫已繞膝矣，僉喜曰：『今而後，母可少休矣。』無何而掖垣公疾寢劇，比易簀時，强節哀毁，止哭者曰：『毋亂我意。』凡無職事男女輩，悉令跪階下静聲誦佛號，一時東西庭除爲之皆滿。而附身附棺治胥妥密，絲毫無遺忽，然後一慟幾絶。親友胥嘖嘖欽伏不已。夫弟調元公卒，弟婦胡孺人來

[一] 儲鳴珂，字掖垣，江蘇泰州人，邑庠生。

[二] 儲士雄，字芝山，號朝燮，江蘇泰州人，由行伍考授千總，後授陝西永安營守備，署邠州都司，授山西運城都司，以功升福建長福參將，歷官興化副將。

依養，淑人囑諸媳曲盡恩禮，如其所願。生養死葬，悉從豐厚。族人尤加感敬。士雄、士俊[二]秉戎政，先後迎養任所，戒以善附循，毋苦責兵丁，有急告，必拯之，民間不戒于火、有窮苦不支者，必贈恤。逢歲朝、萬壽節，焚香拜賀如臣禮。士雄任邠州都閫，嘉慶丁巳出兵甘陝，淑人安之若素，略無憂戚色。適軍中遣僕歸，蓋以慰淑人也，而淑人命之曰：『速去傳語汝主，立功報國，分也。切毋念我。汝主母孤處任所，可歸則歸來，弗使擾汝主心也。』辭色激烈，聞者莫不起敬然而心戚戚矣。懸望七載，丙辰凱旋，始聞之喜。未幾，以老疾終。惜賢嗣之議功遷鎮未睹也。淑人晚年耳益聰、目益明，面豐體胖，迥非八旬時人，且齒固能食豆，雖髦而刀尺針黹未離左右，間茹素，必精潔，或進勸之，笑曰：『吾一生勤儉慣，抑且示後輩惜福耳。』居常教人惜光陰、勤事業，于諸孫尤諄切。御下有恩，故終其身無疾言遽色，使僕婦恒如借云。淑人兩膺敕命、四膺誥命，晋贈淑人，例贈夫人。五子榮貴，孫曾林立，叙列武功將軍掖垣公傳，不復述。生雍正乙巳十月三十日，卒嘉慶癸亥四月十二日，壽七十有九。屬纊[三]之夕，門以内慟不欲生者，俟淑人所出之三姑爲尤甚，淑人之盛德愈可徵矣。外則親族號泣，而來者以百計。訃聞揚通各郡邑暨賢嗣履任之鄉，或戚友，或紳士，下及兵民，凡向之見淑人、知淑人者，莫不垂涕而嘆，益以徵德範之感人者廣且深矣，况振履向日趨庭親聆慈誨者乎！知淑人之懿行，敢不爲淑人縷述焉？謹述此，以永其傳。

[二] 儲士俊，字書升，號朝年，江蘇泰州人，由邑庠生授泰興營把總，升衡陽千總，以功升常州營中軍守備，歷任孟河、溧陽都司，署常州營游擊。

[三] 屬纊：人臨終前，將棉絮置其口鼻附近，以觀察其氣息的有無。《禮記·喪大記》：『屬纊以俟氣絶。』

道光歲在壬午孟冬朔日，賜進士出身知廣東東莞縣事卓异候陞愚侄仲振履拜撰

（《海陵儲氏宗譜》，道光五年木活字印本）

對聯

挽仲貽勤

一棺閉爾聰明骨，萬鏑攢吾痛哭心。

（胡曦《湛此心齋詩話》卷二，興寧先賢叢書校印處一九六〇年版）

挽仲振奎

半生心醉《紅樓夢》，萬里魂歸白下門。

（胡曦《湛此心齋詩話》卷二，興寧先賢叢書校印處一九六〇年版）

袁督師祠柱聯

成三字獄，冤比岳司空，更何忍黄口女、白頭親，遠戍閩疆，兩地山川埋怨骨；

挽六軍心，忠先史閣部，終博得紫泥封、丹荔酒，榮施梓里，千秋俎豆奠羈魂。

嘉慶戊寅三月，知東莞縣事江左仲振履拜題

（東莞袁崇焕祠）